戦略の要諦

リチャード・P・ルメルト
Richard P. Rumelt

村井章子 訳

The Crux:
How Leaders Become Strategists

日本経済新聞出版

戦略の要諦

The Crux

How Leaders Become Strategists

by

Richard P. Rumelt

妻ケイトに捧ぐ
彼女は私の人生に起きた最高のことだ

目次

Contents

第2部 診断 219

第3部 最重要ポイントを攻略する 289

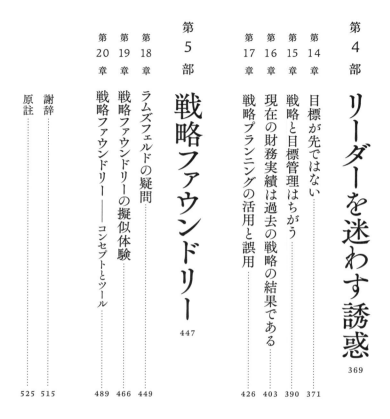

はじめに

フォンテーヌブローの森にて

以前フランスのフォンテーヌブローに住んでいたとき、近くの森へよく散歩に行ったものだ。二万ヘクタール近い広さを持つ奥深い古い森は、五〇〇年にわたってフランスの王侯貴族の狩場だった。現在では縦横無尽にトレイルが整備され、ハイカーやランナーやサイクリストが行き交う。欧州経営大学院（ＩＮＳＥＡＤ）フォンテーヌブロー・キャンパスで学ぶ学生たちも、ここでウォーキングやピクニックを楽しんでいる。たぶん彼らは、森の中に奇岩が数多く存在し、世界中から優秀なボルダラーがやってくることを知らないだろう。

散歩の途中で「犬のお尻の屋根（Le Toit du Cul de Chien）」という名のボルダリング・ルートを通ることがある。このおかしな名前の巨岩は、ボルダリングの名所として世界的に有名であるらしい。岩のふもとから見上げると、高さ四メートル近いすべすべの岩の途中から「ルーフ」（ほぼ水平のオーバーハング）が頭上にまさに屋根のように迫《せ》り出している。このぶあついルーフ自体は垂直に切り立っていて、ここをよじ登らないと頂上にたどり着けない。一度試したことがあるが、小さな突起に足を乗せ、次の突起に移ろうとした途端、六〇センチほど下の地面に転げ落ちた。*1

ある夏の日、二人のボルダラーが挑戦している場面に行き合わせた。彼らはロープを使わず、一方が登る間、他方が安全を確保する。二人のうち片方のドイツ人が話しかけてきて、毎日ドアの上枠で片手懸垂をして鍛えているのだと教えてくれた。残念ながら二人ともオーバーハングを越えて垂直の部分に移るときに落下してしまい、成功にはいたらなかった。小さい突起に足をかけながらよじ登ってオーバーハングの直下に達し、ほぼ仰向け状態でそこの小さな凹みに右手の指一本をかけるところまでは二人ともできる。だがそこから先へどうしても進めず、何度トライしても下の砂地に落ちてしまう。見物していて、彼らの筋肉の強さ、意志の強さ、粘り強さにほとほと感心した。

ボルダラーは挑戦しがいのある巨岩を「課題」と呼び、登る際に乗り越えるのが最もむずかしい難所を「核心（crux）」と呼ぶ。「犬のお尻の屋根」のようなむずかしい課題に挑むときには、筋力と根性だけでは不十分だ。まず最大の難所をクリアする方法を考え、そのうえで二階のベランダぐらいの高さのところで瞬時に体を移動させる勇気を出す必要がある。

二人のボルダラーに遭遇してからしばらくして、ある女性ボルダラーがみごとに難所を乗り越える場面に出くわした（図1はこの場面である）。彼女はつま先を小さな突起にかけてよじ登り、あっという間に小さな凹みまで達すると右手の指一本をかけた。このホールドを頼りに左足を左腕の上まで引き上げ、ちょっとした出っ張りに左足の踵《かかと》を横向きに乗せる。これで、右手の指と左足の踵で体を支えることができたわけである。それからオーバーハングの角度に合わせて背中を反り

図1　ボルダリングの名所「犬のお尻の屋根」の難所

出典：Konrad Kalischの動画（adventureroutine.deおよびclixmedia.eu参照）。

返らせ、左手を伸ばして垂直に切り立ったルーフの縁にある凹みを探り、凹みに左手の指一本を預ける。だいたいの人が落ちるのはここだ。まっすぐ体を引き上げようとすると胸がオーバーハングのへりに押し付けられ、指がホールドから外れてしまう。[*2]

次の動きは、右腕と左腕の指一本ずつでルーフからぶら下がり、体を少し中から外へスイングさせることだ。そしてぱっとオーバーハングの縁を越えて垂直部分に取り付き、メロンを半分にしたような丸い突起を摑む。この滑りやすい丸い突起から指の力と摩擦だけでぶら下がり、右足を振ってつま先を岩の小さいギザギザにかける。ここでようやく足の力を使えるようになり、次の小さな裂け目に足をかけることができる。もうひとふんばりだ。もう一つの出っ張りと目に見えないような足がかりを使い、最後は肘を突っ張って体を引き上げる技（マントリング）で頂上にたどり着く。見ているこちらのほうが掌《てのひら》に汗をかいた。

フォンテーヌブローの森でさまざまな人が課題に挑むのを見物していると、人間にはなんと純粋な意志が秘められているのかと感嘆せずにはおれない。靴のほかには皮膚と筋肉と神経だけで、重力に逆らって巨岩にアタックしようというのだ。それも、チームで競争しているわけではないし、スポンサーがついているわけでもない。成功しても賞金は出ない。見ているのは他のボルダラーだけで、テレビカメラもなく、ファンもいない。うまくいったからと言って巨額の契約金でプロ契約を結び用具の提供を受けられる、なんてことは期待できないのだ。単純に、ふつうの人間には不可能と思えるようなことをやってのけるというささやかな喜びのために、自分の限界に挑戦するのである。

砂地に座ってランチを食べていたフランス人ボルダラー二人とおしゃべりしたことがある。南仏から来たという。アルプスにも登ったことがあるという彼らに、なぜ大勢のボルダラーがフォンテーヌブローにやって来るのかと質問してみた。

「ここに来ているのは腕に覚えがある連中ばかりだよ」と一人が答えた。「アルプスでは刺激的なクライミングをたくさんやって、難所もうまく乗り切ってきた。だけどここでは難所には一〇秒でたどり着けるのに……」

「クリアするまでに五回も落ちたね！」とパートナーが笑いながら口を挟んだ。

フランスには山も巨岩もたくさんある。その一つひとつが、高さ、美しさ、立地、知名度などさまざまな点でむずかしさと達成感が異なるという。最初に質問に答えてくれたボルダラーが、自分は困難でやりがいのある課題を選ぶと言い、最大の難所を自分の実力で乗り越えられると思えることが大事だね、と付け加えた。その瞬間に、何かひらめくものがあった。これは、有能な経営者がとっているアプローチそのものだ。困難な問題に直面したとき、あるいは大きなチャンスに遭遇したとき、彼らは実現可能な最大の前進や成果が見込める道を選ぶ。言い換えれば、成否を決するような最大級の障害物が自分の力で克服可能だと判断したとき、その道を選ぶのである。

戦略を立てるスキルは三つの要素で形成される。第一は、ほんとうに重要なのはどれで、後回しにしてよいのはどれかを見きわめる能力。第二は、その重要な問題の解決は手持ちのリソースで現実的に解決可能なのかを判断する能力。第三は、リソースを集中して投入する決断を下す能力、逆に言えば、貴重なリソースを小出しにしたり、一度にいろいろなことに手を出したりする愚を犯さない能力である。三つのスキルはどれが欠けてもならず、三つがそろって初めて課題の核心（crux）、つまり最重要ポイントに全力集中できるようになる。最重要ポイントは単にむずかしいだけでなく成否を分ける勝負どころであって、かつ、集中的に取り組めば克服可能な難所を意味する。

どんな人も、いやどんな組織や企業も、まさにボルダラーと同じように高い壁に進路を塞がれることもあれば、思わぬチャンスに遭遇することもある。そんなとき、もちろん気合や根性は必要だ。体力だっている。だがそれだけでは不十分だ。自分にとっての最重要ポイントはどこかを見きわめる力が必要になる。どこをクリアすればゴールに近づくか、どこを克服すれば得るものが大きいかを見定め、それを乗り越える方法を見つける能力が求められるのである。

*

起業家としてのイーロン・マスクが抱く数々の野心の一つは、火星への人類移住である。彼は小型宇宙船での火星旅行を夢見ていた。そして二〇〇一年には本気で旧式のロシア製ロケットを購入しようとロシアへ行く。だがロシア人との交渉はいっこうに埒《らち》が明かず、しかも値段が三倍に吊り上げられてすっかり機嫌を悪くする。そもそも宇宙船を軌道に乗せるのになぜこんなに金がかかるのか。

問題を調べていくと、高いコストの根本原因はロケットが再使用できない点にあると判明する。宇宙船一機を宇宙に送り込むのに打ち上げ用のロケットが一機必要だ。コスト問題の最重要ポイントはロケットの大気圏再突入にあるとマスクは考えた。秒速七・九キロメートル（マッハ二三）以上で大気圏に突入するロケットが燃えさかる溶鉱炉になってしまわないようにするには、どうすればいいのか。旧式のスペースシャトルの場合、再使用を可能にするためにあの大きな翼は三万五〇〇〇枚もの耐熱タイルで覆われている。タイルは一枚一枚分離でき、どれも完璧な耐熱効果を発揮しなければならず、飛行後にはすべて点検して元の位置に戻さなければならない。シャトル打ち上げ用のブースターも再使用可能なはずだが、海に落下したものを回収するのだから、おそらくかなりのダメージがあるだろう。それなら、再使用の前提で設計するより使い捨てにするほうが安上がりかもしれない。

この難題は、「犬のお尻の屋根」で右手の指一本と左足の踵だけで支えた体を反り返らせ、オーバーハングを乗り越えようとしている瞬間のようなものだ。必要なのは、うまいこと体を使って空中でジャンプする技（ランジ）を使って次のホールドにとりつくことである。困難な課題に**最重要ポイントという概念を導入すると、注意がまさにその一点に集中するという効果が得られ**

る。戦略とは困難な課題を解決するために設計された方針や行動の組み合わせであり、戦略の策定とは、克服可能な最重要ポイントを見きわめ、それを解決する方法を見つける、または考案することにある。

　再使用と再突入の問題に集中したマスクは、あることに気づく。燃料は機体よりはるかに安い。となれば、燃料をたくさん積んで出発し、地球への帰還の際にロケットの速度を落とすことに使えば、再突入時に超高温になる問題を回避できるのではないか。地球に近づいてきたロケットがエンジンを逆噴射してゆっくり降下し、しずしずと軟着陸する昔のＳＦのような光景をマスクは想像した。これなら再突入でロケットが灼熱状態になり、機体の外側が焦げて損傷を受けることはない。再突入プロセスは自動制御できるから、人間の操縦士は不要だ。カギを握るのは、正確に再点火と停止ができ、出力の調整が行える信頼性の高いロケットエンジンを設計することだった。

　組織が難事業に取り組むときには、持てる力、知識、スキルを結集し、最重要ポイントにフォーカスすることが必要だ。戦略家が「フォーカス」と言うとき、それは単に注意を集中することではない。絞り込んだターゲットに持てる力をすべて集中投入することを意味する。力が弱ければ何も起きない。力が強くてもターゲットに集中せず分散してしまったら、やはり何も起きない。まちがったターゲットに力を投入しても、何も起きない。すべての力が正しいターゲットにフォーカスしたときだけ、突破口が開ける。

マスクは二〇〇二年にスペース・エクスプロレーション・テクノロジーズ社（通称スペースX）を設立し、重要課題にフォーカスした方針を打ち出した。スペースXのロケットは低コストで再使用可能なものとし、ゼロから設計する。大陸間弾道ミサイルのコンセプトを応用する方針は採らない。スペースXは宇宙関連大手とは一線を画す。アメリカ空軍を喜ばせるために地球を何度も周回する必要はないし、宇宙探査をしたがる科学者を満足させる必要もない。豪華な研究開発施設もいらない。スペースXが挑むのはあくまで工学的な問題であって高度な科学は必要ない、というのがマスクの理解だった。それに航空宇宙局（NASA）ではないのだから、子供たちに科学や数学への興味を抱かせるといった役目もない。プロジェクトの第一段階はとにかくコストダウンにフォーカスすること、それに尽きる。

多くの人が、コストを抑えようとすれば信頼性が犠牲になるのではないかと批判した。これに対してマスクはまさにエンジニアの回答をする。

コストを切り詰めたら信頼性も下がるのではないかとよく聞かれる。だがこの見方はまったくばかげている。フェラーリは高級車でとても高価だが、信頼性が高いとは言えない。一方、ホンダのシビックが最初の一年間に故障する可能性は千に一つもないと請け合ってもいい。安くて信頼性の高いクルマは現に存在する。ロケットも同じだ。

コストを引き下げるために、マスクは設計と製造をシンプルにすることと下請けの数を減らすことにフォーカスする。たとえばスペースXの打ち上げ用ロケット「ファルコン9」では、内部のフライトコンピュータ同士の接続にカスタム仕様ではなく汎用のイーサネット規格を使っている。また自社工場も他の宇宙関係メーカーよりはるかに低コスト仕様だ。

ボーイングやロッキード・マーティンといった大手コントラクターで働くのは、はっきり言ってつまらない。というのも彼らは要するに元請けであって、仕事の大半は下請けの管理と政府との折衝だからだ。これに対してスペースXのエンジニアたちは、もちろん大変だし苦労も多いが、つまらないということはまったくない。

スペースXの最初の商用飛行は二〇〇九年で、マレーシアの観測衛星を軌道に送り込んだ。とは言え快進撃が始まったのは、二〇一五年からである。この年、ファルコン9は衛星を軌道に乗せ、さらにエンジンを逆噴射して軟着陸に成功した最初のロケットとなった。二〇一八年には、ファルコン9のコストは地球低周回軌道（LEO）（地上からの高度二〇〇〇キロメートル以下）用でペイロード（可搬重量）一ポンドあたりのコストがスペースシャトルの二三分の一まで切り詰められた。ファルコン9の大型バージョンであるファルコンヘビーでは、ファルコン9の半分になっている（図2）。

二〇二〇年五月三〇日、スペースXはNASAの宇宙飛行士二名を国際宇宙ステーション（ISS）まで運ぶ。翌六月初めにはNASAは、打ち上げ用ロケットのファルコン9と有人宇宙船のクルードラゴンを将来のミッションに再使用するスペースXの計画を承認した。

NASAの見積もりでは火星行きに要するコストは二〇〇〇億ドルだったが、マスクの試算では九〇億ドルである。この破格の低予算実現のカギは、さきほどとまったく同じだ。シンプル、低コスト、再使用可能性という目標を首尾一貫して追求することである。政治家や官僚がやったらコストは膨れ上がり、たくさんの目的が詰め込まれ、それに応じて搭載物も増えて、プロジェクトは押し潰されていただろう。

お断りしておくが、スペースXが将来にわたって大成功を収めるなどと言うつもりはまったくない。そもそも宇宙へ行くのはリスクの大きい大事業だし、ロケット自体も危険な乗り物だ。昨今のメディアの体質

図2　低軌道への打ち上げコスト（ペイロード1ポンドあたり。2018年ドル）

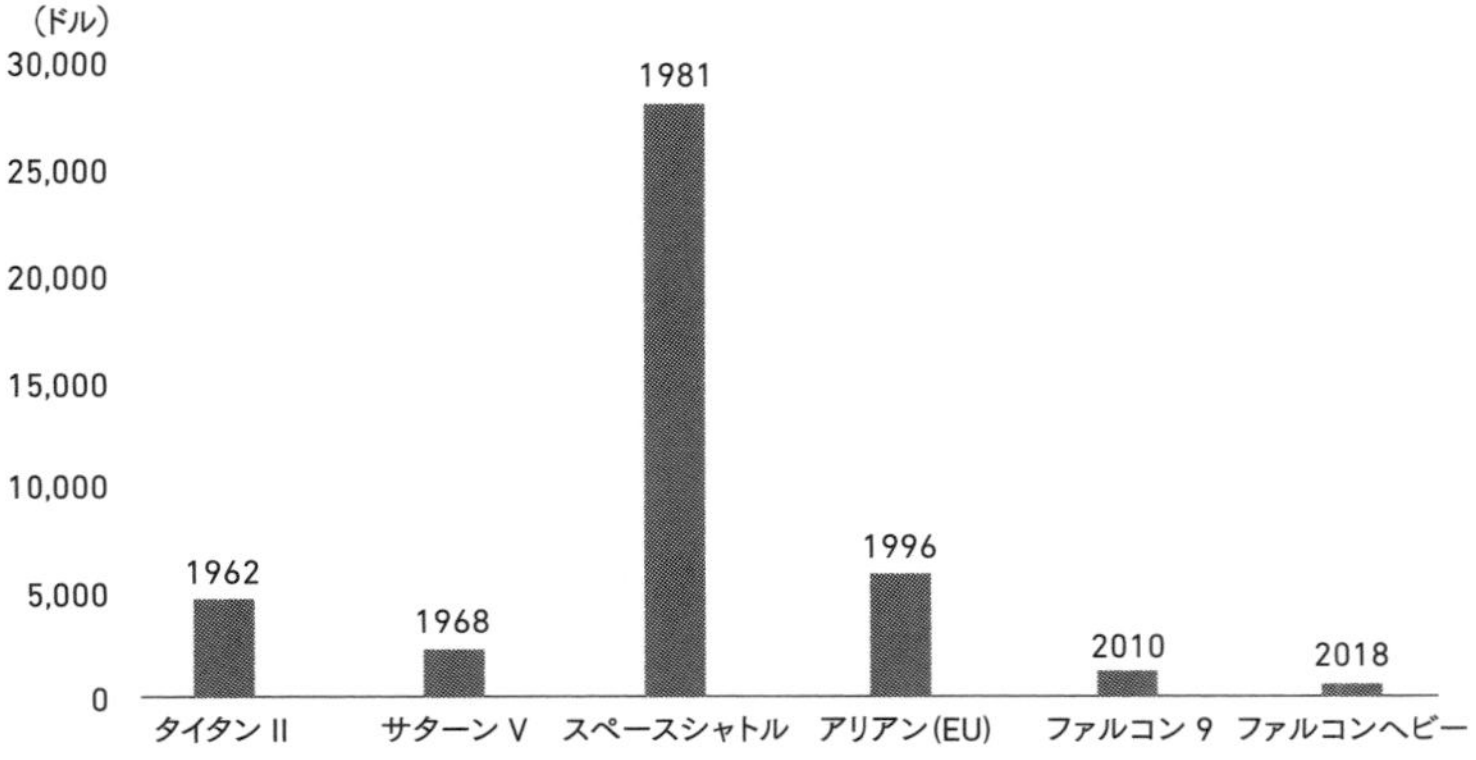

からすると、何か大きな事故でも起こそうものなら大騒ぎをするだろう。だが誤解を恐れずに言えば、飛行機が発明された時代にもし今日の安全基準が設けられていたら、二〇世紀における航空機の開発競争はまず実現しなかったにちがいない。ここで私が言いたいのは、ロケット開発においてスペースXが現時点までに驚異的な成功を収めたのは、ひとえにイーロン・マスクが問題の成否を決する最重要ポイントを理解し、それを乗り越える方法を見つけたからだ、ということである。加えてスペースXは、全社を挙げてぶれずにそれに取り組んだ。彼らの努力は、高い信頼性と可能な限りの低コストで宇宙船を軌道に送り込むこと、その一点に投じられたのである。

*

生産性の高い人は、最重要ポイントに全力で集中することで、直面する課題を乗り越える方法を見つけ出す。繰り返しになるが、最重要ポイントとは困難で複雑な課題を構成する要素のうち、最も重要かつ解決可能な（正確には、妥当な確率で解決できそうな）要素を指す。効果的に取り組むためには、まず直面する課題をくまなく調べ、どこが最大のポイントなのかを見きわめ、そこを乗り越える手立てを考えることが欠かせない。このステップを省くと成功は望めない。

戦略の策定とは、単なる意思決定ではない。意思決定の場合、とりうる行動の選択肢があらかじめリストアップされていて、その中から選ぶことが想定されるが、戦略を立てるときはそうではない。まずは課題の特定から始まる。また戦略策定と目標設定はちがう。戦略は組織が直面する課題から始まるのであって、先に最終到達地点としての目標を設定するのは順序があべこべである。戦略を立てると言いながら実際には目標を立てている人は、誰かがどこかで課題を解決してくれるとでも考えているのだろう。

よき戦略家であるためには、直面する課題の複雑さや困難さをまるごと受け止めなければならない。そのうえで、課題の最重要ポイント、すなわち成否を決するような勝負どころを見きわめるセンスを養わなければならない。

さらに、我慢強さも必要になる。錯綜する問題の闇の中に最初にかすかに差し込む光に飛びつきたいという誘惑はあまりに強いからだ。また、外から押し寄せる難題を解決するだけでなく、組織自体が健康体であるよう注意を払い、内部崩壊を防がなければならない。

加えて、いくつもの問題を抱える場合、組織の目的と戦略を立てる自分自身の野心とのバランスをとることも必要だ。あなたと他のステークホルダーとでは、めざす目的もちがえば価値観や信条もちがうことをよくわきまえなければならない。

よき戦略家であるためには、方針と行動の一貫性を保ち、多すぎるイニシアチブや両立不能な目的を同時に追求して努力を水泡に帰すような愚を避けなければならない。こうしたことは本にもあまり書かれていないし、語られることもすくない。戦略とは卓越した優位性を備えることだとか、なりたい姿になるための長期的なビジョンを描くことだとよく言われる。コンサルタントはあなたの会社と業界トップの会社を比較したチャートを作り、こうすればああなれる、このメソッドを導入すれば、このマインドセットを持てばああなれる、などと言うだろう。

身も蓋もないようだが、どれほどがんばったところで過半数の企業が平均を上回ることはできない。また、どうやっても取り返しのつかない状況や、どうあがいても解決不能な問題というものは存在する。それに不都合な真実を言えば、大きな組織が即座に方向転換することはまず不可能だ。アパレルからウェブサービスに転身したいと思っても、そう簡単にはいかない。産業によっては既得権益団体と政治家が結託し、状況を変えようとしてもびくともしないということもありうる。戦略は魔法ではないのだ。

困難な課題に挑むときには、まずは何が問題なのかを理解することだ。学校制度を立て直すには、まずは制度が立ち行かなくなった原因を知らなければならない。買い物客の満足度を高めるには、販売戦術や接客術を理解するだけでなく、客の好みやニーズや習慣を知らなければならない。けっしてゴールから、つまり目標設定からスタートしてはならない。いま何が問題なのかを理解するところから始め、成否を決するポイントを見きわめることが戦略策定の王道である。

古代ギリシャの哲学者ヘラクレイトスは、「性格は運命である」と言った。人間は性格から逃れられず、その人の運命は性格で決まるというほどの意味だ。だがもしあなたが大胆にリスクをとるタイプだとしても、こと戦略に関する限り、リスクの大きさや勝つ確率を理解していなければならない。企業の戦略を立てるからには、今日の行動が将来の成果にどうつながるのか、説得力のあるストーリーで戦略を語って信頼を勝ち得なければならない。戦略のロジックは、大胆なギャンブラーではなく冷静で賢明な人が納得できるものであることが必須条件だ。「わが社は増収増益とコスト削減に邁進する」といった類に説得力はない。「顧客中心の姿勢を貫き同業他社に打ち勝つ」も同類である。あなた自身への信頼とあなたの立てる戦略への信頼を勝ち取るためには、直面する課題にどう取り組むのか、論理と論拠と証拠を示すことが必要である。

＊

本書を書く直接のきっかけになったのは、スキー場で転んだことだった。コロラド州アスペンマウンテンの上級コースで転倒し、背骨を痛めてしまった。おかげでその後数カ月にわたりスキーどころかハイキングもできなくなる。そこに新型コロナウイルスのパンデミックが起きて、旅行もできなくなった。こうして家でおとなしくしていた時間にさまざまなテーマとアイデアが浮かび、ゆっくりと醸成されていったわけである。

二〇二〇年のステイホーム中に私は書き留めたアイデアの検討を始めた。個人的な経験からすると、自分が何をわかっているかは書いてみなければわからない。書くことによって、矛盾や論理の弱さや裏付けの必要な箇所がはっきりする。また、重要なピースとそうでないピースをふるい分けることができる。八歳の娘のこんがらがった髪をとかすようなものだ。

本書では、一人称である「私」をたびたび使っている。自己宣伝ではないかと不快に感じる読者がおられるかもしれないが、けっしてそういうつもりではない。むしろ、自分の考えを事実であるかのように、あるいは自分のモデルを現実であるかのように提示する書き手に私は不快感を覚える。経済学者はしばしば、これこれの状況で「企業」はこう行動するなどと書くが、この「企業」は彼らの企業モデルの企業であって、現実の企業ではない。にもかかわらず、そうした但し書きをつけることはまずない。評論家はだいたいにおいて自分の意見を事実であるかのように書く。たとえば「分野に特化する方法は二つある。第一はターゲットセグメントを絞り込むこと、第二は製品の範囲を絞ることだ」という具合である。これは論理的に導き出した理論なのか、それとも書き手自身の経験に基づく経験則なのか。それとも他の人の受け売りなのか。もしこの意見(しかもまちがっている)を最初に言い出したのが書いた本人であるなら、果たして実際に成り立つのか、読み手はよくよく注意しなければならない。

あることをどうやって知り、どうして確信するにいたったのかを説明するとき、私は一人称を使っている。この「あること」とは、多くの場合に事実や論理的な根拠ではなく、研究を通じて私がたどり着いた結論や見解である。たとえば戦略目標と戦略そのものとの関係を論じるときには、この問題について私が最初にヒントを得た状況を説明する。キャッシュフロー予測の不確実性を論じるときには、実際に企業経営者とそうした予測を行ったときの個人的な経験を説明する、というふうに。

*

本書で訴えたいことは、大きく分けて四つある。第一に、戦略を立てる最善の方法は、困難な課題に正面から立ち向かうことである。一足飛びに目標を掲げ、思い描く終着点を語る人が多すぎる。最初にすべきは困難な問題をじっくり見つめ、その構成要素やそこに作用している要因を理解することだ。そうすれば、何をめざすべきか、そのためにどう行動したらいいか、どのルートをとるべきかが見えてくるだろう。もしかすると、最初に抱いた考えとはちがってくるかもしれない。その過程で最重要ポイント、すなわちボルダリングで言えば、そこをクリアできれば成功がグッと近づくというポイントを見きわめる。ただしそれは現実的に克服可能でなければならず、人知を尽くしても解決不能なものに手を出してはいけない。ポイントを見きわめたら、アタックする方法を考え、その方針でいいかどうか再検討する。

第二に、活用できるリソースを確認する。難所をクリアするにはさまざまな能力やツールが必要だ。気合と根性だけでは乗り切れない。

第三に、いかにも魅力的な誘惑に負けたり横道に逸れたりしないよう注意する。たとえばミッション・ステートメント作りに何日もかけるとか、四半期業績目標の進捗状況チェックに毎日時間を費やすといった愚は避けること。そもそも目標管理を戦略と混同してはいけない。

第四に、グループやワークショップ方式で戦略を立てるやり方は落とし穴が多いと心得る。グループで臨む場合でも、必ず困難な問題をじっくり見ることから始めなければいけない。勇み立って一足飛びに結論に飛びついたりしないこと。最重要ポイントは何かを見きわめ、それを乗り越える一貫した方針を考える手順は、一人でもグループでも変わらない。

以上のように、本書で論じるのは困難な課題に正面から向き合い最重要ポイントを見つけて集中攻撃する戦略であり、その要諦を理解する一助になればさいわいである。

第1部

課題に基づく戦略と最重要ポイント

PART 1

CHALLENGE-BASED STRATEGY AND THE CRUX

戦略とは、組織の命運を決するような重大かつ困難な課題を解決するために設計された方針と行動計画の組み合わせを意味する。戦略とは単に目標を掲げることではない。問題解決の一種と捉えるべきである。したがって、いま何が問題なのかを理解せずに解決することはできない。戦略は、組織が直面する課題（または逃してはならない重大な機会）を特定し理解するところから始まる。それは競争状況や法律や社会規範の変化によって生じたのかもしれないし、組織自体に由来するのかもしれない。

直面する状況の理解が深まるにつれて、成否を決すると同時に現実的に解決可能な最重要ポイントが見えてくる。フォーカスは戦略策定の基本中の基本であり、的を絞り込むことは戦略家の重要なスキルである。

第1章

戦略自動作成機は存在しない

ある日の午前一〇時の面会相手は、キャロリンだった。カリフォルニア大学ロサンゼルス校（UCLA）の社会人対象MBAプログラムに在籍する学生で、三五歳。医療機器メーカーの企画部門で働いている。このプログラムの学生は全員フルタイムで働いており、授業は毎週金曜と土曜に行われる。キャロリンは時間きっかりにUCLAアンダーソン・スクール・オブ・マネジメントの五階にある私のオフィスにやって来た。仕事で悩みを抱えているという。

「CEOが交代しました」とキャロリンは説明し始めた。この新任CEOが、事業戦略の見直しを命じたのだという。彼は最低でも利益を一五％増やしたいと考えており、そのためには新しいアプローチが必要だと主張した。そのうえで、もし新しいアプローチで目標達成に成功したら、君のキャリアも輝かしいものになると示唆したそうだ。「このプログラムには満足していますし、ケースメソッドからは多くを学びました」としたうえで、「でもいまの私には、ＣＥＯが望むような戦略を具体的に立てるための特別なツールが必要です」とキャロリンは思い詰めたように言う。どうやら、現在の業績と上司の求める業績との差を一気に埋めてくれるようなマジックが望みらしい。

私はキャロリンに会社の事業内容を話してもらい、ＭＢＡプログラムのコンセプトを改めて説明したうえで、まずは自分の会社が競合他社と比べてどこがちがうのか、何か特別な点はあるのか探すよう助言し、現在会社が直面する課題を明確に理解するよう促した。キャロリンは、私の助言があまりに漠然としているのに当惑したようだ。

「社員はみな優秀です」と彼女は話し始めた。「よりよい製品を市場に投入できるよう日々努力しています」。それから一呼吸おき、不安を吐露した。彼女の会社の戦略プランはひどく単純で、財務目標と、そこまでの中間目標が設定されているだけなのだという。「何かロードマップのようなもの……ＣＥＯが目標達成までのステップを会議で示せるようなものがあるとよいのですけど」

私は頷《うなず》いたが、何も言わなかった。

「事業戦略を論理的に作成するシステムがきっと何かあるはずです」とキャロリンは締めくくった。

私はこのとき不謹慎にも、「戦略自動作成機」なるものを思い浮かべてしまった。電卓みたいなやつだ（図3）。望みの数字を入力してボタンを押せば戦略が吐き出される……。だがキャロリンにジョークを受け付ける余裕はなさそうだったので、口には出さずにおいた。

実際、キャロリンはなかなか厳しい立場に置かれている。彼女が指摘した自社の戦略の欠陥は、戦略についての大半の著作や講演に共通するものだ。この欠陥を、戦略の権威であるゲイリー・ハメルは一〇年以上も前に的確

図3　戦略自動作成機

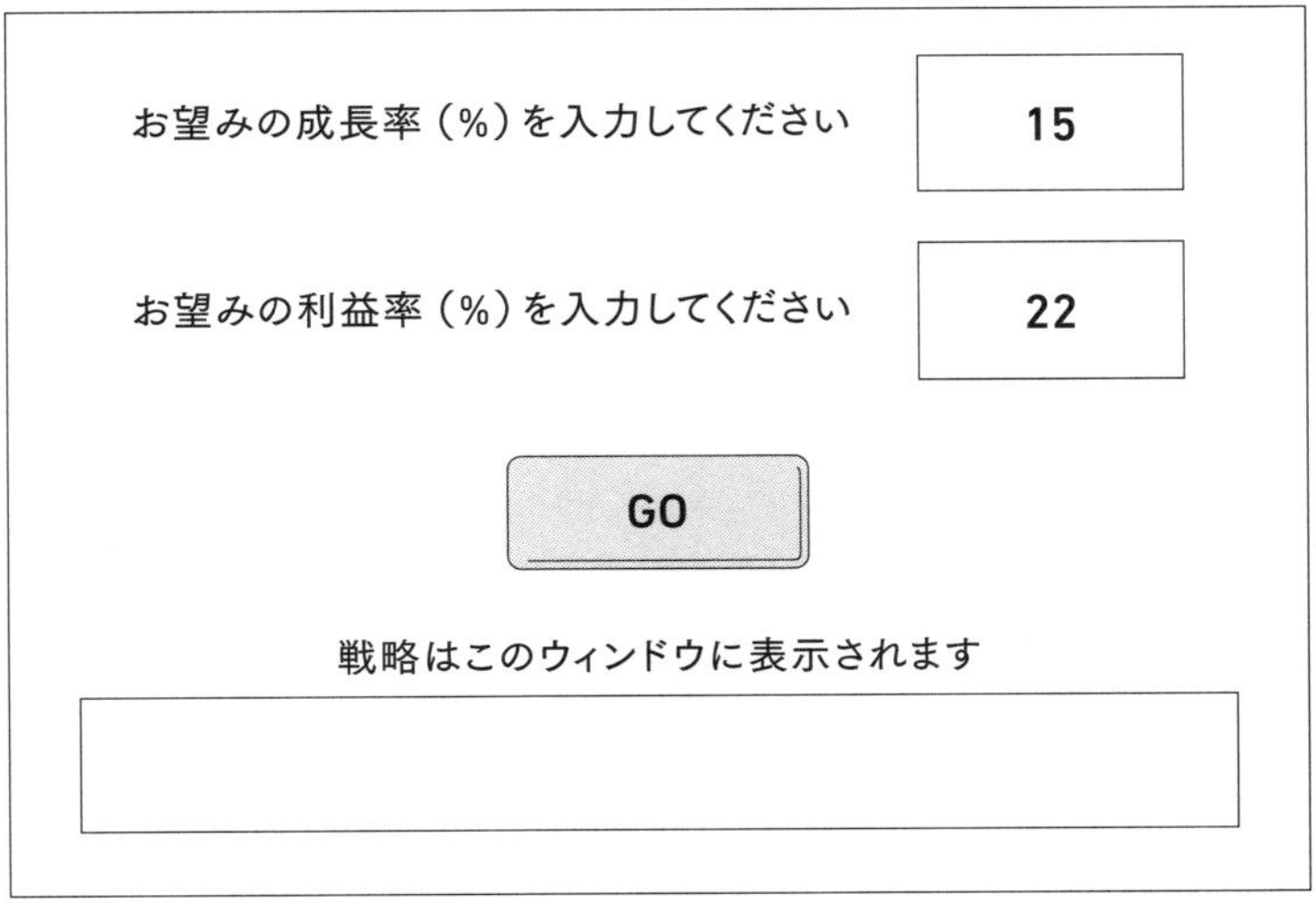
お望みの成長率（%）を入力してください
15
お望みの利益率（%）を入力してください
22
GO
戦略はこのウィンドウに表示されます

に理解していた。「もちろん、誰だって戦略とはどういうものかを知っている。どこかの企業の、たとえばマイクロソフトやニューコアの戦略を見ているからだ。こうした企業の実際の業績を知っているから、どんな戦略がすぐれているかも知っている。また、何らかの立案や策定がプロセスであることも知っている。ここで問題は、プロセスから自動的に戦略が生まれるわけではないことだ……戦略業界の知られたくない秘密、それは、戦略を策定するセオリーが存在しないことである」[*1]。ちなみにハメルのいう「戦略業界」とは、戦略に関して教えたり助言したりするために雇われた研究者やコンサルタントの集合を意味する。

キャロリンの問題は、こうだ。彼女の上司である新任ＣＥＯは、自社を取り巻く状況を注意深く見つめて理解しようとせず、業績目標ばかり高々と打ち上げている。彼は自社の直面する困難な課題あるいは活かすべき機会にフォーカスしていない。

ネットフリックスの戦略を検証する

戦略課題に取り組むうえで重要なステップは、その課題を正しく診断することである。具体的には「何が起きているのか」を理解し、最重要ポイントを特定し、とるべき妥当な行動方針を決める。それぞれについてくわしく説明するために、ここでは二〇一八年初めにネットフリックスが陥った苦境を組上に載せ、診断とその後のプロセスのシミュレーションをしてみたい。

ネットフリックスは一九九七年にカリフォルニア州スコッツバレーで設立、翌九八年から郵便によるDVDレンタルサービスを開始し、すぐに成功を収める。気の利いたリコメンデーションエンジン「シネマッチ（Cinematch）」と効率的なロジスティクスが成長に大きく寄与した。CEOのリード・ヘイスティングスは二〇一〇年に事業戦略を大胆に転換し、オンラインストリーミングを柱に据える。DVDレンタル事業は次第に影が薄くなった。ネットフリックスはスターズ（Starz）、ディズニー、ライオンズゲート（Lionsgate）、MGM、パラマウント、ソニーといった有力制作会社と次々にライセンス契約を結び、作品数を大幅に増やしていく。

二〇一三年にはテレビドラマシリーズ『ハウス・オブ・カード　野望の階段』と『オレンジ・イズ・ニュー・ブラック』の配信を開始。これらはネットフリックスの独占配信によるコンテンツで、かつ初公開がネット配信という画期的なシリーズである。二〇一七年末までにオリジナルコンテンツの数は二六本に達した。さらに国外進出も加速する。会員数は二〇一八年初めの時点で国内五三〇〇万人に対し、国外は五八〇〇万人を数えた。売上高は一一七億ドルで、なお順調に伸びている。ただし支出も多く、キャッシュフローは二〇一七年には一八億ドルのマイナスだった。

図4の会員一人あたり月次収支を見るとわかるように、ネットフリックスの一人あたりコストは収入を上回っている。会員一人あたりは赤字なのに損益計算書で利益がプラスなのは、同社がコンテンツ関連費用を複数年度にまたがって減価償却しているからだ。こうすれば会社が

成長し続ける限り、決算上は利益が出ることになる。キャッシュフローのマイナス分の大半は追加的な借り入れで手当てされている。支出が大きいのは、マーケティングに力を入れているからでもある。

有料ストリーミングサービスにおけるネットフリックスのシェアは約七六％で、アマゾン・プライムの約一七％、フールー（Hulu）の四％、ＨＢＯの三％を大きく上回る。

二〇一一年にネットフリックスを動揺させる出来事が起きた。それまで同社はスターズにライセンス料として年間三〇〇〇万ドルを支払っていた。ところが契約の更新時期が来たとき、スターズは年三億ドルへの値上げ要求を突きつけてきたのである。やむなく呑んだネットフリックスは料金を六〇％値上げせざるを得ず、株価は急落する。

スターズの一件はほんの始まりに過ぎなかったことがわかる。コンテンツサプライヤーは次第に要求を吊り上げるようになり、また自前のサービス開始に備えてコンテンツを引き揚げるところも出てきた。とりわけ痛手だったのは、ワーナー・ブラザースの人気ドラマシリーズ『フレンズ』と『ジ・オフィス』を失ったことである。前者はワーナーメディアが自前のサービスで配信することにし、後者は著作権を持つＮＢＣユニバーサルがやはり自前のサービスを計画中で、そちらで流すという。

そのうえ、オリジナル作品の制作費が高騰していた。さらに追い討ちをかけるように、手強い新規参入者が現れる。ディズニーが21世紀ＦＯＸを買収し、ストリーミングサービスへの進

図4　ネットフリックスの決算報告書抜粋

損益計算書（単位：100万ドル）	2017	2016
売上高	11,693	8,831
売上原価	7,660	6,030
マーケティング	1,278	991
技術開発	1,053	852
一般管理費	864	578
営業利益	839	380
営業外利益（営業外費用）	-353	-119
税引前利益	485	261
未払法人税等	-74	74
純利益	559	187

会員1人あたり月次収支（単位：ドル）	2017	2016
収入	9.38	8.64
コンテンツ制作費	1.51	1.44
ライセンス料	5.92	5.73
マーケティング	1.20	1.03
技術開発	0.80	0.89
一般管理費	0.36	0.60
その他	1.36	1.02
費用合計	11.15	10.71
利益	-1.77	-2.07

出に意欲を示したのだ。ディズニーは二〇一九年にネットフリックスからコンテンツをすべて引き揚げると発表。過去の作品も今後発表する作品も自社の新しいプラットフォームで独占配信する計画だとあきらかにした。傘下のルーカスフィルム、マーベル、ピクサー、FOX、ESPNのスタジオで制作されたコンテンツもすべて、つまり、あの歴史的名作『ファンタジア』、子供たちに絶大な人気を誇る『ダンボ』から『アナと雪の女王』にいたるすべての作品は、今後ディズニー自前のサービスでのみ扱うという。なにしろ「ディズニーの蔵には七五年におよぶ文化的資本がごっそりある」のだから、強気になるのもわかる。*2

悪いことは重なるもので、今度はアップルまで参戦してくる。新しく打ち出されたアップルTV＋は月額五ドルで、視聴できるタイトル数も急増中だという。しかもアップルには新たなプログラム開発に投じる資金が潤沢にある。

長期目標の罠

キャロリンのように戦略に悩みを抱えるリーダーにコンサルタントがよく与える助言は、まず目標を明確にしなさい、ということだ。『不思議の国のアリス』のチェシャ猫だって、どっちへ行ったらいいかとアリスに聞かれてこう答えている。「それは、おまえさんの行きたいところ次第さ」。次にたぶん、ミッション・ステートメントを書き出しなさいとコンサルタントは言うだろう。スタンフォード・ビジネススクールの教授陣による戦略の教科書にはこうある。

一貫性のある戦略の第一の要素は、明確な長期目標である。その目標に向けて戦略を立てることになる。長期目標は、市場や業界における位置付けや評価といったものが多いだろう。たとえば、業界トップになるとか、技術力で優位に立つ、品質で評価される企業になる、といったふうに。長期目標の「長期」とは、古びることのない、というほどの意味である。*3

このアドバイスについてしばし考えてみよう。戦略策定のこの種のフレームワークはよく見かける。このフレームワークでは、「第一の要素」である長期目標を実現するために戦略を立てるという。だがちょっと待ってほしい。この目標はいったいどこから来たのか。

どうも忽然《こつぜん》と湧いてきたように見える。何も状況分析をしないうちに、魔法の杖の一振りで出現した。自社の事業も競合他社も市場のダイナミクスも分析せずにただ「技術力で優位に立つ」というのは、漠然とした願望に過ぎない。これではどうやってその目標をめざすのか、社員には伝わらないだろう（この点について、くわしくは第14章を読まれたい）。

＊

目標というものについてもうすこし論じておきたい。人なり組織なりがめざす重要な目標はつねに一つ、多くて二つだというのは、まずもってまちがった見方である。それは、一部の経済学者や経営学者の考え出した虚構に過ぎない。実際には、個人も組織もたくさんの野心を持っている。具体的に計画していることがいくつもあり、将来こうなりたいという展望も何通りかあり、いずれやってみたいこともたくさんある。そのうちのいくつかは、両立しないか、同時には実現できなかったりする。

二五歳だった頃の私は、一流の研究者になりたい、戦略コンサルタントとして企業経営者に助言したい、夏は世界中の名峰に登りたい、飛行機の操縦をしてみたい、冬はクロスカントリースキーをしたい、統計的決定理論をマスターしたい、学生に夢を与えられるような先生になりたい、一万メートルを走りたい、モーガンプラス4を運転したい、アウトドアと会議室とを瞬時に行き来する方法を考案したい、すばらしい女性と結婚し幸福な家庭を築きたい、家族とゆっくり過ごす時間を持ちたい、早くお金を貯めて早く退職しサンルイ島に家を買いたい……などと考えていた。これまでの人生でいくらかでも実現に近づいたのはすこししかない。思わぬ機会に遭遇したり壁に突き当たったりしているうちに、新しい野心が生まれ、古い野心は捨てることになった。それを繰り返しながら、たくさんの野心の中から次にやることを選んできたわけである。

もし私が二〇一八年初めにネットフリックスのリード・ヘイスティングスだったら、野心を書き出すとこんなふうになっただろう。

- 会社を存続させ、願わくは繁栄させたい。
- 株価が高すぎるという贅沢な心配をしてみたい。
- これまでに蓄積してきた会社の資産（多くは金融資産）を維持したい。
- アメリカにおけるストリーミングサービス最大手の地位を堅持したい。
- ゆくゆくはディズニーのようなＩＰ（知的財産）創出企業になりたい。オリジナルの動画を制作し、ディズニーやパラマウントのようにコンテンツやキャラクターを玩具、書籍、テーマパークなどに展開したい。
- 保守的な連中とは袂《たもと》を分かち、才能ある創造的な人たちとコラボレートする新しい方法を見つけたい。国際展開を強化し、とくにコンテンツ創造に定評ある国（イギリス、ドイツ、イタリア、ブラジル、メキシコ、韓国、日本）に進出したい。
- 欧州連合（ＥＵ）議会はストリーミングサービスに関してコンテンツの最低三〇％は現地調達とすることを求めている。この条件を逆手にとって現地調達を推進し、ディズニーをいずれ出し抜きたい。
- インドは巨大な市場であり、たとえ加入率が低くてもサービスを提供していく方法を考えたい。
- ニュースを毎日ストリーミング配信し、スポーツイベントもライブ配信するなど、テレビ局のような事業もやってみたい。

・ユーチューブにヒントを得て、投稿コンテンツ専用のストリーミングチャネルを開設することは可能だろうか。自分の持ち分を売却して何か新しい事業を始めたいということは折に触れて考えてきた。数千人の社員を抱えるのではなく、小さなチームで始めるような事業だ。

・まる一年休んで家族と過ごす！

凄腕の起業家であるリード・ヘイスティングスは、このうちいくつかの野心はほんとうに抱いているだろうし、おそらくもっと多くの野心を秘めているにちがいない。この種の願望や夢は戦略の萌芽ではあるが、全部を実現することは不可能だ。すくなくとも全部を同時に実現することはできない。

効果的な戦略は、直面する課題を洗い出し、さらにリソースの制約や競争状況を考慮し、そこに野心が加味されるところから生まれる。とはいえ野心には慎重な吟味が必要だ。有能なリーダーは組織がいま実際に直面している状況をじっくり見つめ、たくさんの野心のうちいくつかをふるい落とす。つまり野心に絶対的な優位性はなく、戦略策定のスタートラインにつく資格すら与えられていない。前に進むためには野心や価値観を選別する必要がある。

それに、ある特定の状況で抱いた野心が所与の条件にふさわしいとは限らない。ＧＥ（ゼネラル・エレクトリック）は二〇一五年に、五年以内に「ソフトウェアでトップテンに入る」という戦略を掲げたが、現在では巨額の資金を注ぎ込んだＧＥデジタルは大失敗だったと見なされ、売却に四苦八苦している。クルーズ船の運航は二〇二〇年までは極上の楽しみを提供する事業だったが、新型コロナウイルスに見舞われたいまとなっては、ダーティなイメージを払拭するのに必死だ。ＧＡＰもトレンディなデニムで業界トップになることをめざしていたが、いまや生き残りすら危うい。

課題の診断

診断は戦略策定の出発点である。ネットフリックスの場合、価格、コスト、競争相手、顧客の購買行動、好みの変化など知っておくべきことは多数ある。事業内容を分析し競合他社と比較する仕事は、コンサルタントの得意分野だ。ネットフリックスの場合にとくに知りたいのは、会員の購買行動である。生まれも育ちも文化的背景も異なる多様な会員は、作品の種類、新規性、ストーリーライン、変化、価格設定などの要素にどう反応するのか。また競合他社は現状にどう対処しているか。

コンサルタントはこれらについてきっとお決まりの二〇〇ページほどの報告書を上げてくるだろう。問題はそのあとだ。動画配信大手がしのぎを削る将来について、あなたならどんな戦略を考えるだろうか。

経営者は意思決定者だとよく言われる。そして意思決定に関する理論が次々に開発されてきたが、どの理論も結論を一言で言えばこうなる。最も大きい収穫が得られる行動、経済用語で言うなら効用を最大化できる行動を選びなさい。これはつまり、行動の選択肢がいくつかあって、それを一つひとつ吟味し、いちばん良さそうなものを選ぶということだ。だが経験豊富な経営者でなくとも、それはおかしいと気づくだろう。いったいその「選択肢」はどこから来たのか？

戦略を立てるとは、単に目標を掲げることでもなければ、決定を下すことでもない（Aをすれば必ずBになるとわかっているなら意思決定と言えるかもしれないが、そういうケースはまずない）。チェスの駒を一回動かすごとに勝利の確率がどう変化するかがすぐにわかるなら、ゲームを進めるのは容易になるだろう。だが実際には「こうすればこうなる」とわかっているわけではない。いくつもの定石を覚えておき、どこが勝負どころかを見きわめながら進む。相手の弱点とおぼしきところをうまく突いて一気に勝利に近づける勝負の分かれ目はどこか、そこを見抜くことが決め手となる。

三種類の課題

戦略策定は問題解決の特殊な形である。「特殊」と断ったのは、学校時代によく宿題に出された問題のように明文化されておらず、何が問題かはっきりしないうえ、はるかに複雑だからだ。戦略について語るときには「問題」より「課題」のほうがふさわしいだろう。前者は「数学の問題」とか「家庭の問題」のように重圧のかかる困った状況を想起させる。だが戦略課題はそうした困難な状況だけでなく、大きなチャンスでも生じる。好機をいかに逃さずに活かすか、ということもまた課題である。

戦略課題はおおざっぱに分けて三つの形をとると私は考えている。選択に関する課題、工学設計上の課題、それから途方もなく困難な課題である。私がよく扱うのはこの最後のものだ。当然ながら企業は簡単な課題には助けを必要としないからである。

選択に関する課題は、選択肢はすでにあきらかになっているが、不確実性や数値化できない要素があって選ぶのがむずかしいときに生じる。戦略的な選択を迫られる状況としてよく見受けられるのは、大規模あるいは長期の投資や契約をすべきか・すべきでないかというときだ。たとえばあなたはオーストラリアに炭鉱を所有しているとしよう。中国が年間購入量を大幅に増やしたいと申し入れてきた。中国とどんな形の供給契約を結ぶべきか？　契約がまとまったら港までの鉄道と港湾整備に投資すべきか？　港の規模はどの程度が望ましいか？

工学設計上の課題は、何かまったく新しい製品や構造物を構想するケースで生じる。工学部で構造力学や材料力学を学べば、たとえば橋の鉄骨やワイヤーにどんな力がかかるのかを分析し計算できるようになる。それに、いくつかの定型的な橋梁パターンに倣《なら》って設計することも可能だろう。だがノルウェー道路庁がフィヨルドをトンネルと橋で通過する同国史上最大の道路建設プロジェクトを発足させたときには、景観や環境や船の航行に配慮しながらどうやって橋または水中トンネルを作るのか、まずは想像しなければならなかった。一部のフィヨルドは深すぎるため浮橋にする案が検討されており、完成すれば世界最長の浮橋となる。選択に関する課題とは異なり、この場合にはあらかじめ用意された選択肢は存在しない。だが現代の工学の力はすばらしい。構造、水流、風などの負荷の精緻なモデルが存在するおかげで、想像上の設計を数学的にテストし、実際に作り始める前にシミュレーションをすることができる。

そして、途方もなく困難な課題である。用意された選択肢はなく、設計をテストする工学的なモデルもない。そもそも解決策が存在するかどうかも定かではなく、どう行動したらどんな結果に結びつくかも予測できない。

こうした手強い課題に取り組むときには、その課題の本質を見きわめることが重要である。いったい何が起きているのか。解決を困難にしている最大の原因は何か。どの障害物は取り除けそうか、どの制約は緩和できそうか。

ネットフリックスの課題

ネットフリックスのCEOリード・ヘイスティングスの立場に立ってみると、同社の直面する課題として以下の点が挙げられよう。

・ネットフリックスが直面する最大の問題は、同社が他人の著作物を貸して成長してきたことにある。だがこのやり方は未来永劫続けられるものではない。ディズニー（ESPN、ピクサー、ルーカスフィルム、FOXを含む）、ワーナーメディア、MGM、NBCユニバーサルなどが制作した膨大なコンテンツ群がいずれネットフリックスやアマゾンからそっくり引き揚げられることは必至だ。コンテンツ争奪戦は激化する一方だろう。

- ストリーミングサービスはどこも定額制になり、オリジナルコンテンツで会員をつなぎ止めようとしている。となれば会員の懐《ふところ》具合次第で、あるいはコンテンツが飽きられたときに、市場は飽和状態になるだろう。そうなったときどうするのか。
- ネットフリックスのオリジナルと称するコンテンツの大半は、ここ一世紀にわたって動画産業を支配してきたスタジオ（ワーナー・ブラザース、ライオンズゲート、パラマウント、ソニーなど）と契約して制作されている。このようなやり方はいつまで続けられるのだろうか。
- ネットフリックスが劇場公開するようなクオリティの高い映画制作に乗り出した場合、いま挙げたスタジオと正面切って競争することになる。となればネットフリックスはいつまでもB級品の制作に甘んじざるを得ないのだろうか。
- 国外市場、とくにヨーロッパ以外の市場での利益率は相変わらず低い。
- ネットフリックスが提供するドラマシリーズの一部はたしかにA級品である。しかしアマゾン、ディズニー、アップル、フールーなども参入して競争は激化しており、ライセンス料や出演者へのギャラがかさめば赤字に転落しかねない。

・ネットフリックスの新規会員獲得コストは上昇している。二〇一二年は三〇〇ドルだったが、二〇一七年には五〇〇ドルに膨らんだ。
・キャッシュフローは大幅にマイナスである。事業拡大のための追加的な債務は増える一方だ。
・好みがおおむね共通する会員の数を増やすことができるとすれば、かさむコンテンツ制作費を広く薄く会員に転嫁できることになる。そうなれば利益は拡大するはずだ。だが国外事業の拡大は、好みが似た会員の獲得につながるのだろうか。

いくつもの戦略課題に直面する状況で最重要ポイントに集中することの重要性を示すために、ここでネットフリックスがとりうる行動としてすぐに思いつく選択肢をいくつか挙げておこう。

1　国内シェアを守るために、月額料金を四ドルに抑えてディズニーと真っ向勝負に出る。スマートフォンとモバイル端末用にはこれより低い料金プランを設定できるはずだ。このプランは漫画など子供向けエンターテインメント中心とする。月額一〇ドルで全部視聴できる大人向けも用意する。

2　「ニューハリウッド」をめざす。オールドハリウッド独特の権力闘争やパワープレイやスター志向から脱却して資金面・文化面の負担を減らす。テレビドラマ『ジ・オーエー』や『オレンジ・イズ・ニュー・ブラック』からわかるように、支持されるコンテンツを制作するのにスターは必要ない。スターの起用にはコストがかかりリスクが大きい。この路線を突き進むなら会員数を大幅に増やす必要があるし、資本市場からの資金調達を維持する必要もある。つまり大きな失敗は許されない。

3　MGMのようなスタジオを買収する。ネットフリックスの時価総額は二〇一八年初めの時点で九〇〇億ドル近かったのだから、十分に可能だ。そうすれば、膨大なコンテンツライブラリと動画制作の能力がそっくり手に入る。ただしこれは、2の「ニューハリウッドをめざす」とは方向性が逆になる。

4　ブロックバスターを狙う。たとえば全世界で熱狂的なファンを獲得したHBOの『ゲーム・オブ・スローンズ』のような。このような大ヒット作が生まれると、それを見たいがために加入する人がどっと増える。ただし、どうすればブロックバスターを生み出せるのかはわかっていない。

5　好みの異なる会員に対応して、別ブランドのストリーミングサービスを複数立ち上げる。サービスを細分化して会員を切り分けることで、料金プラン引き上げの余地が生まれる。

6　国外市場に関しては、先進国にフォーカスする。この場合、とくに英語圏（カナダ、オーストラリア、ニュージーランド、イギリス）が重要ターゲットとなるだろう。これらの国は好みがおおむね似通っているし、所得水準も高く、高品質の動画配信サービスにお金を出す余裕がある。ネットフリックスはすでにこれらの地域に進出しており、この路線を追求すれば、新たなコンテンツ制作にこれまでのノウハウを活かすことができるだろう。

7

6の「英語圏にフォーカスする」とは逆に、全世界でサービスを展開する。この場合はコンテンツ制作の予算を縮小し、世界各国の制作者によるコンテンツを流通させることにフォーカスすべきだ。二〇一八年初めの時点では、すでにドイツの『ダーク』、スペインの『ペーパー・ハウス』、インドの『聖なるゲーム』、ブラジルの『3％』などネットフリックスが配信した各国の制作会社の作品がヒットしている。

課題の最重要ポイント

途方もなく困難な課題は、行く手を阻むバリケードにたとえることができる。角材とワイヤーでがんじがらめになっていて、押しても叩いてもびくともしない。だが急所を見つけ、頑丈に結び合わされたワイヤーのある一カ所を断ち切ると、バリケードはバラバラになり、簡単に突破できるようになる。このワイヤーの結び目が最重要ポイントだったわけだ。

ネットフリックスが直面している最大の問題は、この先いつまでも既存の制作会社には頼れないことである。動画配信サービスでは、人気コンテンツの確保と会員数の拡大が重要だ。会員数が増えればコンテンツに投じる資金を増やすことができるうえ、会員数に対して必要な作品数の比率も下がる。会員数が二倍になったからと言って作品を二倍用意する必要はないからだ。そうなると会員規模だけが重要のように見えるかもしれないが、単に料金さえ安ければそれでよいという人は別として、よいコンテンツがあるからこそ人々はそのサービスに魅力を感じるのである。

競争では非対称性すなわち競争相手とのちがいを探すとよい。たとえばフォンテーヌブローの「犬のお尻の屋根」では、背の低いボルダラーにとっての難所も背の高いボルダラーにはさしてむずかしくない。あるいは、軍隊Aは規模が大きいのに対し、軍隊Bは練度が高い。X社は技術力は高いが物流が弱いのに対し、Y社は逆である、というふうに。ネットフリックスの場合、国外事業における優位とアンバランスに私は興味を持った。ネットフリックスは早い段階で国外進出を果たしており、英語圏およびヨーロッパの一部とトルコで会員数を順調に伸ばしてきた。ディズニーをはじめとする各社も国外事業に力を入れているが、制作拠点は引き続きアメリカに置くと予想される。この状況では、ネットフリックスは国外での制作をテコ入れし広くグローバルな視聴者にアピールすることで優位に立てるのではないだろうか。

私の見立てでは、ネットフリックスがいま直面する状況の最重要ポイントは、現在のグローバルな優位性を活かすことにある。国外でのコンテンツ制作を増やし、国内・国外市場の両方に供給しうる作品を潤沢に確保できれば、現在の優位性を一段と強化できるはずだ。

＊

課題を診断する段階から解決策を考える段階へ移るときには、ちょうど次のホールドへジャンプするときのような勇気と大胆さが求められる。ネットフリックスが直面しているような途方もなく困難な状況ではとくにそうだ。困難を解決する方法はおそらく何通りもあるだろう。次の段階では複数の選択肢から最善策を選ぶことになる。そして最後に、それを具体的な一貫した行動に落とし込む。ここで強調したいのは、解決策を考えるプロセスではあなたの判断力が求められることだ。このプロセスではいくつかの前提や条件を正しいものとして設定することになる。また複数の選択肢を評価するプロセスでも判断を下すことになる。

ネットフリックスの場合、最重要ポイントの分析から私の行き着いた解決策は、国外でのコンテンツ制作を促進すると同時にネットフリックスを人気の配信手段にするメカニズムを探すというものである。会員規模の拡大は収益を増やすうえでもちろん重要だが、それだけでは十分ではない。国境を越えてヒットするコンテンツを創造するのはそう簡単ではない。ネットフリックスはそのためのノウハウを編み出し共有することはできるのか。それは収益増につながるのか。脚本、演技、制作のスキルを大幅に向上させることは可能か。人工知能（ＡＩ）が進化すれば、英語作品を低コストかつ短時間で翻訳することが容易になるのか。ネットフリックスに関して他の選択肢を書き出すこともできるが、ここではこれ以上の戦略のシミュレーションは行わない。さしあたっては課題の診断と最重要ポイントの特定とはどのようなものか、読者にイメージを摑んでいただければ十分である。

＊

課題を診断したうえで解決を考え抜くことこそ、戦略を立てる最善の方法である。課題を分析すると同時に手持ちのリソースを点検し、最大の難所を乗り越える方法を練る。今日では役に立つ分析ツールが豊富に存在するし、シミュレーションや問題解決のためのノウハウ（他の状況との類比、視点の転換、成功した方法の応用など）も潤沢にある。だがこれらはあくまできっかけや刺激となるにすぎない。用意されたリストから戦略を選ぶということはできない。戦略はあなたが考え出すものだ。診断に基づいて解決策をあなたが何通りか考え、その中から最善と判断したものをあなたが選ぶ。そして具体的で一貫性のある行動計画に落とし込んでいく。

第2章 課題を解きほぐす

まだ駆け出しだった頃、私は戦略策定とはデータ分析だと考えていた。データを集め、コンサルタントや学者の作ったフレームワークをそこに当てはめる。次に一定期間における製品、価格、地域、競争状況などを分析し、競争優位を数値化するという具合だ。たとえば航空会社だったら、ある会社の利益率が他社より高い原因を路線別に分析する。雑誌だったら、記事一本あたり、写真一枚あたりのコストを詳細に分析する、等々。だがやがて私は、この種の分析は何かの役には立つにしても、戦略を生むわけではないと気づいた。データをいくらながめたところで、事態を改善する方法が自然に浮かんでくるわけではないのだ。

すぐれた企業経営者から学ぼうと、私は彼らを仔細に観察するようになった。ひたすら社員の尻を叩くタイプもいれば、雄弁だが内容空疎なタイプもいる。戦略とは計画を立てることだと考える人もいれば、財務目標を掲げることだと考える人もおり、長々しい「やることリスト」を作成することだと考える人もいる。鋭い洞察力を備えみごとな戦略を立てるが実行に移す勇気に欠ける経営者も少なからずいた。

さいわいにも、一部の経営者は戦略家としても一流であり、彼らから私は多くを学ぶことができた。

- シェルの伝説的な戦略担当者ピエール・ワックからは、状況を形成する要素の相関関係に注意すること、行き過ぎと揺り戻しの前兆となる変化に警戒することを学んだ（ワックはシナリオ分析によって二度の石油ショックを予想し的中させた）。
- アップルのスティーブ・ジョブズからは、並外れた率直さと誠実さでもって虚偽や見せかけを突き破り問題の本質に切り込むこと（そして周囲の人間にいやがられること）を学んだ。
- 国防総省総合評価局局長のアンドリュー・マーシャルからも学んだ。彼は状況を正しい視点で捉えて議論を正しい方向に導く鋭い直観を備えている。冷戦を米ソの長期的競争と再定義した彼の画期的な論文の結果、アメリカの政策当局は軍拡一辺倒から経済・社会政策にまで検討範囲を拡大することになった。

- インテル会長のアンディ・ブライアントからは、規模の大きい複雑な組織でも技術的優位を持って競争していけることを学んだ。
- レッドゲート・ソフトウェアのサイモン・ガルブレイスからは、診断の大切さを学んだ。彼は大局的な見方に長《た》けており、全体を俯瞰してグランドデザインを描くことができる。

ここに挙げたようなすぐれた経営者たちは、端的に言って人とはちがうことをする。どこがどうちがうのか、観察するうちにわかってきたことがある。

まず、戦略に長けた経営者はデータを見ることにも分析結果を知ることにも熱心だが、そこで止まることはない。最も困難なポイントはどこか、逃してはならない好機はどれかを見きわめ、そこにフォーカスし、難関を乗り越えチャンスを摑む具体的な行動に移す方法を考え抜く。どこが成否を分ける勘所なのかを理解する鋭い「嗅覚」を備えているし、そこに全エネルギーを集中させることができるのだろう。もちろん経営者である以上、業績は気にする。だが業績目標と戦略を混同することはない。また、出来合いのリストやコンサルタントのマトリクスや戦略チームのプレゼンから戦略を選ぶようなことはしない。さらに重要な特徴は、戦略を「わが社は将来こうありたい」といった類の固定的な目標や願望とは考えていないことだ。言うまでもなく勝利や利益や成功に対する野心はあるにしても、戦略はそれを叶えるためのものではない。戦略とは実際に組織が直面する困難な課題と好機にどう取り組むか、それを考えることだと理解している。

じつのところ、途方もなく困難な課題は分析しただけでは解決できないし、既存のフレームワークも適用できない。しかるべき解決策は、注意深く診断して問題がどんな構造になっているのかを理解し、要素を再構成し、再検討し、問題を切り分けて的を絞り、類例を探し、ひたすら考えるというプロセスの中から浮かび上がってくるのである。だから戦略は選ぶものではなくゼロからデザインするものであり、目的への道を描き出す創造と言うべきだろう。なぜ「創造」なのかと言えば、洞察力と判断力の産物だからである。だから戦略は既存のフレームワークに基づいて導き出すものではない。このことは、知識だけでは不十分であることを意味する（もちろん知識は必要である）。

戦略をデザインするという困難な作業について、インダストリアルデザインの専門家であるキーズ・ドルストが書いた論文がある。その中でドルストは最重要ポイントに照準を合わせるやり方をみごとに解説している。

経験豊富なデザイナーがまったく新しい設計に取り組むときには、まず相反する重要な要素、矛盾する要素、両立し得ない要素がないかを探し、そこに注目する。問題の解決をむずかしくしている元凶はいったいどれなのか、と自問するわけだ。その元凶の本質を満足のゆくまで理解するのが先決で、解決方法を考え始めるのはそのあとだ。[*1]

ドルストは、課題の最重要ポイントは解決を阻む何かだと捉えている。それが存在するがために解決が困難になっている何かだ。逆に言えば、その勘所を突けば解決が一気に見えてくる。ちょうど要石《かなめいし》を抜き取ればアーチ全体ががらがらと崩れ落ちるように。重要なのは、この最重要ポイントに注意を集中することだ。要石に当たるようなものがないだろうか。解決のヒントがどこかに潜んでいないだろうか……。

借り物からは真の戦略は生まれない

戦略は誰かが用意してくれた原則から導き出せるものではないにもかかわらず、この過ちを犯す経営者が後を絶たない。ここではそうした経営者の例として、特殊紙の中堅メーカー、パラダイム（仮名、以下関連する人物もすべて仮名）のCEOカール・ラングを取り上げる。[*2]ラングは私に戦略の評価をしてほしいと依頼してきた。「取締役会が外部評価を求めている」という。そこで私は何人かの経営幹部と面談し、彼らが準備した書類に目を通した。

カールが最初にやったのは目標を明確にすることである。「会社としては目に見える数字として結果を出したい。具体的には、総資産利益率（ROA）九％以上、市場シェア二五％以上、売上高成長率年一〇%が目標だ」と彼はぶちあげた。

次に経営チームはマイケル・ポーターの『競争優位の戦略』(邦訳：ダイヤモンド社)をひもとく。彼らがいつも頼るのは、戦略を四タイプに分類したおなじみのポーターのマトリクスである(図5)。

パラダイムの戦略チームは、ここから右上の広い市場を対象とする差別化戦略を選んだ。同社は伝統的に、特殊な形状やサイズなど製品の多様性で勝負してきたからだという。[*3]

続いていわゆる「事業戦略」を決めた。このときチームが参考にしたのは、業界誌に掲載されていた論文である。この論文によると、事業戦略としては次のようなものが考えられるという。

・継続的改善
・設備稼働率の向上
・ジャストインタイム方式の導入または徹底
・アウトソーシング化

図5　ポーターの基本戦略

		競争優位	
		低コスト	差別化
対象市場	広い	**コストリーダーシップ戦略**	**差別化戦略**
	狭い	**コスト集中戦略**	**差別化集中戦略**

・新製品の市場投入までに要する時間の短縮

戦略チームは最後の「新製品の市場投入までに要する時間の短縮」を選んだ。理由がふるっていて、他の項目は現実的に考えて実行不能だからだという。パラダイムの製造設備は古く、本社とは別の州にあるうえ、労働組合が強力で、経営幹部といえども製造現場にあれこれ口を出すことはできないのだそうだ。

カールは、論理的な手順を踏んで戦略を策定したいと考えていた。そうすれば取締役会で何か言われても堂々と反論できるからだ。彼は、「差別化戦略」と「新製品の市場投入までに要する時間の短縮」という戦略が妥当であること、また総資産利益率九%以上、売上高成長率年一〇%という目標と整合性があることを取締役会で説明してほしいという。もちろんそんなことができるわけがない。カールの戦略はパラダイムが直面する課題と何の関係もないからだ。

パラダイムの抱える根本的な問題は、製造業でありながら製造を効果的に統率できていないことと、大口顧客はどこも成長率の低い大企業であることだ。この点を私が指摘し、戦略チームがそこにフォーカスするようになると、次第にまともなアイデアが出てきた。数カ月におよぶ検討、再検討の末、カールはごくまっとうな戦略を策定した。販促および営業の対象を急成長中の小規模企業にシフトすること、製造部門を標準品グループと特注品グループに分割して効率化を図ることである。私に貢献できたことがあるとすれば、財務目標やありきたりの戦略をもっともらしく掲げるのをやめさせ、現実の課題をしっかり見つめさせたことだけだった。

演繹と設計

カール・ラングはいわゆる戦略「フレームワーク」から自社の戦略を導き出そうとした。あの有名なポーターの「5フォース分析」やチャン・キムとレネ・モボルニュの「ブルー・オーシャン戦略」などだ。こうしたフレームワークは、ある状況で重要な要素に注意を促すツールとして用意されているのであって、これを使えば特定の状況に適した戦略を導き出せるわけではない。

経営者の中には、自分の望む業績目標から戦略を逆算して導き出す人もいる。たとえば「今後五年間、売上高を年二〇％伸ばす」と決めて、そのための戦略を考えるわけだ。このやり方はうまくいかないと断言できる。なぜなら目標はその実現方法を語ってくれるわけではないからだ。もし経営者が「潜在的な大口顧客にフォーカスする」といった方針を打ち出した場合、そこには課題が隠れている。こうした方針を打ち出すからには、これまで大口顧客にフォーカスしてこなかったのか。それはなぜか。この方針転換のためにどんな改革が必要なのか。

戦略について理解を深めるためには、演繹と設計のちがいに注目することが意外に有効だ。演繹という概念を最初に取り上げたのはユークリッドである。彼の主著『原論』は紀元前三〇〇年に書かれた。高校生になると、私たちはユークリッドが示した幾何学の公理や公準を学び（「同じものに等しいものは、また互いに等しい」「すべての直角は互いに等しい」等々）、これらを使って幾何学的な関係性を導き出す。演繹という概念は、所与の条件や事実から出発して何らかの結論を証明する論理そのものに非常に近い。

ニュートンの万有引力の法則の下で、火星と地球の位置と軌道を知っていれば、地球を出発して火星に到達する宇宙船に必要な速度を導き出すことができる。ユーザーの音楽視聴の履歴をもとに、ウェブサービスは的確に次の「おすすめ」を提案することができる。このように、演繹はきわめて強力な推論手法であり、数学と物理学においてすばらしい成果を挙げてきた。

黒板に数式を書いているだけだと思っていた物理学者が原子爆弾で都市を吹き飛ばせるとわかると、経済学者などの社会科学者は現実の行動を観察することをやめてしまい、物理学者のように演繹的体系を構築することに俄然興味を示し始める。その結果が、人間の実際の行動とは乖離し、理論と数式が満載された現代の経済学である。現代の主流派経済学と呼ばれるものでは、個人も企業も自己利益の最大化を図るとされている。利益は必ずしも金銭に換算できないため、「効用」と曖昧に呼ばれる。

しかし産業組織を研究したハーバート・サイモンは、企業の意思決定が主流派経済学で言うような自己利益の最大化にはなっていないことを発見する。彼はこの業績により一九七八年にノーベル経済学賞を受賞した。人間は経済学が想定するような完璧に合理的な生き物ではない。

人間の合理性には限界があるのだ。もちろんそんなことは誰でも知っているが、どうやら経済学者は知らなかったらしい。

チェスの初心者は、その場その場で得になる行動を選びがちだ。これに対してチェスの名手は盤面を広く見て最善の手を打つことができる、とサイモンは言う。彼らはさまざまな局面に遭遇し、そのたびにどんな手がベストかを考え抜いてきたからだ。とはいえチェスの名手が対局中にどんなふうに考えているのか質問すると、自分の思考パターンをうまく言葉にできないことが多い。「そうですね……あのときはQb5（b5のマスに移動したクイーン）に集中していて……」などと言ったりするが、どうしてそこが局面の勘所だと考えたのかは説明できない。

経済学者たちはだいたいにおいて、サイモンがノーベル経済学賞を受賞したことに気を悪くした。なにしろ多くの経済学者は複雑な数式から行動を演繹することに夢中で、実際の人間の経済行動を研究することを放棄してしまっていたのだから。

ここでハーバート・サイモンに登場してもらったのは、彼が演繹と設計のちがいに言及したことがあるからだ。サイモンによれば、自然科学が自然界の理解から始まるのに対し、人間の目的に役立つよう「モノがどうあるべきかを考える」ことが設計の基本だという。さらに専門教育について述べた彼の言葉は私に強い印象を与えた。自然科学を教える学部がカリキュラムから設計思想、つまり一から考えることを外してしまったのは「今世紀における皮肉」だという。「工学部は次第に数学と物理学を、医学部は生命科学を、経営学部は有限数学を教える学部になってしまった」[*4]

私自身の経験からも、サイモンの意見は正しいと感じる。大学や大学院では、設計ではなく演繹を教えるようになっている。一流大学の教授たちにとって、構造物や機械の設計は現場で教えるようなこと、たとえば自動車の修理や溶接みたいなもので、確率論的モデルの構築とか選択バイアスの統計分析といった高尚な知的活動の足元にもおよばないらしい。

ＭＢＡプログラムでマーケティングを勉強するとしよう。すると消費者の購買行動モデルだとか市場セグメントの概念といったものをたくさん教わるはずだ。だが実際の企業がどんなふうにマーケティングを行っているのかについてはほとんど知らないままに終わる。学生は消費者行動論から実社会のマーケティング・プログラムを導き出そうとして途方に暮れることになる。

金融を勉強する場合には、証券価格に関する膨大な理論を詰め込まれるにちがいない。だがもしあなたが投資銀行家になりたいなら、ビジネススクールへ行くよりもどこかよそへ行って現実の世界のすばらしくも複雑なディールを学ぶほうがいいだろう。金融理論から実際の取引のしくみを導き出すことはできないのだ。

ＭＢＡプログラムで戦略を勉強する場合には、いくつかのケーススタディを通じて古典的な事業戦略の成功例を学ぶことになるだろう。問題なのは、先生たちがそれをお気に入りの産業組織論の成功例として扱うようになってきたことだ。だが理論からよい戦略を導き出すことはできない。戦略を設計するときには、想像力と、実際に使われている戦略の知識を組み合わせ、それぞれ使えそうなところを活用することが必要だ。今日の工科大学院やビジネススクールの問題点は、いくつかの理論と演繹的推論を教えるだけで、実物のバリエーションを教えないことにあると感じる。

カリフォルニア大学バークレー校の四年生だった頃、私は電気工学を専攻しており、とくに大型発電機などの大規模な発電システムに興味を持っていた。発電機について学べるコースは一つしかなく、私はそれを選んだのだが、教わったのはテンソル解析だけで、発電機は見ることも触ることもなかったのである。[*5] テンソル代数さえ理解していれば、どんな発電機の出力性能もモデル化できるということらしい。だがこれでは発電機が実際どんなものかは皆目見当がつかないし、それをどうやって設計し組み立てるのかもさっぱりわからない。要するに電気工学科で学んだのは数学であって、工学ではなかった。物足りなく思った私はコンピュータ科学に専攻を切り替える。こちらの学科では設計をいくらかでも学べるからで、実際に私はフィードバック制御系の設計を勉強した。

数年後に私はＮＡＳＡのジェット推進研究所（ＪＰＬ）で技術者として働くようになり、システムデザインを担当する。仕事は、未来の宇宙船の初期設計である。その頃母校を訪れた際に、かつて教わった先生にこんな相談をした。宇宙船が抱える重大な問題の一つは、時間が経つと故障する部品が多いことだ。部品を携えた修理工を派遣するわけにはもちろんいかないから、感度の悪くなったセンサーや反応しなくなった無線装置をどう復旧させるか絶えず頭を悩ませている。もちろん信頼性評価や信頼度指数の計算はしている。だがそもそもどうして故障するのかはっきりわかっていないのが悩ましい、云々《うんぬん》。先生は首を振った。「数式化できないものは工学部では扱えないね」

途方もなく困難

前段でネットフリックスを取り上げたとき、「途方もなく困難な課題」という言葉を使ったことを覚えておられるだろう。この「途方もなく困難」とはどういうことか、もうすこしくわしく説明したい。[*6]

・問題自体の明確な定義ができない。問題は何かを理解しその最重要ポイントを見きわめることが戦略策定の大きな部分を占めるが、途方もなく困難な状況では、そもそも「問題」がはっきりしないのである。どうも何かうまくいっていないという感じ、もうすぐとんでもないことになりそうだという予感があるだけだ。

・個人にせよ組織にせよ、だいたいにおいて目標が一つしかないということはない。二五歳だったときの私のように、あるいは私が想像したリード・ヘイスティングスのように、人間はさまざまな野心や願望や目標や計画を抱いている。しかし全部を一度に実現することはまず不可能であり、たくさんの中からこれという目標を決めることは途方もなく困難な問題の一部である。

- 解決策が二者択一ということはめったにない。ほかにも必ず策があるはずで、他の選択肢を探すか想像しなければならない。侵攻か封鎖か、A社を買収するかしないか、といった白黒のはっきりした選択は、短絡的な部下か既得権益を持つ関係者があらかじめそのように仕組んでいるのだ。熟考すればほぼ確実に他の案が浮かんでくるはずである。
- 考えられる行動とその結果との関係がはっきりしない。いくつかの解決策のどれが妥当なのか、専門家の間でも意見が割れている。途方もなく困難な状況では、事実の解釈が何通りもあり、望ましい結果を実現するにはどう行動したらいいのか、道筋が見えにくい。

このような状況にどう取り組み、どう解決策を練ったらよいのか。そもそも何が問題なのかもよくわからないのに？　個人であれ組織であれ、直面する問題すべてにいっぺんに取り組むことはできない。そこで大事なのが、直面する難題のどこが勝負どころなのか、つまりどこが最重要ポイントなのかを見きわめることだ。ただし、すべてのリソースを投じれば（ほぼ）確実に乗り越えられると妥当に判断できるポイントでなければならない。

混沌とした状況を整理して最重要ポイントを見定め、ここをアタックすれば成功すると呼びかける役割を果たすのが、戦略的なリーダーである。全力で立ち向かえば行けそうだと思わせてくれるからこそ他の人はこのリーダーに従う。手もつけられそうもなかった問題がなんとかなりそうだと感じられることが重要なのである。

たとえばいまやスーパーヒーロー映画で世界的に大人気のマーベルは、一九九七年に倒産し、九九年にようやく再出発を果たした状態だった。手元にあるのはコミック出版事業と玩具事業、それに巨額の債務だけ。マーベル・コミックには熱心なファンがついていたものの、世間一般の知名度は低い。結局、債務の大半は、マーベル・コミックのキャラクターを玩具やゲーム用にライセンス供与することで返済するほかなかった。次に商機があると考えられたのは、キャラクターを使った映画制作である。しかしここで、古典的なニワトリとタマゴ問題が生じた。マーベルのキャラクターを主人公にした映画制作の実績がないため、スタジオ側が提示するライセンス料は低い。映画がないからコミックファン以外はキャラクターを知らない。おまけにマーベルの抱える四七〇〇ものコミックキャラクターのうち、ハリウッドが食指を動かしたのはスパイダーマンとX-MENだけだった。

スパイダーマンをソニー・ピクチャーズへ、X-MENをFOXへ、どちらもひどく安くライセンス供与した後、マーベルの社長のケヴィン・ファイギはここからが正念場だと考える。最重要ポイントは、残りのキャラクターをどうにかして価値のあるものに生まれ変わらせることだった。ファイギは、キャラクター全員を同じ架空の宇宙《ユニバース》の住人ということにし、キャラクターをまとめた大きなグループを作って価値を生み出す案を練る。そしてウォール街で資金調達して制作費を確保すると、マーベル・シネマティック・ユニバース（MCU）の第一作として『アイアンマン』を制作し、これが大ヒットとなった。その後に二八本ものスーパーヒーロー物が続く。映画にもテレビドラマシリーズ（一一本制作された）にも多くの同じキャラクターが登場する。マイティ・ソー、キャプテン・アメリカ、ウィンター・ソルジャー、ブラック・ウィドウ、ホークアイ、ヴィジョン、ブラックパンサー、等々。マーベルは二〇〇九年にディズニーに買収されたが、いまもMCUとして発展中である。

相反する願望と現実（生産能力を拡大したいのにスペースがない、新製品の試作品は好評だが他のヒット商品とのカニバリゼーションが心配だ）、ニーズ、手持ちのリソースなど、さまざまな条件が絡まり合う中で最重要ポイントを見定めてからでなければ、途方もなく困難な課題は解決できない。逆に言えば、そのポイントさえ解決できれば大きな問題の他の部分も一気に解決できるものだ。問題解決の専門家が言うとおり、「これだという解決にいたるためには、最低でも問題を深く分析しなければならない」のである。[*7]

最重要ポイントを突き止めることは、途方もなく困難な課題に取り組むときの第一の手順に当たる。そもそも途方もなく困難なのだから、どうにか乗り越えられそうな勝負所を見つけるのは容易ではない。さまざまな難題がもつれ合って、どこが糸口かまったく見えないことも少なくない。最重要ポイントを見抜く眼力を備えた人物も稀にはいる。たとえば国防総省総合評価局局長を務め「伝説の軍略家」と呼ばれたアンドリュー・マーシャルがそうだ。局長に登用された当時は冷戦中で、国防総省の高官連中は必ず勝てるという根拠のない自信を装っていたが、マーシャルは冷戦でソ連に対して効果的に優位に立つためのポイントを鋭く見抜き、アメリカは単に兵器を増やすのではなく経済・社会的な強みを活かすべきだと指摘した。私はマーシャルや発電大手トランスアルタのドーン・ファレルをはじめとするすぐれた戦略家が途方もなく困難な状況に取り組む際のアプローチを分析し、共通する手法を発見した。収集・分類・選別がそれである。

収集とは、直面する難題と機会をリストアップし、何も見落としがないようにする作業である。こうすれば、最初に思い浮かんだものから取り掛かるという愚を避けることができる。リストはたぶん、あなたが最初に考えたよりも長くなるだろう。ちょうど夏の休暇の計画を立て始めると、行きたいところ、見たいものがどんどん増えていくように。つまり、あなたが最初に思いついた問題点は完全ではなかった（したがって思いついた対策も不十分だった）。あなたにせよ、チームの他のメンバーにせよ、実際にはもっと多くのことを知っていたわけである。さらに外部の第三者や競合他社の見方を参考にすれば、より充実したリストを作成することができる（くわしくは第19章を参照されたい）。

分類では、リストアップした項目をグループ分けする。私自身は収集の段階でメンバー一人ひとりに問題点を挙げてもらい、カードに書き出して集めるという方法をとることが多い（第20

章を参照されたい)。すると、だいたい一ダースぐらい出てくる。だが、書き出された問題は複合的な性格のものであることが多いため、それを切り分ける作業が必要になる。その結果、難題や機会の数は二〇ほどに増える。次に、それらを共通点に基づいてグループ分けするわけだ。この作業は一人でやるとかなりむずかしい。さまざまな角度から見たり、あの人ならどう考えるだろうかと想像力を働かせたりするとよいだろう。

分類をしても、実際にはグループ間の境界は曖昧だろう。そもそも客観性のある明確な一線を引くことは求めておらず、課題の性質のちがいがわかればそれで十分である。より困難なもの、外部との競争に関するもの、社内の問題に関わるもの、より重大なもの、解決が容易なもの、先送りしても大丈夫なもの、等々。

収集と分類が終わった段階で、取り組むべきことが多すぎるし、絡んでいる利害も多すぎるとあなたは気づくだろう。そこで、選別が必要になる。まずはことの緊急性に基づいて順位をつけ、喫緊の課題をいちばん上にし、先送りできるものは下位に回す。神学者のデズモンド・ムピロ・ツツが言うとおり、「象を食べる唯一の方法は一回に一かじりすること」なのだから。

たくさんの課題の選別が終わったら、次は重要性と取り組み可能性を評価する。重要性とは、ここでは、組織の中心的な価値あるいは組織の存続を脅かすかどうか、または組織の飛躍的成長につながるような大きなチャンスかどうか、その度合いを意味する。取り組み可能性とは、個人または組織のリソースでもって現実的に解決が可能かどうかを意味する（くわしくは第4章を参照されたい)。

重要性よりも取り組み可能性を評価するほうが悩ましい。一部の課題はあきらかに取り組みが容易だろう。一部の課題はきわめて重要だが、手もつけられないように見えたりする。そして最重要ポイントは後者に潜んでいることが多い。

死活的に重要なのに手がつけられそうもない課題には、最大限の注意を払わなければならない。それを解決可能なピースに切り分けることはできないか。他の組織が直面している課題との共通性はないか。この種の課題に関する経験者やエキスパートが社内にいないか。どんな要因が取り組みを不可能にさせているのか、その要因は取り除けるか。アーチの要石のように、そこさえ打ち砕けば全体が一気に取り組みやすくなる最重要中の最重要ポイントはないか。あるいは困難な課題をパーツに分解したうえで、それぞれについて改めて収集・分類・選別のプロセスを行ってはどうか。

課題の最重要ポイントは、さまざまな条件、リソース面の制約、方針の衝突などが重なって摩擦熱を発するようなポイントである。たとえばアマゾンが初めてマーケットプレイスというサービスを導入したときがそうだ。マーケットプレイスでは外部の出品者がアマゾンのウェブサイトを介して商品を販売することができる。ここで難題は、取扱商品の範囲を拡大し売り上げを伸ばしてアマゾンに対抗する出品者が現れるのではないか、いずれ自社サイトを開設して全商品をアマゾンから引き揚げる出品者もいるのではないか、ということである。だからと言って外部からの出品に制限を設ければ、世界最大のウェブストアになることを目標に掲げたアマゾンの成長余地を狭めることになる。大胆な解決策の多くがそうであるように、この場合の解決策もあとから考えればごくシンプルだった。アマゾンは自前のロジスティックシステムを大幅に拡充し、マーケットプレイスの出品者にアマゾンの倉庫や配送サービスの利用を提案したのである。出品者からすれば、断るにはあまりに惜しい提案だ。かくしてマーケットプレイスで販売される商品は増える一方となり、他のほぼすべてのサプライヤーに対抗できるまでになる。

最重要ポイントのもう一つの例として、アップルを挙げよう。スティーブ・ジョブズは外部から調達せず何でも自前で作ることにこだわってきたが、この方針がアップストア（App Store）のコンセプトに完全に反することに経営陣は気づいていた。iPhoneのアップストアで外部のアプリを扱うようにすれば、アプリ開発者の間で競争が激化し、価格を押し下げる一方でクオリティは向上するはずだ。それによってiPhone自体の価値も高まる。内製にこだわっていたジョブズも納得し、安価でしかも使い勝手のよい大量のアプリはiPhoneの価値を大いに高める結果となった。

途方もなく困難な課題に取り組むとき、収集・分類・選別のプロセスを経て最重要ポイントにフォーカスしない限り、解決はきわめて困難になり、しかも長くかかるだろう。いや、解決できないかもしれない。

解決策の設計

途方もなく困難な課題について選別プロセスが完了しアタックするポイントが定まったら、取るべき行動を何通りか考えることが第二の手順となる。チーム内で出された案をすでにわかっている事実や知識と照らし合わせ、確実な情報と齟齬《そご》をきたすような提案は却下する。たとえば、低所得層向け集合住宅の建設が提案されたとしよう。過去には、そうした住宅では犯罪発生率が高くなりやすく、入居者にも地域住民にも多くの被害をもたらすことがわかっている。[*8] したがって取り締まりの強化や犯罪防止などの対策と抱き合わせにせずに単に住宅だけを建設すると、メリットよりデメリットのほうが大きいという結果になりかねない。過去の経緯を踏まえれば、低所得層向け集合住宅の建設には、構想段階から政策、都市計画、警察などを巻き込んだ総合的な戦略が必要だとわかる。

前章で取り上げたイーロン・マスクは、宇宙船を軌道に乗せるのに高いコストがかかる根本原因は、ロケットが再使用可能でない点にあると気づいた。再使用可能にすること、これが彼の課題の最重要ポイントだったわけである。この点を考え抜いたマスクは、燃料は機体よりはるかに安いとひらめく。再突入の際に逆噴射できるだけの燃料を積んで出発すればロケットを再使用できるじゃないか……。成否を分けるポイントをしっかり認識していたからこそ、こうした大胆な解決策に飛躍できたのである。例をいくつか挙げておこう。

・中国はロシアと同じく、税金も利益も政府が徴収し、国家計画に基づいて資金を配分する方式をとってきた。最高指導者だった鄧小平は、中国経済が抱える問題の最重要ポイントは効率（欧米流に言えば収益性）改善へのインセンティブが乏しいことにあると見抜く。そして「豊かになるのはすばらしいことだ」と述べた。貧困の平等を徳としてきた国ではまさに革命的な発言である。その後に鄧のとった最も重要な行動は、経済特区を設けて外資を導入し、モノやサービスを売るにあたって利益の最大化をめざしてよいとしたことである。この政策と輸出志向型工業化政策が相俟《あいま》って、中国経済の飛躍的発展につながった。

・シンガポールは一九六〇年の時点で高い失業率という深刻な課題を抱えていた。なにしろ小さな島国の人口の半分以上がホームレス居住区で暮らしていたのである。世界から寄付を募る案すら浮上した。だが当時首相だったリー・クアンユーは、課題の最重要ポイントはシンガポールのビジネス環境がきわめてお粗末だという点にあると考えた。環境を整備すれば世界から企業を誘致することができ、必ず発展できるはずだ。そこでリーはそのための首尾一貫した政策を（欧米の基準からするとかなり独裁的に）どしどし強行した。ホームレス居住区をなくし、労働組合をなくし、政情不安をなくす。私有財産法を強化する。経済環境の安定化を図る。麻薬の売人は処刑され、反体制活動家や労働運動家は刑務所送りになった。すると外資が流入するようになり、雇用は急増して、労働者のスキルが大幅に向上する。今日では三〇〇〇以上の多国籍企業がシンガポールに拠点を置いており、失業率はきわめて低く、一人あたりＧＤＰは五万八〇〇〇ドル、平均寿命は八四歳である。

・ウェブデザインを手がける37シグナルズの創業者兼ＣＥＯジェイソン・フリードは、二〇〇三年にある悩みを抱えていた。同社のユーザーベースの拡大に伴い、取引するコンタラクター、コンサルタント、デザイナーの数も増える一方であり、メールでの連絡が煩雑になっていたのである。メールにせよ、電話にせよ、エクセルにせよ、どれもこれも個別に運用されていて連動性がない。スプレッドシートの導入初期には、計算やグラフ作成は別途行い、データをインポートしたりエクスポートしたりしなければならなかったが、ちょうどあれのようなものである。そこでフリードのチームは、この悩みを一挙に解決するツールを自前で作ってしまおうと大胆な決断をする。こうして生まれたのが、タスク管理ツール「ベースキャンプ」（Basecamp）である。このソフトを導入すれば、チーム単位またはプロジェクト単位でＴｏ－ｄｏリスト、スケジュール、リアルタイムグループチャット、進捗状況、レポートなどの機能を共有できる。二〇〇四年の発売当初の顧客は四五社だったが、二〇一九年には三〇〇万社に達している。

・ウォルト・ディズニー・カンパニーは一九八〇年代に業績が悪化し始めた。映画もテレビアニメもほとんど利益を生まないうえ、乗っ取り屋が株を買い集める騒動まで起きる始末。彼らの狙いは、テーマパーク事業や映画事業に会社を分割して手っ取り早く儲けようというものだった。こうした中、パラマウントのCEOを務めていたマイケル・アイズナーが、大株主シド・リチャードソン・バスの後ろ盾を得て一九八四年にディズニーのCEOに迎え入れられる。アイズナーは、業績不振を解決するカギは『シンデレラ』をはじめ誰もが知っているクラシックなアニメ映画にあると考えた。どの世代にとっても、こうしたクラシックな作品はディズニーのシンボルである。だがこれらの作品は再上映されることはあっても、続編や特別編などが制作されることはなかった。なぜなら当時はセルを手描きする手法が採用されており、かつてはそれで採算がとれても、八〇年代にはもはやコスト倒れになることは明白だったからである。ここでアイズナーと社長のフランク・ウェルズは驚きの解決策を打ち出す。ディズニーの伝統を打ち破り、デジタル作画に投資すると決断したのである。新しいキャラクターの創作にも力を入れた。『ライオン・キング』『美女と野獣』『アラジン』などの大ヒットした新しいキャラクターは、映画だけでなく玩具、ゲーム、テレビ、ディズニーランドの乗り物などで利益を生み出し、大きなシナジー効果をもたらしている。アイズナーの手法には賛否両論あるものの、傾きかかっていたディズニーの再建を果たしたことはまちがいない。

ひらめきのメカニズム

戦略を立てるのはじつに心楽しい仕事である。何と言っても、知性とすばらしい結果とを結びつけられるところが魅力だ。洞察力を備えた戦略家は、他の人が気づかなかったこと、見落としていたことを見抜く。とはいえ創造的な戦略がどのように生み出されるのかはよくわかっていない。おそらくは知性の境界のような領域で何かが一瞬ひらめくのだろう。

そのひらめきはどんなふうに生まれるのか？　不意に湧いてくる、あるいは降ってくるとしか言いようがない。何かまったく別のことをしているときに前触れもなく浮かんできて、当人を驚かせたり興奮させたりする。「これだ！」という感じがして、確かめるまでもなくそのアイデアで行けることがわかったりもする。だがどうすればひらめきを起こせるのかはわからない。自分の思考経路をいくら振り返っても無駄だ。

認知神経科学では、ひらめきに関わる脳の活動の一部が解明されている。とくに興味深い発見は、ひらめきが起きる直前（一秒間）に右後頭葉視覚野で起きる活動だ。アルファ波という電気信号（六〜一〇ヘルツ）が出て、外部の感覚を一時的に遮断するという。視覚野へのこの刺激は、「ひらめき」という言葉がまさにぴったりである。[*9]

ひらめきは創造的な経験であり、それがよい戦略に結実するとわかれば多くの人と共有される。たとえば、のちにインテルの共同創業者となるゴードン・ムーアは一九六五年に、フォトリソグラフィ技術の登場でシリコンチップあたりの集積密度はもっと上がると気づく。これが毎年二倍になる（七五年以降は二年ごとに二倍）という予測がやがて「ムーアの法則」として知られるようになった。アマゾンのジェフ・ベゾスは一九九四年に、インターネットは紙の本を売るのに理想的な媒体だと気づいた。セールスフォース・ドットコムの創業者マーク・ベニオフは、これからはインストール型のソフトウェアではなく、クラウドベースのサービスの時代だと気づき、クラウドベースの顧客関係管理（CRM）システムを構想した。サム・ウォルトンは、ウォルマートの店舗は単なるディスカウントストアではなく物流結節点（ノード）なのだと気づいた。こうした鋭い洞察は、それまで見ていた世界の一部を変える。新しい見方のできなかった競争相手は取り残されてしまう。

　ひらめきについての研究によると、ひらめいた瞬間に喜びが込み上げてくるという。問題と解決の間の袋小路から抜け出せた！という喜びである。チャールズ・ダーウィンはビーグル号での航海のあと、長い年月の間に生き残る種と絶滅する種があるのはなぜか、頭を悩ませる。そしてひらめいたのが「自然選択」というアイデアだった。「たまたまマルサスの『人口論』を読んだことがあったので、どんな生き物も生き延びることに苦労しているのだという感覚を持っていた……それで、こうした環境ではそこに適した変異は保存され、適していない変異は捨てられるのだろうとひらめいたのだ[*10]」

　こうしたひらめきの瞬間は、必ずしも輝かしいばかりではない。つねに舞い上がるような歓喜に満ちていると考えるのはまちがいである。「やった！」というひらめきもあれば、「まさか！」となるひらめきもあるのだ。たとえばKマートの経営陣は、はじめウォルマートを田舎の雑貨屋だとみくびっていたが、実際には手強い競争相手であって自分たちの商圏を侵食しているのだと気づく。この洞察が喜ばしいものでなかったことは言うまでもない。

ひらめきは、得ようと思って得られるものではない。それでもいくつか手立てはある。まず問題の原因をわかっていないときには、解決策がひらめくことは期待できない。視点を変える練習を積み、状況を裏から見たり、斜めから見たりするとひらめきが得やすくなる。また、最重要ポイントに真にフォーカスすることの重要性を理解しているとひらめきは生まれやすい。さらに、過去の戦略の幅広いレパートリーも大いに役立つ。加えて、正しい出発点に立つことも大切だ。私自身は、まだ誰も疑義を呈していない前提、利害の対立、リソースの非対称性、当事者や関係者の習慣的行動や前例といったものにまず注目する。

アイデアを生み出す方法に関する研究はたくさんあり、ブレインストーミング、瞑想、見える化、他人の視点に立つ、仮定の質問、想像上のメンターなど、さまざまなやり方が提案されてきた。中には入眠時が最適だなどというものもある。だが思うにいちばんまっとうなのは、ジョン・デューイの言葉だ。彼はアイデアを生む最も信頼できる方法は「むずかしいと感じたところ」を「とことん考える」ことだと述べた。[*11] 課題を注意深く診断し、その構造を徹底的に分析し、最重要ポイントをとことん考える。このとき役に立つ方法を六つ挙げておこう。粘りぬく、類推する、視点を変える、暗黙の前提を言語化する、つねに「なぜ」と問う、無意識の制約に気づく、である。

1　**粘りぬく**：ひらめきが欲しいときに焦ってはいけない。困難な課題に直面して粘りぬくとは、「うまくいっていない」「道を見失った」という不安や焦りと向き合い続けることを意味する。何かアイデアが浮かんでも、それに飛びつかず、厳しく検証することが必要だ。そのアイデアがよさそうに思えても、ひとまず保留にして別の道を探すことを怠ってはならない。

私は何度か本格的に道に迷ったことがある。一度はニューハンプシャー州ワシントン山（標高一九一七メートル）の山頂で日没を見たあと、暗くなってからまちがった渓谷に下りてしまった。もう一度はイランの冬のダマーヴァンド山（標高五六一〇メートル）で高度のせいで頭が混乱し、積雪の中、まちがった下山ルートに踏み込んでしまった。またメイン州の森の中でも迷ったことがある。地面が平らでどの木も同じように見えるため、何回も同じところを堂々巡りした。

人は道に迷うと絶望的な無力感に襲われ極度の不安に陥る。どちらに向かえばいいのかわからない状態は非常に苛立たしいもので、何か手がかりはないかと焦り、最初のヒントに飛びつきたい誘惑に駆られる。[*12] あの二つの岩が重なっているあれは森の出口を意味しているんじゃないか、といった具合に。

途方もなく困難な課題に直面したときの感じはこれと似ている。一見すると手がかりは何もない。すぐに答えを出せないことにうろたえ、ついつい最初に思いついた答えや最初に出された提案にすがりたくなる。これらを頭の片隅に留めおいて別の道を探し続けるのはなかなかに苦しい。不安や焦りと向き合い続けるとはこういうことである。よさそうに見えるアイデアも別の角度から再検討し、粘りぬくことが肝心だ。

人は、賢明だが実行困難だったり時間がかかったり説得がむずかしそうだったりする解決策より、単純明快な解決策に惹かれがちだ。だからこそ一歩立ち止まって考え直すことが重要であり、これについては第20章でくわしく述べる。ある興味深い実験では、中〜上級のチェスプレーヤーに制限時間内でできるだけ少ない手数でチェックメイトさせる問題を出した。[*13] この問題では古典的な「窒息メイト《スマザード》」（味方の駒に囲まれて身動きできないキングがナイトでチェックメイトされる）を仕掛けることが可能になっている。ただし、少々わかりにくいがもっと少ない手数でチェックメイトに持ち込む手順もある。すると、中級プレーヤーはよく知っている窒息メイトの誘惑に負けやすい。しかしこの手順ではチェックメイトまで五手かかる。上級プレーヤーは問題を見てすぐに二通りの手順に気づき、三手で済むほうを選ぶ。

となれば、結論の一つはこうなる。上級者になること。つまり訓練と経験を積むことだ。しかしもう一つの結論のほうが役に立つだろう。簡単な答えに飛びつかず、もっといい答えに対する感度を上げることだ。戦略的な課題に取り組むときには、最初の答えに満足せず、視野を広げて粘り強く他の答えを探すことで、よりよい解決に近づく可能性はぐっと高まる。

2　**類推する**：ひらめきを生む強力な方法の一つが、類例、前例、模範や教訓を探し、それらから類推すること（アナロジー）である。いちばんわかりやすいのは直接の競争相手の例だが、これをそっくり真似すると全面戦争になりかねないので注意が必要だ。競争戦略を立てるときには、ふつうは競争相手とはちがう方法を考える。私はトヨタのエンジニアに「ホンダはエンジン開発で先んじているのに、なぜそのやり方を採用しないのか」と質問したことがある。すると、トヨタがめざしているのはホンダと同じぐらいよいものを開発することではなく、よりよいものを作ることだ、という答えが返ってきた。こうしたわけだから、役に立つ類例は他の産業、他の国、他の時代に見つかることが多い。あるいは、まったく異なる状況の例が参考になることもある。適切な類例を探すときに幅広い知識や経験が役立つことは言うまでもない。

マーク・ベニオフはアマゾンを見てセールスフォース・ドットコムを立ち上げた。ハワード・シュルツはミラノのコーヒーショップを観察してスターバックスを始めた。ビル・グロスはイエローページを参考にしてインターネット広告のGoTo（オーバーチュアの前身）を設立した。アイルランドの格安航空会社ライアンエアーが戦略を立てたときのモデルの一つはサウスウエスト航空だった（第3章を参照されたい）。フェイスブックは大学の卒業記念アルバムのオンライン版という発想から始まっている。

類例は、比喩に近い形で探すこともできる。たとえば、この問題はらせん状なのか、それとも閉じた箱なのか。ペプシは草食動物か、肉食か、それともハイエナのような腐肉食動物か。アメリカは、これから世界を支配しようとする紀元前五〇年のローマなのか、それとも自国の街道から蛮族の侵略を受ける紀元四〇〇年のローマなのか。現代のアメリカはアテナイで中国は新生ローマなのか。アメリカはマイクロソフトに倣って城を築き、国境を警備し、隣国を罰して国土を守るべきか、それとも同盟を強化すべきか。

3　視点を変える：問題のある一点にズームインし深く掘り下げて分析すると、その部分がいっそう明確になり、扱いやすくなる。たとえば顧客満足度に問題を抱えているなら、返品プロセスに注目してみる。そこでよいアイデアがひらめけば、より広く応用できるかもしれない。

逆にズームアウトして全体を広角で捉えると、別の面が見えてくる。たとえば私の住むオレゴン州では山火事が大問題になっている。山火事の大半はカスケード山脈の森林で発生するため、予防か鎮火か、間伐や野焼きをすべきか自然に委ねるか、という議論になりやすい。だが視野を広くとってみると、大規模火災の大半は国立自然保護区で起きていることに気づく。そこでは開発が禁じられていることもあって、防火帯や消火用の道路などが設けられていない。となれば、自然保護区のあり方と管理が問題になる。保護区をほんとうに自然のままにして、市街地の目と鼻の先で毎年山火事が起きてもいいのか？

このように視点を変えることで思わぬ解決が見えてくることがある。この状況は競争相手からはどう見えているのか？　顧客からはどうか？　高校生からはどうか？　法律家や政治家からは、データ管理者からは、物流担当者からはどうか？　数年後にはどう見られるようになるだろうか？

4　**暗黙の前提を言語化する**：暗黙の前提を言語化することによって、問題の見え方がちがってくることがある。たとえばアメリカの大手自動車メーカーは、部品メーカーの出荷用コンテナを標準化すれば規模の経済が実現でき、部品調達コストの削減にもなると思い込んでいた。たしかに標準化自体はコスト削減になる。だがこの前提では他のコストはいっさい発生しないことになっているが、実際にはそうではなかった。多くの部品は大きすぎるコンテナに入れて発送されるため、中で動いて損傷し、修理に余計な手間とコストが発生していたのである。

5　**つねに「なぜ」と問う**：暗黙の前提や慣例や伝統に「なぜ」と問うことで、既存の枠組みを壊せることがある。なぜ映画館は人気作品の公開日に需要に応じた料金を設定せず、長い列を作らせるのか？　家のリノベーションはなぜいつも見積もりの二〜三倍の時間がかかるのか？　大口顧客向けのソフトウェアが稼働するまでに二カ月もかかるのはなぜか？　ディスカウントストアはなぜあれほど大型でなければならないのか？

6　**無意識の制約に気づく**：ひらめきが欲しいときに最大の障害となるのが、無意識のうちに立てている仮定やそうと気づかずに下している状況判断、根深く身についている世界観といったものだ。型にはまった古い考え方が重石《おもし》のようにのしかかり、新しい見方ができなくなってしまう。これまで疑ってもみなかった信念や価値観を捨てることに対する恐怖が邪魔をするのだと考えられる。

たとえばアニメを考えてみよう。一八三三年にフェナキストスコープという奇妙な名前のおもちゃが発明された。厚紙でできた円板の周囲に均等にスリットが入っており、円盤の裏側には連続的な絵（走る馬、移動する竜巻など）がスリットで区切られた一コマごとに描かれている。鏡に向かって円板を回転させ、スリット越し見ると、鏡に映った絵はあたかも馬が走っているように見えるというしかけだ。これのおかげで、人類史上初めて動く絵が見られるようになった。

アニメ、つまり動く絵というもの自体は技術的にそうむずかしいわけではない。小学生だった頃の私は、隣の席の女の子とちょっとしたアニメストーリーを作って遊んだものだ。いわゆるパラパラ漫画である。私が教科書の隅っこに描いたのは、四角が動いていって逃げる丸をぱくりと食べてしまう。そこに矢が飛んできて頓死するという他愛もないストーリーだったが、連続的にページをめくっていけば、ほんとうに動いているように見えた。いったんコツをのみこんでしまえば、いろいろな動きも簡単に作れる。フェナキストスコープもパラパラ漫画も、ご存知のとおり残像効果を利用している。

無意識の制約となっていたのは、動画と言うからには絵が動くのだという思い込み、もっと言えば、視覚は現実をそのまま映し出しているのだという思い込みである。だから、静止画が動くように見えるはずがないと考えてしまう。動画というものを理解するためには、知覚された現実は頭の中で作られたのだという不都合な事実を受け入れなければならない。人間の知覚は静止画から静止画への空隙を埋め、動きをなめらかにつないでしまえるようにできているのだ。アニメが誕生するには、この無意識の制約を外さなければならなかった。

解決

建築家I・M・ペイによるルーブル美術館のガラスのピラミッドは、問題の最重要ポイントを見きわめたうえで解決のひらめきを得た好例と言えるだろう。

一九八三年にフランスはミッテラン大統領の下でルーブルの大規模改築に踏み切る。一二〇〇年に建設されたルーブル宮殿は、一五四六年にフランソワ一世によって改築されてから歴代のフランス国王の住まいとなってきた。一七九三年に美術館となったものの、部屋と廊下が錯綜してまさに迷宮そのものであり、しかも二〇世紀に入るとオフィススペースがまったく不十分のうえ、メインエントランスは膨大な数の来館者に対応しきれず毎日のように長蛇の列ができるようになる。ここでミッテランが起用したのがペイだった。ペイは現場を視察し、改築の主な対象になるのは広大な中庭だと結論づける。当時そこは汚らしい駐車場になっていた。中庭に地下室を掘り、そこに事務室と保管庫を設ければよい。だがエントランスはどうするのか。ペイはがらんとした中庭は好ましくないと感じたが、かと言って大きな構造物を作って周囲の由緒ある宮殿が見えなくなってしまうのは困る。

となれば、問題の最重要ポイントはこうだ。ゆとりをもって来館者をさばけるようなエントランスを中庭に設けるが、宮殿の外観を邪魔してはならない。そこでペイはひらめいた。透明の構造物にすればいいじゃないか。つまり、ガラスだ。ガラスを使うとなれば、平屋根は選択肢から排除される。埃が溜まりやすく、景観の一部を阻害するからだ。結局ペイはガラスのピラミッドに決めた。これなら周囲の宮殿が見えなくなることもないし、外部の視線を遮ることもない（私だったらドーム型にしたと思うが、残念ながら誰も私に相談してくれなかった）。

いったんピラミッドにすると決めると、困難な課題は解決可能になった。もちろん建築面でも美観の面でも政治的な面でもいろいろと厄介な問題はあったが、「ガラスのピラミッド」という答えで最大の難所を乗り越えてしまえば、残った問題は対処できた。

ピラミッドの建設計画が発表されると囂々《ごうごう》たる非難が巻き起こり、「醜悪な」デザインに対して文化人や主要新聞が反対運動を繰り広げる騒ぎになったし、いまもあれを嫌いだという人は少なくない。それでもルーブルのピラミッドは広く賞賛され、いまやパリの三大観光名所の一つに数えられている。

＊

課題の最重要ポイントを見抜きみごとな解決にいたったもう一つの例として、検索連動型広告を挙げておこう。

一九九九年初頭、私はパサディナにあるビル・グロスのアイデアラボ（Idealab）を訪れた。アイデアラボは起業支援などを行うインキュベーターである。彼はできあがったばかりの検索エンジンGoTo.comを体験させてくれた。試しに「ベストなニューモデル」と打ち込んでみると、たちどころにフォードやトヨタの最新モデルが表示され、私は仰天した。なぜなら前の年まで、ウェブ検索はひどかったからだ。「ラブラドールに最適なドッグフード」と入力すれば、だいたい出てくるのがポルノサイトなどで、犬のことも餌のこともわからなかった。問題の一部は、検索エンジンがサイトのタイトルや隠しテキストを手がかりに検索していたことと、ウェブが基本的に無料で、スキルのある人たちがサイトを乱立させていたことだ。

この難題を解決するひらめきをグロスが得たのは、イエローページと呼ばれる職業別電話帳だった。ほぼすべての企業が電話帳に番号を載せているが、高い料金を払えば大きな広告を出すことができる。だったら、自社と関係の深いキーワードの検索結果で上位に表示することに対して企業に課金してはどうだろう？

グロスのアイデアは、キーワード検索の効率改善に寄与すると同時に、利益の確保という最大の問題を解決できる。ヤフー、アルタビスタ（AltaVista）、ライコス（Lycos）といった検索エンジンは、キーワードが多数含まれるサイトを探す。「GoToがユニークなのは、キーワードに対して入札を行うことだ。いちばん高い値段をつけた企業が検索結果で最上位に表示され、二番目の企業は二番目に……という具合になる」。必然的に競争の激しい業種や検索対象になりやすい業種では入札価格が高額となるので、市場のルールにも合致するというわけだ。ただし、入札に参加しなかったサイトもキーワードと一致すれば結果に表示される。「課金は、検索結果に対するクリック一回（つまりその企業のサイトに誘導された回数）ごとに行う。企業側はリアルタイムで検索結果からのページビューをモニターできるので、次回入札の価格を調整できる」

グロスのひらめきは斬新で、しかもクレバーだった。入札方式で巨額の利益を確保できたし、しかも巧みにユーザーをおびきよせようとする無数のスパムサイトを自動的に排除することもできた。とはいえGoToの検索エンジンとしての利便性には疑問符がつく。たとえば車の修理方法を知りたいユーザーは、上位に表示された自動車メーカーのサイトへ飛んだうえで、情報の海をかき分けて修理のページにたどり着くことになる。GoTo.comは二〇〇一年にオーバーチュアに改称して上場を果たし、その二年後には一六億ドルでヤフーに買収された。グロスにとっては金銭的には大勝利だし、GoToは検索で利益を上げるという課題に確実に一つの答えを出したのだった。だが話はまだここでは終わらない。

パサディナで私がグロスと話していた頃、グーグルの共同創業者であるラリー・ペイジとセルゲイ・ブリンはベンチャーキャピタルから最初の資金二五〇〇万ドルを受け取る。彼らも検索エンジンに強い関心を持ち、のちに業界で最も高性能と評価されるようになるアルゴリズムを開発していた。ページランク（PageRank）である。こうして検索上の問題は解決したわけだが、どうやって利益を上げるかという問題にはやはり頭を悩ませていた。彼らはもちろんグロスのGoToを知っていたが、有料リンクを優先してページランクの検索結果を台無しにすることは受け入れがたかった。つまり、彼らの課題はこうなる。ページランクを活用して正確な検索結果を表示したい、だがどうにかして利益を上げないとやっていけない。そして一九九九年の初めに創業期からの社員の一人であるサラー・カマンガーがアドワーズ（AdWords）システムの開発チームを発足させたのだった。

アドワーズは、検索結果の横にキーワードに関連するテキスト広告を掲載するシステムである。こうすれば検索結果に干渉することなく有料広告を出すことができる。後から考えればじつにシンプルだが、検索結果はずらずらっと並んだリストでなければならないという業界の無意識の制約を打破したのだった。アドワーズ・システムでは、広告主は一〇〇〇回の広告表示に対して料金を払う。のちにこれはクリック課金に切り替えられた。[*14]

アドワーズを生んだひらめきこそが、グーグル（現アルファベット）を世界で最も価値のある企業の一つに押し上げたと言えよう。[*15]

第3章

戦略は長い旅路である

私はかつて山登り、とりわけロッククライミングに血道を上げていて、その頃は一夏をすべて登山に費やし、ワイオミング州のティトン山脈やウインドリバー山脈、さらにはヨーロッパアルプスまで登りに行ったものだ。初めてのルートで登る場合、頂上までどう行くか、段取りが事細かに決まっているわけではない。だいたいはこんな感じだ。「まずあの渓谷を登っていって、岩棚に取りついたら左へ行く。するとクラックが頭上を走っているはずだ」。実際に岩棚にたどり着いてみると、手がかりになるようなクラックはなく、先へ進むには別のルートを探さざるを得ないことが判明する。おそらく右へトラバースし、岩肌を登っていけば別の岩棚に行けるだろう、と当面のおおざっぱな計画を立てる。こんなことが続くわけだ。

戦略は、未踏のルートでの登山といくらか似たところがある。この山を征服するぞという強い野心で臨んでも、いざ登り始めればさまざまな困難にぶつかり、一つひとつ乗り越えていかなければならない。難所を一つ乗り越えるたびに新たな難所が見えてくる。次々に降りかかる困難に打ち勝ち、ときに幸運を生かしながらついに頂上を制覇した暁には、おそらくあなたは新たな野心を抱くことだろう。次は北ルートから登りたい、もっと高い山に挑戦したい、等々。

現実の世界では、個人の戦略も組織の戦略も、困難な課題に取り組み、克服する方法を考え抜いては行動に移す継続的なプロセスである。課題の中には長期にわたるものもあれば、規模の大きいものもある。目の前に立ち塞がる壁だったり、降って湧いたような好機だったりする。どの場合にも、戦略はそれらに立ち向かい解決するプロセスであることに変わりはない。

この点をここで強調するのは、戦略を一種の長期目標あるいはスローガンと勘違いしている例があまりに多いからだ。戦略はそういうものではない。むしろ、困難に次々に遭遇しては打ち勝って前へ進む旅に似ている。たとえば二〇一四年にインテルのCEOだったら、「ムーアの法則を実現し続け世界最高の半導体メーカーになる」と自信を持って言えただろう。だがはやくも二〇一七年には、ムーアの法則が次第に成り立たなくなってきたことへの対応を迫られるようになる。そして二〇一九年には、グーグルやマイクロソフトが開発した専用プロセッサにどう太刀打ちするかが頭痛の種となり、さらに二〇二一年には、半導体受託生産で世界最大手にのし上がったTSMC（台湾積体電路製造）にプロセス微細化で敗北し、対策を練らなければならなくなった。インテルにはこれらの課題すべてに対する不動の戦略があると考えるのはまったくのまちがいだ。もしあるとしても、それは「つねに最高であれ」というような単なるスローガンにすぎない。すでに述べたように戦略とは特殊な形の問題解決であり、特定された課題を解決する戦略が最良の戦略である。

戦略は継続的なプロセスだということが認識されれば、組織はそういうものとして戦略に取り組むようになり、漠然とした目標やスローガンを連呼するような愚は犯さなくなるはずだ。戦略策定プロセスは、問題を解決し好機を生かす生産的で起業家精神にあふれた仕事になるだろう。そもそも組織が直面するのは一つの「戦闘」ではなく、一つの「戦争」ですらない。直面するのは一連の戦闘であり、一連の戦争であって、それはつまり一連の課題に継続的に立ち向かうことにほかならない。生き残ることが継続的なプロセスであるように、戦略を立てることも継続的なプロセスである。すべての課題を一挙に解決する魔法のような戦略は存在しない。以下ではクラウドサービスのセールスフォース・ドットコムと世界最大規模の格安航空会社ライアンエアーを例にとってこのことを説明しよう。

セールスフォース・ドットコム

セールスフォース・ドットコムの歴史は、課題と戦略的な対応の連続を通じて会社が形成されていくことを教えてくれる好例と言える。セールスフォースは戦略を持って発展したという表現ではとても足りない。

もともとマーク・ベニオフは、自分が持っていたアタリのゲーム機のためにアドベンチャーゲームを作ってしまうような男だった。大学生だったときの夏休みには、アップルで発売間近だったマッキントッシュ用のコードを書くアルバイトをしている。大学を卒業するとオラクルのカスタマーサービスに就職し、クライアント／サーバー事業部でバイスプレジデントにまで昇進した。オラクルでは同社のＯＡＳＩＳシステムに精通する。これは、ＣＲＭ（顧客関係管理）システムである。

顧客管理は、かつてのアナログ時代にはインデックスカードで行われていた。一九七〇年代になるとデータベースに入力する方式に進化する。データベースには顧客情報、担当者、注文履歴、評価、リード（見込み顧客）の分類など営業活動に有益な情報が入力されたが、のちには会計や出荷などの業務関連情報も格納されるようになった。そして一九九〇年代後半には、こうした顧客関連情報を管理するソフトウェアがＣＲＭと呼ばれるようになり、一段と高度化して、プロダクトプランニング、サプライチェーン管理、決済システムなど、もはや顧客データとは呼べないようなものまでＣＲＭソフトウェアに統合されるようになる。

ＣＲＭソフトウェアは企業内のコンピュータで運用され、社内のＩＴ部門が管理するという形がふつうだった。一九九〇年代後半の時点での主なサプライヤーはオラクル、シーベル・システムズ（二〇〇五年にオラクルに買収された）、ＳＡＰといったところである。ある調査によると、標準的なＣＲＭシステム（ユーザー数二〇〇人）を企業が導入する場合、およそ二八〇万ドルかかるという。うち一九〇万ドルはソフトウェア会社に支払うライセンス料およびサポートとカスタマイズの費用だ。[*1] システムは非常に複雑で、導入も困難なら保守も大変だった。

ベニオフの回想によると、クラウドベースのＣＲＭができるんじゃないかと一九九六年に夢の中で思いついたという。「眠っているときに、セールスフォース・ドットコムを構築するアイデアが浮かんだんだ。文字通り夢の中でね。その奇妙な夢の中に出てきたのはアマゾンみたいなサイトだったけど、本やＣＤを買うタブの代わりに顧客や見込み客や担当者、予想や報告のタブがあるんだ[*2]」

言うまでもなく、ベニオフの夢は虚空から湧いてきたわけではない。彼はＣＲＭシステムについて何年も考えに考えていたし、とくにシステム導入企業が最初に負担する莫大な費用をなんとか減らせないかと真剣に頭を悩ませてきた。問題の最重要ポイントはソフトウェアにある。クライアント企業の社内システムに合わせてカスタマイズしなければならないし、その後も頻繁なアップデートやメンテナンスが必要だ。

ここでベニオフにひらめいたのが、ソフトウェアを「クラウド」に置いてしまえばどうだろう、というアイデアだった。そうすれば、ブラウザさえあれば誰でも使える。アカウントにログインすれば利用できるので、使用する端末を問わない。利用料金は月額ベースで払えばよい。クライアント側でＩＴインフラを用意する必要はないから初期費用は抑えられるし、ソフトウェアを提供する事業者側がバグの修正やセキュリティ強化などのアップデートを行うため、ユーザーはいつでも最新版を利用できる。

ベニオフは一九九九年にＣＥＯラリー・エリソンの祝福と二〇〇万ドルの元手を手にオラクルを辞める。他のベンチャーキャピタルからも好条件の申し出が相次いでいた。ちょうど時代はドットコムブームだったし、エリソンの後押しも絶大な効果があった。

ベニオフが最初に直面した悩ましい問題は、いかにして有能なソフト開発者を集めるか、彼らに払うための資金をいかに調達するか、ということだった。有能な人材はいったいどうやって選んだらいいのか。ベニオフは、まずは注目を集める作戦をとる。積極的に記者やライターに声をかけ、シリコンバレー流の派手なパーティーをさかんに開くなど、セールスフォースを売り込むためにできることをなんでもやった。われわれは創造的破壊者だ、ソフトウェア業界をひっくり返す、とベニオフは豪語したものである。そして「ノー・ソフトウェア」というスローガンを掲げ、ジェット戦闘機「セールスフォース・ドットコム」号が旧式の複葉機「ソフトウェア」号を撃墜するプロモーションビデオを制作した[*3]。こうして知名度を高めたセールスフォース・ドットコムには、未来を作ることに魅力を感じた有能な開発者が押し寄せるようになる。

こうしてローンチされたのが、クラウドベースのＣＲＭ、Salesforceである。もちろん次の課題は、できるだけ多くの企業に買ってもらうことだった。ここでポイントは、ソフトウェアの選択と購入の決定を下すのはだいたいＩＴ部門だということである。だがＩＴエキスパートの中には、まだそこまで有名ではないセールスフォースの導入に二の足を踏む人も少なくない。そこでベニオフは当初、企業向けを後回しにして個人ユーザーに低い利用料で売り込む作戦をとる。しかしこれはうまくいかなかった。そこでベニオフは方針転換し、五人までは無料、六人目以降は月五〇ドルという提案に切り替える。さらに、大手企業を開拓する目的でテレマーケティングやダイレクトセールスの手法も取り入れた。製品そのものの使い勝手のよさに加えてクチコミでの高評価が後押しし、売り上げは伸び始める。

無料登録でもって企業内にインフルエンサーを生み出し、その波及効果で大企業にも関心を持ってもらうというのが当初の胸算用だったが、実際には新規顧客が急激に増えているのは小規模企業だった。そこでベニオフは再び方針転換し、小規模企業、とくにドットコムブームで誕生した多くのスタートアップをターゲットにする。

ところが好事魔多し。二〇〇〇年のインターネットバブル崩壊で、セールスフォースは財政難に陥ってしまう。小規模なクライアント企業の多くはばたばたと倒産した。ここで社内に巻き起こったのが料金設定の問題である。これまで通り、長期契約や大口契約はなし、割引もいっさいしない、という方針を維持するのか、それとも方針を転換し年間契約あるいは複数年契約を用意して値引きを適用するのか。「ノー・ソフトウェア」を看板に掲げている企業としては、これは戦略的な問題である。最終的にベニオフは、月額料金を引き上げると同時に、長年のクライアントには長期契約を提案することにし、営業部隊には年間契約をとれたときのコミッションをはずむとハッパをかけた。当初の月額プラン一本で行くという「ビジョン」はあっさり捨てたわけである。

技術が成熟するにつれ、ベニオフは競争優位を確保するために新たなソリューションを追加していった。汎用的なものもあれば、業界固有のものもある。既存の顧客ベースを活用して追加的なアプリを提案し、最終的にはアプリをバンドルするという作戦だ。このアイデアはやがて、クライアントが自社の事業環境に合わせて製品を適応させていくという形に発展する。Salesforceにはもとのタブに加えてクライアントがカスタマイズできる「ブランク」タブが設定されるようになった。

Salesforceを簡単に拡張できるようにするために用意されたのが、AppExchange（アップエクスチェンジ）である。これは要するに、ビジネスソフトのアプリストアだ。二〇〇五年にこれが導入されると、「企業のためのｉＴｕｎｅｓ」と呼ばれた。二〇〇六年には、セールスフォースのサーバーで動くプログラミング言語Apex（エーペックス）の提供を開始する。同時に、画面をカスタマイズするための言語Visualforce（ビジュアルフォース）も用意された。こうしてSalesforceは単純なクラウドベースのＣＲＭから、幅広いビジネスアプリを搭載したクラウドプラットフォームへと変貌を遂げたのだった。

二〇一〇年にはChatter（チャター）が提供される。これは社内向けのＳＮＳツールで、ベニオフによると「企業のためのフェイスブック」だ。[*4] このツールを使うと企業は独自のソーシャルネットワークを構築することができる。

セールスフォースを設立するにあたってベニオフがいくつもの野心を抱いていたことはまちがいない。だが野心の実現をめざす旅路ではいくつもの戦略課題に遭遇し、乗り越えていかなければならなかった。一つ課題を乗り越えるたびにいっそう上をめざす野心が芽生えてきた。一つひとつの課題に対する解決は、設計するのであって選択するのではない。選択という言葉は、すでに与えられた選択肢の中から選ぶことを想起させるが、ＣＥＯハンドブックのようなものがあって「敏腕開発者をスカウトするための三つの方法」なんてことが書いてあるわけではないのだ。また、経済学や経営学の法則（そういうものがあるとして）から、最初のターゲットはスタートアップにすべきだとか大手を狙うべきだと答えが出せるわけでもない。解決策はあくまで自分で設計するのである。設計にあたっては変化し適応する意志が欠かせないし、設計した戦略を実現する実行力も必要になる。

セールスフォースは、ドットコム企業として初めてニューヨーク証券取引所に上場を果たす。二〇二一年初めの時点で従業員数は六万人、時価総額は二四三〇億ドル。フォーチュンの「働きがいのある会社」で二位にランクされている。無料登録は現在では無料トライアルになっており、セールスフォースのサイトへ行けばすぐに試すことができる。ベニオフの設計思想は「ＳａａＳ（ソフトウェア・アズ・ア・サービス）」として知られるようになり、他のスタートアップのロールモデルとなった。

ライアンエアー

一九八四年にアイルランドの実業家トニー・ライアンと仲間の投資家二人はライアンエアーを設立する。ライアンはアイルランドの航空会社エアリンガスで働いた経験があり、その後に欧州最大級の航空機リース会社を設立していた。サッチャー政権が航空規制を緩和したこともあり、ライアンはロンドン〜ダブリン路線でエアリンガスと太刀打ちできる航空会社を経営したいという野望を抱く。ロンドン〜ダブリン路線を運航するのはエアリンガスとブリティッシュ・エアウェイズ（ＢＡ）の二社だけで、どちらもコスト高に悩まされていた。ライアンはアメリカン航空のコスト構造を模倣し、さらにナショナルフラッグキャリアより低い運賃でよいサービスを提供すれば、かなりのシェアを獲得できるのではないかと見込んだ。

だがこの最初の戦略はさんざんな失敗に終わる。そもそも低運賃と充実したサービスは両立しない。それに、ロンドン〜ダブリン路線で国の補助をたっぷり受けたナショナルフラッグキャリアに対抗するというのは、小さなスタートアップには無謀すぎた。ＢＡにしてみれば、無数にある路線のうち一つで赤字になっても痛くも痒くもない。実際、まさにそれが起きた。ＢＡがロンドン〜ダブリン路線で値下げをしたため、新参のライアンエアーはまったく太刀打ちできず、創業から一九九二年まで粘ったものの、ついに倒産した。ライアンエアーにとって課題の最重要ポイントは、一路線で赤字を出してもがんばり続けられるナショナルフラッグキャリアの体力に負けないことだったわけである。

再建中にＣＥＯのマイケル・オライリーはアメリカへ飛び、格安航空会社（ＬＣＣ）サウスウエスト航空を視察する。そして、アメリカン航空よりこちらのほうがずっと合理的なコスト構造であることを理解した。戦略もクレバーで、路線のすくなくとも起点か終点にマイナーな空港を使って他社との正面切っての競争を巧みに回避している。たとえばシカゴ〜ワシントンＤＣではなくシカゴ〜ボルティモア路線にするという具合だ。このときの視察について、オライリーは次のように回想している。

あれはまさに人生の転機だったね。あれこそが、ライアンエアーの行く道だとわかった。もっとも共同創設者のハーバート・ケレハーと飲んだとき、こっちは真夜中に酔いつぶれてしまってね。で、朝の三時に起きたら彼はまだ飲んでたよ。新しいバーボンの瓶を空けてたんだ。彼のアイデアをそっくり盗んでやる意気込みだったのに、次の日になったら何も思い出せなかった。[*5]

新たな資本を得て再出発したライアンエアーは、コストを極限まで切り詰める。まず、ダブリン～ロンドン路線は断念してロンドン近郊のルートンを目的地に選んだ。サービス合理化はサウスウエスト航空以上に徹底しており、基本運賃を低く抑えるためにあらかたのサービスは別料金にした。要するにライアンエアーの航空券が保証するのは人間を一人運ぶことだけである。許容範囲（最低運賃利用者の機内持ち込みは小さい手荷物一個のみ）外の手荷物は別料金、搭乗券の印刷さえも別料金だ（あらかじめオンラインチェックインして搭乗券を印刷しておかないと、空港でかなりの手数料をとられる）。もちろん飲み物も食べ物も有料である。払い戻しはいっさいなし。加えて、機内は広告だらけである。ダブリン～ルートン路線から始めてヨーロッパの他の小都市を結ぶ路線も開拓し始めたライアンエアーは急成長し、利益も伸ばしていった。

ＣＥＯのオライリーは、ライアンエアーのサービスが必要最小限に抑えられすべてが別料金であることをしきりに強調する。上品とは言いがたい彼の発言によると、こうだ。「座席の後部一〇列をとっぱらって手すりをつけたらいいんじゃないか。で、〝立ち乗りなら五ユーロ〟と宣伝するわけだ。〝だが立っていたら墜落したときに死んでしまうだろう〟と心配する人がいるかもしれない。そうしたら、〝ごもっとも。でも座っている人も死ぬでしょう〟と丁寧にお答えする。払い戻しはいっさいいたしません、あしからず、とね[*6]」

ライアンエアーの運賃は乗客を運ぶコストとほぼ同じ水準に設定されている。よって利益を生むのは別料金だ。飲み物、スナックはもちろんのこと、手荷物、優先搭乗、座席指定、これらすべてが有料である。

評判を確立したライアンエアーは、ヨーロッパ大陸の路線を拡充する。ここでも、主要空港は避け、ナショナルフラッグキャリアとの競合を巧みに回避した。数年前のことだが、私はイギリスから音楽祭が開催されるフランスの小さな中世都市へ飛んだことがある。その路線を運航しているのはライアンエアーだけで、運賃は七五ドルだった。

ライアンエアーは二五年連続で急成長を遂げ、ヨーロッパ最大の格安航空会社となる。しかも国際線旅客数では世界最大となった。イギリスを拠点に世界四〇カ国に就航し、二〇一九年の総収入は七七億ユーロ、税引後利益は八億八五〇〇万ユーロに達した。もっとも、イギリスの消費者団体が出版するフィッチ誌（*Which?*）の読者アンケートでは、短距離路線部門で「いちばん嫌いな航空会社」に六年連続で選ばれている。そうは言っても、圧倒的な低運賃と大手のいない就航先の威力は絶大で、旅客数は年一〇%のペースで増え続けた。

今日、ライアンエアーは途方もなく困難な課題にあらたに直面している。新型コロナウイルスとボーイングの生産遅延だ。パンデミックのせいで空の旅は激減し、ＣＥＯのオライリーは二〇二〇年四月にパイロットを含む三〇〇〇人の社員を解雇せざるを得なくなる。ヨーロッパの航空会社は軒並み便数を大幅縮小した。イギリス政府が出発前の検査を義務付けたため、定時運航は一段と困難になった。

オライリーは、ヨーロッパ各国政府が主要航空会社に補助金を出す一方で格安が売りのスタートアップは無視することに強く抗議した。彼に言わせれば「古代の遺物みたいなキャリア、たとえばエールフランス、アリタリア、ルフトハンザなんかはものすごく財務状態が悪い。ところが彼らは国営化されるか、国からたっぷり支援をせしめている。これではヨーロッパの航空業界が平等な競争の場であるとはとても言えない。すくなくとも今後三〜五年は非常に歪んだ構造になるだろう」[*7]。

この新たな困難はライアンエアーを直撃し、人員削減を迫られるなど、低コスト体質の維持が危機に瀕している。パンデミックが収まるまでなんとかやりすごし、事態が正常化したらすぐに低コスト運航を再開できるだろうか。問題の最重要ポイントは、低コストの維持と全路線再開に対する信頼を獲得し、確立することにある。そうすれば必要な資金も呼び込めるはずだ。

第4章 どこなら勝てるか

戦略とは「勝てるゲームをプレイすることだ」という格言がある。言うまでもなく人生はゲームではないし、企業経営も国政もゲームではない。だがこの格言のポイントは「勝てる」ゲームだというところにある。「勝てる」ところにフォーカスするという基本は重要であるにもかかわらず、往々にしておろそかにされている。多くの人は、世間の期待に応えるとか、自分の評判を高めるとか、不名誉を避けるとか、内部抗争に勝つといったこと（もちろん目先の快楽に没頭することも）には全力投球できる。そうした目的のために、個人も組織も自分たちが「得意とする」

ところ、「強み」とするところに膨大なリソースと労力を投じる。組織の強みは歴史や伝統あるいは評判などに基づくことが多い。しかしこれでは、最大の利益が得られるところ、つまり「勝てる」ところにフォーカスしたことにはならない。得意分野や強みに集中することは習慣と化しており、習慣を逸脱して別のところにフォーカスするのはむずかしい。

しかし戦略を考えるときには、さまざまな問題や野心や願望はひとまず棚上げにして、他といちばん差をつけられそうなところ、つまり「勝てる」ところにフォーカスしなければならない。ここではごく身近な例を紹介しよう。主役は、ニューヨークのブロンクスで食料品と日用品を扱う小さな店を経営しているムサ・マジドである。

ムサはイエメンからの移民で、一九七〇年代にアメリカに渡ってきてニューヨークで学校に通った。最初は食料品店で品出しをするパートタイムの仕事をしていたが、やがて結婚するともっとましな仕事をしたいと考えるようになる。そして、イエメン系移民のコミュニティの助けを借りて、九〇年代半ばに店を出すことができた。このイエメン・コネクションはムサにとって大切な財産である。この人脈のおかげで、ムサはよい地主や納入業者や従業員を見つけることができた。銀行から借りるときにも、必要な営業許可をとるときにも、イエメン・コネクションが威力を発揮した。とりわけ、彼らの力添えで酒類とタバコの販売業免許がとれたことはじつにありがたかったとムサは話す。ムサの店の利幅は小さく、一年三六五日一日最低一二時間は働かなければならなかったという。小さな店を続けるコツは、よく来てくれる客の名前と顔を覚えて忘れずに挨拶することだと彼は話している。ムサはなかなか慎重で、アルバイトの店員にはレジを任せず、お金を扱うのは自分と甥だけと決めていた。

ムサの店の指針、というよりもこうした店がやっていける基本的なロジックは、こうだ。ニューヨークの一部地区（サウスブロンクスがまさにそうだ）の住人にとって、車がないと移動は容易ではない。だから人々は日常の買い物を近所の店で済まそうとする。郊外の大型スーパーに比べて品数が少なく在庫が乏しくても、便利なほうを選ぶわけだ。こうした人々のニーズに応えるべくムサは奮闘し、店を軌道に乗せ、娘の教育費を捻出することもできた。この成果に寄与したのが、長時間労働を厭わないムサの勤勉さと意志の力、天性のユーモアと愛想のよい接客、そして強力なイエメン・コネクションにあったことはまちがいない。

自分が持ち合わせているリソースをよくよく吟味したとき、ブロンクスに小さな店を持つことはムサにとって十分勝負できる戦略課題だった。ここでなら「勝てる」とムサは踏んだのである。もっと潤沢なリソースを持っていて大望を抱く人にとって、ムサの勝利は勝利とも言えないかもしれない。だが他人のための単調な仕事で一生を終えず一国一城の主人となったことは、ムサにとって勝利以外の何物でもなかった。

プラン・ドッグ

いくつもの課題が浮かび上がってきた状況で、どれかにフォーカスするとなれば、それ以外の課題は棚上げするか先送りしなければならない。つまり重点的に取り組む課題を選ぶのであり、この意味で最重要ポイント自体を選ぶということになる。最も重要な勝負どころであって、かつ乗り越えられそうな対象を選ぶ——第二次世界大戦中に立てられたプラン・ドッグはまさにその好例だった。

一九四〇年六月にドイツはフランスを制圧し、その夏にバトル・オブ・ブリテンが始まった。ドイツ空軍とイギリス空軍が戦った航空戦である。一方、太平洋方面では、三年前に中国に侵攻した日本がナチスドイツと同盟を結んでいる。アメリカ軍部にとっては、早晩アジアとヨーロッパの両方で戦争に巻き込まれることは避けられないように見えた。この状況でアメリカ海軍作戦部長のハロルド・スタークがあるメモを提出する。「イギリスがドイツに対して決定的な勝利を収められれば、われわれはあらゆる戦線で勝つことができる。だがイギリスが負ければ、われわれが直面する問題は非常に深刻になる。アメリカがあらゆる戦線で負けることはないにしても、どこでも勝てないということは起こりうる」[*1]

海軍の軍人であるスタークは、二つの半球あるいは二つの海で戦争を考える。彼にとって問題の最重要ポイントは、アメリカが二つの世界大戦を同時に戦うことは不可能だという点にあった。この枠組みで、スタークは四つの戦略A～Dを示す。

A：大西洋・太平洋いずれも防衛に徹する。

B：日本と全面戦争を展開し、大西洋では防衛に徹する。

C：イギリスのヨーロッパでの戦いを強力に支援する。同時に、イギリス、オランダ、中国のアジアでの戦いも強力に支援する。

D：イギリスの同盟国としてヨーロッパで攻勢に出る。太平洋では防衛に徹する。

ルーズベルト大統領は戦略Dを選び、これがのちにプラン・ドッグ（計画D）と呼ばれるようになる。陸軍参謀総長のジョージ・マーシャルはこの選択を支持し、イギリス側との会談後の一九四一年三月に「対独戦を最優先」とする合意が取り交わされた。真珠湾攻撃後にアメリカはドイツと日本の二正面で戦うことになるが、それでも戦力の大半は対独戦に投下される。このことはいっさい公表されなかった。

プラン・ドッグの背景には、二つの重大な判断がある。第一に、アメリカはヨーロッパとアジアの二正面で全面戦争をすることはできない。第二に、イギリスを守ることは、アジアの領土を守ることより重要である。ヨーロッパとアジアの両方で課題に直面したアメリカの指導者はヨーロッパを優先すると決めたわけだが、誰もがこの選択に賛成したわけではない。陸軍元帥のダグラス・マッカーサーをはじめ多くの人が、アメリカの未来はアジアと共にある、ヨーロッパはもはや過去の遺物になりつつあると考えた。それでもアメリカがフォーカスしたのはソ連の軍備増強とヨーロッパ上陸作戦の準備だった。戦車七〇〇〇輌（アメリカの生産量の四〇％に相当する）、一万一〇〇〇機以上の航空機、さらに多くの軍事物資が武器貸与法によりイギリスとソ連に提供されている。

ＸＲシステムズ

次に取り上げるのは、オハイオ州の小さな計測機器メーカー、ＸＲシステムズ（仮名、以下ＸＲＳ）である。ＸＲＳは、強酸性、超低温〜超高温など過酷な環境で使用する計測機器類を製造している。二〇一二年後半に私は戦略立案の助言を依頼された。依頼主は、ＸＲＳで一〇年勤務し三年前にＣＥＯに就任したステイシー・ディアス。同社の本社はオハイオ州主要都市の郊外で、州間幹線道路を降りてすぐのところにある二階建てのビルだ。そこの地味なオフィスで私はディアスに会った。彼女はじつにたくさんの問題を抱えており、以下はそのときのディアスの話の内容をまとめたものである。

1　ＸＲＳはボロー一族が所有する同族経営会社であり、ボロー家は来年か再来年に上場したい意向である。だがＸＲＳはこれまで有限責任会社（ＬＬＣ）だった。株式会社化するとなればその準備をしなければならないが、解決すべき問題が山積している。

2　二〇年前の設立当初は、ＸＲＳは過酷な環境下での温度、圧力、衝撃センサーを手がけていた。今日では振動センサーや変位センサーが製品ラインに加わった。これらの機器は原子力発電所、ジェットエンジン、ロケット、高炉、ある種の科学研究所、一部の化学工業で使われている。

3　最近の悩みの種は、イスラエルメーカーとの新たな競争が勃発したことだ。彼らは圧力、振動、温度を一度で計測できる製品を作り、しかもコストを抑えている。これにどう対抗したらいいのかわからない。長年の評判と顧客との良好な関係で当面はしのげるにしても、長期的にどうかは疑問符がつく。

4　開発はオハイオで集中的に行っており、七五人が従事する。ドローンを使ったセンサー、海底ケーブルに装着するセンサー、Ｗｉ‐Ｆｉ／インターネット環境向けセンサーが重点開発項目だ。現時点の製品ラインナップはワイヤレスではなく有線中心になっている。

5　ボロー家は昨年取締役会に外部から人材を登用した。これで新風が吹き込まれたと言いたいところだが、新しいメンバーの一人であるジョン・シェルドは金融畑出身で、ＸＲＳは非効率だと言う。彼は開発をアウトソースすべきだと主張しており、取締役会のたびにこの議題を持ち出してくる。

6　ＸＲＳの製品の多くは石英管に封入しなければならない。オハイオ工場ではこの品質とコストに問題があり、三年前に取締役会は中国で工場を買収し、石英管の生産はそこへ移転することを決定した。買収したのは北京近くにある小さな工場で、従業員数は一〇〇人以下である。ところが工場を買ってしまってから、中国政府は工場が新たな大気汚染源になるから郊外へ移転せよと要求してきた。やむなく移転し、新工場でいざ生産を開始すると、生産効率が大幅に低下した。原因を探るべくＣＥＯも含む経営幹部が現地を視察し、工場の前オーナーで経営者だったリュウにも会って話を聞いた。リュウは、「もし労働者に問題があるとお考えなら、前の工場長を連れてきて指を二、三本折ってやります」などと言う。もちろんそんな解決方法は望んでいない。とりあえず新しい工場長を雇い、これで事態が改善されることを願っている。

7　売り上げの伸びはこのところ鈍化してきた。営業部隊は元エンジニアが多く、顧客企業を年二回訪問する。製品を買ってくれるのは、ＸＲＳのことも製品の使い方もよく知っている企業が大半である。ＸＲＳは過酷な環境での機器の性能に自信を持っているが、そうした機器のニーズは限られており、原子力発電所や製鉄所といった場所で何か新しい動きが急に起きることはめったにない。

8　過酷な環境で計測できるセンサーを最初に構想し設計したのはカート・キャンパーだった。彼は天才だった。キャンパーが亡くなると、設立当初から彼と一緒に働きＸＲＳ製品の大半を設計してきたエンジニアたちは会社を辞めるか、いまでは退職している。ＸＲＳは有

能なエンジニアを大勢採用した。だが、創業以来の製品の設計変更や改良を新しいエンジニアたちがうまくできずにいることは認めざるを得ない。

私は経営チームの面々と個別にインタビューを行い、さらに多くの情報を得た。一人目は、会社が「惰眠を貪っており、一〇年前の業績の上にあぐらをかいている」と率直に述べた。二人目は、「なぜ石英管の生産を中国に移転したのか」と疑問を提出した。「オハイオ工場の問題点を解決すれば済む話だ。内部告発があり、労働安全衛生局から指導が入ったことは事実だ。取締役会は安全上の問題と関わり合いになるまいとして、内部告発者もろとも工場を手放したのだという」。三人目は、「ウチにはマーケティングチームと言えるようなものが存在しない。営業の連中は惰性でやっているだけで、市場を開拓する努力など全然しないのだ」と不満をあらわにした。四人目は、「きちんとした指標が設定されておらず、何が改善され何がそうでないのかまったくわからない」と指摘した。

ＣＥＯのディアスは四人の上級幹部と小さなチームを編成し、課題の診断と解決策を模索していた。チームの診断はこうだ。センサー市場はもともと低成長市場であるうえ、すでに飽和状態に近い。ＸＲＳの社内には自己満足的な空気が充満している。マーケティング部門も営業部門も低成長市場に慣れきってしまい、惰性で仕事をこなして満足している。そのうえ技術陣からも新たなアイデアも出てこない……。こうした中で何より深刻なのは、既存製品の市場が飽和状態に近いことだとチームの面々は認識した。

次のミーティングのときに、私は「即席戦略」というエクササイズをチーム全員にやってもらった（くわしくは第20章を参照されたい）。一人ひとりに、最重要課題と思われるものを選び、自分の考える解決策を一行で書いてもらう。制限時間は二分だ。全員の解決策をホワイトボードに書き出して共有した。五つの即席戦略は次のとおりである。

1　研究開発はワイヤレスのみにフォーカスする。
2　マネジャー以上の社員の報酬にファントムストック制度（ＬＬＣ向け）を導入する。
3　営業部門を再編し新規市場開拓に力を入れる。
4　既存顧客以外への営業に力を入れる。
5　**自動車用センサーを開発する。**

ディアスは、研究開発の主力をワイヤレス製品にすることは短期間でできると請け合った。不満は出るとしても、十分対応できる。財務担当役員は、ファントムストック制度の導入は問題なくできるが、取締役会の承認が必要だと述べた。

次にチームが質問攻めにしたのが「自動車用センサー」を提案したメンバーである。エンジニアであるこのメンバーは、こう述べた。自分の愛車はジープで、オフロードのドライブを楽しんでいる。オフロード走行でたびたび感じるのは、ショックセンサーや傾きセンサーがあったらいいなということだ。そのセンサーは、岩や水や強い衝撃に耐えられなければならず、もちろんワイヤレスが望ましい。何らかのディスプレイも必要だ。すると、他のメンバーも乗り出してきた。陸軍は軍用車にそうしたセンサーを必要としているんじゃないか？　大型のトレーラートラックなんかはどうだろう？

チームは少人数のタスクフォースを発足させ、可能性を探ることにした。市場にはほかにどんなプレーヤーがいるのかも調べる。当面、営業とマーケティングの問題は棚上げとした。

一カ月後、タスクフォースが成果を報告する。小さな非上場企業オートセンス（仮名）が自動車のショックアブソーバーとタイヤ用のワイヤレスセンサーを作っているという。彼らは傾きの測定に興味を示した。オートセンスの技術部門は小規模ながら意欲的で、想像力にあふれているという。取締役会は三カ月かけて交渉し、無事オートセンスを買収する運びとなった。

こうして新しいチャンスを摑んだＸＲＳは、成長し始める。センサーの耐衝撃性能を高め、ついには防弾にすることに成功した。また中国工場を閉鎖し、製造拠点をノースカロライナ州に移転した。

ＸＲＳは創業時の基本戦略があまりにうまくいきすぎたため、会社は無気力になってしまったのだと考えられる。ありがちなことだが、経営陣は利益率の高いニッチに満足し、それ以上の高い目標を求めなくなった。いざ成長ペースが鈍化し、手強い競争相手が出現するという事態に直面したとき、最初に目が向いたのは営業やマーケティングが弱いということである。たしかにＸＲＳの営業はお世辞にも意欲的とは言えないし、営業の改善は十分に実現可能ではある。それでも問題の最重要ポイントは市場の飽和だということに誰もが気づいていた。ただしこれは重大な問題ではあるが、飽和状態の市場でどうにかしようというスタンスでは解決できそうもない。ポイントを鋭く突いたのは、自動車用センサーを提案したエンジニアの発言だった。「われわれの市場が飽和しているなら、そうでない市場を見つければいい」

事後になってから、よい戦略は単によい経営にすぎないということはたやすい。だが実際に戦略を設計するときには、死活的に重要な課題に果たして手持ちのリソースで立ち向かうことができるのか、厳しく問う姿勢が必要になる。

せめぎ合う野心、相反する願望

価値観や願望は行動の動機となり、また灯台のような存在として目標達成へと導くものだと一般に考えられている。第1章で論じたように、個人も組織もいくつもの野心を抱いているのがふつうで、そのどれもが声高に自己主張する。こうしたわけだから、個人にとっても組織にとっても、外部からの脅威ではなく内なる野心のせめぎ合いが問題の最重要ポイントだったということがかなり多い。

平和を望むのであれば、挑発的な対応は控えなければならない。持続可能な生産システムを望むのであれば、高い株主利益をめざすことはあきらめる必要がある。仕事で出世したいのであれば、子供と過ごす時間を制限せざるを得ない。複数の価値観、複数の願望がせめぎ合う状況では、それぞれがとるべき行動に制約を課すことになるため、行動の余地がひどく狭められてしまう。制約が重なり合う場合には、複数の価値観や願望を満たせる現実的な行動はないということになりかねない。

とくに個人の問題あるいは政治絡みの問題では、互いに衝突する野心がどうしても折り合いがつかないという事態になりやすい。ある女性は夫が大嫌いだが、結婚を解消したくはない。ある大学は言論の自由を掲げているが、ヘイトスピーチは取り締まりたい。このような状況では、相反する願望を同時に満足させる解決策はなさそうに見える。

線形計画法からの連想だが、戦略は交点で生まれることが多い。どういうことか説明しよう。線形計画法はさまざまな制約条件（制約関数）のもとで目的関数を最大化もしくは最小化する解を求める。通常は制約関数と目的関数の交点が解となる。ところが、ときに制約関数が多すぎたり厳しすぎたりすると、交点が存在しない（解がない）ことがある。このようなとき、戦略は空集合（null set）だと私は呼んでいる。この場合、制約条件のすくなくとも一つを緩和しない限り、解は望めない。

空集合に直面すると、大方の人は近視眼的になりやすく、目先の利益に走ったり、あるいは逆に最悪の損失（と思われるもの）だけは避けようと必死になったりしがちだ。その典型例をアメリカがベトナム戦争をエスカレートさせたプロセスに見ることができる。リンドン・ジョンソン大統領は、ベトナムを失いたくなかった。トルーマン大統領が「中国を失った」と非難されたことが忘れられず、その轍《てつ》を踏みたくなかったからだ。同時に、「偉大な社会」の実現を公約に掲げていたジョンソンとしては、議会と良好な関係を維持し、公民権法をはじめ福祉・教育関連法を成立させたかった。一方ジョンソンの周りを固める政策担当者たちは、信頼できる同盟国や貿易相手国としてのアメリカの評判を維持したいと願いつつも、大きな戦争への関与は避けたいと考えていた。ベトナムでの勝利を願ってはいるが大規模な軍事介入はごめんだという立場である。この状況で、アメリカは北ベトナムに対して延々と空爆を続けたものの、経済的に重要な施設や補給基地などは標的から除外していた。国防長官のロバート・マクナマラが採用したのは基本的に消耗戦と呼ばれる戦いであり、つねに北ベトナムの損耗がアメリカを上回るようにした。だが北ベトナムは、どれほど犠牲が大きくなろうと最後まで戦い抜く姿勢を崩さない。

相反する価値観や願望がせめぎ合い、どちらを選ぶか決めかねるようなとき、英語では「心が二つになる」と言う。どちらの心も大事で、片方を捨てることはできない。一九六六年になると、マクナマラは譲歩してもよいと考えるようになる。だがそれは敗北を意味した。しかし、政治的な制約を考えれば勝利が実現不可能であることもマクナマラは気づいていた。それでも彼は、アメリカが無制限に戦力を投入するつもりだと北ベトナムに信じさせることができれば、最終的に勝利できると主張する。実際には、アメリカに引き受ける覚悟のある犠牲には限度があることを十分に承知していながら、だ。つまりマクナマラは空集合に直面していた。藁《わら》をも摑む境地のジョンソンはタカ派からハト派へ顧問の首をすげ替え、何かよい解決策はないかと繰り返し助言を求めた。アメリカは退却しては攻勢に転じ、突然北爆を中止しては別の作戦に乗り出す。すべては、アメリカが本気で和平を望んでいると北ベトナムに信じさせるためだった。北ベトナムがいっこうに反応しないとわかると、部隊を増派し、空爆を激化させた。

国防長官の任期が終わりに近づいた一九六八年に、大統領の軍事顧問団による会議が開かれた。統合参謀本部議長であるアール・ホイーラー陸軍大将から出された増派の要請を検討するためである。ホイーラーはあと二〇万五〇〇〇人欲しいと言ってきていた。マクナマラは激怒する。「これまで軍部から要請があれば何度も応じてきた。だが二〇万五〇〇〇人を追加投入したところで戦争の帰趨を変えられるのか、何も保証がない……誰も確信を持って言うことはできまい。増派してもおそらく勝てない。要するに戦争に勝つプランはないのだ」[*2]

多くの相容れない願望があり、どれかを満足させるにはどれかを無視しなければならない状況では、多くの人は思考停止し何も決められなくなるか、二つか三つの中途半端な解決策の間でいつまでも決めかねて迷うということになりやすい。このようなときに適切な戦略を立てるのは、率直に言ってきわめてむずかしく、不可能であることも少なくない。問題は外にあるのではなく、組織または社会の中にある。

こうした状況における問題の最重要ポイントは、価値観あるいは願望が最も激しく対立するところに存在する。空集合から脱け出すには、価値観や願望が課す制約条件のどれかを緩和するか、排除しなければならない。たとえばどうしても譲れない価値観を無視するとなれば、おそらくはリーダーを交代させることになるだろう。リーダーは強い意志を持っているものだし、またそうあるべきだが、優先順位を変えるとなったときには、その意志の強さが邪魔になる。ベトナム戦争の場合、マクナマラの後任となったクラーク・クリフォードはもともとタカ派だったが、戦争拡大の効果についてすぐに考えを変え、アメリカの軍事的関与を縮小すべく手を打ち始める。一九六八年の大統領選挙で選ばれたリチャード・ニクソンは「名誉ある平和」を掲げており、縮小路線は維持された。しかし読者もよくご存知のとおり、アメリカ軍が撤退を完了すると戦争は北ベトナムの勝利に終わり、アメリカの名誉は失われたのだった。

アメリカのベトナム戦略は、政治的制約によって規定された空集合だった。もうすこしまな結果を得るためには制約条件の緩和が必要だったが、時の指導者たちは自分自身が相容れない価値観や願望を抱いていることが問題の急所であるとは、ついぞ認識しなかったのである。どの時点でも、十分な戦力を投入して北ベトナムを戦闘不能にすべきだとは誰も考えなかった。またどの時点でも、北ベトナムと南ベトナムを平和的に再統合する道を探るべきだとも誰も考えなかった。

野心と制約の対立は民間企業でも起こりうる。アップルがｉＰｈｏｎｅを発売した直後のマイクロソフトがそうだった。この頃、マイクロソフトの経営陣はウィンドウズをベースにしたモバイルＯＳの改良を急いでいた。またグーグルの検索エンジンも脅威となっており、急拡大中の検索市場に殴り込みをかける必要も感じていた。だが彼らはこれらの課題に直接取り組まず、最も腕のいいエンジニアをウィンドウズのメジャーアップデートに投入する。データベース指向のファイルシステムと「ユニバーサル・キャンバス」と呼ぶデバイスに依存しないインターフェースを備えたＯＳというビル・ゲイツの夢を実現しようとしたのだ。だがこのプロジェクトの産物であるウィンドウズＶｉｓｔａはご存知のとおりさんざんな結果に終わる。ビル・ゲイツの夢は何も実現されなかった。結局マイクロソフトはモバイルＯＳの問題をクリアできず、経営不振のノキアを買収してみたものの、最終的にスマートフォン事業から撤退する。おまけに検索エンジンではヤフーの買収を試みるも断念。マイクロソフトの検索エンジンＢｉｎｇは二〇一六年になるまで赤字だった。

これでは、どれか一つにフォーカスしていればマイクロソフトはもっとうまくやれたはずだと言いたくなる。だが当時ＣＥＯだったスティーブ・バルマーはこう回想する。「いや、われわれはいちばん有能なチームをロングホーン（Ｖｉｓｔａのコードネーム）に投入していた。モバイルでもなく、エンジンでもなく、Ｖｉｓｔａに。つまりわれわれのリソースはまちがったものに注ぎ込まれたということだ」[*3]。だが同社の多くの社員の見方はちがう。当時のマイクロソフトはもっと根深い問題を抱えていた。政治的駆け引きが横行する社内文化に加え、新たに獲得した才能ある人材をうまく統合できていなかったという。創造性豊かな人材は会社を出て行った。だからいまにしてみれば、こう言うことはできるだろう。ビル・ゲイツもスティーブ・バルマーも状況を正面から診断する勇気に欠けていた。別の言い方をするなら、問題の最重要ポイントを見きわめようとする気構えがなかった、と。

その課題は重要かつ現実的に取り組み可能か

すでに繰り返し述べたように、戦略課題は決定的に重要であると同時に現実的に取り組み可能でなければならない。この二つの条件のそろった課題のことを私はＡＳＣ（Addressable Strategic Challenge）と呼んでいる。同時並行的に取り組めるＡＳＣの数は、組織の規模とリソースの厚み、そして最も重大な課題の深刻度に左右される。さきほど取り上げたプラン・ドッグは、決定的に重要であると同時に現実的に取り組み可能な課題の解決策だった。ヨーロッパへの兵力集中はすぐにとれる行動であり、「ヨーロッパで勝ち太平洋でも勝つ」といった単なる願望よりよほど実現可能性が高い。

いくつもの問題に直面している場合、どれもが死活的に重要だということはまずない。問題によって重要度あるいは優先度が異なることは誰しも認めるだろう。事業戦略という言葉を使った最も初期の論文（一九二四年）の中で、ジョン・クローウェルは辛辣にこう述べている。「ある状況において本質的なこととそうでないこととの間に一線を引けない人は、戦略プランニングの分野で出る幕はない」[*4]。だが何がほんとうに「重要」と言えるのか、どうやって「重要度」を評価するのか。ある師は「よい判断とはある状況で何が重要か知っていることだ」と言うが、これでは「重要」と同じくらい謎めいた「判断」という言葉が出てきて当惑させられるだけだ。

何が「重要」かは状況によってちがうし、取り組む人の利害によってもちがう。たとえば二〇二〇年夏にはアフリカ系アメリカ人が白人警察官に窒息死させられたことをきっかけに制度的な人種差別が全米で問題になった。とりわけミレニアル世代はこの事件に強い関心を示し、気候変動や戦争や所得格差以上に問題視したものである。事業戦略や組織戦略の場合には、その事業なり組織なりの存続が懸かっているような問題が文句なしに最重要と位置付けられる。別の言い方をすれば、その事業あるいは組織の存在を脅かしている要因は何かが問題になる。また大きな機会の場合には、それに賭けるリスクが大きいときや従来のやり方を根本的に変えなければならないようなとき、重要度が高いと言える。

以上の点を踏まえ、どの課題が真に重要か判断したとしよう。次なるテストは取り組み可能か、つまり妥当な期間内で克服できそうか、ということになる。人智では乗り越えられないような課題は、いかに重要でも戦略の対象にはなり得ない。取り組みが可能かどうかは、組織のスキルとリソース、解決までに許容される期間に左右される。たとえばアメリカは、十分なリソースを投入するならば、今後一〇年以内に火星に人間を送り込むことができるだろう。だがアメリカがアフガニスタンを自由で民主的な国家にすることは、一〇年どころか生きている間にも期待できまい。なるほどかつては各地を軍閥が支配する群雄割拠状態だった日本やスコットランドやフランスは、たしかに民主主義国家に変貌を遂げた。だがそれは圧倒的な勢力が統一を果たしたのちに数世紀をかけて民主化したのである。アメリカにそれができるという保証はどこにもない。

私はガラスボトル大手のオーウェンズ・イリノイで企業戦略の助言をしたことがある。課題を絞り込む条件は、死活的に重要かどうか、そして現実的に取り組み可能かどうか、の二点だと私が話すと、戦略担当バイスプレジデントのマーク・コットはこう質問した。「二つの条件を満たすとなると、判断がむずかしい。必ず意見が割れるだろう。そうなったら、誰の意見を重んじるべきか?」。組織の人間としては当然すぎる悩みである。この質問に対する簡単な答えは、組織のヒエラルキーはそうした意見対立を解決するためにある、というものだ。簡単ではない答えは、こうなる。人によって判断がちがうのはなぜか、その原因をとことん議論しなさい。その過程で貴重なヒントが得られるかもしれない。

課題を切り分ける

ドイツのアパレルメーカーでＣＥＯを務めるポール・ディカーブ（仮名）は、取り組み可能かどうかを問うことは戦略立案にとって重大な制約であり、端的に言って邪魔だと述べた。「いますぐ取り組める問題だけを相手にしていたら、長期的展望を見失うことになる。わが社の戦略は他社と真の差別化を図ること、市場において独自の地位を築くことだ。だからわれわれは会社を生まれ変わらせ、新しい能力を開発するために投資し続けなければならない」

私は、「真の差別化を図る」とか「新しい能力を開発する」といったものは戦略ではないとポールに指摘した。「それらは単なる野心か、でなければ願望だ。差別化や能力開発をめざすのはそれとして結構なことだが、漠然としすぎていて何から手をつければいいのかわからない。もっと小さなピースに切り分けて、いますぐ取りかかって解決への道筋をつけるようにすべきだ」

「それじゃあただの戦術じゃないか」とポールは反論した。

「そんなことはない」と私。「軍事における戦略と戦術のちがいを一言で言えば、前者は司令官の行動計画、後者は曹長の行動計画だ。長期か短期かは関係ない」

ポールは非常に頭が切れる男だが、それでも大方の経営者や政治指導者と同じく、戦略とは未来につながる長期的な大構想でなければならないという考えに囚われていた。実際、そのほうが戦略は立てやすい。だがこれでは、最も重要な勝負どころにフォーカスして行動計画に落とし込むという困難なプロセスをやらずに済ますことになる。

ＩＮＳＥＡＤ（欧州経営大学院）のフォンテーヌブロー・キャンパスには、創立者の一人ジョルジュ・ドリオの胸像が立っている。ドリオは教育者だが、アメリカ陸軍で准将まで務めた人物で、実業家でもあった。胸像の下には彼の残した有名な言葉の一つが刻まれている。「行動を起こさない限り、世界はアイデアの中にとどまる」

いま取り組み可能であるという条件は、長期的な課題を避けて通ることを意味しない。長期的な課題を切り分け、今日から取り組める部分にまず着手して長い道のりを踏破する。中国の諺《ことわざ》ではこれを「千里の道も一歩から」という。

戦略マスタークラスの演習

私は二〇二〇年初めに受け持った戦略マスタークラスで、多数ある課題を絞り込み、重要かつ取り組み可能な課題を見きわめる演習を行ったことがある。さまざまな業種の経営幹部五人から成るスタディグループを編成した。半導体の巨人インテルに関する記事や同社の直面した課題の要約を各自が読み、重要かつ取り組み可能な課題を選び出す。演習の目的は、重要性と取り組み可能性を正しく評価するスキルを磨くことにあった。[*5]

半導体産業でつねに一種の指標として参照されるのは、あの有名なムーアの法則である。法則通り、トランジスタは小型化・高性能化・低コスト化が急速に進んだ。これをスケーリング則と呼ぶが、インテルはスケーリング則を実現する高い技術力でもって半導体業界で支配的地位を築いた。一九八四年には最小加工寸法が一〇〇〇ナノメートル（nm）だったのが、六段階の微細化を経て二〇〇一年には一三〇nmに、さらに六段階の微細化を経て二〇一四年には一四nmプロセスに成功する（一nmは一メートルの一〇億分の一である。新型コロナウイルスの直径は約一〇〇nmとされる）。インテルのx86マイクロプロセッサはウィンドウズ搭載パソコンのデファクトスタンダードとなり、ウィンドウズとインテルの強固な結びつきはウィンテル連合と呼ばれた。インテルの利益率は他のすべての半導体メーカーを上回って上昇した。

学生たちは渡された資料を読み、深刻な問題ばかりでインテルはピンチだとある学生は正直な感想を口にした。別の学生は、大企業はつねにこの程度の問題に直面しているが、それに気づいていないのだと発言した。活発な議論が行われた結果、インテルが直面する一一の課題のリストが作られた。その簡単な要約を以下に掲げる（順不同）。

1　**ムーアの法則の終焉**：半導体業界ではシリコンチップの小型化・高速化・低コスト化が継続的に実現されてきたが、これを可能にしたのはトランジスタの微細化である。つまりムーアの法則が一貫して成り立ってきた。ところが二〇一八年になる頃には、ムーアの法則はもう終わったと囁かれるようになる。トランジスタをもっと小型化することは技術的にはなお可能ではあるものの、コストが膨張し採算がとれなくなってしまう。これは、マイクロプロセッサの性能でつねに先頭を走るというインテルの戦略にとって深刻な事態だ。

2　**AMD**：IBMは一九八一年に自社製パソコンにx86プロセッサを採用したが、このときインテルへの過剰な依存を避けるため、第二のサプライヤーを見つけるよう要求した。やむなくインテルは翌年AMDと技術交換契約を締結し、後者はインテルのプロセッサ技術の利用が可能になる。庇《ひさし》を貸して母屋を取られるという言葉があるが、いまではAMDが独自開発したプロセッサRyzen（ライゼン）シリーズの性能がインテル製品を上回るようになった。*6

3　**製造能力**：インテルは一四nmプロセスから一〇nmプロセスへの移行で苦戦し、なかなか移行が進まなかった。この遅れは同社自身にとって悩ましいだけでなく、他社に付け入る隙を与えることになる。*7 実際このときを契機に、インテルは直接のライバルであるAMDの後塵を拝することになった。

4　**モバイル**：インテルのモバイル戦略のカギとなったのはAtom（アトム）の開発である。Atomはモバイル端末用に最適化された小型・省電力型のx86プロセッサだ。だがスマートフォン・メーカーはAtomに食指を動かさなかった。そこで二〇一四年初めにCEOのブライアン・クルザニッチは、ターゲットをタブレット端末に切り替え、四〇〇〇万台への採用をめざすと発表。アーム（ARM）からインテルにスイッチしてもらうための費用をインテルが負担した。結局は失敗に終わったこの試みに、クルザニッチは一〇〇億ドル近く注ぎ込んだと言われる。その挙句、二〇一六年四月にAtomからの撤退が発表された。インテルは巨大なモバイル市場を永久に失ってしまうのだろうか。

5 **アーム・ホールディングス**：モバイル端末向けプロセッサで勝利を収めたのは、イギリスに拠点を置くファブレスの設計集団アーム・ホールディングスである。アームはインテルのx86とはまったく異なる設計思想のシンプルなアーキテクチャで特許をとっていた。アームは自社工場を持たず、低コストのアジアのメーカーにライセンスを与えて生産させるというビジネスモデルを採用しており、アップル、クアルコム、サムスンなどがライセンスを受けている。インテルにとってアームの脅威がとりわけ高まったのは二〇一九年だった。アマゾンが自社のクラウドサービス専用にアームをベースにしたプロセッサGraviton2（グラビトン2）を開発すると発表したのである。またクアルコムは、ノートパソコンにアームのSoC（システム・オン・チップ）を採用すると発表した。

6 **モデム**：スマートフォンの無線部分を担うモデムに関して、インテルは市場獲得に長年苦労していた。[*8] 唯一の大口顧客であるアップルはモデム最大手のクアルコムとライセンス料をめぐる法廷闘争を繰り広げていたが、二〇一九年四月についに全面和解にいたる。その数時間後、インテルはスマートフォン向けモデム事業からの撤退を発表し、同年九月にアップルが同事業を一〇億ドルで買収した。ここでもまたインテルはモバイル市場に参入する足掛かりを永遠に失うのだろうか。

7 ＩｏＴ：二〇一六年にインテルはＩｏＴ（インターネット・オブ・シングス）機器向けプロセッサに今後力を入れると発表した。つまり、ワイヤレスでつながるコンピュータ機器向けのチップを重点的に開発するということだ。スマートフォン向けに比べて消費電力の小さいチップは、家電、スマートウォッチ、ドローン、犬の首輪、自動車などのほか、これまで考えもしなかったじつに多種多様なものに搭載され、Ｗｉ－Ｆｉシステムやクラウドに結びつける役割を果たすことになる。だが二〇一七年半ばになると、インテルはローエンド向けＩｏＴチップの開発を中止し、従事していた社員一四〇人を解雇。産業用途にフォーカスすると発表する。産業向けのほうが需要も多く、売り上げも伸びていたからだ。一部のアナリストはこの決定を評価し、ＩｏＴ市場でのインテルの成長余地は大きいとみている。この市場は細分化されており、決定的な優位に立つ企業はまだない。テキサス・インスツルメンツやシリコン・ラボラトリーズなどの企業も、ＩｏＴの上潮に乗りたい意向を示している。

8 ＡＩ：デスクトップおよびノートパソコン向けx86プロセッサの売れ行きは横ばいになっていたが、急成長中のＡＩ（人工知能）市場では処理能力の高い大型プロセッサの需要が急増していた。ＡＩトレーニング市場を支配していたのは、エヌビディアである。同社はゲーム機用のＧＰＵ（画像処理半導体）を高性能の機械学習エンジン用に拡張して高い評価を得ている。二〇一六年にインテルはＡＩチップ開発のためナバーナ・システムズを買収。ナバーナはｘ86プロセッサをベースにした高度な推論エンジンを手がける。ところが驚いたことに、二〇一九年末になるとインテルは同じくＡＩチップを手がけるイスラエルのハバナ・ラボラトリーズを二〇億ドルで買収する。ナバーナとハバナの製品ラインナップはかなり重複があり、結局二〇二〇年に入るとすぐナバーナのＡＩチップ開発は打ち切られた。インテルによると、ハバナは独立企業として運営を続けるという。

9 **クラウド**：インテルは、ｘ86ベースのＸｅｏｎ（ジーオン）シリーズでデータセンター向けプロセッサ市場を支配していた。サーバー用プロセッサではインテルのシェアは九〇％を上回ると言われる。近年のビッグデータとクラウド・コンピューティングの台頭に伴ってパソコン市場が縮小する中、インテルのデータセンター事業は成長の原動力の一つになっていた。ここでの脅威は、いくつかの巨大テック企業がクラウド向けのカスタムチップを開発するようになったことである。すでに述べたように、アマゾンはアームをベースにしたプロセッサをクラウドサービス専用に開発した。またマイクロソフトは自社のクラウドデータセンター用にアームの八〇コアのプロセッサを試している。

10 **中国**：二〇一九年の時点で中国はインテルにとって最大の市場で、売上高の二八％を占めていた。さらに製造拠点のおよそ一割が中国にあった。二〇一九年末に中国は国家が保証するニ九〇億ドルのファンドを設立し、半導体産業の育成を後押しするとともにアメリカのテック企業への依存度を引き下げる構想をあきらかにする。二〇二〇年の新型コロナウイルス感染拡大も、中国とインテルの蜜月関係に暗い影を落とすことになった。中国の需要は先細りになるのだろうか。また、インテルのチップを組み込んだ中国製品に対する世界の需要は収縮するのだろうか。中国とアメリカの間には新たな貿易紛争が起きるのだろうか。

11

企業文化：二〇一九年初めにロバート・スワンがインテルのＣＥＯに就任した。インテルでは財務畑出身者がＣＥＯを務めることが多いが、スワンも例外ではない。就任後すぐにスワンは、インテルの企業文化が重大な問題だと気づく。インテルは数年にわたって新しいチップの開発で苦戦し、遅れを生じていた。うまくいっていたのはｘ86シリーズだけである。新規開発のために買収をしても、統合もスムーズに進まない。スワンは「ワン・インテル（One Intel）」をモットーに掲げる。これは、一九九三〜二〇〇二年にＩＢＭのＣＥＯを務めたルイス・ガースナーが掲げた「ワン・ＩＢＭ（One IBM）」に倣ったものだ。ガースナーはこの理念を打ち出すことで会社の分割案に抵抗したのである。スワンは、インテルが抱える深刻な問題は長年業界トップの座を堅持してきたことに起因すると考えた。ニューヨーク・タイムズ紙の取材に対して、「マネジャーたちは社外での競争に関して自己満足に陥り、社内で予算の分捕り《ぶんど》り合戦に終始している。中には判断に必要な情報を隠して報告しないマネジャーもいた」とスワンは語っている。*9 おそらく重要な転換点は、一〇nmチップの開発が計画通り進まなかったことにあるのだろう。このような問題が起きるときには何かを変えなければならない、とスワンは考えた。

スタディグループの分析

学生たちはインテルが直面する一連の課題が途方もなく困難であるという点で意見が一致した。ただしどれが最も重要かということになると意見が分かれた。学生の一人は「製造能力の問題を解決しなければならない。さもないとクラウド市場で敗北を喫し、売り上げが激減してしまう。次の七nmプロセスで遅れをとったら、インテルはもはやＴＳＭＣの一顧客に成り下がるだろう」という意見だった。

別の学生は正反対の意見で、最大の問題は企業文化だという。「微細化競争は終わりに近づいている。クラウドは価格競争の様相を呈しており、インテルはそこに伍《ご》していく用意ができていない。彼らは長年ウィンテル連合にあぐらをかいてきて、コスト面でまったく太刀打ちできない体質になっている」

次にＩｏＴ、ＡＩ、クラウドの取り組み可能性について議論した。基本的な問題は、この三つにインテルは積極的に取り組むべきなのかという点である。利益率の低い大量生産に本気で取り組むべきなのか。インテルにそれができるのか。この三つの技術はいずれも、ハードウェアとソフトウェアの融合、親密な顧客関係、低利益率という特徴があり、インテルの事業で重要部分を占めるx86プロセッサの高利益率、スケーリングの追求とはなじまない。半分以上の学生が、AIチップの課題は重要であると同時に取り組み可能だと考えた。ハバナが独立企業として運営されるならディープラーニング（深層学習）市場でかなりのシェアを獲得できると見込んだものの、この市場の規模がどれほどなのかはまだはっきりしない。

企業文化の問題は、すべての課題に絡んでくる。市場をほぼ独占し、高い利益率を謳歌し、ムーアの法則を追いかけるように律儀にスケーリングを行ってきた長い年月の間に、インテル社内の考え方、習慣、業務慣行などがしっかり根付いたのだろう。低利益率の大量生産で利益を上げるには、エンジニアやマーケティングチームの意識を変えるとともにコスト構造を見直す必要がある。

さらに別の学生は、問題よりもチャンスのほうを気にかけていた。「大事なのは一瞬のタイミングを逃さないことだ。AIやIoTの市場では、チャンスはごくたまにしか巡ってこない。インテルは伝統的な事業を守ることに汲々とするのではなく、チャンスを摑むことにもっと前のめりになるべきだ」

ムーアの法則に関しては、インテルは今後も法則は成り立つと主張しているが、学生たちは懐疑的で、微細化・低価格化のペースは鈍化するとの意見が大勢を占めた。競争と成長の指標は別のものを探すべきだという。

数時間の議論の末に、私は五人に対し、一一の課題について重要性と取り組み可能性を数値で評価するよう指示した。具体的には、一つひとつの課題がインテルにとって戦略的にどれほど重要か、その課題をインテルは今後三~五年以内に取り組んで一定の成果を出すことができるかを一~一〇段階で評価する。評価が出揃った時点でグループの平均を算出した。たとえば、AIの重要性評価の平均点は八・一、取り組み可能性は七・六である。どの課題にも二種類の評点がつけられるため、XY座標にプロットすると関係性がわかりやすい。**図6**のグラフではX軸が重要性、Y軸が取り組み可能性を表す。

どれも途方もなく困難な課題であるだけに、平均点が四以下という項目はなかった。そもそも重要でなかったら戦略のクラスで討論の

図6　スタディグループによるインテルの課題分析

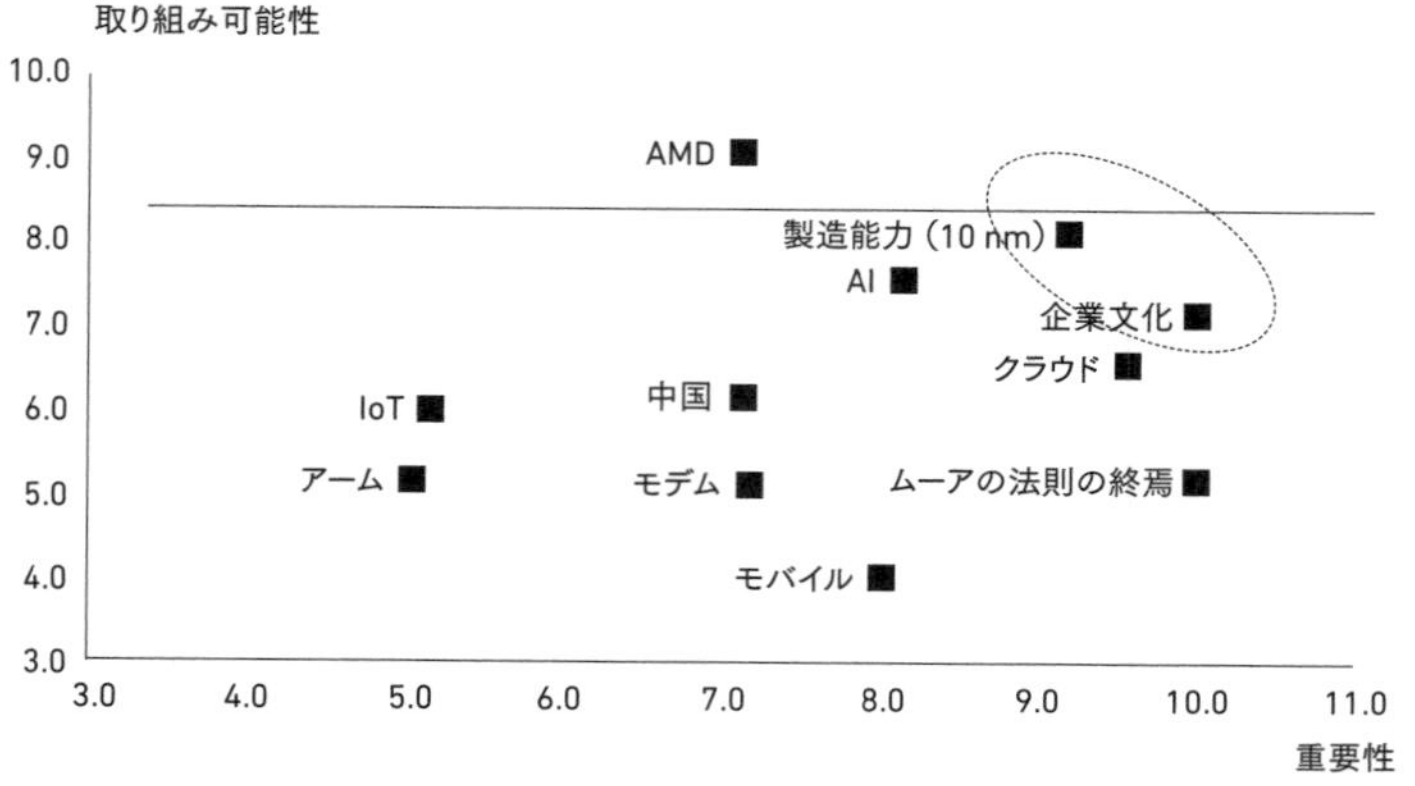

対象にもならなかったはずだ。ただし演習でありがちなことだが、取り組みが容易だとみなされた課題は存在する。今回の場合、ＡＭＤの問題はインテルにとって「毎度のこと」だとされた。

グラフを見ると、スタディグループが最も重要かつ取り組み可能と判断した課題は製造能力（一〇nmチップ）と企業文化であることがわかる。ただしここにプロットされているのは平均点なので、評点の散らばり具合はわからない。最も評価が割れたのはＡＩだった。たいした問題ではないと考える学生もいれば、未来を作るのはＡＩであり、他を圧する大きなチャンスだと考える学生もいた。

以上の分析から推察できるのは、インテルにとっての課題の最重要ポイントは製造能力と企業文化（両者は密接な関係にある）のあたりに存在するということだ。ウィンテル連合がもたらす潤沢な利益を毎年確保することが目標と化し、利益率の低い他の事業に本気で取り組む意欲がなくなり、おそらくは製造部門のエンジニアのスキルも範囲が狭まっていったのだと考えられる。

インテルが直面する課題の最重要ポイントを正しく見きわめるためには、製造面で近年直面する苦境や企業文化についてもっと情報を集める必要がある。おそらくは、重要な機会と組織改革をうまく結びつけることが決め手となるのではないか。確実に見込める利益の回収に終わらず、設計とコストの両面で他社と競争するつもりなら、社内とりわけ製造部門の文化を変える必要があることはまちがいない。

スタディグループがインテルの戦略課題の核心を見抜いたなどと言うつもりは毛頭ない。演習の目的はあくまで課題を精査し、ＡＳＣを見きわめることにある。そしてＡＳＣを明確化できれば、最重要ポイントは見つけやすくなる。選択肢を絞り込んでいくこのプロセスは、複雑な問題解決に注意を集中するうえで欠かすことができない。

後日談

二〇二〇年五月にＴＳＭＣは一二〇億ドルを投じてアリゾナ州に半導体工場を建設する計画を公表した。五nmプロセスの工場だという。七月にインテルは七nmプロセスの開発が最低でも六カ月遅れると発表した。ＣＥＯのスワンは、インテルが独自チップの開発から撤退する可能性も匂わせている。

二〇二一年一月に、インテル取締役会はスワンが二月一五日をもってＣＥＯを退任し、パット・ゲルシンガーが後任になると発表する。ゲルシンガーはインテルに三〇年間在籍し、初代最高技術責任者（ＣＴＯ）を務めた人物である。その後転出し、直近ではクラウドインフラ大手ＶＭウェアのＣＥＯを務めていた。二〇二一年三月にインテルは新しいチップ、Rocket Lake（ロケット・レイク）を発表する。一〇nmプロセスの技術を使うが、製造は信頼性の高い前世代の一四nmプロセスで行うという。インテルが早いところ一〇nmプロセス問題を片付けることを期待していた人たちからすれば、落胆させられる成り行きと言わざるを得ない。

二〇二一年七月にゲルシンガーは今後の製品開発ロードマップを発表し、プロセッサのパフォーマンスでリーダーシップを奪還すると決意表明する。計画には新設計のチップ、チップ基板裏面からの電源供給、ＥＵＶ（極端紫外線）リソグラフィへの対応が含まれる。業界通はこの意欲的な計画に感銘を受けたものの、インテルにほんとうにできるのか、やや懐疑的だ。

第5章 戦略と成長

「わが社の重要課題は成長だ」とあるCEOが述べた。「わが社はこのところ伸び悩んでおり、株価にも評判にも影響が出ている。既存市場でのシェアを拡大し、積極的に新しい機会を求め、新たな成長の原動力を見つけなければならない」

成長に関するCEOのこうした発言は、とくにめずらしいものではない。じつのところ、御社の課題は何ですかと経営幹部に質問すると、「成長ペースが鈍化した」とか「成長が遅すぎる」といった答えがいちばん多い。だがだいたいにおいて、ある製品なり市場なりが成熟してくれば成長ペースが鈍るのは当然の帰結である。たとえば携帯電話の契約件数は二〇〇七〜一二年に年一三%のペースで伸びたが、二〇一三〜二〇年には年三・四%になった。これは市場が飽和したからである。なにしろ二〇二〇年における携帯電話の契約件数は、世界の全人口を上回ったのだ。アメリカの通信大手ベライゾンは、二〇二一年の伸び率を二%と見込んでいる。

成長が課題だという企業の診断は、その企業の過去の実績と予想から始めることになる。経営陣は何かと言うと「成長」を求めるが、成長期待は企業の規模とバランスがとれているのか、検討が必要だ。どういうことか説明しよう。たとえばウォルマートの二〇二〇年の売上高は五六〇〇億ドルである。これを二倍にするというのは、ウォルマートがアマゾンとA T＆Tをそっくり買収するのと同じことになる。これはどう考えても非現実的だ。だから賢い戦略家は全事業の成長ではなく、新しいラインなり新しい事業なりの妥当な成長をめざす。

成長が課題だという場合の多くは、じつは競争圧力、組織のアジリティ（機敏性）、起業家精神が課題なのだ。ある特定の状況において何が最重要ポイントかを見きわめるためには、この三つの要素を正しく評価することが必要だ。さらに、どのような価値を創造して成長を生み出すのか、そのしっかりした根拠と実現のためのメカニズムを持っていなければならない。

単に売り上げを伸ばすのではなく価値創造による利益を伴う成長を実現すること――これが、誰でも名前を知っているような成功企業の最大の特徴である。本章ではこの特徴を七つの要素に分解して解説する。とはいえ、七つの要素がそろったら自動的に成長するわけではない。成長し利益を生むというのは難事業であって、そう簡単ではないからだ。それでも成長への正しい道を知り、重大な過ちを犯さないようにする指針として役立つはずである。ただしその前に、成長とはどういうものかについていま一度考えてみたい。

成長の意味とメカニズム

「growth（成長）」という言葉は、もともと「育つ」「だんだんに増える」という意味のゲルマン語から生まれた。生物学では、この言葉は有機体のサイズが大きくなったり、細胞の数が増えたりすることを意味する。企業の場合の成長は成功を示す指標が向上することだが、とくに売上高と利益について言うことが多い。マクロ経済学の場合にも、成長と言えば通常は国内総生産（GDP）が増えること、または経済活動の状態を表す総合的な指標が上向くことを意味する。

仕事柄、多くの企業の成長データを見てきたが、業種や企業によってはもちろん、同じ企業でも年によってじつにばらばらであることにいつも驚く。コンサルティングの仕事を始めたばかりの頃のあるクライアントからの依頼はいまでも忘れられない。その経営幹部は、自分の会社の「成長一貫性」を調べてほしいというのだ。この成長一貫性というのは彼の造語で、つまりどの企業にもたとえば年九％というふうに固有の成長率があるのだという。そして毎年だいたい一貫してそのペースで成長するという。まあ、多少の変動はあるかもしれないが、それでも固有の成長率はあるはずだと言い張る。そして、これを数値で示してほしいという。

ある企業の二〜三年間の売上高の伸びをプロットしたグラフに、同じ企業の次の二〜三年間の売上高の伸びをプロットしたグラフを重ねると、だいたいは仰天することになる。まるで下手くそな鉄砲撃ちが標的を狙った結果のような具合になるからだ。プロットされた点はランダムに見える。一貫性などどこにもない。ある企業の三年間の成長率のデータを渡されても、次の三年間の成長率を予測することはまず不可能だ。

さらに、売上高、利益、資産その他の指標による企業規模の成長と、株価の上昇、より正確には株主総利回り（TSR）の伸びの間にはある重大なちがいがある。TSRとは、投資家に対する総合的なリターン（値上がり益＋配当金）を表す指標である。

経営者は自社の株価が上がることを望むが、企業の成長と株価の関係はけっして直接的ではないし、単純でもない。私はMBAのクラスでこの問題を少々意地悪な形でよく取り上げる。こんな具合だ。「通常、このクラスでは論文と試験の出来に基づいて成績をつける」と私は話し始める。「だが今学期は少々ちがうやり方にしたい。まず、他の講座での君たちの過去の成績評価に基づいて、この講座での成績を私が予想する。そして、この予想を上回った度合いあるいは下回った度合いに基づいて成績をつけることにする」。すると必ず不満の声が上がる。裁量的だとか、アンフェアだ、というのである。そこで私はおもむろに説明する。「たしかに。だが株式市場はいま言った方法で経営者を評価しているのだ。経営者が実際にどれほどうまく経営し業績を上げたかではなく、その経営者に対する当初の予想をどれほど上回るかで株価は決まる」

株式市場は企業の将来の配当性向や合併買収などの予想を総合したうえで現在価値に割り引くので、ノイズの多いメカニズムだと言える。成長率が株式市場全体のリターンを下回る限りにおいて、株価は多かれ少なかれ利益またはキャッシュフローを下回る。しかし低い成長率が予想外に上昇し、たとえば二年間にわたり年二〇％になったら、成長率が上向くたびに株価も急上昇するだろう。なぜ株価が上がるかと言えば、急成長がサプライズだからだ。予想外にハイペースの成長がもう終わるとはっきりすれば、株価は急落することになる。急落するのは、成長が続くという期待が裏切られたからである。

急成長には強烈な魅力があるが、それは必ずスローダウンすることを私たちは知っているはずだ。五〇年にわたって年二〇％のペースで成長を続けたら、売上高は一億ドルから一兆ドルになる。このペースをさらに五〇年続けたら、売上高は一京《けい》ドルになるのだ。これは世界経済の規模より一〇〇倍以上も大きい。だから、急成長が永久に続くことはありえない。いずれ必ず成長は鈍化し、やがて止まる。いや、マイナスに転じることもありうる。株価がいちはやく反映するのは、まさにこの急成長をめぐる不確実性だ。株価は節目節目で成長持続の期待と成長終焉の可能性との間でバランスをとる。成長が続くとわかれば、つまり市場が終わりは近くないと判断したら、株価は上がる。だがあまりに長期にわたって急成長企業の株にしがみついていると、必ず株価調整が起きて痛い目に遭うことになる。

あなたが長期保有タイプの投資家で、投資で得た利益を多様なポートフォリオに再投資するなら、期待できるリターンは年七％というところである。一方あなたが投機家なら、行けるところまで行き、成長が止まる前に売り抜くことをめざすだろう。しかしこれは容易ではない。人はつい希望的観測にすがろうとするからだ。成長企業の場合、市場はつねに成長の終わりが近づいている可能性を織り込む。よって成長企業の経営陣の仕事は、自社にまだまだ成長余地があると示して市場を驚かせることである。逆に低成長企業の経営陣の仕事は、業績を上向きにして市場を驚かせることである。それでは成長への七つの道を説明しよう。

1　ユニークバリューを提供する

成長する市場にその企業ならではの特別な価値を提供する――あたりまえすぎるようだが、これは圧倒的に多くの場合に事業で成功するための基本方程式だ。成長が大好きな投資家を満足させようと経営者がついやりがちなことを食い止める有効な対抗策でもある。

私は二〇一六年春にバルニコ（仮名）から戦略コンサルタントとして招かれたことがある。同社には「戦略の日」なるものが設けられており、戦略課題に関する過去と現在の状況を検討する会議が開かれる。私はそれに出席した。バルニコは食品加工産業にサービスを提供する会社で、全世界で事業を展開している。一二年前に上場を果たした。冒頭でＣＥＯのボブ・ハーラーが最近の業績を発表した。二〇〇八～二〇〇九年のグローバル金融危機後もバルニコは年六～七％と着実に増収を記録している。だが取締役会は満足せず、「株価を上げろ」とハーラーに圧力をかけてきた。ランチを共にしたとき、ハーラーは適当な企業を買収し、事業範囲を拡大して株価を押し上げるつもりだと私に語った。

彼の考えを踏まえ、次の週にもう一度ミーティングを行う。このとき私は、Ｓ＆Ｐ一五〇〇社の二〇一三～一五年の売り上げとＴＳＲの伸びを示すグラフを見せた。[*1] **図7**がそれである。これを見ればわかるように、両者の間には明確な相関性はまったく認められない。「ここから学べることがあるとすれば、売上高の伸びが二％を割り込まないようにするほうがいい、ということぐらいだ」と私が言うと、ハーラーはひどく驚いた。多くの経営幹部と同じく、売り上げを伸ばせば株価も上がると信じていたからだ。これに対する私の説明は、こうだ。「一九六〇年代に私はエンジニアとしての教育を受けた。だから、企業の業績にも工学的な考え方が当てはまるものだと思っていた。つまり、さまざまな業績指標から株価のパフォーマンスの秘密を探り出せるはずだと考えていた。だがそれは幻想だった。競争経済においては、株価指標の大半はランダムな動きをするようにしか見えない」

「バルニコの利益は今後一〇年間にわたって年一二％伸びると市場が期待しているなら、株価はすでに高すぎる」と私は指摘した。では株価を押し上げるためにどうすればいいのか。「バルニコの株価は、おおむね市場平均に沿って推移している。これは、市場があなたの会社にとくに新しい価値創造を期待していないことを意味する。だからあなたがすべきなのは、市場の期待をいい意味で裏切って驚かせることだ」

既存企業の場合、価値創造によって株価を押し上げるための重要な要素は二つある。一つは戦略的有効性、もう一つは戦略的拡張である。順序としては前者が先だ。効果のないものを拡張しても将来の問題を大きくするだけだからである。さらにここが肝心だが、どちらも市場の期待を上回らない限り株価指標の上昇にはつながらない。

企業経営における戦略的有効性とは、あなたの会社にだけ生み出すことのできるユニークバリューを創出し、かつ、その生み出した価値を競争相手による侵食や模倣から守ることに尽きる。価値を計測するには、バリューギャップに注目するとよい。ここで言うバリューギャップとは、買い手が払ってもよいと考える金額と売り手に発生したコストとの差を意味する。ユニーク

図7　S&P1500社の売上高とTSRの伸び率（2013～15年）

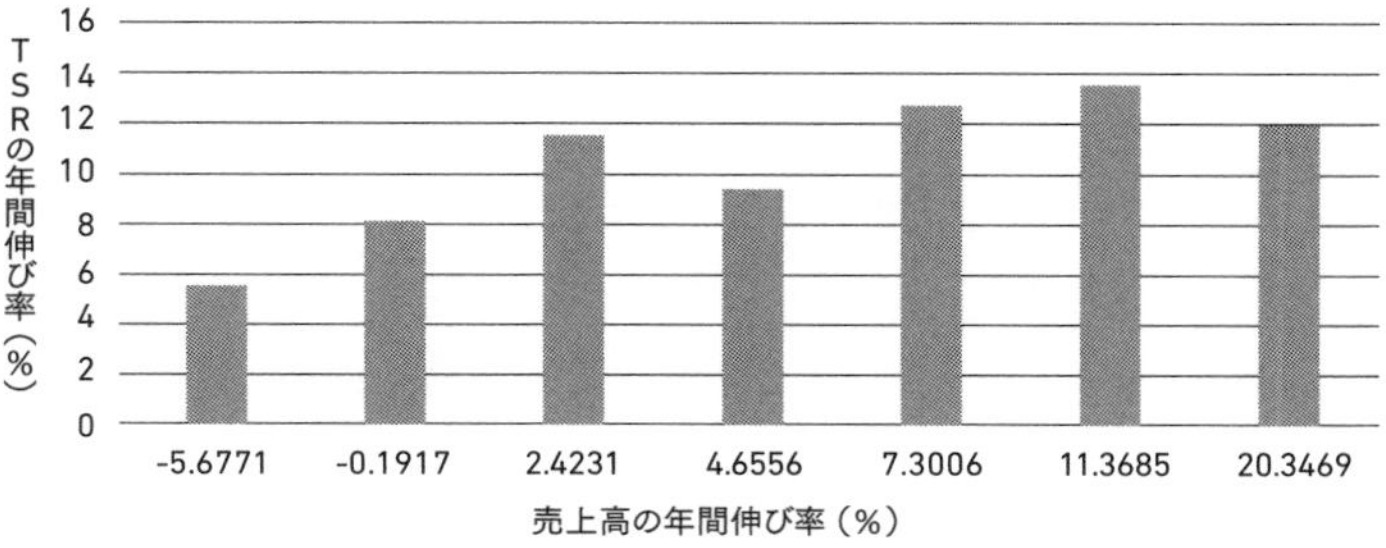

バリュー の価値は、競合他社とのバリューギャップのちがいで計測できる。供給コストを引き下げても、買い手にとっての価値を高めても、ユニークバリューは増える。

戦略的拡張とは、ユニークバリューをより多くの買い手または他の類似製品またはその両方に拡張することである。グーグルの成長の大半は、この拡張戦略の産物だ。グーグルは他にはない検索エンジンを開発し、広告主を呼び込み、毎年その数を増やしてきた。近い市場への拡張だけでなく、革新的なユニークバリューを打ち出して新しい市場に参入することも拡張に含まれる。

バルニコはまず戦略的有効性の問題に取り組むことになった。第一の問題点は、サービスの提供はまずまずうまくいっていたものの、地域や顧客に関する情報交換がほとんど行われていないことだった。優秀なサービス企業では、セールスとサービスのマネジャーが毎月会議を開き、顧客との間にどんな問題が発生しどのように解決したかなどについて情報や知識を共有するとともに、研修プログラムにもそれを組み込んでいる。ハーラーもこれを見習うことにし、新しい試みとして地域ごとに一人を指名し、隔週でミーティングを開いて問題点や解決方法を共有することにした。

第二の問題点は、優秀なサービス担当者とその下のレベルとの間にあきらかに差があり、なかなかその差が埋まらないことだった。この問題については、優秀な担当者が現場に部下を連れて行かないことが指摘された。そこで人事部で新たな報奨制度を開発し、優秀な担当者に対してＯＪＴ（職場内訓練）やＯＪＤ（職場内能力開発）への貢献度に応じて報いることにした。

第三の問題点は、ＩＴ活用が乏しいことである。お金の出入りを追跡するだけで、顧客の抱える問題を把握できていなかった。この問題の解決には一年かかった。

こうした改革が進み始めると、次の問題点として浮上したのがバルニコの顧客企業の性格である。多くは小規模な食品加工会社で、専任の技術スタッフの数が少なく、大半の時間が定期保守点検に費やされている。このため新しい機器の据え付けや設定はバルニコに頼りきっている状況だった。もっと大手の顧客を開拓することは可能だろうか。

バルニコは状況を診断し、大手の場合、社内にしっかりしたサービス部門を抱えていることが参入障壁になっていると判断した。彼らはバルニコに仕事を奪われるのではないかと警戒するという。そこで経営陣とＩＴ部門は、新しく開発した顧客志向のデータシステムを大手向けに手直しし、サービスとして販売するというアイデアにたどり着く。これは戦略的拡張に相当する。こうすれば、バルニコのシステムは大手のサービス部門の仕事を助けることになり、仕事を奪われるといった懸念も払拭できる。

このデータシステムの新規契約が数件まとまる頃、バルニコは小さなＳａａＳ企業を買収し、データシステムに一段と磨きをかけた。

三年かけてハーラーがこうした取り組みを続けていく間に、バルニコの株価は上がり始める。業界全体の株価も平均三一％上昇と追い風が吹いていたことにも助けられて、戦略刷新の三年間でバルニコの株価はじつに五五％上昇したのである。

バルニコは成熟した市場にサービスを提供する堅実な企業だった。その堅実な企業が、既存事業の戦略的有効性に取り組み、さらには大手への戦略的拡張を実行したのだから、当然市場の注意を引いたわけである。それが、ＴＳＲの上昇につながった。要するに市場にとって予想外だったことがリターンを押し上げる大きな原因となったわけである。現在のハーラーにとっての課題は、再び市場を驚かせるにはどうすればいいか、ということだ。

2　不要な活動を排除する

高校生の頃、私はウィリアム・ストランクの古典的な（しかし今日でも広く読まれている）文章読本『英語文章ルールブック』を勉強させられた。ストランクの最も鋭い助言は「不要な言葉を排除せよ」である。これを企業、いや企業に限らず組織に当てはめると、こうなる。「不要な活動を排除せよ」

企業における活動つまり事業は、消費したリソース以上のものを生まないのであれば不要である。消費したリソースは財務報告に表れることもあれば、表れないこともある。リソースは資金のこともあれば、社会的な評判や経営陣の注意といった無形のもののこともある。いずれにせよそうしたリソースを使った以上のものを生み出さない場合には、庭の雑草取りをするように不採算事業を整理しなければならない。さもないと雑草は繁殖ししっかり根を下ろして、いずれ抜くこともままならなくなってしまう。そうした事業は、大きな影響力を持つ役員の肝煎りだったり、現在も隠然たる勢力を誇る前ＣＥＯが始めたものだったりする。あるいは規模の大きい部門に属しているおかげで赤字でも見過ごされているのかもしれない。いずれにせよ、成長プログラムの対象から外されるような事業は、もっと重要な事業から時間とエネルギーを奪っていることになる。

会社が成長するためには、そうした不要な事業を刈り込み、成長が期待できる事業にフォーカスすることがぜひとも必要だ。間引きをすれば元気な苗はいっそうよく伸びるものである。成長事業つまりは価値創造への集中には、もう一つの効果も期待できる。企業の規模が非常に大きかったら、せっかく価値を生み出してもまったく目立たず、気づかれもしない。売上高一億ドルの企業で一億ドルの価値を追加的に創出したら、経営者は自分の手腕を大いにアピールできるだろう。だがエクソンモービルに一億ドルの価値を追加的に創出したところで、誰も気づきもしない。

成長中の事業と安定した事業では、必要な管理システム、報酬、スピードや機敏さがちがう。両者が混在していると、どちらの効率性も低下しかねない。それに、人間が一度に取り組める問題や課題の数には限りがある。不要な事業を切り捨て成長事業に集中することで経営陣の仕事も整理され、フォーカスするメリットを一段と活かせるようになる。

S&Pグローバル

マグロウヒルは創業一八八八年という老舗出版社だが、教育分野に力を入れる出版大手としての地位を築いたのは一九一七年になってからである。一九二九年にはビジネスウィーク誌で成功を収めたほか、アメリカン・マシニスト誌やコール・エイジ誌といったビジネス誌も次々に発刊した。一九六六年には信用格付けのスタンダード&プアーズ（S&P）を買収している。こうして手を広げる中、一九八六年に競合相手のジ・エコノミー・カンパニーを買収し、教育出版で全米最大手にのし上がった。

しかし二〇〇八～二〇〇九年のグローバル金融危機で苦境に陥り、CEOのハロルド・W・マグロウ三世は新任のCFO（最高財務責任者）のジャック・カラハンに広がりすぎた事業の整理を指示する。その後数年間のマグロウヒルは、選択と集中のお手本だったと言えるだろう。その結果、将来の成長をお膳立てすることができた。

マグロウヒルにはたくさんの委員会が設置され、出版、教育、金融情報事業部間の調整を行っていた。そのために余計なコストが発生するうえ、各事業部を専門の異なる役員が担当するせいで問題はいっそう複雑化した。自分の担当する事業がほとんど付加価値を生まないとわかっていても、誰も切り捨てようとしない。おまけにグローバル金融危機では、サブプライム住宅ローン債権を組み込んだ債務担保証券に対するS&Pの信用格付けが世間に糾弾されていた。

格付けが甘く、実際にはリスクが大きかったため、金融危機の一因になったとされたのである。これほどケチがつくと、この事業を売却したくなっても当然である。だが熟慮を重ねた末に、経営陣は大胆な決断を下す。出版事業を切り離し、金融情報ビジネスを柱にすると決めたのである。

枝葉を切り落として成長事業に集中する第一歩として、マグロウヒルは二〇〇九年にビジネスウィーク誌をブルームバーグに売却する。さらに放送事業も二〇一一年に売却した。次の大胆な一手は、主力だった教育出版事業の売却である。州や地方自治体の予算削減のあおりを受けて、教育出版事業の四半期収益は二年連続で減り続けていた。それでも、出版コングロマリットとして君臨するマグロウヒルの経営陣には一世紀続けてきた教科書や教材の出版事業を方向転換するなんてできっこない、と投資家は決めつけていた。しかし投資家の予想をマグロウヒルはいい意味で裏切り、教育出版事業（マグロウヒル・エデュケーション）の売却価値を高めるためにまず必要以上に規模の大きい財務、ＩＴ、人事部門を解体し、アウトソースする。続いて管理職の人員整理を断行。そのうえで二〇一二年末にアポロ・グローバル・マネジメントに二五億ドルで売却した。

翌年、社名をマグロウヒル・ファイナンシャルに改称。続いて建設関連の出版事業を売却した。最終的に二〇一六年に再び改称し、Ｓ＆Ｐグローバルとする。消費者調査のＪ・Ｄ・パワーも売却した。こうして金融情報サービスに完全にフォーカスした今日のＳ＆Ｐグローバルの姿になったわけである。

枝葉を切り落とした初期の段階で、六二億ドルあった売上高は二〇一二年に四二億ドルまで縮小する。だが金融情報サービスにフォーカスしてからは、この分野で新たな製品やスキルを開発し始め、やがて信用格付け、ダウ・ジョーンズ株価指数、企業分析・財務情報プラットフォーム（Capital IQ）の三本立てに発展した。これらの分野の利益率は高く、しかも上昇中で、二〇一五年に四〇％、二〇一九年には五〇％に達している。売上高も二〇一二年以降は年七％のペースで順調に伸び、利払い前・税引き前・減価償却前利益（ＥＢＩＴＤＡ）は年一九％のペースで拡大した。同期間中に株価は平均して年二四％上昇している。リソースを金融情報サービスに集中し、その後に成長が始まったおかげで、ＴＳＲも大幅に伸びた。元の出版コングロマリットのままで金融情報サービス事業が急成長したとしても、他の低成長事業のせいでＴＳＲは薄まってしまっただろう。

Ｓ＆Ｐグローバルは、事業整理を通じて成長を実現した企業の代表例と言える。Ｓ＆Ｐグローバルでこの戦略がうまくいった理由の一つは、端的に言ってコングロマリットの成長は非常にむずかしいことにある。多角企業の一部が成長したとしても、他の事業に打ち消されやすい。もう一つの理由は、フォーカスすることによって成長の芽を育てやすくなることだ。もちろん最初にフォーカスする対象をまちがえてしまったら、成長は望めない。だが潜在性の高い事業や競争優位を持つ事業にフォーカスすれば、価値創造による成長に近づくはずだ。

3　機敏であれ

競争の激しい状況では、反応時間がきわめて重要な意味を持つ。新しいチャンスが見えてきたとき、逆に懸念すべき兆候が現れたとき、まっさきに反応した企業が勝つことが多い。必ずしも最初に行動した企業ではなく、最初に兆候を捉えて反応した企業が優位に立つ。

朝鮮戦争で戦闘機F－86セイバーのパイロットを務め戦後に空軍戦闘機兵器学校（FWS）の教官となったジョン・ボイドは、航空戦の理論研究を発展させて、ボイド・ループ、またの名をOODAループと呼ばれる意思決定理論を編み出した。ボイドが朝鮮戦争で気づいたのは、アメリカのパイロットが北朝鮮側のMiG－15を何機も撃墜していることだった。ミグはソ連のパイロットが操縦しており、速度や上昇力など性能面でアメリカの戦闘機を上回るにもかかわらず、である。

ボイドはその原因として二つの点を挙げる。第一は、F－86のキャノピー（操縦席の風防）は三六〇度の視界が確保されていて操縦士は敵機の位置をはっきり視認でき、的確な判断を下しやすいことだ。第二のより重要な原因は、ソ連のパイロットはこまかい指示通りに行動するよう訓練されているのに対し、アメリカのパイロットはすばやく、柔軟に、果敢であるよう訓練されていることである。

ボイドの言葉を借りるなら、航空戦で勝つパイロットは「ループをすばやく一周する」。この

「ループ」とは、「観察（Observe）」「状況判断（Orient）」「意思決定（Decide）」「行動（Act）」、すなわちOODAループである。敵より速くループをこなせば、敵を混乱させて勝つことができる、とボイドは教える。なにしろ彼は「四〇秒ボイド」という異名をとった男なのだ。ドッグファイト訓練で「開始後四〇秒以内に相手の後方（攻撃に有利な位置）につく」という賭けに一度も負けたことがなかったという。

OODAループが実践されている様子は、テニスの試合で見ることができる。すぐれた選手は、相手がバランスを崩すようなところへボールを打つ。そこで相手はあわてて打ち返すことになる。苦し紛れの返球をこちらは万全の構えで待ち構え、もっときびしいところを狙って打つ。こうして左右あるいは前後に揺さぶられた相手はそのポイントを失う。

企業経営で機敏さがとりわけ重要になるのは、顧客対応と新製品の開発・市場投入のサイクルである。『良い戦略、悪い戦略』でくわしく取り上げたが、エヌビディアは新製品の投入サイクルを短縮することによって競争から抜け出した。従来は一八カ月だったのを六カ月に切り詰めたのである。この離れ業をやってのけるために、エヌビディアは開発チームを三つ発足させた。一つひとつのチームは開発開始から市場投入まで一八カ月のサイクルで進行するが、三つのチームのスケジュールを六カ月ずらしたのである。これでエヌビディアからは六カ月ごとに新製品がローンチされることになり、競争相手は太刀打ちできなくなった。

製品投入サイクルの短縮によってエヌビディアはグラフィックスカードの直接の競争相手を

打ち負かしただけでなく、インテルのグラフィックスチップi740のシェア拡大も阻止した。業界アナリストのジョン・ペディーは、エヌビディアはOODAループをスピーディーにこなしていると指摘する。「インテルはCPUを開発したときと同じプロセス、同じアプローチでi740チップを開発していた。だが競争の激しい3Dグラフィックス業界では、このやり方はのろすぎる。インテルの開発サイクルは一八～二四カ月に達しており、業界標準の六～一二カ月にはほど遠い状況だった。彼らは速い開発サイクルに追いつけなくなっていたが、だからと言って、グラフィックスチップというインテルにとって非主流分野のために開発・生産プロセスを一から見直すつもりはなかった[*2]」

競争の激しいスマートフォン業界にもこのことは当てはまる。ノキアとマイクロソフトはOODAループの実行がとにかく遅い。AI技術でもアメリカと中国がつば競り合いを演じている。遅れをとったと感じたライバルは、その後の状況判断を誤りやすいとボイドは指摘する。国際問題を専門とするシンクタンク、アトランティック・カウンシルのフレドリック・ケンペはこの心理状態を二〇一九年のダボス会議で感じ取ったという。

会議に出席したアメリカ企業の経営者は、技術の最前線にいるのはまちがいなく自分たちだとこれまでは自信を持っていたし、その位置付けに慣れ切ってもいた。ところがどうも中国の同業者に遅れをとっているらしいと再三にわたって気付かされることになった。彼らにしてみれば、まったく困惑させられる事態だ。欧米の経営者たちはまだレースの一周目にいると感じているのに、習近平主席の発言を聞いていると、中国は宇宙開発やＡＩ開発ですでに重要な成果を上げているらしい……。[*3]

言うまでもなく、ＡＩ開発に努力することは必要だ。だがこの技術が今後数年でどう進化するのかは現時点で誰にもわからないのだから、国家レベルで考えれば、ＡＩ一辺倒にならずに複数の選択肢を持つことが重要である。ボイドによれば、レースで実際にリードすることはさほど重要ではない。それよりも大事なのは、こちらがリードしているのだと敵に思わせることだ。遅れをとったと感じると、誰しもミスを犯しやすくなる。戦争でも競争でもつねに冷静に全体を見渡し、的確に状況判断を下さなければならない。そしてすばやく意思決定し、行動に移す。

官僚組織は機敏になれるのだろうか。だいたいにおいて、規模の大きい複雑な組織は動きが鈍重だ。例外は、組織の幹部が一貫性のある戦略を立て、協調し、信頼を勝ち得た場合に限られる。たとえばＧＥとフォードのＤＸ（デジタルトランスフォーメーション）計画は物の見事に失敗し、高い代償を払うことになった。その一因は、ＤＸのために新たな専門事業部が設置されたことにある。つまりＤＸ事業部が全社のデジタル化を計画するわけだ。だが本業のほうの幹部はＤＸにあまり関心がない。したがって当然ながらいっこうにデジタル化は進まず、数十億ドルが垂れ流される結果に終わった。

本章を執筆している時点で、新型コロナウイルスのせいで私は家に引きこもっている。アメリカ政府は感染拡大にすばやく手を打つことができなかった。メディアはさかんにトランプ大統領を攻撃するが、たしかに非難すべき点は多々あるにしても、大きな問題は組織にある。アメリカの保健福祉省（HHS）は巨大な官僚組織で、食品医薬品局（FDA）と疾病対策センター（CDC）の両方を管轄している。パンデミックに襲われたとき、この巨大組織の内部では不信と内部抗争と政治的駆け引きと無能力が渦巻くことになった。まさに新型コロナウイルスがそうだが、新種のウイルスによるパンデミックは必ず襲来すると前々から研究報告で警告されていたにもかかわらず、何の備えもなかったのである。どうやって検査を実施するか、どこへ誰を隔離するか、州または連邦レベルで誰が総指揮をとるのか、何の指針もなかった。

この問題を他国の研究者と議論する場合、アメリカの連邦制度では政府は四層構造になっているのだと私は何度も説明しなければならなかった。つまり、連邦、州、郡、市の四つのレベルそれぞれに議会と裁判所と警察がある。当然ながら公衆衛生に関する管轄官庁もこの四つのレベルに存在する。危機が深刻化するにつれて、ロックダウン（都市封鎖）やソーシャルディスタンスの決定権が連邦ではなく地方にあることを知って多くの人が驚いた。たとえばロックダウンに関して、大統領は意見を述べることはできても命じることはできない。同様に、非常用の備蓄や医療の整備も地方に委ねられている。パンデミックが何年も前から警告されてきたにもかかわらず、四つのレベルのどこにも検査や隔離の対策を講じた形跡は見られなかった。それどころか、必須医療物資の備蓄も行われていなかったのである。

韓国の官庁も官僚的な組織ではあるが、彼らはしっかりと対策を用意しており、迅速に検査が実行された。彼我の差は、トップの能力と信頼と権限の差にあると考えられる。

パンデミックとの戦いでも、戦争でも、テクノロジー競争でも、勝敗を分けるのは機敏さである。

4　合併・買収を活用する

M&A（合併・買収）が企業の業績と時価総額に与える影響を分析した研究は、それこそ数百を数えるだろう。研究結果は一様ではないが、M&Aを行った企業の時価総額だけに注目するなら、結果は芳しくない。と言うのも、大型案件ほど惨憺たる失敗に終わっているからだ。たとえば一九九八～二〇〇一年にM&Aが大流行したことがあった。いわゆるドットコム・バブルの頃である。当時のM&Aを分析した多くの研究を総合すると、M&Aに投じられた一ドルにつき株主は一二セント失っており、合計で二四〇〇億ドルの損失を被ったことがわかる。にもかかわらず、この期間中の平均的な買収は、買収した側の株価に小幅ながらもプラスの影響を与えたと結論づけられている。大型案件の大損害でこうした好影響がかき消されてしまっただけで、平均的なM&A自体は買収した側にプラスだというのである。

M&A研究の大半は株主利益に注目する。それも、買収発表の三日前から三日後までと期間が非常に短い。このようなアプローチは基本的に、株式市場ではすべての利用可能な情報が完全に市場価格に反映されているとする効率的市場仮説を前提にしている。問題は、M&Aの効果は上潮《あげしお》のようにどっと押し寄せてくる傾向があり、M&Aの効果測定の多くがまだ上潮の間に行われていることだ。だが潮は必ずピークに達すると引き始める。すると買収した側は自分の買い物を再点検し、大規模なリストラを実行に移す。こうした再編プロセスは、M&A分析で「イベント」とみなされないことが多い。そこで多くの研究ではM&Aのプラス効果だけが強調され、その後のマイナス効果はなかったことにされてしまう。つまりこの種の研究ではプラス方向にバイアスがかかりやすい。

では、M&Aで付加価値を高めることは期待できないのだろうか。もちろん、そんなことはない。ただしM&Aで企業が成長を実現するためには、いくつかルールがある。まず、自社のフォーカスを見失わないこと。つまりM&Aは自社の基本的な競争戦略を加速または深化させるためのものと考えることだ。M&Aで売上高を増やそうとか利益を増やそうなどと考えてはならない。また、複雑な組織、事業範囲が広く製品が他分野におよぶ多角的な企業、従業員数が非常に多い企業を買収してはいけない。これは重要な原則である。なぜなら、そうした企業を統合するまでには何年もかかるからだ。さらにもう一つ、対等合併なるものには絶対に足を踏み入れてはいけない。対等合併などしようものなら、誰が何の責任者になるかをめぐる内部抗争で何年も浪費することになる。これは絶対だ。

意味のある成長の基本はユニークバリューの提供であることを思い出そう。あなたの会社の価値を高めるような買収、新規市場の開拓を加速してくれるような買収であれば、やる価値がある。ただし言うまでもなく、適正価格で買収することが条件だ。

大型案件に注目してみると、その多くが古い成熟した企業であることに気づくはずだ。たとえば、二〇一六年最大級のM＆AはAT＆Tとタイム・ワーナーで八五〇億ドル、バイエルとモンサントの六六〇億ドルだった。合併が発表されるとAT＆Tの株価は直ちに下がり始め、時価総額は一八〇億ドル目減りしている。バイエルも合併後に時価総額が一八〇億ドル減少したうえに、株主訴訟を何件も起こされた。

こうした案件を私はナイアガラ・ディールと呼ぶ。まず、巨大である。それに、だいたいにおいて、人生の喜びを取り戻したがっているような老舗企業が行う（ナイアガラはバイアグラに通じる）。そうした企業に関わった経験から言うと、たくさんの事業部から毎月、毎四半期上がってくる財務報告をチェックするのは刺激的な仕事とは言い難い、と告白せざるを得ない。どの事業もどの製品もよく言えば安定し、悪く言えば変化に乏しい。こうした巨大企業に起業家精神のようなものがすこしでもあるとしたら、それを持ち合わせているのは現場にいる若手だけだろう。よってもう若くはない経営幹部にとって唯一刺激的な仕事といえばM＆Aだ、ということとになる。世間の耳目を集めるような大型買収ともなれば、敏腕の弁護士や投資銀行家が群がってくるし、プライベートジェットで秘密会議に赴くといった興奮も味わえる。そこでは途方もない金額が無造作に話題になるのだ。買収される側のCEOに支払われる裏金の取り決めなどもひそかに行われる。うまいこと買収が成立すれば、買収した側のCEOは大いに自慢もできる。いいことずくめというわけだ。

中には、悪しき意図から無駄に大金を垂れ流すM&Aに手を出すCEOもいる。たとえば衣料品のメンズ・ウェアハウス（Men's Warehouse）のCEOダグ・エバートは、二〇一四年にスーツ専門の紳士服ブランド、ジョス・エー・バンク（Jos A Bank）を一八億ドルで買収した。この買収でメンズ・ウェアハウスの株価は七〇％も急落したが、企業規模が大きくなったためエバートの報酬は一五〇％も増え、九七〇万ドルに達している。企業金融の専門家デービッド・トレイナーは、「自社の株主にほとんど何ももたらさない買収をしたがり、実際にそうした買収をやってしまう経営者がいる。なぜそんなことをするのかと言えば、自分のボーナスの決め手となる売上高、EPS、EBITDAといった指標を押し上げたいからだ。さらに言えば、大型買収をすれば自分の会社を大企業の仲間入りさせることができるからだ。これもまた、役員報酬のアップにつながりやすい」とフォーブス誌で鋭く指摘した。[*4]

M&Aに大金を投じたくなるもう一つの要因として、潤沢な内部留保が挙げられる。ここでは、マイクロソフトの例を紹介しよう。だいぶ前の話だが、マイクロソフトは一九九六年にフェルメール・テクノロジーズ（Vermeer Technologies）を買収した。同社はチャールズ・ファーガソン（数学を専攻し、ＩＴ産業で華々しく活躍し、一流大学の客員教授を務めた後に、ドキュメンタリー映画の監督に転身して二〇一〇年に『インサイト・ジョブ』でアカデミー賞長編ドキュメンタリー映画賞を受賞したという多才な人物である）が一九九四年に設立した企業で、ウェブサイト構築ツールのFrontPage（フロントページ）で大成功を収めていた。私はあるときファーガソンに、あの買収はどんなふうに成立したのか、と質問したことがある。ファーガソンによると、マイクロソフトはのっけから二〇〇〇万ドルを提示してきた。ファーガソンが見積もっていたフェルメール・テクノロジーズの価値よりだいぶ高い。交渉の腕も一流だったファーガソンは即答せず、考えさせてほしいと回答した。次の週、マイクロソフト側は「一億三〇〇〇万ドルではどうか」と言ってきて、ファーガソンはそれで手を打つ。この件に関わったマイクロソフトの幹部とのちに話す機会のあった私は、なぜあんなに払ったのかと聞いてみた。答えは、ビル・ゲイツから大ブーム中のインターネットに乗り遅れないようにしろと命じられていたからだ、というものだった。「あれはインターネット予算だった。だから値段は問題じゃなかった」

マイクロソフトの資金力は言うまでもなく膨大であり、主要製品では圧倒的な競争力を持つ。そのせいか、だいたいにおいて払いすぎる傾向があるようだ。二〇〇七年にはインターネット広告のアクアンティブ（aQuantive）を現金六三億ドルで買収し、二〇一二年には六二億ドルの減損を計上している。また二〇一三年にはノキアの携帯電話事業を七二億ドルで買収し、二年後には七六億ドルの減損計上と大幅な人員整理を発表した。

毎年どんな企業がたくさん買収を行っているかを調べたら、だいたいは当時のビッグスターであることがわかるだろう。たとえば二〇一六年にマイクロソフトは一九件、アルファベット（旧グーグル）は一七件、アップルは九件だ。アルファベットによる買収の内訳を図8にまとめた。どれもやや小粒の企業で、アルファベットが既存事業に活用できる知的財産権やシステムを持っていることに注意されたい。古い企業にありがちな複雑な階層構造を持つ企業が一つもないことも特筆に値する。その多くが非公開企業だったため、上場企業を買収するときのような面倒な手続きや支出なしに内々の取引が成立している。アルファベットは二〇一六年に限らず他の年にもこうした買収を精力的に行って成長につなげてきた。中でも重要なのは、二〇〇五年のアンドロイド、二〇〇六年のユーチューブ、二〇〇七年のダブルクリック（DoubleClick）である。アルファベットの買収の特徴は、すでに経験値を持つ分野で不足を補ってくれる企業に目をつけることだ。たとえば自前の動画共有サービスを二〇〇五年に開始し、その翌年にユーチューブを買収している。まだユーチューブが設立して一八カ月だったときのことだ。

もちろん、買収の動機はさまざまだ。先行して成功している企業をターゲットにするケースもあれば、規模の経済を狙うケースもあり、新しい血を入れて自社の文化を変えたいというケースもある。経営不振に陥った企業を安く買って立て直せると自信満々のケースもあれば、業界再編という壮大な構想に意気込むケースもあるだろう。私から助言したいのは、利益の多い成

図8　アルファベットが2016年に行った買収

社名	事業内容	統合先
BandPage	ミュージシャンのためのプラットフォーム	YouTube
Pie	企業向けチャットアプリ	Spaces
Synergyse	インタラクティブトレーニング	Google Docs
Webpass	高速インターネットサービスプロバイダ	Google Fiber
Moodstocks	画像認識	Google Photos
Anvato	クラウドベースの動画共有サービス	Google Cloud Platform
Kifi	リンク管理サービス	Spaces
LaunchKit	モバイルアプリ開発ツール	Firebase
Orbitera	クラウドソフトウェア売買プラットフォーム	Google Cloud Platform
Apigee	API 管理および予測分析	Google Cloud Platform
Urban Engines	位置情報分析	Google Maps
API.AI	自然言語処理	Google Assistant
FameBit	インフルエンサー・マーケティング・プラットフォーム	YouTube
Eyefluence	アイトラッキング、VR	Google VR
LeapDroid	アンドロイド・エミュレーター	Android
Qwiklabs	クラウドベースのトレーニングプラットフォーム	Google Cloud Platform
Cronologics	スマートウォッチ	Android Wear

出典：https://en.wikipedia.org/wiki/List_of_mergers_and_acquisitions_by_Alphabet (CC BY-SA 4.0)

長を追求するなら目的は二つに限定しなさい、ということだ。一つは、現行戦略を補ってくれ、かつ自前では開発できないようなスキルとテクノロジーを持つ企業を買収すること。もう一つは、主要製品の市場アクセスを拡大強化してくれるような企業を買収することである。

5　必要以上に払わない

多くの研究が企業買収に否定的な結論にいたった理由の一つは、買収する側が価値以上に払ってしまうことにある。上場企業を買収するときにとくにそうなりやすく、経営権を握るために本来の価値のだいたい三〇～四〇％の上乗せを払う羽目に陥る。まして相手企業が上り調子だと、プレミアムは一段と大きくなりがちだ。そこに競争相手が出現しようものならたいへんである。価格の吊り上げ合戦が始まったら、大幅な払い過ぎになるのは必定だ。買収金額が大きくなるほど、投資銀行やコンサルタントに払う手数料も膨らむ。

一九九八年二月にアリゾナ州スコッツデールであった出来事を私はまだ覚えている。全米の通信会社の経営者が一堂に会したのだ。会議を主催したのは、ソロモン・スミス・バーニーのアナリスト、ジャック・グラブマンだった。会場には一五ほどのテーブルが用意され、それぞれにＣＥＯとアドバイザーが座る。ちょうど通信産業の規制緩和が行われたばかりの時期で、折からのインターネット・ブームの到来もあり、通信関連会社の価値はうなぎのぼりだった。手遅れにならないうちに規模を拡大しないとだめだ、とグラブマンは各社を焚き付けたものである。私は隣のテーブルに着いていた巨大通信企業のCEOが、ウインスター・コミュニケーションズ（Winstar Communications）を買収するようアドバイスされているのを小耳に挟んだ。ウインスターは小型の固定アンテナで光ファイバー並の高速ワイヤレス通信を実現しているプロバイダーで、全米で事業を展開しており、光ファイバーを敷設せずに高速インターネットを使える点で有望である。CEOはメモにざっと目を通すと、「ずいぶん高い。たしかにウインスターは今年売り上げを伸ばしてはいるが、赤字も拡大中だし、株価も下がっている。ここには買収予想価格として一株あたり四五ドルと書かれているが、これじゃあ一〇億ドルを越えてしまうじゃないか」と言った。ウインスターの買収を推したソロモン・スミス・バーニーのアドバイザーは頷いた。「たしかに。ですが、御社の株価は急騰中ではありませんか」。彼の主張はこうだ。ウインスターの買収予想価格はたしかに過大評価である。だが買い手の株価だって過大評価されているのだから心配はいらない、そうでしょう？　このCEOは話に乗らなかった。そして彼は正しかった。ウインスターは借金で急成長を遂げていたのである。結局、膨らむ金利を売り上げでカバーできなくなり、二〇〇一年に倒産に追い込まれている。

この手の水増し取引を避けるためには、できるだけ非公開、非上場企業を買収することである。そうすればプレミアムははるかに小さくなるし、競り合いになる可能性も低い。

プレミアムが膨らむもう一つの原因として、自社株で払う方式を採用するケースが挙げられる。買収金額はできるだけ現金で払うべきだ。株で払うのは自社株を発行するのと同じことであり、株価に少なからぬ影響をおよぼすことになる。上場企業による株式発行はおおむね株価を二〜三％押し下げる。大型案件の結果が統計的にみて芳しくないのは、ここに一因があると考えられる。

最大の恩恵が得られ最大のシナジー効果が期待できるのは、自社の本業と関連性の高い事業の買収である、という主張はもっともらしい。だが残念ながら、必ずしもそうではないようだ。六七件の買収の分析結果をメタ分析し、事業の関連性を調べた研究者の結論は、こうだ。「事業の関連性が株価動向におよぼす総合的な影響は、ごく小さい。シナジー効果への影響はいくらかあるものの、高い買収プレミアムを埋め合わせるほどではない」[*5]

とはいえ過大なプレミアムがついてしまう最大の原因は、自信過剰である。これは、シナジー効果の大幅な過大評価、過度に楽観的な成長期待、ターゲット企業の長年にわたる経営不振を自分なら解決できるという根拠のない確信といったものに由来する。行動経済学では、こうした自信過剰を「準拠集団無視（reference-group neglect）」と呼ぶ[*6]。たとえば自分の持ち合わせている（と思っている）スキルや過去の実績ばかり考え、他人のスキルや実績を考慮しない傾向は、これに該当する。私はビジネススクールのクラスで、学生に自己評価をしてもらうことがある。クラスでの順位はだいたいどれぐらいか、過去の試験成績に基づいて見積もってもらうわけだ。すると、自分は下位二五％に入っていると答える学生は一人もいない。半分以上が、自分は上位二五%に入っていると答える。まさに準拠集団無視である。

いま挙げたようなプレミアムをうまいこと払わずに済ませたとしても、ターゲット企業の実際の価値以上に払わなければならないケースは存在する。相手企業が唯一無二の知的財産を持っていたり、市場で特別な地位を占めていたりして、あなたとしては絶対にこの企業と正面切って競争したくない、という場合がそうだ。この場合、あなたは単にその企業を買収するのではない。もし買収しなかったらいずれ必ず起きる正面衝突を防ぐために余分に払うのである。

たとえばエヌビディアは、プレミアムを払ってでもアートエックス（ArtX）を買収すべきだったのに、見送ってしまった。アートエックスは、元シリコングラフィックスのエンジニアが立ち上げた小さなグラフィックスチップ設計会社で、倒産したシリコングラフィックスの出身者が起業した最後の会社である。エヌビディアの競合先であるＡＴＩがアートエックスを買収してエヌビディアの六カ月サイクルを模倣し、エヌビディアに匹敵するグラフィックスボードを市場に投入するようになる。さらに二〇〇六年には半導体大手でインテルの競合先であるＡＭＤがＡＴＩを買収している。アートエックスを買収しなかったのは、エヌビディアにとって戦略上の大失敗だった。エヌビディアがアートエックスの有能な人材やリソースをとくに必要としたわけではないが、買収していれば人材やリソースが他社に流れるのを防げたはずである。

これと同じロジックは、寡占化が急速に進む業界すべてに当てはまる。たとえば一九〇〇年代には、大手会計事務所は「ビッグ８」と呼ばれていた。だが今日では、相次ぐ合併のうえにアーサー・アンダーセンの不祥事もあり、「ビッグ4」まで減っている（KPMG、PwC、デロイト、アーンスト＆ヤング）。寡占化が進む業界で自社のプレゼンスを世界に誇示するためには、どの会計事務所もプレミアムを払って買収を重ねざるを得なかった。

6　バケモノを育てない

ここでいう「バケモノ」とは、多くの古い組織の中枢に巣くう仕組みやシステムのことだ。バケモノは長年の間にできあがった決まりや規範や前例と、それを神聖視する官僚的な人間とで構成されている。こうしたバケモノを抱えた組織と仕事をした経験から言えるのは、とにかく庭の雑草取りをして風通しをよくし、フォーカスすべきことにフォーカスすることである。不要な事業の整理に抵抗する経営者に対して、私はこう言う。「バケモノを育てるのはやめなさい」

こう警告する理由は二つある。第一に、成長するビジネスを育てたいなら組織の官僚化は避けたいからだ。考えてみてほしい。国土安全保障省のようなお役所がゲーム開発をしようとしたら、どうなるか。最終的にはゲームができあがるとしても、何年もかかり、大量の予算を食い、完成する頃にはまったく時代遅れになっているだろう。第二に、成長ビジネスによって出現した新たな選択肢をバケモノに邪魔されたくないからだ。バケモノがのさばっている組織は、必ず利害の対立や政治的駆け引きの温床になると断言できる。

大きい企業ほど成長機会は社内に見つかりやすいし、また買収もしやすい。成長機会のことを私は「苗木」と呼んでいる。苗木は丹精に世話をする必要があり、またバケモノに食われないよう用心しなければならない。苗木はせいぜい六～八本にとどめ、経営陣が成長ぶりに注意を払う必要がある。苗木すべてが順調に育つわけではない。とくに社内にバケモノがひそんでいる組織では、苗木をしっかり守ることが重要である。苗木が古い主流事業とは無関係の事業部として自立できる程度に育つまでは、注意を怠ってはならない。この点、買収のほうがバケモノから引き離しておくことが容易だ。ただし、買収した事業が親会社の本業にプラス効果を与え、スキルや市場での地位向上に寄与するよう統合していくのは容易ではない。こうしたテコ入れ効果が得られないときは、ベンチャーキャピタルかＰＥ（プライベートエクイティ）ファンドを見習うとよい。

技術がめまぐるしく変化する今日の世界では、大企業には苗木を育てることがそもそも向いていないのかもしれず、それはベンチャーキャピタルに任せておくほうがよいのかもしれない。端的に言ってベンチャーキャピタルは「君を億万長者にしてあげる」というインセンティブを示せるが、大企業にそれはできないからだ。だから大企業は、エンジニアやプログラマーの小集団にはできないことをやるべきである。大企業の評判やスキルや地位という裏付けがなければできないような大胆なリスクテークはその一つだ。リスクの大きい苗木を育てる場合には、外野の意見は聞き流すか遮断し、課題や経営方針に関して毎月意見交換を行うといった配慮が必要である。苗木の育成は往々にして失敗するが、失敗したからといって担当マネジャーを罰したり解雇したりすべきではない。そのような仕打ちは、庭の花にまで除草剤を振りかけるようなものである。

7　細工はしない

ウォール街のアナリストは、予測可能な形で利益を増やしてくれる企業が大好きだ。単に利益を増やすのではなく、彼らに予測できるように、というところが肝心である。ただ厄介なことに、経済もテクノロジーも競争もまったく予測可能ではない。そこで予測可能な利益を生むために企業は利益の平準化を試みる。つまり通常は発生主義をとる会計手法をいくらか操作して利益の変動を均《なら》すわけだ。よく知られていることだが、GEが一九八五〜九九年に利益目標を毎年達成するという離れ業をやってのけられたのは、子会社のGEキャピタル経由で利益平準化を行ったからだった。金融資産は容易に売買できるので、四半期末の損益を簡単に調整できる。フォーブス誌が指摘したとおり、「GEは一〇年近くにわたってアナリスト予想を達成するか上回ってきた。ステロイド（筋肉増強剤）を使ったバスケットボール選手がスランプもなく快進撃を続けるように。彼らは資産を金融機関に〝売る〟といったトリックを使ったが、それは実際には融資を受けたようなものだった。金利ヘッジのために会計を弄《もてあそ》んだのだ」[*7]。

ある調査によると、経営幹部の九七％が利益の平準化を好むという[*8]。CFO四〇〇人を対象にした調査では、大方のCFOは、上場企業の二〇％は予測可能性を実現するために利益操作をしていると考えていることが判明した。彼らによると、「経常利益一ドルにつき一〇セントは事実を歪曲している」という[*9]。

一九九〇年代に遡ってみると、利益管理を最もうまくやっていた企業の一つはマイクロソフトだったと言える。金融ジャーナリストのジャスティン・フォックスは次のように述べている。

　一九九五年八月にウィンドウズ95を発表したあたりから、マイクロソフトはソフトウェアの会計処理に関して独自の保守的な会計処理をしてきた。大部分の売上計上を販売時点ではなく、大幅に遅らせる。マイクロソフトの理屈は、一九九六年に購入されたソフトには、一九九七年や一九九八年に行われるアップグレード権やカスタマーサポート権も含まれているからだという。この会計処理を採用することで、利益の増え方を平準化することができた。こうしなかったら、一九九五年下半期に利益が急増し、九六年上半期には急減することになり、株価の大幅変動は避けられなかっただろう[*10]。

利益平準化はやる価値があるのだろうか。この問題に関しては多くの研究がなされているが、答えはノーだ。ある研究によると、利益平準化を行う企業はその後に株価の急落に見舞われる確率が大幅に高まるという。[*11] また別の研究によると、「利益平準化と平均株価収益率の間には、過去三〇年間にわたり何ら相関関係は認められなかった」という。[*12]

つまり経営者とアナリストは利益平準化を好むが、それに対する株式市場の反応は鈍いということだ。平準化のために利益を操作することは会計を混乱させ、時間とエネルギーを無駄にするだけである。頭脳はもっと別のことに使うほうがよい。

利益の出ない事業

インターネット経済とりわけシェアリング経済の台頭で、成長企業の中に、利益のまったく出ない企業が増えてきた。彼らは言うなればアマゾン流を実践しており、早いところ規模を拡大し、利益はその後に追々上げられればよいという腹づもりなのだろう。このやり方をやめろとは、私には言えない。億万長者になるまでの間だけ投資家をたぶらかすことは可能かもしれないからだ。一九九九年には、生まれたてほやほやのドットコム企業が収益を順調に伸ばしている限りにおいて市場は寛容だった。だが利益がたった一万ドルだったことが判明すると、ようやく真実に気づいた市場はたっぷり仕返しをした。

今日ではウーバーがこの手の企業の代表例だ。同社が設定する料金ではとうていコストはカバーできない。だがウーバーは、運行業務にも事業拡大にも投資家の資金を注ぎ込むことができる。言うなれば補助金を出しているようなものだ。新規株式公開（IPO）が大々的な失敗に終わったにもかかわらず、ウーバーは事業を拡大し続け、設立当初の出資者は濡れ手で粟の利益を手にしている。たとえばファースト・ラウンド・キャピタルが行ったシード期の五一万ドルの投資は、二〇一九年半ばまでに二五億ドルになった。創業者は二〇一八年に株を売却して会社と袂《たもと》を分かつ。それでもCEOのダラ・コスロシャヒは、ウーバーは二〇二〇年末までに黒字に転じると断言した。だが二〇二一年初めになってもこの約束は果たされていない。ウーバーが黒字になる唯一の方法は、料金を引き上げるかドライバーの報酬を引き下げるしかないように思われるが、経営陣にはどちらもやる気はないようだ。

成長の見込みに対して投資家（というよりも投機家）が飛びついた顕著な例として、ウィーワークが挙げられる。ウィーワークは小さな仕事場を持ちたい人のためにオフィススペースの転貸を手がけるシェアオフィス会社である。これがひどく儲かるビジネスだとは、ふつうは考えまい。そもそも貸事務所専門の賃貸会社は三〇年以上前からたくさんあるのだ。ただしウィーワークは、多くの都市で多くのスペースをエアビーアンドビーのようにウェブアプリで提供する点がちがった。しかも申し込んでからすぐに賃貸契約が成立する。これは有望だということになった。そして、学生起業プラン・コンテストの厳しい審査にパスしなかったにもかかわらず、孫正義が率いるソフトバンクグループ（SBG）から出資を取り付けることに成功している。ウィーワークへの初期投資は四四億ドルだった。この投資額から、ＳＢＧは企業価値を一八〇億〜二〇〇億ドルと評価したことになる。ウィーワークは黒字だとＣＥＯのアダム・ニューマンは主張するが、実際には大赤字だった。二〇一八年までに手元資金を食い潰してしまい、追加投資が必要になる。そこでＩＰＯが計画された。この時点で時価総額は四七〇億ドルと見積もられている。ＩＰＯを前提に取締役をはじめ既存投資家から自社株を買い戻すために新たに一〇億ドルが注入されるも、計画が公表されると赤字続きの過去、ニューマンの奇行、ビジネスモデルの不備などが取り沙汰され、否定的な空気が広がる。やむなくＳＢＧは二〇一九年九月にＩＰＯを一旦延期した。その後はニューマンに退任してもらうためだけに一億八五〇〇万ドルが支払われ、ＳＢＧが新たに五〇億ドルの追加資金提供をしてリストラに取り組む。そして二〇二一年一〇月に改めて上場に漕ぎ着けたが、初日の終値から計算した時価総額は約九〇億ドルで、四七〇億ドルにはほど遠かった。

ウィーワークにはシェアリング経済を支えるテック企業だという見栄えのよさがあったが、実際には古臭い事務所転貸業に過ぎず、しかもこの業界は供給過剰で競争が激しい。にもかかわらず気前よく数十億ドルが投じられた。おそらくＩＰＯの主幹事を務めたゴールドマン・サックスあたりが、いずれ時価総額一兆ドルになるとでも囁いたのだろう。ＩＰＯが成功した場合の彼らの手数料は、高級避暑地ハンプトンズの新たな豪邸に注ぎ込まれていたはずだ。

ウォーレン・バフェットが語って広く知られるようになったポーカーの古い格言に「ポーカー

をやり始めて二〇分たってもまだ誰がカモかわからない人は、自分がカモなのだ」というものがある。利益を出さない急成長中の会社がひしめく世界では、誰がカモなのか見きわめることだ。

*

メディアが急成長中の企業をもてはやす状況では、成長が価値創造による利益を伴うとは限らないことをつい忘れがちだ。価値創造による利益を伴う成長はめったに実現できないし、実現できても気をつけないとあっという間に終わってしまう。

第6章 戦略と権力

課題の最重要ポイントに取り組むには、当然ながら行動を起こさなければならない。その場合、ある事業や部門あるいは一部の人材が他より重視されることになる。何かをとくに重視するからこそそこにフォーカスするのだから、役割や影響力やリソースの変更や転換は戦略的フォーカスにつきものだ。この意味で、戦略が権力の行使を伴うことは避けられない。

権力という言葉を聞いただけで不快感を抱く人が多い。経営や戦略に関する議論や思想の多くが半ば宗教のような理念を唱えていた時代には、とくにそうだった。強い意志と信念があれば自ずと道が開けるとか、鉄の決意と明確な目標と先見的なリーダーシップがすべてを解決するといった類である。リーダーは、会社のミッションに忠誠を尽くすよう社員に求めてはいけないのだろうか。適切な情報を与えられた社員は、上から命令しなくてもしかるべきことに自ら取り組むのだろうか。

バイキングの子孫

私はストックホルムのある経営者団体で戦略について講演したことがある。講演後に戦略の研究者八人のグループと懇談した。全員初対面だったが、分野を共にする人たちと会うのはいつだって楽しいものである。

互いの自己紹介が済むと、まず戦略についての私の見解を話すよう促された。そこで日頃から考えている戦略の定義を話した。**戦略とは重大な課題を克服すべく設計された方針と行動の複合体**である、と。さらに説明を付け加えようとしたが、その前に一人の研究者が口を挟んだ。

「われわれはもっとちがうことを考えていた」という。

「われわれは企業を複雑な社会組織の一部だと考える。企業、政府、非営利組織は相互に結びついたネットワークを形成しているのだ。ネットワークはグローバルに広がり、さまざまな関係性が蜘蛛《くも》の巣のように絡み合う。一つひとつの組織は他の組織が発信するシグナルに反応するため、ネットワークは時間と共に変化し、テクノロジーや人々の嗜好の変化に適応していく。このような現実における戦略をあなたがどう考えているのか、知りたかったのだ」

こうした意見は前にも聞いたことがある。だが彼のいう「現実」は現実ではない。それはモデルだ。もっと言えば比喩に過ぎない。「あなたのモデルには戦略の入り込む余地はない」と私は答えた。「戦略は、リーダーが設計する方針あるいは方向性だ。上から〝戦え〟と命令しても効果がないと気づいたとき、戦略が始まる。リーダーは誰がどこでどう戦うかを考え、その方針を示す。近代的な企業における戦略の実行とは、放っておいたらやらないことをシステムの一部にやらせるために権力を行使することを意味する」

私が「権力の行使」という表現を使うと、何人かがはっと息を呑むのがわかった。もしカトリック教徒だったら十字を切っていただろう。「権力」と聞いて、知性も感情も拒絶反応を起こしたらしい。バイキングの、そして名将グスタフ二世の子孫だというのに。

もっとも、世界を権力とは無縁の自然生態系とみたがる研究者はスウェーデン人だけではない。知識人は一九世紀後半からずっと進化論に魅せられてきた。神が世界を作りたもうたのでないとすれば、現在の世界は自然の進化の結果だということになる。同様に、企業組織も自然選択の下で「進化」してきたというわけだ。哲学者のハーバート・スペンサーは社会自体もある種の有機体とみなし、適者生存を社会に当てはめた。このように考えれば、都市は森のように成長し（建築家はいらないらしい）、河には必要なところに橋が出現し、事業が成功するか失敗するかは環境への適応・不適応で決まることになる。企業を自然生態系になぞらえることで、神の存在を打ち消すだけでなく、社会や組織における人間による設計や選択や目標設定も排除された。

一九七六年に私はボストンにあるハーバード・ビジネススクール（HBS）からカリフォルニア大学ロサンゼルス校（UCLA）に移った。この移動で、単に東海岸から西海岸へ移ったという以上のちがいを感じさせられたものである。ハーバードでは、リーダーはいかにして企業戦略を策定・修正するかという研究に専念していた。一方UCLAでは、経営に関する研究は上位の分野である経済学と社会学に従属している。ここで初めて私は組織ひいては戦略を「自然」な系の一部とみなす社会学的な傾向に遭遇したのだった。

すべてのものは進化するとか、単に移り変わるといった見方があることは承知しているが、戦略の実行は権力の行使だと断言できる。通常の組織では、経営幹部が戦略に注意を払わなかったら、大方のことはそれまでと同じように進められる。すくなくともしばらくの間はそうだ。営業は売り続け、工場は生産し続け、エンジニアは開発あるいは改善し続けるという具合に。事業部長は契約にサインし、会計部門は会計報告をして監査が行われるだろう。だが、通常のルーティンから外れた新しい重要なことは、けっして起きない。なぜなら、重大な変化は役割、影響力、リソースの変化を意味するからだ。戦略の実行では、ルーティンから外れた行動を社員に要求することになる。まったく新しい目的にフォーカスし、エネルギーとリソースをそこに集中投下するのである。

権力行使に及び腰のＣＥＯ

権力の行使と聞いて居心地が悪くなるのは経営者も同じであるらしい。そのせいか、世の中では「ビジョン」について語ることが大流行になっている。ビジョンを語る人にとって、戦略とは士気を高めモチベーションを上げるようなメッセージを発信することだと捉えられている。二〇一四年に私は、ｅコマース向けの小さなソフト開発会社ウェブコー（仮名）と仕事をした。ＣＥＯのシャロン・トンプソンの説明によると、経営チームは何週間もかかってビジョン・ステートメント、ミッション・ステートメント、戦略ステートメントを練り上げたのだという。その草稿は次のようなものだった。

ビジョン　：人とコマースの橋渡し役としての恒常的な進化
ミッション：顧客のシームレスなウェブ事業運営を支援する
戦略　　　：個人およびウェブサイト開発事業者のｅコマース構築を支援する製品とサポートを提供する。私たちの強みは守備範囲の広さであり、ＰＨＰ、ＨＴＭＬ５、JavaScriptいずれのウェブサイトにも対応できる。また開発事

業者へのサポートは迅速かつ明朗料金を旨とする。

一読した私は、これらをどうやって実現するつもりかと質問した。

「私が望むのは、会社の事業運営の原則と目的を社員みんなに知ってもらうこと」とシャロンは答えた。「原則と目的が適切に伝えられ受け入れられれば、私たちが何をめざすのかを全員が理解するでしょう。そうなれば、いま自分は何をすればいいか誰もが知っていて、それをするはずだわ」

「ただ、このステートメントはあまり人を感動させるとは言えないでしょう？　それに、具体性にも欠ける。戦略についての本や論文には、戦略ステートメントには夢と大志が込められていなければならない、それで初めて人を動かすことができると書かれている。それに、数値化して計測できるような財務面・非財務面の目標も掲げなければならない、と。あなたには、そうしたステートメントの作成に力を貸してほしい」

シャロンの戦略ステートメントには、たしかに戦略に関する一般的なアドバイス通りのことがどっさり盛り込まれていた。「戦略ステートメント」と検索をかければ、誰でもいますぐ大量のアドバイスを手にすることができる。シャロンの言うとおり、社員を鼓舞せよ、あなたの会社の製品と顧客を正しく定義せよ、競争優位を認識せよ、具体的な財務面・非財務面の目標を掲げよ、といった類だ。これらすべてに忠実に従おうとすれば、正確であると同時に柔軟でなければならず、短期的な目標と長期的な目標の両方をめざさなければならない。

だが「戦略ステートメント」と戦略はちがう。シャロンのステートメントは、ビジネススクールの授業で学生が知恵を絞ってひねり出す「ビジネスプラン」とたいして変わらない。クラスで発表して仲間の意見を求める、あれだ。ごくごく稀には、そのプランに興味を持ったベンチャーキャピタルに出資してもらえることもある。とは言えベンチャーキャピタルが投資するのはプランそのものではない。そのプランを果敢に売り込み、自分でやってみたいと意気込む学生の資質を見込んで投資するのだ。

私はシャロンに、eコマース・ソリューションの最大手であるウーコマースをどうやって上回るつもりかと尋ねた。ウーコマースは、オープンソースのサイト作成ソフトWordPress（ワードプレス）にインストールするだけでネットショップを簡単に構築できる無料のプラグインを提供しており、大きなシェアを誇る。私の質問に対してシャロンは、WordPressもウーコマースのプラグインも、有料のオプションを追加しないと十分に機能を活用できないと答えた。そうした追加的なソフトウェアは多くのプレーヤーが販売しており、その中にはウーコマースやWordPressと相性のよいものもあるが、中には不具合を起こすものもある。WordPressが無料のアップデートを提供した際に既存のプラグインの一部が動かなくなるといった事態も起きたことがあった。シャロンに言わせると「eコマース・ソリューションは玉石混淆で、初心者や不注意な人は引っかかりやすい」という。しかも無料の簡単なソフトでネット販売を始めた人も

「ビジネスが大きく成長したり、ソフトやプラグインのアップデートでつぎはぎ状態になったりすると、だんだん支障を来すようになる」。そして結局はプロのウェブデザイナーを雇って「サイトの完全な再設計と毎月のメンテナンスに結構なお金を払うことになる」とシャロンは説明した。

もちろんウーコマースのほかにもｅコマース用ソフトのプロバイダーはいるし、ブログ作成ソフトはWordPressのほかにもある。だがいずれにせよ、最初はフリーソフトを導入し後になってプロに高い料金を払うというパターンに陥るのだとシャロンは強調した。「言ってみれば、ｅコマース用ソフト業界全体がおとり商法をやっているようなものね」

「なるほど、それは問題だ」と私は応じた。「だがあなたの戦略ステートメントはそのことについて何も説明していないし、その問題に取り組んでもいない。ＰＨＰ、ＨＴＭＬ５、JavaScriptいずれのウェブサイトにも対応できて開発事業者に迅速に対応するのは結構だが、ｅコマース初心者が陥りがちな罠への解決は何も示されていない」

シャロンは、初心者は初期投資をしたがらないのだと言い訳した。実際には、ウェブコーの製品を評価してくれるのは自分でコードを書ける人たちだという。要するにウェブコーが出しているのはフルスペックのソフトウェアであって、ウェブサイトの設計からｅコマースのサポートにいたるまですべて含めたパッケージで提供している。最近ではクラウドベースのサービスに移行しつつあるという。

シャロンの説明から、同社の直面する課題の要点は見えてきた。だが、初心者向けのシンプルで使い勝手のよい無料のソフトから、事業拡大後の問題に対応する有料の高度なソフトにいたるまでのさまざまなニーズに、ウェブコーの少人数の技術者チームでどう対応するのかは見えてこない。顧客それぞれが抱える問題の解決支援にフォーカスするという姿勢もうかがわれなかった。ウェブコーは初心者向けにも小規模ビジネスにもウェブ開発者にも漫然と売り込もうとしているように見えた。しかもＰＨＰ、ＨＴＭＬ５、JavaScriptの三言語に対応するというのが謳い文句のため、ますますエネルギーが拡散してしまう。大企業であればこれほど広い守備範囲もカバーできるかもしれない。だがウェブコーは資本をどんどん食い潰しており、もっとフォーカスする必要があることは明白だった。ターゲットを絞り込んでそこで成功を収めない限り、次の資金調達はむずかしい。

ところがシャロンはＣＥＯとしての権限の行使を嫌がっている。ここに最大の問題があった。要するに彼女は、誰かにあれをやれこれをやれと直接言いたくないのである。彼女が望むのは、戦略ステートメントを発表し、「いま自分は何をすればいいか誰もが知っていて、それをする」という状態になることだった。

シャロンのような経営者に対してすべきアドバイスは、直面する課題に対する包括的な解決策を示したうえで、ターゲットとする市場または製品またはサービスを絞り込み、そこに関しては競合他社に負けない競争優位を持つことだ。だがシャロンは戦略そのものを抜本的に見直す気はないようだった。彼女が望んでいるのは社員を鼓舞するような見てくれのよい「戦略ステートメント」を掲げることであって、戦略を打ち出すことではないらしい。会社がやってきた事業のパターンに重大な変化を引き起こすことに尻込みしているのだった。たぶん私はもっと強力に自分の考えを主張すべきだったのだろう。だが私たちは物別れに終わり、ウェブコーの戦略を策定するにはいたらなかった。ウェブコーは、成長につながる戦略とは無縁に終わる。今日でも存続はしているが、社名は変更されており、いまではウェブデザイナー向けのグラフィックスエレメントを扱っている。

CEOの権力基盤作り

数年前、私は金属加工会社メタルコー（仮名）のCEOスタン・ヘイスティングスと仕事をした。彼は経営再建のために送り込まれたばかりだった。私はヘイスティングスから、たとえCEOといえども権力はもとから備わっているものではなく、基盤を構築しなければならないことを教わった。

ヘイスティングスはもっと大きな企業の役員だったが、メタルコーの取締役会にスカウトされた。それにはわけがある。メタルコーは事業部が三つしかない小さな会社で、そのうちの一つの電気冶金事業に問題を抱えていたのだ。取締役会としてはこの事業部の問題を解決するとともに、全社的にもっと新しい成長市場を開拓してもらいたい、というのがヘイスティングスを登用した理由だった。メタルコーの主力は金属事業部で、ここが利益の大半を稼ぎ出している一方、電気冶金事業部は市場競争で完全に遅れをとっている。

ＣＥＯに就任してまもなくヘイスティングスが事業部長に招集をかけたところ、金属事業部長に拒否されるという事件があった。「そっちが挨拶に来い」という。

電気冶金だけでなくじつは金属事業部も大改革が必要だとヘイスティングスは感じていたが、取締役会はまだそこまで踏み込む気はないらしい。この事情を察した彼は、まず自分に裁量権を与えられた電気冶金のほうから取り組むことにした。事業部長を更迭し、直接指揮をとる。七カ月でこの事業を立て直すと売却し、その代金を使って金属関連の小さな有望企業を買収した。こうして実績を見せつけ、取締役会の後ろ盾も得たうえで、ヘイスティングスは金属事業部の尊大な事業部長を更迭し、改革に取り組んだのである。

ヘイスティングスのとった行動は、未知の状況で権力基盤を構築するにはどうしたらよいかを示す生きた見本と言えるだろう。取締役会は経営再建のために彼を雇ったものの、最初の時点では稼ぎ頭の事業部とことを構える覚悟はできていなかった。そこで彼は搦手《からめて》からアタックしたわけである。最初に弱小事業を立て直し、売却して新たな成長機会を獲得して手腕のほどを示した。この時点では稼ぎ頭のほうには手をつけていない。実績を見せつけ取締役会からフリーハンドを得て権力基盤を確立してから、全社的な改革を実行に移したのである。

権限のない責任者

残念ながら、課題に取り組もうとしても、それだけの権限を与えられていないポストについてしまうことはめずらしくない。二〇〇五年に私はある会議に招かれて講演をした。研究者、弁護士、判事、政治家、政府機関の管理職など一〇〇人ほどが集まる大きな会議である。講演後に質疑応答の時間が設けられ、次のような質問を受けた。質問者は比較的重要な政府機関の長官を務める女性である。その政府機関は二〇〇〇人の公務員を抱えており、長官には業務運営と基本方針の枠内での優先順位の決定が委ねられていた。「部下が二〇〇〇人もいるというのに、私には戦略の決定権がありません。すくなくともあなたの言うような戦略は」。部下たちは、彼女の任命が短期的なもので、せいぜい二、三年で別の人に代わると知っているのだという。「みんな礼儀正しいし、別に私を困らせたり意地悪をしたりするわけではないけれど、私が何か方針を示しても従おうとはしない」。長官は彼女だが、実際に組織を動かしているのは恒久的官職についている行政職の幹部であるらしい。「私のような人間はほとんど影響力がありません。この長官は出世コースから外れた人がやるものだとさえ言われています」

私の答えが彼女の役に立ったとは思えない。私は深く同情したものの、よくある話だと認めざるを得なかった。この問題は、要するに、戦略を策定し実行するだけの権限を与えられていない、ということに尽きる。この女性は組織管理者として雇われたのであって、この意味ではアパートの管理人と同じである。最高責任者として十分な権力を付与されない限り、自分で戦略目標を立て、それをめざすことはできないし、それどころか、自分の任務遂行のために介入することとさえうまくいかないだろう。

大組織内での権力の獲得

私は二〇〇九年後半にグランコー（仮名）で主力事業の製品開発主任を務めるノラ・フランクから戦略策定の依頼を受けた。グランコーは航海用測位機器メーカーで、陸上用機器（農業関連測定機器、測量機器）の設計・製造も手がけている。私は彼女から大企業の中で権力を勝ち得るにはどうすればよいかを学んだ。

最初にノラと電話で一時間ばかり話したとき、すぐに彼女の問題は機能不全を起こした組織構造にあるとわかった。ノラが直接責任を持っているのは、主力である航海用機器事業部の製品開発である。製造には別の責任者がいる。一方、営業・マーケティングは地域別編成になっていて、アメリカ、オーストラリア、その他地域の三つに分かれていた。陸上用機器事業部はそこまで役割分担が明確ではないものの、やはり機能別に分かれている。要するにグランコーでは、各事業の損益にはＣＥＯ以外誰も責任を持っていない状況だった。

私の専門は経営戦略であって、製品開発の運営ではないとノラに話した。だが彼女は引き下がらない。航海用機器は新たな競争相手の参入で売り上げが徐々に落ちてきているが、挽回は可能だと感じているという。そのための決め手は、タンカーから漁船にいたるまであらゆる種類の船舶を対象に含め、そこに開発努力を集中することだとノラは主張した。会社からはヨット市場に集中するよう指示されており、それ以外の予算は認められていない。だがヨット市場はジリ貧だというのが彼女の見方だった。グーグルマップを搭載したスマートフォンが普及してきたいま、誰が四万ドルも出して測位システムを買うだろうか?

私は闘志あふれるノラの姿勢が大いに気に入り、彼女のアイデアの具体化に手を貸すことにした。数日にわたって検討した結果、ノラのアイデアはやってみる価値があると私は判断する。問題はこの企画を提案し賛同を得ようとしても、CEOへの直訴を別にすれば、社内にそうした組織が存在しないことだった。活発な議論の末に、ノラは社内に「バーチャル」な事業部を創出して取り組んでみようと結論を出す。研究開発、製造、営業・マーケティングから参加者を募って定期的に会合を持ち、航海用機器事業部の製品開発について話し合う。この仮想事業部はバーチャルな損益計算書も作成し、部門横断型の協調的な開発プランの策定にも着手した。ノラはもともとマーケティング部門のある社員と良好な関係を築いており、その社員はアメリカおよびその他地域を担当するチームと非常にうまく連携している。

こうした人間関係も活用して、続く二年間で仮想事業部は製品ラインをヨットから漁船、長距離フェリーなどの小型商船に拡大するプランへの支持を粘り強く勝ち得ていった。そして三年目についに小型商船向け機器の開発に予算を獲得する。四年目にはノラの熱意と起業家精神に感銘を受けた新任ＣＥＯが仮想事業部をリアルの事業部に転換し、ノラをその部長に任命した。

一事業部内の研究開発主任だったノラ・フランクは、新設事業部の部長に就任したのである。これは権力獲得プロセスの好例といえよう。はじめ彼女が抱いていたのは製品開発の範囲を拡大するという事業戦略だったが、それを実行する術がなかった。そこで彼女は個人の戦略として執行権を獲得することをめざした。十分な権限を獲得できれば、事業戦略を実行に移すことができるからである。

権限を持たない事業部

二〇一五年の秋に私はサイエンスコー（仮名）の北米事業部、フレッチャー・ブラックから競争戦略について相談を受けた。サイエンスコーは巨大な理化学機器メーカーの一ブランドで、ブラックが属しているのはそのサイエンスコー・ブランドの北米事業部だ。電話で事情を聞いた私は、フレッチャーに二名の上司を交えたミーティングをするために同社を訪問した。

サイエンスコーの属する巨大理化学機器メーカーは、分析天秤から遠心分離機、最新の遺伝子編集装置まで幅広く手がけ、グローバルに事業を展開している。顧客の多くは大学や民間の研究所である。設立当初は天秤が主力だったが、その後に自前で開発したり買収したりして二〇年かけて製品ラインとブランドを拡大したのだという。

フレッチャーの状況説明は、こうだ。

1　サイエンスコーの今年の売上高は一〇億ドルで前年比二％増を記録する見通しだが、利益は横這いとみている。だが、利益を増やす余地はある。そのためには営業効率を高めること、品質の問題を解決することが必要だ。

2　利益が伸び悩んでいる大きな原因の一つはサイエンスコーの遠心分離機である。ここ数年、遠心分離機は売り上げ、利益ともに会社の大黒柱だった。遠心分離機というものは遠沈管を頻繁に交換する必要があり、この点も利益寄与度が高い理由の一つだ。ところがここに来て、フランスから強敵が現れた。同社の製品はサイエンスコーより安いうえに、率直に言って品質は同等だ。しかも、無線ＬＡＮに対応した装置を売りにしており、計測結果を研究者のデスクトップにダイレクトに表示することができる。同一のＨＴＭＬページに複数の結果を表示できて使い勝手がよい。

3　サイエンスコーは営業にも問題を抱えている。全体として、営業担当者はサイエンスコーの歴史もよく知らないし、存在意義もわかっていない。研究者やエンジニア気取りで、消耗品の交換に迅速に応じるといった地道な努力をしようとしない。

4　原価が上がっているため、利幅を確保するためには値上げが必要だが、いくつかの製品ラインでリコールがかかっており、わが社の評判は芳しくない。この状況で値上げはしにくい。

私はフランスの強敵の出現と無線LAN対応装置に興味を持ち、サイエンスコーは競争相手に太刀打ちできるような低価格品や無線LAN対応装置の開発をどのように計画しているのかと質問した。すると驚いたことにフレッチャーは「いや、今後三年間に関する限り新製品の開発計画はない」と答えたのである。

いったいどういうことなのか。質問を連発した結果、要するにサイエンスコーの北米事業部には製品開発や製造に関して何の権限もないことが判明した。開発はイタリアにあるグローバル製品開発部門が全ブランドラインを横断的に担当しているという。北米事業部だと私が考えていたものは、単に北米担当の営業・マーケティング・グループにすぎないのだった。

なぜこのような組織構造が放置されているのか、なぜ北米事業部は強力な新規参入者が現れても競争戦略を立てる権限もできないのか。この質問に対してフレッチャーは、北米市場は飽和状態にあるから開発途上国の市場開拓に力を入れたいというのが、経営陣の方針だと答えた。

全体を統括する経営陣の方針が正しいかどうかはともかく、北米市場を「ドル箱」と考えていないことは確実だった。フレッチャーには製品の設計や製造コストに口を出す権限がいっさいない。できるのは、マーケティングと営業をがんばることだけだった。私は彼に、大企業の中で権限拡大に成功したノラ・フランクの話をしてみた。フレッチャーはそれなりに感銘を受けたものの、果たして親会社に効き目があるものか懐疑的だった。

大企業ではフレッチャーのような問題がじつによく起きる。事業別あるいは機能別に組織が細分化され、全社的な統合は経営委員会に委ねられている。細分化されたユニットには裁量権が与えられないため、突然強敵が現れて市場を侵食されても対応できない。効果的な戦略を立てることができず、フレッチャーのように指をくわえてみているだけとなる。もちろん彼らも最善は尽くすし、そのがんばりは賞賛に値するが、おそらくは決定権を持って勢いよく参入してくる相手に対してできることは限られている。

第7章
行動の一貫性

若かった頃の私はロッククライマーのはしくれで、いくつかのルートでは初登攀を果たしたこともあった。足元には無限の空間が広がる中、ロープ一本で体を支えていると、自分の装備の重要さに思いを馳《は》せずにはいられない。当時ハイクオリティなブランドといえば、ロープはエーデルリッド、ハーケンはシュイナード、カラビナはカシンだった。今日では、ロープに命を預ける人の多くがペツルの名前を知っているだろう。ペツルはフランスの非公開企業で、登山、洞窟探検、スキーなどスポーツ用ギアのほか、ビルメンテナンスなどプロ向けの産業用安全用具などを手がけている。

創業者のフェルナンド・ペツル（一九一三〜二〇〇三年）は若い頃に洞窟探検の虜《とりこ》になり、数々の地下洞窟で初踏破を成し遂げた。そして一九六八年頃に工房を設立し、ヘッドランプや滑車など洞窟探検に役立つ道具を考案して製作するようになる。洞窟探検の深い知識と経験に裏打ちされたペツルの製品は、すぐに高い品質と安全性で知られるようになった。工房は一九七五年に会社組織となり、登山やロッククライミング用品も手がけるようになる。扱う製品の範囲を慎重に拡大したのはフェルナンドの息子ポールで、アメリカ進出も果たした。

ペツル・アメリカの社長を務めるマーク・ロビンソンは、こう語る。「ペツルはロッククライミングや高所作業や洞窟探検のためのギアに特化しているわけではない。登るにせよゆっくり降りるにせよ、重力に逆らう状況すべてに対応できる用具を提供する」[*1]。こうした用具を設計・製作する企業にとって何よりも重要なのは、品質と信頼性である。小さなギアに命を預けるのだから、そのメーカーに対する絶大な信頼が不可欠だ。衣類やテントやバックパックなどのアウトドア用品を手がける会社はごまんとある。だがクライマーの墜落を止める役割を担うビレイデバイスとなると、おいそれと手は出せない。極寒の中でギアが固定できなかったり、どこかに隠れた瑕疵《かし》があったりしたら、どうするのか。クラフトマンが一人でやっているような工房を信用していいのか。ファッション衣料を手がけるメーカーが出しているような用具は信頼できるのか……。というわけで、品質と信頼性が吟味され、一握りのメーカーしか残らない。その中でもペツルは世界のトップをいくメーカーであり、アメリカのブラックダイヤモンドがこれに続く。こちらも自身が登山家だったイヴォン・シュイナード（彼はパタゴニアの創業者でもある）が創業した。

二〇〇五年にニューヨーク市消防局（FDNY）は消防士の緊急避難システムを短納期で製作できないかペツルに打診した。従来の懸垂下降器《ラペリング》は消防士が装備している細いロープではうまく機能しないという。ペツルのエンジニアはわずか数週間で設計図を携えてやって来た。その後に消防士の訓練が行われる。消防士はフックを固定し、何らかの開口部から脱出し、新しいデバイスで下降を制御する。訓練中、規格外の体格をした消防士の下降ロープが裂け始めたが、二日後にペツルの技術者が問題を解決した。以後、ペツルのシステムがニューヨーク市消防局の標準装備となる。ペツ

図9　ペツル エグゾーAPフック

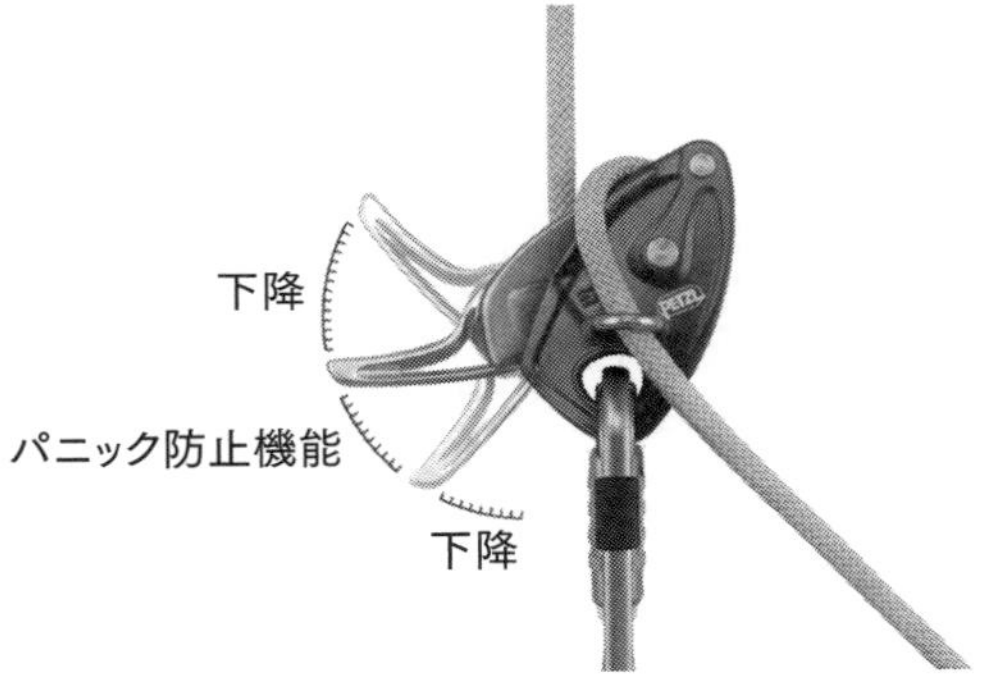

ルの緊急避難システム「エグゾー（Exo）」の品質とその即応性と確実性は、消防士だけではなく、高所作業に携わるプロの間で広く語り草となっている。

ペツルの製品ラインには、クライミング、山岳救助、風力タービンの保守、森林保護、捜索救助、橋梁・高圧電線保守など幅広い専門ギアが揃っている。二〇〇八年に同社はフランスのクロルに研究所Ｖアクセス（V.axess）を開設し、垂直の壁や円筒内での製品の性能と負荷に関する調査と研究開発を行うようになった。研究、試験、迅速な改善が可能なのは、この研究所のおかげだ。

ペツルの場合、方針と行動が一貫している。彼らは手がける製品を絞り込み、それらの製品に何が求められるかを深く理解し、高い品質を維持すべく努力して、高リスク環境で信頼できるのはペツルだという評判を高めてきた。ペツルのように専門分野に特化した企業では、深く狭い領域にフォーカスし、製品範囲の無計画な拡大や成長のための成長を避けることによって、方針と行動の一貫性が実現する。

＊

方針と行動が一貫しているとは、端的に言って、方針と行動が矛盾していないことだ。一貫した方針と行動は互いに支え合う。理想的なケースでは、その結果として相乗効果が生まれ、いっそうの競争優位につながる。いくつかそうした例を紹介しよう。

・アメリカではネット・ショッピングをしようとするとき、検索エンジンからではなくまずアマゾンから始める人が多い。同社の驚異的な成長ぶりは株式市場を驚かせ、多くの競争相手を屈服させてきた。同社の戦略は、ほぼ全面的な顧客中心主義と「迅速さ」へのフォーカスにある。アマゾンの価格設定は十分に魅力的なので、買い手にしてみればもっと安値のサイトを探す気が起きない。サイトはレスポンスが早くストレスを感じさせないし、決済のたびにログイン認証する必要もない。注文した商品は翌日届く。いや、その日のうちに届くものもある。たしかに製品レビューはあやしいものが少なくないが、それでもアマゾンは何かモノを買うときに最も手軽で手近な存在だと言ってよかろう。品揃えは驚くほど豊富で、アマゾンになくて他を探すということはめったに起きない。こうしたアマゾンの全体像は、抜きん出て幅広い品揃えで顧客に最高・最速・手軽なオンラインショッピング体験を提供するというコンセプトと完全に一致している。

・サウスウエスト航空の創業当初の戦略は、一貫性の好見本と言える。同社は労働組合と弾力的な契約を結び、従業員は本来の担当業務以外の仕事にも対応して定時出発率を維持しており、ターンアラウンドタイム（着陸から乗客・貨物積み下ろし、給油、整備を経て出発するまでの時間）はきわめて短い（サウスウエストは一五分、他社は六〇分）。また航空産業で一般的なハブ＆スポーク（拠点大都市経由）方式ではなく二点間を結ぶ方式を採用し、小都市の空港や大都市の二次空港に乗り入れている（空港使用料が安く、混雑が少ないため駐機時間を短縮できる）。さらに機内食は最小限、座席指定も航空券も廃止という徹底ぶりで低コストを維持してきた。こうした方針に加え、従業員が仕事を楽しみ顧客にフレンドリーに接するという独特の企業文化があって、他社がサウスウエスト航空を真似ることは容易ではない。今日同社は国際路線への進出を図っており、一貫性や結束力を維持できるかどうかが今後の課題となろう。

・不動産テックと呼ばれるレッドフィン（Redfin）は、ウェブ・ベースで不動産仲介業を展開しており、不動産業界のゲームチェンジャーと目されている。どこがゲームチェンジャーかというと、顧客ファーストであることだ。住宅の売り手からは登録料をごくわずか（一％）しかとらない。登録すれば看板、チラシ、写真など販促用の資材がすぐに提供される。また同社のエージェントは月給制で、不動産仲介業で一般的な歩合制ではない。買い手の払う手数料は三％である。レッドフィンへ行けば、物件の掲載から、価格の査定、権利関係の確認、建物の調査診断、住宅ローンの組成、そしてエージェントによる対応までワンストップでできる。テクノロジーを活用して業務を一元管理するとともに、質の高い人的資本を活かして顧客一人あたりの粗利益を増やし、それを顧客への価値の提供に再投資するというのが同社のコンセプトだ。不動産売買のすべてがレッドフィンで完結することは大きな競争優位であり、事業規模が拡大し交渉力が強まるにつれ、この競争優位も高まる。レッドフィンは率直なカスタマーレビューを求めており、顧客ファーストの社是に反したエージェントはただちに解雇される。アメリカではAIを駆使して不動産価格を査定し売買するiBuyerという不動産取引モデルが注目されているが、レッドフィンはこれまでのところ地道に評判形成に努めているようだ。

＊

A・G・ラフリーとロジャー・マーティンの共著『P&G式「勝つために戦う」戦略』（邦訳：朝日新聞出版）は書名のとおりプロクター&ギャンブルの戦略を解説した好著だが、中でもスキンケア・ブランド「オレイ（Olay）」の開発秘話は、一貫性のある行動のお手本と言えるだろう。[*2] 最初に開発された「オイル・オブ・オレイ」は「オールドレディ向け」とみなされるようになり、現代の消費者にはまったくそぐわなくなった。そこで問題になったのが、オレイをリニューアルするか、それとも他のブランドをスキンケアに拡張してオレイは廃止するか、という選択である。競合ブランドはハイエンド商品をデパートや高級品店で販売している状況だった。

ここでP&Gが考えたのは、自分たちはほんとうによい商品を開発したのだからこれを売りにしよう、ということである。そして、次のような一貫した行動をとった。

1　オレイのブランド名を維持し、オレイ・トータル・イフェクト（Olay Total Effects）とする。このブランドでオレイと関連づけた商品群を展開していく。

2　価格設定に関してリサーチを行う。その結果、一五・九九ドルより一八・九九ドルのほうが、好反応が得られることがわかった。

3　オレイ・ブランドが長らく掲げてきた「エイジングの七つの兆候と戦う」を踏まえ、マーケティング・キャンペーンを実施する。

4　量販店と交渉して特別なディスプレイスペースを確保し、妥当な価格帯の高級品を量販店で販売するいわゆる「マスティージ」作戦を展開する。ハイエンド商品を量販店で購入する消費者は少なくないと見込まれる。

5　高級スキンケアのこの新しいコンセプトに沿ったパッケージをデザインし、量販店チャネルで販売する。

こう書き出してみると、どこにも特別なところはない。いま見ても単に思慮深いよい方針にみえるが、単にそれだけだ。だが、これとはちがう方針を採用していたらどうなったか想像してみてほしい。Ｐ＆Ｇにほとんど経験のない高級路線に踏み込んでいたかもしれない。単にオレイの名前と価格設定だけ変えて、量販店に専用スペースを確保して高級感を演出するといった工夫を怠ったかもしれない。価格を低く設定しすぎて他の低価格品と熾烈な競争になっていたかもしれない。このように、よくできた一貫性のある方針はとくに目を引くような奇を衒《てら》ったものではない。一貫性を追求すれば、ひたすら思慮深く賢い方針となる。

スペースシャトル

スペースシャトルが工学と人類の勇気による偉大な成果であることは改めて言うまでもない。スペースシャトルのミッションは一三三回成功し、科学機器や実験装置など多くの貴重なペイロードが宇宙に運ばれた。それでも、スペースシャトルがその主目的を達成できたかと言えば、そうとは言えない。もともとの狙いは毎年低コストでミッションをこなすことだったが、それはとうとう実現できなかった。五機のシャトルのうち二機（チャレンジャー号とコロンビア号）は空中分解する大事故を起こし、飛行士一四人が命を落としている。二〇〇三年のコロンビア号の事故から打ち上げペースに急ブレーキがかかり、ついに二〇一一年をもって計画は終了するに至った。

スペースシャトル計画には、二つの根本的な問題があった。一つはコストの見積もりが実態に即しておらずほとんど捏造されていたこと、もう一つは設計が委員会によって、つまり立場の異なる大勢の人間の合議制によって行われたため一貫性を欠いていたことである。

ＮＡＳＡは一九七二年に再使用可能なスペースシャトルは建造可能だと主張し、「ペイロード一ポンド（〇・四五四キログラム）を軌道に送り込むコストは一〇〇ドル以下に抑えられる」と豪語した。[*3] しかし実際には、一ポンドあたりの平均コストは約二万八〇〇〇ドルに達している。

なぜそんなことになったのか。プロジェクトＴ（第10章でくわしく述べる）と同じく、大規模で複雑な計画の予算見積もりというものは、さまざまな理由から必ず手心が加えられるからである。ＮＡＳＡも関連メーカーも、この新しいプロジェクトを何としても正当化し、実現に漕ぎ着けたいと切望していた。[*4] そこで、議会の予算上限に沿うようリスクとコスト予想を調整するということが行われたのである。その過程で、有人月ロケットなどの成功を収めてきたサターンロケットはゴミ箱行きとなり、アメリカの宇宙計画を数十年にわたって停滞させることになる。議会は、コスト分析などいくらでも操作できることを忘れてしまったらしい。提案されたシャトルの立派なコスト分析は、再使用可能性という最重要課題から注意を逸らすための目眩《めくらま》しだった。

設計が一貫性を欠くものになったのは、設計が委員会に委ねられたからである。設計が承認されるためには全員の考えが反映されなければならなかった。ＮＡＳＡの望みは月より遠いところへ行くことだった。宇宙ステーションを建設し、小惑星や火星探査をしたいという野望もあった。原子力ロケットなら太陽系の探査もできるかもしれない……。一方、ドイツ人ロケット科学者ヴェルナー・フォン・ブラウンの夢は、低コストで容易に安全に軌道にアクセスできる宇宙往還機だった。
私が工学部の学生だった頃、母は公務員で、空軍の宇宙偵察機X20（愛称ダイナソア）計画に関わっていた。母の話によると、空軍は宇宙カプセルをひどく嫌っていたという。宇宙カプセルとは、翼のない再突入カプセルを使用する鈍頭型の宇宙船で、世界初の有人宇宙カプセル「ボストーク」に始まり、「ジェミニ」「アポロ」「ソユーズ」など輝かしい実績を持つ。だが空軍の考えによれば、宇宙飛行士は世界のどこからでも出発・帰還できなければならず、その乗り物には翼がなければならない。スペースシャトルのあのむやみに大きい翼は、空軍を満足させるためにつけられたのだった。その一方で議会は当然ながら、一回のミッションの平均コストをできるだけ切り詰めたがっていた。

　このようにさまざまな思惑が錯綜する中で、致命的だったのは、スペースシャトルはいま挙げた役割をすべて果たし、今後の地球周回軌道への打ち上げはすべてシャトルでこなすと議会で言明してしまったことである。

　ある空軍大佐とジェット戦闘機の性能について話したとき、「完璧な」戦闘機とはどんなものかと質問したことがある。すると彼の答えはふるっていた。「そうだね……どこからも文句の出ない完璧なものにするには、部品の発注先をアメリカの全部の州に割り当て、さらにその製造を州内で各選挙区に均等に割り当てなければなるまい」。スペースシャトルの設計は完璧とは言えなかったが、この空軍大佐の基準からすれば完璧だったわけである。議会からの反対意見はほとんどなかった。大規模な計画に必ず存在する多くの利益団体の要求をすべて満たしていたからだ。

プロジェクトが進行するにつれコストはどんどん膨らんだ。シャトルの運用コストは予想の数倍に達したうえ、大気圏再突入時の高温に耐えられるよう、オービター（軌道船）の巨大な翼には三万五〇〇〇枚もの耐熱タイルを貼る必要があった。耐熱タイルは一枚一枚完璧に性能を発揮できなければならず、飛行後には一枚一枚点検して元の位置に再装着しなければならない（翼の形状が複雑なため、それに合わせてタイルの形状も一枚ずつ微妙に異なる）。行政管理予算局（ＯＭＢ）はエンジンの設計に関してＮＡＳＡの決定に介入し、「コストの低い」固体燃料ロケットの使用に固執した。そうすれば再使用可能だとされたからだが、実際には回収・再使用には莫大なコストがかかることが判明している。さまざまな利害が絡んだ結果、固体燃料ロケットブースターは、軍用ミサイルの推進システムを手がけているモートン・サイオコール（現ＡＴＫローンチ・システムズ）に発注された。一三五回のミッションのうち二回の大事故はいずれも固体燃料ロケットの選択に一因があったとみられている。[*5]とは言え、スペースシャトルの事故率（一・五％）がきわめて低かったことはそれとして認めなければならない。地球周回軌道に打ち上げる標準的な無人ロケットの場合、事故率は六％に達する。要するにロケットの打ち上げは安全ではないのだ。

スペースシャトルの戦略に一貫性が欠けていたことは、ある一点をとってもあきらかだ。低軌道ミッションを一手に引き受けることによって規模の経済を実現し、コストを抑えるというのがそもそもの謳《うた》い文句だったはずである。にもかかわらずスペースシャトルには人間の飛行士が乗り組む。無人より有人宇宙船のほうがはるかにコスト高であることは、ロケット科学者でなくともすぐにわかるだろう。この計画では人間を安全に打ち上げ、軌道に送り込み、再突入と着陸を経て無事に生還させなければならない。となれば、もはや定型作業と化した通信衛星の打ち上げなどに比べて膨大なコストがプラスされるうえ、有人ミッションの失敗は事故を悲劇に変えてしまう。そのうえ一回一回のミッションには国家の威信もかかることになる。

持続可能な開発目標（SDGs）

まったく整合性に欠ける目標を掲げてしまう例はあまりに多い。その端的な例が、国連が二〇一五年に採択した一七項目の持続可能な開発目標（SDGs）である。図10に掲げたのでよく読んでほしい。一つひとつはどれも立派な目標で、望ましい結果をめざしている。だが一貫していない。

・目標14は海洋と海洋資源の保全を求めている。だが世界の貧困国には漁業で生計を立てている人が少なくない。よって、目標1（貧困）、目標2（飢餓）、目標8（雇用）と両立しない。

・目標2は飢餓をなくし持続可能な農業を促進すると謳っている。だが化学肥料をやめれば収穫量は大幅に減ってしまうのだから、この目標はそれ自体が自己矛盾だ。
・目標7はすべての人にエネルギーへのアクセスを確保するとし、目標13は気候変動に対策を講じるとしている。だが残念ながら現代の技術水準では、この二つは両立しない。またエネルギーなしでは貧困撲滅も望めない点では、目標1とも矛盾する。
・目標2の飢餓撲滅を実現するためには、より多くの土地を耕作して食料を増産することになる。そうなれば、生態系の保護や土地の劣化の阻止を掲げる目標15と齟齬を来す。中国は過去三〇年間にわたり、貧困（目標1）と飢餓（目標2）を減らし健康の確保（目標3）に努めてきた。だがその過程で、世界最大のCO_2排出国になってしまった。主因は石炭火力発電である。

世界の多くの人は、アマゾンで森林を焼き払い牛を育てていることを快く思っていない。たしかに、生態系の保護を謳った目標15とも矛盾する。だがそのおかげでブラジルの人々の所得は増え、貧困は減っている（目標1）。また食肉は中国（三八％）、エジプト（一〇％）、ロシア（一〇％）などに輸出され、人々の栄養状態を改善している（目標2）。それに、肉を食べるのをやめるよう人々に強制することはできないし、もし強制したら、平和な社会を作るという目標16を脅かすような事態になりかねない。

図10　持続可能な開発目標（SDGs）

1	あらゆる場所のあらゆる形態の貧困を終わらせる
2	飢餓を終わらせ、食料安全保障および栄養改善を実現し、 持続可能な農業を促進する
3	あらゆる年齢のすべての人々の健康的な生活を確保し、福祉を促進する
4	すべての人々への包摂的かつ公正な質の高い教育を提供し、 生涯学習の機会を促進する
5	ジェンダー平等を達成し、すべての女性および女児のエンパワーメントを行う
6	すべての人々の水と衛生の利用可能性と持続可能な管理を確保する
7	すべての人々の、安価かつ信頼できる持続可能な近代的エネルギーへの アクセスを確保する
8	すべての人々のための包摂的かつ持続可能な経済成長、 雇用および働きがいのある人間らしい仕事（ディーセント・ワーク）を推進する
9	強靱（レジリエント）なインフラ構築、包摂的かつ持続可能な産業化の促進 およびイノベーションの推進を図る
10	各国内および各国間の不平等を是正する
11	包摂的で安全かつ強靱（レジリエント）で持続可能な都市 および人間居住を実現する
12	持続可能な生産消費形態を確保する
13	気候変動およびその影響を軽減するための緊急対策を講じる
14	持続可能な開発のために海洋・海洋資源を保全し、持続可能な形で利用する
15	陸域生態系の保護、回復、持続可能な利用の推進、持続可能な森林の経営、 砂漠化への対処、ならびに土地劣化の阻止・回復 および生物多様性の損失を阻止する
16	持続可能な開発のための平和で包摂的な社会を促進し、 すべての人々に司法へのアクセスを提供し、 あらゆるレベルにおいて効果的で説明責任のある包摂的な制度を構築する
17	持続可能な開発のための実施手段を強化し、 グローバル・パートナーシップを活性化する

こうした幅広い目標をめざすときの現実的な方策は、目標そのものと達成期限とに優先順位をつけることである。そして、数値目標には算出根拠を明確にすることが望ましい。貧困を減らすにはどうすればいいいか、ある程度のことはみんな知っている。だが原子力発電がない状況で石油やガスを燃やさずにどうやって貧困を減らすのかは、わかっていない。貧困の撲滅を優先し、気候変動は成り行き任せにしてよいのか？　それとも化石燃料の使用を厳格に抑制し、膨大な数の貧しい人々は放置してよいのか？　いずれにせよはっきりしているのは、世界人口が二五億人（私が生まれた年がそうだった）のときにはＳＤＧｓの実現はもっとずっと容易だったが、人口が七九億人に達した今日でははるかに困難になり、もし一五〇億人になったらまず不可能になるということである。

一貫性のない一七項目もの目標を設定したのは、政治家の迎合的姿勢の表れと言えよう。このような一貫性のない野望を羅列したリストが作成されたら、一貫性のある目標を選別し、残りはすくなくとも当面後回しにするといった対応を考えることが戦略家の役割である。

作戦計画「ボレロ」

アメリカが第二次世界大戦に参戦するまえにプラン・ドッグが採用されたことは第4章で述べたとおりである。つまりルーズベルト政権はナチスドイツに勝利することを対日戦より優先した。言い換えれば、同時に二正面で戦ったらどちらにも勝てない可能性があると判断した。アメリカの参戦が決まると、陸軍参謀総長のジョージ・C・マーシャルはドワイト・D・アイゼンハワーを参謀本部に新設した作戦部の初代部長に任命。アイゼンハワーはここで対独作戦計画を立案する。一九四二年三月二五日に彼が提出した作戦計画が、コードネーム「ボレロ」と呼ばれるものだ。

ボレロの主眼は、英仏海峡を渡ってドイツ占領下の西ヨーロッパに侵攻することにある（上陸作戦は「ラウンドアップ」と命名された）。この作戦こそが対独戦の最重要ポイントだと考えたアイゼンハワーは、ソ連戦線、地中海、スペイン側からの侵攻、スカンジナビア半島からの南下にアメリカ軍を回す案をすべて却下する。ボレロで重要なのは、イギリスを守り、ソ連の参戦を継続させることだった。「この作戦計画が採用されない場合、われわれはただちに東大西洋に背を向け、できる限り速やかに対日戦に全力投球すべきである」という一文に、アイゼンハワーの優先順位がはっきりと示されている。[*6] マーシャルとルーズベルトは同意し、ロンドンでの会合を経てチャーチルも同意した。

ところが驚いたことに一カ月後にルーズベルトは海軍とオーストラリアからの圧力に屈し、一〇万人規模の兵士と航空機一〇〇〇機をオーストラリアに送ると約束してしまう。もしこれが実現したら、計画は台無しだ。マーシャルは直ちにホワイトハウスへ乗り込んでルーズベルトと対決し、オーストラリア防衛を実行するならボレロは「完全放棄される」と断言する。歴史家のＪ・Ｅ・スミスは、次のように書いている。「ルーズベルトはときに軽率なことをしでかす。このときは自分が合意事項から逸脱したことを認めた。そして自分の過ちに気づいたときによくやるように、ごまかしたものだ。〝オーストラリアに増派する命令など出していない〟とマーシャルに言っている。〝私は、それが可能かどうか知りたかっただけだ。ボレロを遅らせるつもりはない〟とね[*7]」

この例からも、計画の一貫性というものがいかに失われやすいかがよくわかるだろう。それぞれに異なる価値観を持ち、それなりに妥当な主張をするさまざまな利害関係者に対してキッパリとノーと言わなければならない。これが、一貫性を押し通すことの代償である。戦略家は政治家になろうとしてはいけない。妥協して誰もが入れるような大きいテントを立てるのは、戦略家の仕事ではない。一貫性のある戦略は、問題の最重要ポイントに焦点を合わせる。戦略が勝利を収めてから、テントに入れなかった人にその収穫を分配するのが政治家の仕事になる。

作戦計画ボレロの柱は、英仏海峡を越えてフランス北部に一九四三年春に侵攻するラウンドアップ作戦だった。しかしスターリンは、早急に西部線戦でドイツに攻勢をかけるようチャーチルとルーズベルトに圧力をかける。当時ソ連では兵士と民間人がおそろしい勢いで死んでいた（終戦までに二〇〇〇万人の命が失われたことがわかっている）。そこでチャーチルとルーズベルトはやむなく一九四二年秋に北アフリカに侵攻した（トーチ作戦）。これは、スターリンを宥《なだ》めるために、ラウンドアップ作戦に用意された人員と物資を非戦略的な戦いに投じる政治的決断である。マーシャルは、これなら太平洋に全軍を投じるほうがましだと抵抗したが、アイゼンハワーはトーチ作戦の実行を命じた。

本来ラウンドアップ作戦が実行されるはずだった一九四三年春に、連合軍はフランス侵攻を一九四四年に実行することで合意する。作戦のコードネームは「オーバーロード」に変更された。そしてアイゼンハワーが連合国遠征軍最高司令官に任命される。一九四四年六月六日におよそ一六万人の兵士がノルマンディー上陸を開始した。ドイツが無条件降伏をするのはそれから一年後の一九四五年五月七日である。

アフガニスタン

いまとなっては信じられないかもしれないが、二〇〇一年にニューヨークのワールド・トレード・センターのツインタワーが崩壊したとき、テロリストが核兵器を持っているなら使用していただろうとアメリカの政権担当者は確信した。そこで、アフガニスタンとパキスタンの国境地域を掃討し、アルカイダの指導者、実行部隊、訓練基地を殲滅《せんめつ》しようという発想が出てくる。

時が経つにつれて目的は拡大した。新たな価値観や野望が追加されたためである。アメリカの政治指導者たちは、アルカイダ以外の人々はみな新自由主義を奉じる民主国家で暮らしたがっていると考えた。いや、そう信じようとした。二〇〇八年にジョージ・W・ブッシュ大統領は、「民主化したアフガニスタンの平和と繁栄にわれわれは戦略的関心を抱いており、私自身はそのことに道義的関心も抱いている。たとえどれほど長い年月がかかろうとも、われわれはアフガニスタンが民主化に成功するよう、手を貸さなければならない」*8。

タリバンは一九九〇年代前半に神学生の運動が発展してできた組織で、ソ連撤退後の権力の空白に巧みに入り込んだ。アフガニスタン制圧に独自の関心を持つパキスタンの軍統合情報局（ISI）の支援を受けている。二〇〇一年にアメリカがアフガニスタン侵攻を開始した時点で、事実上の同国政府はタリバンだった。アメリカはほぼ一カ月で首都を陥落させ、タリバン政権を崩壊させると、ハミド・カルザイが率いる親米政権を発足させる。しかしその後もタリバンはパキスタンの部族支配地域にある堅固な要塞を根城にゲリラ戦を展開し、アメリカ軍や新政権の政府軍と戦い続け、紛争は泥沼化する。二〇年が過ぎてもブッシュ大統領の言った「アフガニスタンの平和と繁栄」はかすかな兆しさえ見えなかったし、二〇二一年にアメリカ軍が撤退するとタリバンがあっという間に政権を奪還した。

アメリカ政府はアフガニスタン復興担当特別監察官というものを置いている。監察官は復興プログラムを監査し、四半期ごとに報告書を提出する。情報公開法を活用したワシントン・ポスト紙は監察官による調査報告書を入手し、二〇一九年一二月に公表した。文書を精査した同紙は、アメリカ市民はアフガニスタンにおけるアメリカ軍の困難な状況と挫折について十分に知らされていなかったと記事の中で指摘している。だが私の考えはちがう。軍事作戦に関して市民が蚊帳《かや》の外に置かれたとしても驚きではないし、もっと言えばそれをとくに懸念はしていない。私が記事で注目したのは、政策の一貫性のなさである。一貫性の欠如の中で最も影響が大きかったのは、オバマ大統領の就任とともに対テロから対反乱（COIN）作戦に戦略が切り替わったことだ。具体的には、戦う相手がアルカイダからタリバンに変わった。さらにオバマ大統領は短い期限を設定し、それまでに戦争を終わらせると公約したが、これはタリバンの側からすれば、米軍撤収まで身を潜めていればよいということになる。

ワシントン・ポスト紙に掲載されたクレイグ・ウィットロックのインタビュー記事を以下に一部引用する。

ジェフ・エガーズは、〝アメリカはアルカイダから攻撃されたのに、なぜタリバンを敵とみなすことになったのか。なぜわれわれはタリバンを打倒したいのか〟と疑義を呈した。エガーズは、海軍特殊部隊（SEALs）を退役後にブッシュ政権とオバマ政権で特別補佐官などを務めたほか、四年にわたり国家安全保障会議（NSC）でアフガニスタン・パキスタン上級部長だった人物である。彼によれば、〝全体としてアメリカのシステムは、基本的な前提に立ち返って疑義を呈することができないようになっていた〟という。

リチャード・バウチャーは、米政府高官は自分たちが何をしているのかわかっていなかったと監察官に話したという。バウチャーは外交官で、ブッシュ政権で国務省報道官も務めた人物である。〝侵攻はアルカイダに報復し、アルカイダをアフガニスタンから掃討することが目的だった。だがそれは、ビンラディンを殺さなくてもできたはずだ。タリバンが反撃してくると、われわれは彼らも攻撃するようになった。こうしてタリバンは敵になった。こうしてわれわれはミッションを拡大し続けた〟とバウチャーは総括した。*9

アメリカが侵攻する前の事実上の政府はタリバンだったにもかかわらず、彼らは「反乱分子」とみなされ、ベトナム戦争のときから受け継がれてきたさまざまな対反乱作戦が繰り出された。この根本的な誤りに加え、多くの組織がそれぞれに異なる目標を同時に追求していたのである。

根本的な不一致は解消されないままだった。政府部内にはアフガニスタンの民主化をめざす一派もいれば、アフガニスタンにおける女性の権利尊重をめざす一派もおり、パキスタン、インド、イラン、ロシアの地域的勢力均衡をめざす一派もいた。ある政府高官が二〇一五年に監察官に話したところによると、〝要するにアフガニスタン・パキスタン戦略では、全員にクリスマスプレゼントが用意されていた〟という。〝戦略ができあがる頃にはあまりに多くの優先課題や願望が詰め込まれて、もはや全然戦略とは言えなくなっていた〟ということだ。

じつはアフガニスタンの政治と経済ではアヘン問題が重要な位置を占めていた。それは今日も変わらない。ソ連との戦いで荒廃したアフガニスタンでは農業の多様性は望めず、アヘンの原料であるケシが主要作物となっていた。国際社会の承認を得たいタリバン政権は二〇〇〇年にアヘンの製造を禁止し、大幅に減らすことに成功する。彼らは禁止令を宗教的な言葉にくるみ、イスラムの教えは薬物を禁じていると強調した。だがケシ栽培の禁止で農家の収入は激減する。しかもタリバン政権は部族や農家を重視しなかった。このときこそ欧米主要国が介入し、適切な農業を普及させるために支援すべきだった。

二〇〇一～二〇〇二年のアメリカによる侵攻が短期間で成功を収めたのは、それまで麻薬ビジネスを牛耳っていた反タリバン勢力、具体的にはパシュトゥーン人の麻薬密売組織の支援に助けられたからである。だがアメリカはタリバン政権を崩壊させると、アヘン取引の根絶を試みる。つまりタリバン政権の打倒に協力してくれた人たちを切り捨てようとした。これが一貫性を欠く行動であることは言うまでもない。

アフガニスタンのアヘン製造にはおよそ四〇万人が従事する。麻薬はトルコとロシア経由でヨーロッパに輸出される。ヨーロッパで消費されるヘロインと大麻の大半の供給元はアフガニスタンなのだ。また世界の違法アヘン製品の九〇％はアフガニスタンが原産国だと言われる。だが麻薬取引に関してアメリカの政策は首尾一貫していない。アメリカはアフガニスタン政府にアヘン製造を禁止せよと圧力をかけ、アメリカ軍にはケシ栽培根絶プログラムの実行を命じた。ヘルマンド州の加工場は爆撃され、ケシ畑には火が放たれた。その一方で、主な麻薬密売組織の大物たちはアメリカの協力者であり、タリバンを内偵し情報を提供するという条件で彼らのアヘン製造は容認されている。結局、米英政府が躍起になったにもかかわらず、アヘン製造はさかんになる一方だった。ワシントン・ポスト紙は次のように指摘する。「問題は、アジアで最も貧しく世界でも最貧国の部類に入る国に住む人の多くにとって、アヘンの生産が生き延びる手段だという点にある。人々の生計の手段を非合法化しておきながら支持してもらおうというのは虫がよすぎる」

戦争から復興にいたる期間中、アフガニスタンのアヘン問題に取り組んだ国や機関は一つもない。アメリカの国務省、麻薬取締局、アメリカ軍、ＮＡＴＯ加盟国、そしてアフガニスタン政府は、この問題の対応をめぐってのべつ対立していた。「成功の見込みがまったくない面倒な問題だった」とイギリスのある政府高官は語っている。

アメリカはアフガニスタン侵攻・復興プロジェクトに二兆ドルを投じたとされる。何らかの問題に巨額の資金が投入される場合、贈収賄などが起きやすくなるだけでなく、軍も政府機関も自分たちに都合のいいプログラムに手厚く予算をつけようとする。これでは行動の一貫性が失われるのは火を見るよりあきらかだ。要するにアフガニスタンに関する戦略はあらゆる点において一貫性を欠いていた。まず、診断がまちがっていた。アフガニスタンは困窮していたが、民主制でないから困窮していたわけではない。そもそも多数派が少数派を殺そうとし、武装した少数派が多数派を殺そうとする国では民主主義は機能しない。そのような国に民主的な中央政府を確立するなどという行動方針はまずもって実行不能だし、実際の行動もまったく一貫していなかった。

最小限の一貫性

サウスウエスト航空、ペッツル、ライアンエアー、ネットフリックス、エンタープライズ・レンタカー、イケア、保険のプログレッシブなどの戦略は緊密な一貫性のお手本であり、学ぶところが多い。こうした一貫した戦略の多くは、製品を絞り込んでいることに由来する。では、もっと規模が大きく多様で複雑な組織ではどうすればいいのか。そうした組織が、何かに特化した企業と同じような一貫性を追求するのは無理がある。その分を、リソースの厚みで補うべきだろう。海軍全体をSEALsにすることはできないのと同じように、大企業全体がニッチ企業になることはできない。

大きな組織の場合、行動計画を立てる際にすくなくとも最小限の一貫性を保てるようにすべきだ。単刀直入にいえば、互いに矛盾する行動をとってはいけない。いくつか例を挙げておこう。

- 新規開発の継続で競争力を高めると決めておきながら、コスト削減のために研究開発費を切り詰めてはいけない。
- 信頼性が高く安定した製品のために、流行の新種のマーケティング手法を取り入れてはいけない。
- 高度な技術力に基づく戦略を立てておきながら、ソフト開発をアウトソースしてはいけない。
- 迅速なデリバリーを謳い文句にする一方で、二つの倉庫の一つをコスト削減のために閉鎖してはいけない。
- 自社のプラットフォームで言論の自由を誇示しておきながら、政治的傾向を理由にサイトを閉鎖してはいけない。

診断

第2部

PART 2

DIAGNOSIS

戦略はある種の問題解決である。だから、問題を理解していなければ答えを出すことはできない。直面する問題を理解するカギは、診断プロセスにある。診断にあたっては、なぜこの問題が表面化したのか、どんな要因が背後にあるのか、なぜ解決がむずかしく見えるのか、といったことを探る必要がある。何が起きたか、何が決定的に重要かを理解するには、アナロジー（類推）とリフレーミング（再構成）、比較、分析が有効だ。

第8章 アナロジーとリフレーミング

課題の核心を見抜くには、課題を構成するさまざまな要素の関係性を理解しなければならない。正確な診断を行うには、アナロジーとリフレーミングという二つのツールが役に立つ。

いかに頭脳明晰な人が診断に臨んでも、現実を完璧に正確に理解することはできない。現実の世界は、完全に理解するには複雑すぎるからだ。状況を分析し理解するための一つの方法は、おなじみの単純化である。つまり、いくつかの事実や主張は他より重要性が高いと判断し、他のものを切り捨てる。そして、もう一つの強力な方法がアナロジーである。

アナロジーとは、現在自分が直面する課題とよく似た状況を探し、両者の類似性や共通性を手がかりに現在の課題を理解する手法である。よく似た状況は、ちがう時代やちがう場所で他の人が直面した状況でかまわない。また既知の状況との類似性でなくとも、よく知っているフレームワーク、セオリー、モデルとの類似性を手がかりにすることもできる。適切なアナロジーの力を借りれば、思いがけない新たな理解の扉が開かれるだろう。ただし無意識のうちに人間がやっているアナロジーは、無意識なバイアスとともに、正確な状況診断を妨げる障害物にもなりうる。政治であれ企業経営であれ、人間は自分にとって好ましい見方や都合のいい意見ばかり選んで聞き、自己強化する傾向があることを忘れてはいけない。

診断に役立つもう一つの強力なツールとして、リフレーミングが挙げられる。「フレーム」とは、ごくおおざっぱに言えば、ものの見方のことである。どの角度から、どの切り口から見るか、ということだ。フレームやリフレーミングについては論文が何百本も書かれているが、ここではフレームとは状況を見渡すときの視点と理解してほしい。誰しも自分にとって心地よい視点はある。組織にとってもそうだ。ものの見方は当然ながら人によって異なる。ある経営幹部はある問題や指標に注意を払うが、別の経営幹部はちがう問題や指標に注意を払う、という具合に。診断をするときに重要なのは、使われているフレームつまり視点をテストし、必要に応じて調整し、あるいは修正することである。

視点を変える

組織の内部ではどうしても視点が偏ったり固定したりしがちで、暗黙の前提ががっちり根を下ろしているケースもめずらしくない。そうした実態には、コンサルタントなど部外者のほうが気づきやすい。組織内のものの見方が硬直的になっていると気づいたら、問題の別の側面や因果関係に光を当てるようなアナロジーやフレームを提案し、それによって診断がスムーズになることがままある。

また部外者には、あまりまぬけに見られずに常識はずれの質問ができるというアドバンテージもある。診断は基本的に課題にフォーカスするプロセスの一部であるから、「何が」「なぜ」起きたのかを繰り返し問うことになる。経営陣に聞き取り調査をするときに機密保持を約束すれば、部外者は本音や鋭い指摘や分析を聞き出せることが案外多い。

クエストコー

私は二〇一六年にソフトウェア開発のクエストコー（仮名）のＣＥＯから戦略について助言を求められた。ＣＥＯは会社の戦略、というよりも戦略プランを見せてくれた。いまどきのことだから、カラフルな図表満載のパワーポイントでのプレゼンテーションである。

戦略プランにはたくさんの数字が示されていた。財務報告、競争状況、シェア、マーケットセグメント、顧客、推定市場規模、予想成長率、等々。終わりのほうに「成長戦略」という項目があり、じつに野心的な言葉が並ぶ。まるで投資家向けの会社の売り込みそのものだ。五ページにわたって「顧客によりよい価値を届ける」とか「成長セグメントへの投資を継続する」などとあり、財務目標は「売上高を大幅に伸ばす」「収益率を高める」といった調子である。

経営幹部は、リーダーたるものはポジティブな面を強調して部下にやる気を出させ、ネガティブな面には触れずにおくべきだという思い込みにとらわれていることが多い。こういう姿勢では、正確な状況診断をすることはむずかしい。よい面ばかり見るというバイアスは、ベトナム戦争からジェフ・イメルト率いるGEに至るまで、さまざまな悲劇の元凶となってきた。GEの内部報告によると、イメルトは悪いニュースや問題点の報告に耳を貸さなかったという。二〇一八年に世界同時株安が起きると、ウォール・ストリート・ジャーナル紙はこう見出しを打った。「ジェフリー・イメルトの成功劇場が覆い隠していたGEの凋落」[*1]

クエストコーの歴代経営者は五回にわたる買収によって現在の会社を築き上げてきた。買収を成功させ黄金期を演出した名経営者たちの写真が役員室の壁に重々しく飾られている。この会社の戦略プランはつねに前向きな言葉と明るい予想に彩られてきた。もちろん、顧客を喜ばせるのも成長セグメントに投資するのも悪いことではない。だがそんな月並みで人畜無害なことを言うためになぜCEOが時間を費やさなければならないのか。そこには戦略など何もない。乱暴に言えば、みんなが元旦に立てる新年の誓いとたいして変わらない。どんな会社だって顧客を満足させたいし成長セグメントに投資したいだろう。この種の戦略プランを見せられた私が言うことは決まっている。

「これのどこがむずかしいんですか？」

この質問には、何の根拠もない目標から現実に直面している真に困難な問題に目を向けさせる狙いがある。これこそが戦略の始まりだからだ。私の質問にクエストコーの経営幹部たちはなかなか答えなかった。いくつかの問題をちゃんと認識してはいたものの、それについて話す習慣がこの会社ではまったくなかったのである。クエストコーは黒字ではあったが、かつてほどうまくいっていなかった。どうも下り坂にさしかかっているという感覚を誰もが抱いていた。

ＣＥＯは部門間の統合を図るべきだと常々考えていた。買収した五つの事業で社員をローテーションするプログラムを導入したことがあったが不人気で打ち切った経緯がある。ＣＦＯはクエストコーが人員過剰だと考えており、人員を削減すれば利益が増えると信じていた。人事部長は組織のサイロ化を懸念しており、協調的な文化や交流を促すためにオフィスのオープン化をしたがっていた。

社外に目を転じると、手強い競争相手が二社出現しており、悩みの種になっている。クエストコーの製品には競争力はあるが、価格設定がやや高めだ。スマートフォンからの便利なアクセスを望む若い顧客のニーズにも十分応えていない。最近の調査によれば、クエストコーの顧客満足度は業界最下位だった。成長市場であるため売上高はスローペースながら増えてはいるものの、シェアは徐々に減っている。

クエストコーは長年の間にばらばらになってしまったシステムを統合する目的で新しいコンピュータシステムを導入した。これが社員にとっては苛立ちの種で、新たな不満が噴出している。注文の入力には新システムを使わなければならないが、顧客の購入履歴は古いシステムでないと調べられない。五つの事業部では仕事のやり方もシステムもいまだにちがう。

こうした困難な問題を直視するのは、最初は居心地が悪い。経営幹部たちは問題の存在に気づいていても、下手に診断に乗り出せば底なし沼に踏み込む羽目に陥りかねないことも実務家である彼らは知っている。

クエストコーの経営幹部はみな、「戦略」とは長期目標のことだと思い込んでいた。「XXで世界をリードする」といった類である。彼らと話していてターニングポイントが訪れたのは、困難だが乗り越えられそうな課題というアイデアを私が示したときだった。困難な状況を泥沼と捉えるのではなく、解決できそうなことに集中することに気持ちを切り替えたのである。照準を合わせるのは遠い先ではなく、近い将来、せいぜい一八カ月から三六カ月先だ。このように軌道修正してみると、集中すべきは顧客満足度だということに方針が定まった。

そしてCEOは、顧客満足度向上に全社一丸となって取り組めば五つの事業部をよりよく連携させることになると気づく。このとき私たちは重要なポイントを見つけたと感じた。だいたいにおいて業務慣行の問題に取り組むのは組織構造や人事に取り組むより容易であり、社内に波風も立ちにくい。組織構造を変えるとなれば必ず権限や地位の問題が絡んでくる。これに対して、リーダーが有能であれば、業務の改善は社員が共通の課題に取り組み解決をめざして努力する機会となる。

顧客満足度が低下した原因は、一つではないと考えられた。顧客からの苦情には、高いエラー率、遅いレスポンスタイム、アプリの使い勝手の悪さなどがあり、しかも社員はこれらの問題に自分ごととして取り組んでこなかった。

課題を深く突き詰め、核心を見きわめるために、戦略ワークショップが設けられた。そこで出されたのが、新しく導入されたコンピュータシステムを顧客満足度の向上に活かすということである。このプロジェクトは、一石二鳥からの発想で「ツーバード」と名付けられた。

じつはクエストコーは過去にも顧客満足度の改善に取り組んだことがあった。だが効果的な実行方法もわからないままにひたすら社員の尻を叩くだけで、当然のごとく失敗に終わっている。今回戦略チームは具体的な行動計画を立てた。

1　新しいソフトウェアの設計を決定する権限を、顧客と直接接点を持つマネジャー六人に移す。
2　新しいソフトウェアの**最優先目標**は、技術的な満足ではなく、顧客満足とする。
3　各事業部の現場にいるマネジャーは隔週で会議を開き、顧客満足度の現状を確認し、改善を図るためのアイデアを検討する。

4　顧客からの苦情と会社の対応を正確に記録する体制を整える。

5　隔週の会議では、顧客関連の問題を診断し書面に残すとともに、あぶり出された問題にどう対処するかを考える。

6　顧客志向の姿勢を身につけるために社員全員がトレーニングを受ける。

こうして行動計画が実行に移されると、その後の二年間で使い勝手のよいソフトウェアが開発されると同時に、現場の顧客に対する姿勢が大幅に改善された。そして、業界最下位まで落ち込んでいた顧客満足度は、みごとに一位に上り詰めたのである。これに伴い市場シェアと利益も拡大した。

クエストコーで決定的だったのは、士気を高揚させる（と考えられた）ポジティブな謳い文句から課題の解決へと戦略の軸を転換したことにある。経営陣は財務面、業績面での具体的な目標値を設定し、その実現に向けてさまざまな行動がとられた。もともと会社が多くの問題を抱えていることは百も承知していたのだが、問題を直視する勇気と習慣が欠けていた。顧客満足度の改善という困難だが乗り越えられそうな課題にフォーカスしたことで、クエストコーの業績は改善し、評判は高まり、共通の課題に社員が取り組むことを通じて能力も向上した。すべての問題が解決されたわけではないが、困難を恐れず取り組む習慣がいったん定着したのだから、今後の新たな課題にもよい結果が出せるだろう。

戦略を野心的な目標や投資家向けの売り込みと取り違えているようでは、戦略策定の第一歩となる状況診断を的確に行うことはむずかしい。診断に必要なのは、厳しい現実、辛い真実を直視することだ。そして診断に基づいて解決策を決め、具体的で一貫性のある行動に落とし込む――戦略を立てるとは、こういうことである。

スティーブ・ジョブズのｉＰｈｏｎｅ

診断すべき課題は必ずしも自社が直面している課題とは限らない。場合によっては、消費者やサプライヤーが直面している問題が対象になることもある。たとえば、消費者が確実に欲しがっているものが製品化されていない場合がそうだ。これを私は「未実現の価値」と呼んでいる。エアラインの定時運航、工期通りに完成する高すぎない住宅リフォーム、詐欺やセールスの着信拒否ができる電話などは、まさに未実現の価値と言えよう。

ジョブズのｉＰｈｏｎｅは、ブラウザと電話が一体化したポケットサイズのモバイル端末をみんな欲しがるはずだという信念から生まれた。だが二〇〇五年の時点では、そのようなものはどこにも売っていない。それでも必要な実現技術はもうあるとジョブズははっきり認識しており、思い通りの製品を作ることは十分可能だと判断していた。

一九九七年にジョブズがアップルに戻ってきて倒産から救ったいきさつは、『良い戦略、悪い戦略』にも書いたとおりである。アップルの危機の始まりは一九九五年だった。この年にマイクロソフトがウィンドウズ95を発表し、アップルのマッキントッシュよりはるかに安価なＰＣでアップルの機能の大半をこなすようになる。いよいよ倒産かというときにジョブズが復帰し、一年足らずでみごとに再建を果たしたのだった。一九九八年の夏に私はジョブズに質問した。「ＰＣ業界について私が知っていることから判断する限り、アップルは小さなニッチから抜け出すことはできないように見える。ネットワーク効果はきわめて強力で、ウィンテル連合を覆すことはできそうもない。となれば、長期的にはどうするつもりなのか。どんな戦略を立てているのか」。ジョブズはにやりと笑って、こう言った。「何か次のでかいことを待っているんだ」

アップルを去ってからのジョブズは、ハリウッドでの人脈を活用してピクサーで成功を収めている。その後アップルに復帰してからの二〇〇一年にｉＴｕｎｅｓとｉＰｏｄを大ヒットさせた。そこでお次はｉＰｏｄに電話を融合させようということになる。同時にジョブズには「本」のように手軽に持ち歩けるコンピュータを作りたいという長年の夢があった。どちらかと言うとジョブズは携帯電話よりノートパッドのようなコンピュータのほうに興味があったらしい。設計という観点からみると、既存の携帯電話はおもしろくないとジョブズは感じていた。と言うのも、電話を販売するのは通信事業者であり、性能のかなりの部分が彼らに決められてしまうからである。

当時の携帯電話は、物理的なキーボードから入力するか、スタイラスペンで入力していた。指のタッチに反応するスクリーンをノートパッドのようなデバイスに組み込めないものだろうか？それから、スクリーンを大きくして、ウェブページの一部ではなく全部を表示できないだろうか？　ジョブズはエンジニアのバス・オーディングにこう質問する。長いリストをスムーズにスクロールできるようなＵＩ（ユーザーインターフェース）を開発できないか？　オーディングはバウンススクロール（リストをスクロールして最後まで達すると跳ね返る動作をするＵＩ）を開発して特許を取る。それが、いま私たちがあたりまえのように使っているあれだ。指をスクリーンに置き、すばやくスワイプすれば何ページ分も一気にスクロールでき、ゆっくりスワイプすればほんの二、三行スクロールできる。最後まで来るとバウンスする。これを二〇〇五年に初めて目にしたときのことをジョブズは次のように語っている。「いとも楽々スクロールできるあれを見たとき……思ったよ。やったぞ、これで電話をつくれる、ってね」[*2]。こうしてアップルはノートパッドからスマートフォンの開発に軸足を移すことになる。

当時はワールド・ワイド・ウェブ（ＷＷＷ）が登場してから一〇年が過ぎており、デスクトップやノートパソコンの圧倒的多数はウィンドウズを搭載し、人々はそれを使ってネットサーフィン、メールの送受信、検索、ニュースのチェックなどをしていた。ユーチューブはスタートしたばかり、フェイスブックはまだ公開されていないという状況である。携帯電話でのインターネットアクセスはまだ限定的だった。二〇〇五年の最上位機種の携帯電話が使っていたのは、

ＷＡＰブラウザである。このブラウザは、パソコンに比べて処理性能が低い携帯電話でも快適にコンテンツを閲覧できるよう、データを圧縮したり表示を簡素化したりする。このため、デスクトップＰＣで表示される要素のごく一部しか見ることができない。ジョブズの診断によれば、携帯電話でウェブ上の全コンテンツを表示することはもうすぐ技術的に可能になるはずだった。そうなれば文字通り手の中でインターネットサーフィンができるようになる。ジョブズはマーケットリサーチをしたわけではない。ただ、これこそが人々が欲しがっていてお金を出してもいいと考える製品だと知っていた。**彼の課題の最重要ポイントは、技術が進化して容易にできるようになる前に、他社に先駆けてそのまったく新しい製品を作り上げることである。**

ジョブズは二〇〇七年にｉＰｈｏｎｅをお披露目したとき、これはｉＰｏｄよりよくできていると言った。自社で最も売れている製品の上をいくものである、と戦略的に創造的破壊を印象付けたのである。そして楽曲のリストやアルバムのカバーの一覧を指一本でスクロールしてみせた。次にスマートフォンの画面上でテレビや映画（『パイレーツ・オブ・カリビアン』だった）を鑑賞する方法を説明。スマートフォンを横向きにすれば映画を十分楽しめる横長のスクリーンになることを示した。続いてメールや電話の使い方のデモンストレーションをし、いよいよインターネットに移る。そこでジョブズは画面いっぱいにニューヨーク・タイムズ紙のウェブページを表示し、二本の指先を使ってズームアウト、ズームインしたり、ダブルタップで記事を拡大したりした。それからグーグルマップを表示して近くのスターバックスの店を探したかと思えば、ワシントン記念塔への行き方を示し、最後は衛星画像に切り替えた（一つひとつのデモンストレーションのたびに会場がどよめいたものだ）。

この新しいｉＰｈｏｎｅをロケットになぞらえるとすれば、第一段エンジンは「ウェブがそっくりポケットに入ってしまう」ことだった。ノートパソコンでもタブレット端末でもなく、ジーンズの尻ポケットにおさまる小さなデバイスに入ってしまう――これは衝撃だった。第二段エンジンは、とくに習熟を必要とせず感覚的に操作できてサクサク動くアプリである。初代ｉＰｈｏｎｅには、留守番電話のビジュアルボイスメール、ブラウザのサファリ、音楽と録音のｉＰｏｄ、グーグルマップなどごく少数のアプリしか入っていなかった。ジョブズは当初アップストアを望んでおらず、アプリはアップル純正に限定したい考えだったが、それは重大な誤りだとチームに説得されて翻意したという経緯がある。[*3]

二〇〇八年に五〇〇本のアプリを用意してアップストアが公開された。一年後にはアプリの数は五万本に増え、二〇一五年には二〇〇万本に達する。安価でしかも使い勝手のよい大量のアプリは、ＰＣ並みの機能を搭載したｉＰｈｏｎｅをＰＣとはまったくちがうものにした。

同じ二〇〇八年にはグーグルが無料《フリー》のモバイルＯＳとしてアンドロイドを発表する。その結果、世界のスマートフォン・メーカーはこぞってアンドロイドを搭載したスマートフォンを製造するようになった。アンドロイドもｉＰｈｏｎｅの機能の多くが備わっている。もちろん、アップストアに相当するグーグル・プレイも。

そして：iPhoneだけでなくスマートフォン全体にとって第三段エンジンとなったのは、モバイルでソーシャルメディアを楽しめることだ。二〇〇八年の時点ではフェイスブックのユーザー数は一億人だったのが、二〇一二年には一〇億人に膨れ上がる。インスタグラム、スナップチャット、ウィーチャット（微信）、ワッツアップ（WhatsApp）、ツイッター（現在のX）は一段とハイペースで成長したが、その大部分はスマートフォンのおかげだった。このまったく新しいデバイスは何十億もの人々を夢中にさせる。東京の街頭では歩きながらスマホを操作する人が非常に多く、「歩きスマホ」という言葉が生まれたほどだ。歩きスマホをする人は「スマホゾンビ」と揶揄される。私のMBAのクラスでも、学生たちは机の下でこっそりスマホをいじくっている。授業の間スマホを断つことができないのだ。スキーリゾートで名高いコロラド州アスペンのホテル・ジェロームへ行ったときには、こんな光景を目にした。メインラウンジで一〇人ほどのティーンエイジャーのグループが身を寄せ合っている。まるでキャンプファイアにあたっているように。だがキャンプファイアは実際には一台のiPhoneだった。誰かが自分のソーシャルメディアの投稿を自慢するのをみんなでのぞき込んでいたのである。

もちろんスティーブ・ジョブズはこうしたことをみな予見していたわけではない。だが彼は単純に、iPod＋電話＋ウェブにアップルの特徴である直感的に操作できるインターフェースを加えたポケットサイズのデバイスを作りたかった。みんながそれを欲しがっているとわかっていたからだ。まだ満たされていないその需要を満足させるという難題にジョブズが全力で取り組んだ結果は、読者もよくご存知のとおりである。

まちがった因果モデル

診断ツールで最もよく使われるものの一つが「アナロジー」である。類似の状況を探して現在の課題との共通性を見つける手法だ。アナロジーをうまく使うコツは、よく似ていると思われる状況を二つ以上探し、それらの状況の経過や因果関係を理解したうえで、現在の課題との関連性を考えることである。

アップルのｉＰｈｏｎｅの成功例でもアナロジーは重要な役割を果たした。というのもアップルの競争相手は、見当外れのアナロジーのせいでまちがった方向に進んでしまったからである。アップルが二〇〇七年にｉＰｈｏｎｅを発表すると、評論家の多くは失敗に終わると予想したものだ。アップルのマッキントッシュと同じで、あんなものはニッチ製品にすぎないという。それに熾烈な価格競争になったら利益は出ないだろう、云々。この強固な思い込みの根拠となったのは、スマートフォンという新しいビジネスとＰＣという古いビジネスに類似性があるとの「アナロジー」だった。

当時マイクロソフトのＣＥＯだったスティーブ・バルマーはこう言い放った。

iPhoneがある程度以上の市場シェアを獲得するチャンスはない。ノーチャンスだ。値引きがついたとしても、そもそも五〇〇ドルもするんだぞ。まあ、利益は出るかもしれない。だがこれまでに販売された一三億台の電話のことを考えたら、六〇％か七〇％か八〇％のシェアを持つ製品にウチのソフトウェアを売りたいものだ。二％か三％しかシェアのない製品よりはね。アップルが獲得できるのはせいぜいその程度だろう。[*4]

IT専門の人気コラムニスト、ジョン・ドヴォラックも懐疑的だった。

携帯電話ビジネスは新しい市場ではない。実際には……卓越した二社、すなわちノキアとモトローラがすべてを支配するプロセスが進行中だ……利幅はきわめて小さいため、雑魚では太刀打ちできない……アップルがこの競争の激しいビジネスで成功する可能性はまずない。同社があきらかな先駆者だったパソコン事業でさえ、マイクロソフトと競合し、現在ではシェアは五％しかない。同社がコンピュータで生き残っているのは利幅が大きいからだ。だが携帯電話ビジネスでは、そのような利幅では一五分ももたないだろう。[*5]

当時はフィンランドのノキアが携帯電話機市場のシェア四〇％を握っていた。ノキアのチーフ・ストラテジストのアンシー・バンジョキも、iPhoneがさしたる脅威ではないとみていたようだ。二〇〇九年になって（その時点でもノキアは相変わらず世界最大の携帯電話メーカーだった）バンジョキはこう述べている。「携帯電話の開発はＰＣとよく似ている。マックを発表したアップルは、当初は世間の関心を大いに集めることに成功した。だが彼らはいまだにニッチ・メーカーにとどまっている。携帯電話でも同じことになるだろう」[*6]

テクノロジーのプロであるマイクロソフトのＣＥＯ、世界最大の携帯電話メーカーのチーフ・ストラテジスト、そして多くの業界ウォッチャーがこうも甚《はなは》だしい誤りを犯したのはなぜだろうか。スマートフォンとＰＣのビジネスはよく似ているというまちがったアナロジーに依拠したからである。

バルマーの発言は理解できなくもない。彼は自社のモバイルＯＳであるウィンドウズ・モバイルをできるだけ多くのスマートフォンに搭載させるという野望を抱いていたからだ。ウィンドウズ・モバイルにはそれだけの価値があるとバルマーは自信を持っていた。通話、メールはもちろん、連絡先の管理もできるし、仕事で使う人のためにエクセルやパワーポイントの閲覧、ワード文書の編集もできるようになるはずだ。だからモトローラ、ＨＴＣ、ノキアを始め、世界の主要メーカーの多くがこぞってウィンドウズ・モバイルを採用するだろう。数十億台の携帯電話が販売されている現状でウィンドウズ・モバイルのライセンス料が一本あたり一五～三〇ドルとなれば、成功は約束されたも同然だとバルマーは考えた。

また当時のテック業界ではオープンシステムはクローズドシステムに勝つと考えられており、

バルマーも同じ意見だった。これは、PCビジネスの歴史から導き出された経験則である。PCビジネスの初期を牽引したのはIBMである。IBMのデスクトップPCはアップルのマッキントッシュほど洗練されていなかったが、とにかく安かったし、文書処理には長《た》けていた。このため多くのオフィスでタイプライターが投げ捨てられ、PCによる文書処理が導入されて、販売台数は飛躍的に伸びたものである。

だがIBMは予想したほどの利益をあげられなかった。傲慢な彼らは根本的な過ちを二つも犯したからだ。第一に、DOS（ディスクオペレーティングシステム）をビル・ゲイツから買った際に独占契約にせず、ゲイツが自社ブランド品（MS－DOS）を他社に販売する権利を認めた。IBMからすると、ハードウェアを作れるメーカーは他に存在しないのだから、そのような権利には価値がないと思われたのである。第二に、PCの製作にあたってIBMは知的財産権で保護されるBIOS（基本入出力システム）を設計したが、これがじつに緩いコードで書かれていたため、権利侵害に当たらずにエミュレート（模倣）することが容易だった。この二つの過ちにより、MS－DOSで動作するIBM－PCのクローンがどっと出回ることになる。競争激化で利益率は押し下げられた。一九八六年にIBM会長のジョン・エイカーズは「事業自体の収益性は高い」と強調しながらも、PC部門の業績について不満をあらわにした。[*7] そして二〇〇四年には赤字続きのPC事業を中国のレノボに売却するにいたる。ここで注意してほしいのは、アップルのマッキントッシュにはアップルが許可したクローンしかほとんど出現しなかったことだ。

マッキントッシュ用のエクセルを開発したマイクロソフトは、マウスとマックＯＳのウィンドウについて得た新しい知識を活かして、ウィンドウズを開発する。次に、文書編集、スプレッドシート、プレゼンテーション、データベース用のソフトウェアをバンドルし、「オフィス（Office）」として売り出すというすばらしいアイデアを思いつく。これで、単独のプログラム、たとえばワードパーフェクト（WordPerfect）、ロータス１‐２‐３（Lotus1-2-3）、ディーベース（dBase）を駆逐した。この時点から、ＰＣクローンから上がる利益の大半がマイクロソフトとインテルに流れ込むことになる。インテルはハードウェアを駆動するチップx86を製造していた。この業界構造が「ウィンテル連合」として知られるようになる。

ウィンテル連合は世の中全体にとっては好ましかったが、ＰＣメーカーにとってはまったくうれしくなかった。彼らの作るハコにはインテルのx86を搭載しなければならない。さもないとウィンドウズを動かすことができない。さらに、ウィンドウズが認識できるディスク、キーボード、マウス、ディスプレイなどを装備する必要もあった。結局ＰＣというＰＣはどれも同じサプライヤーから調達した同じ基本内部装置を組み込むことになる。ブランド戦略により流通面でいくらかちがいを出せるにしても、利益率がひどく低いことに変わりはない。半導体とソフトウェアを司るウィンテル連合の檻の中では、そもそも差別化などほとんどできはしなかった。

アップルがiＰhoneを発表したとき、バルマーやバンジョキ、あるいはドヴォラックのような人たちは、携帯電話業界はＰＣ業界と同じような経過をたどると考えた。だがこのアナロジーは成り立たなかった。ＰＣにクローンが多数出現することになったのは、ＩＢＭがＯＳの契約と知的財産権保護に関して重大な判断ミスを犯したためである。またＰＣ市場が爆発的に拡大したのは、企業のビジネス文書作成・編集需要が大きかったからだ。対照的に携帯電話市場でのビジネス需要は、すでにブラックベリー（BlackBerry）端末で満たされていた。インターネット接続のできるスマートフォンを欲しがったのは、主に個人消費者だったのである。そして言うまでもなくアップルは、ＯＳの設計でも知的財産権保護でもＩＢＭのような大失策は犯さなかった。

ノキアやモトローラのような大企業がほとんど忘れ去られた存在になってしまったのは、アナロジーがまちがっていたからである。マイクロソフトがモバイル市場で空振りに終わったのも同じ理由からだ。一方のアップルは、ニッチ製品の製造に汲々とするどころか、世界初の一兆ドル企業になったのだった。

エアランド・バトル

リフレーミングの重要性を教えてくれるのは、アメリカ軍のドクトリン（戦術教義）であるエアランド・バトル（ＡＬＢ）である。当初の診断では、ほとんど解決不能、すくなくとも妥当な期間内には解決不能だとされた問題を、ちがう角度から見ることで創造的な解決が導き出された例である。

一九七三年一〇月、エジプト軍とシリア軍による奇襲攻撃から第四次中東戦争(ヨム・キプル戦争)は始まった。両軍は戦車三〇〇〇輌と兵員三五万人を動員してイスラエルに攻撃を仕掛ける。アラブ側の兵器はソ連から供給されたもので、指揮をとる将校たちもソ連で訓練を受けていた。作戦開始から一九日間、アラブ側とイスラエルは第二次世界大戦以来の高強度紛争を展開する。ここであきらかになったのは、新型の携帯式ミサイルとロケットの驚異的な威力だった。ソ連の兵器と戦術を採用したアラブ側はしぶといイスラエル軍に深刻な打撃を与えた。ミサイルとロケット弾は重戦車や低空飛行する戦闘機の破壊に目を見張る効果を挙げた。双方が被った戦車と航空機の損害はきわめて大きく、アメリカのアナリストによれば、両軍合計でアメリカの在庫を上回る戦車を失ったという。戦争自体はイスラエル軍が反撃に転じてアラブ側を全面的に押し返したところで停戦となった。

これより六カ月前に、アメリカはベトナムでの戦闘を全面的に停止していた。アメリカ議会はケース＝チャーチ修正法案を可決し、大統領は事前に議会の承認を得ない限り再介入を禁じられる(二年後に北ベトナムはサイゴンを陥落させ、再統一に成功した)。アメリカ軍は一〇年以上にわたってジャングルや水田での小規模戦を強いられてきたうえに、その戦いに敗北して軍の士気は大いに下がる。組織の規律も乱れた。そこへ寝耳に水の戦争が中東で勃発したのである。アメリカの軍事専門家たちは、アメリカ軍がこの種の近代的な紛争に対する準備がまったくできていないことに気づいた。アメリカはNATOの条約義務を負っており、ソ連率いるワルシャワ条約機構軍の大規模で本格的な攻撃からヨーロッパを守らなければならない。[*8] もっとも、警告はすでに一九六〇年代後半に発されていた。諜報活動により、ソ連の西ヨーロッパ戦争計画があきらかになったのである。

ヨーロッパ防衛の当初の計画は、ワルシャワ条約機構軍が保有する兵器の圧倒的優位を織り込んだものだった。なにしろ相手は主力戦車一万九〇〇〇輛（NATO軍は六一〇〇輛）、大砲三万九〇〇〇門（同一万四〇〇〇門）、要撃戦闘機二四六〇機（同一七〇〇機）、三倍の地上軍兵力という具合に圧倒的数的優位に立っている。[*9] 当初の計画ではライン川まで後退して防戦することになっていたが、西ドイツは当然ながら国土の大きな犠牲に強い難色を示した。

ソ連の戦争計画を翻訳した結果、計画が二つの梯隊を使う二段階構想であることが判明する。第一梯隊がNATO軍の防衛線を突破したら、そこに第二梯隊を集中的に投入してフランスまで侵攻し、最終的には英仏海峡に到達するというのである。第一梯隊は防衛戦の弱点を見きわめてそこを叩く役割だった。**図11**に示すように、第二梯隊は第一梯隊の切り開いた突破口に殺到する。CIA幹部の言葉を借りるなら、こうだ。「第一梯隊は前線で展開されることになるため、その兵力の大半はライン川近くで消耗される見込みだ。しかし後続の第二梯隊は西ドイツとベネルクス諸国を侵攻して作戦を遂行し、フランス国境まで到達するだろう[*10]」

ＣＩＡはこの戦争計画に驚愕し青ざめた。ソ連はアメリカと同じく攻撃の抑止を重視しているのであって、自ら攻撃を仕掛けるつもりはないと長年にわたって思い込んでいたからである。

すこしばかり机上演習をやってみると、第四次中東戦争で使用された新型兵器を駆使した二梯隊作戦で侵攻してくるワルシャワ条約機構軍に、ＮＡＴＯの最終防衛線はやすやすと突破された。ＮＡＴＯのヨーロッパ防衛戦略は失敗に終わるという、うれしくない結論を出さざるを得なかったのである。

第四次中東戦争がなかったら、また戦争計画をスパイが入手でき

図11　ワルシャワ条約機構軍の戦争計画に関するCIAのメモ（1968年6月）

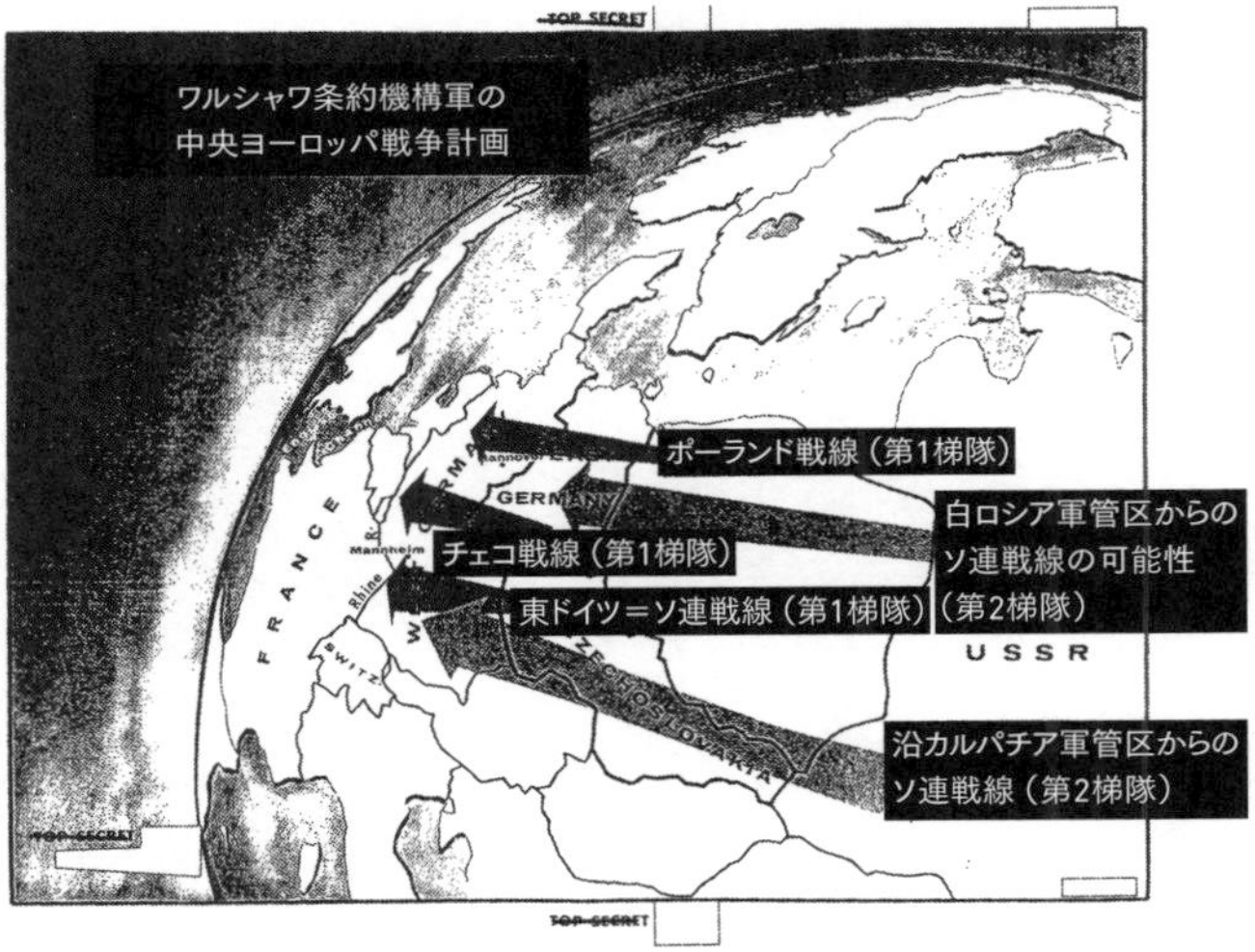

出典：“Intelligence Memorandum: Warsaw Pact Plan for Central Region of Europe,” CIA, June 1968, 8, top secret (2012年に機密指定解除）

なかったら、アメリカはこのことに気づかなかった可能性が高い。アメリカは、われわれはヨーロッパに軍を駐留させているし、高度な装備もある、それに核による抑止力だって持っているのだ、と自信を持っていたからだ。だがことここに至って、ワルシャワ条約機構軍が核兵器を使わずにＮＡＴＯ軍をヨーロッパ大陸から駆逐する可能性が出てきたのである。

国家戦略を立てるのは困難な仕事である。多数の政府機関が躍起になって予算の分捕り合戦に乗り出すからだ。それが軍事に関わるとなればなおさらである。ある大佐が二〇〇〇年にこんな話をしてくれた。

新世紀の計画を立てるのは困難をきわめる。われわれは兵器システムの進化についてはそれなりに確度の高い情報を持っているが、政治のことはわからないし、それどころか戦術がどう変わるのかも知らない。大統領がいつどこへ行って何をしろと言うのか、まったくわからないのだ。グリーンランドを侵攻することになるかもしれないし、日本防衛に送り込まれるかもしれない。いや、南極大陸のペンギンを救えと命じられるかもしれない。自分が何をしなければならないかはっきりわかっていないときに、どうやって計画を立てろというんだ。

たしかにその通り。現にこの大佐は、翌年アメリカがアフガニスタンに侵攻するとはまったく予期していなかった。

こうしたわけだから、戦力や競争力で格差が開いたとしても、全員がそれに気づくわけではないし、仮に気づいてもそれが致命的な重要性を持つと認識するわけではない。また多くの人は、決定的な差がある場合には解決不能だと考えがちだ。すくなくとも巨額の予算を投じない限り解決不能だと諦めてしまう。当時の政権はウォーターゲート事件に気をとられていたこともあり、首脳部はヨーロッパの問題に見て見ぬふりを決め込んだ。

その結果、一部の組織では最高責任者ではない人間が独自にこの難題に取り組むことになる。彼らは異なる視点から問題を検討し、異なるフレームを問題にあてはめた。その一人が、一九七三年に新設されたアメリカ陸軍訓練教義コマンド（TRADOC）司令官を務めることになるウィリアム・デピュイ大将である。デピュイは、彼我の差は戦術の修正と訓練の向上で埋めることができると考えた。ヨーロッパにおいては、アメリカはつねにワルシャワ条約機構軍に対して数的不利に置かれることになる。だが、やはり数的不利だったイスラエルは第四次中東戦争で逆転勝利を収めた。この戦争を詳細に分析したデピュイは、問題の最重要ポイントは戦術（軍隊用語で言うところのドクトリン）にあると見きわめる。デピュイは、既存の戦力を最大限効果的に活用してどう戦うかという視点からヨーロッパ防衛戦略を立てた。

デピュイは、第九〇歩兵師団作戦将校として第二次世界大戦を戦い、ノルマンディー上陸作戦に参加し、ジークフリート線を越えている。ドイツの歩兵隊の戦術から多くを学んだと彼は語る。

われわれには一本のラインしかなかった。一方ドイツはある程度のゾーンで防衛しており、柔軟な行動が可能だった。こういう敵を倒すのは容易ではない。彼らは直線的な行動をとらないからだ。ドイツ軍は制圧した地区を統合して一つの拠点とし、そこからさまざまな方向に砲撃を行う。彼らは地形を利用し、遮蔽物を活用し、想像力を働かせる。ノルマンディーでは、われわれの兵隊は一つの生垣めざして直線的に突進し、また別の生垣に向かうという具合だった。そう、一本のラインだ。今日［一九七九年］のアメリカ陸軍の部隊を観察したら、まさに同じような傾向が見られることに気づくだろう。[*11]

のちにベトナムでデピュイは第一歩兵師団の指揮をとっている。そこでも彼は分隊・小隊・中隊の直接的な戦闘と隠蔽戦術の改善に取り組んでいる。

そしてTRADOC司令官となったデピュイは、「アクティブ・ディフェンス（AD）」と呼ばれる構想を編み出す。戦術移動、戦車・機甲化歩兵部隊の機動力、近接航空支援（CAS）を活用して一定地域を防衛するための構想だ。アメリカはこれまで緒戦で不意打ちを喰うケースが多く、ヨーロッパで高強度紛争が突然始まったときの対処法がわかっていない、とデピュイは強調した。この新しい構想を実現するうえで最も重要な役割を果たしたのは、ナショナル・トレーニング・センター（NTC）の設立である。カリフォルニア州フォート・アーウィンに司令部を置き広大な砂漠を訓練場とするこの施設は、アメリカ陸軍のみならず西側最大級の訓練センターで、対抗部隊が常駐し、歩兵隊とあらゆる種類の装甲車輌が対抗形式で実動訓練を行うことができる。

構想を訓練マニュアルに落とし込むために、改革に熱心な将軍や将校が集められ、戦術から戦略まで活発な議論が繰り広げられた。積極性が足りないという意見も少なくなかった。たとえばアレクサンダー・ヘイグ将軍は、「いかなる防御も、最終的な目的は攻勢に出て主導権を奪い返すことだ。だから自分としては……もっとその点を強調してもらいたい」と述べている。[*12]

デピュイの右腕だったドン・スターリー中将の下で新しい戦略ドクトリンがまとめられた。当初は「縦深戦闘」と名付けられていたが、一九八二年版野戦教範（FM100-5）で「エアランド・バトル（ALB）」と命名され、その後何度も改訂を重ねることになる。一九八六年版では機甲戦力中心のデピュイの構想を超えた新しいドクトリンに発展し、空軍と地上軍の緊密な協同が前面に打ち出されている。

エアランド・バトルでは、通信、探知、指揮統制、作戦の柔軟性（とくに空軍の将官に戦闘機パイロット出身者が多いことがこの点で有利に働く）におけるNATO軍の優位性を徹底的に活用する。ポイントは、敵の第一波に対して強力に反撃し、同時に後方に展開する敵部隊を攻撃する縦深攻撃だ。航空支援と長距離砲は敵を「阻止」するために使うとする従来の考え方に代わって、敵を混乱・攪乱させるために使い、敵の進軍をこちらの狙い通りの方向、さらには罠に誘導するという考え方が導入された。単に防衛するのではなく、勝利することが目的になったのである。机上演習の結果、この新しいドクトリンは効果的であるとの判定が下された（ただしNATO軍の損耗率は三〇％近い）。さいわいなことに、このシナリオは今日に至るまで実戦で試されたことはない。

エアランド・バトルの例は、明晰な診断が新しいよりよい解決策を導き出す重要なツールであること、その際にはリーダー同士の忌憚のない意見交換が必要であることを教えてくれる。それ以上に重要なのは、発想と習慣的な見方を変えることの大切さを教えてくれた点である。どれほど大胆で新しい戦略を導入しても、組織に属す人間にそれを実行するだけの能力と意識が備わっていなければ、絵に描いた餅に終わりかねない。ドクトリン、すなわち「どう戦うか」に関するデピュイの革命は、企業経営にも通じる。たとえばIBMのルイス・ガースナーは、マシン中心から顧客中心へとマインドセットを転換させた。またGEのジャック・ウェルチは、スピード、シンプリシティ（単純明快さ）、セルフコンフィデンス（自信）という三つのS戦略を打ち出したが、それはクロトンビル・リーダーシップ研修所での社員の教育研修に裏付けられている。

ただしエアランド・バトルの例は、複雑な組織において大々的な変化を起こすには非常に時間がかかるという不愉快な事実も教えてくれたことを付け加えておこう。

第9章

比較とフレームワーク

何かを計測するときには必ず比較が行われる。たとえば月と地球との距離を測る際には、メートルやフィートといった計量単位（計量する基準）と比較して計測している。企業の利益を計測するときは、前年度の利益と比較したり、売上高と比較したりする。企業のほとんどの活動は財務報告に反映されるため、財務報告が診断の出発点になるケースが多い。売り上げは去年より増えたか減ったか。利益率は安定しているか、上がったか、下がったか。これらは答えが比較的容易に出る質問だが、その次にはむずかしい質問を考えねばならない。なぜ利益率は下がったのか。なぜ支出が増えたのか。なぜ市場シェアを失ったのか、等々。

　中でも興味深いのは、財務状態や収益性を同業他社や業界平均や他国と比較するときだ。外部との比較は条件を揃えるなどの調整が必要で、いくらかむずかしいが、ときに予想外の知見やヒントを得ることができる。

地下鉄建設費

　ニューヨーク・タイムズ紙の記者ブライアン・ローゼンタールは、二〇一七年に「世界で最も単価の高い地下鉄」という見出しで衝撃的な記事を書いた。記事で取り上げたのは、「イースト・サイド・アクセス」と名付けられた新線用トンネル工事事業である。目的はクイーンズからマンハッタンへ行くロングアイランド鉄道の終点として、グランドセントラル駅を追加するというものだ。ロングアイランド鉄道の終点はペンシルベニア駅だったので、マンハッタンの東側を利用する通勤客は、ペンシルベニア駅からグランドセントラル駅まで地下鉄等で移動しており、混雑を招いていた。またこの新線建設によってペンシルベニア駅へ行くロングアイランド鉄道の本数が減り、ペンシルベニア駅の発着枠が空く。そこに、今度はグランドセントラル駅を終点とするメトロ・ノース鉄道をペンシルベニア駅まで延伸するという事業だ。ローゼンタールが問題にしたのは、総工費がなぜ一二〇億ドルにまで膨らんだのかということである。

なにしろ一マイルあたり三五億ドルに達し、鉄道用トンネル工事としては世界平均の七倍という常軌を逸した額だった。ローゼンタールは次のように書いている。

> 本紙は、労組・建設会社・コンサルティング会社の小集団が政治的に結託して甘い汁を吸っている実態を市当局が長年にわたって黙認してきたという証拠を掴んだ。
>
> 労組はニューヨーク州知事のアンドリュー・M・クオモをはじめとする政治家と密接な結びつきがあり、地下鉄工事に世界標準の四倍の労働者を使うことで話をつけた。公共輸送機関であるニューヨーク州都市交通局（MTA）は建設費に税金を充当するにもかかわらず、工事の労働条件を決定する会議に政府は参加していない……建設会社は三年に一度の割で各労組と条件の見直しをしており、その結果として結ばれた協定がすべての企業に適用される。入札参加企業が賃金水準や労働条件を厳しくして安値で応札することを禁じているのだ。
>
> だがパリの公共事業を見ると、ニューヨークの非効率が一段と際立つ……ようやく開通したセカンドアベニュー線は一マイルあたり二五億ドルなのに対し、パリの一四号線は一マイルあたり四・五億ドルなのである。[*1]

国家レベルでも州や都市レベルでも業者との癒着で支出が膨れ上がるというのは珍しい話ではない。だがそれにしても、地下鉄の単位建設コストが他の先進国の七倍とは！　国際比較は痛烈であり雄弁でもある。ニューヨーク市の公共事業の基準がもうすこしまともだったら、支出をもっと切り詰められたはずだ。すくなくとも、特定の労組の政治的忠誠を買うために大金を出すなどということはできなかっただろう。

都市圏旅客鉄道の専門家であるアーロン・リービがさらに調査したところ、アメリカの鉄道建設費は全般に他の先進国と比べて高いことが判明した。二〇一一年の調査結果を**図12**にまとめた。

ニューヨークだけでなく、パリにも労組はある。両者のちがいは、プロジェクトの規模に応じた労働者数の基準や、誰がその基準を決めるのかとい

図12　都市圏旅客鉄道の建設コスト比較

プロジェクト名	1kmあたり建設費（単位：100万ドル）	総延長（単位：km）
ニューヨーク市イースト・サイド・アクセス	4,000	2
ニューヨーク市セカンドアベニュー線	1,700	3
ロンドン市クロスレール	1,000	22
ロンドン市ジュビリー線延長	450	16
アムステルダム市ノースサウス線	410	9.5
ベルリン市14号線	250	1.8
パリメトロ14号線	230	9
ナポリメトロ6号線	130	5

出典：アーロン・リービのブログ「Pedestrian Observations」。“U.S. Rail Construction Costs,” pedestrianobservations.com, May 16, 2011.

う点にあった。またパリには、大きな権限を持つ設計評価委員会が設置されている。アメリカの場合、ほとんどの契約は最低値を入れた企業が落札するものの、その後に仕様変更を交渉したりする。こうした慣行やコストのちがいの原因を理解するためには、さまざまな角度からデータを探して分析することが必要だ。正直なところ、ニューヨークの建設コストが他国の七倍になった原因は正確には把握できていない。それでも、単に国内での比較や費用対予算の比率を見ただけではわからなかった事実が国際比較によって浮かび上がったことはまちがいない。高すぎる建設コストの問題を解決するためには、まず問題の全貌を理解することが必要だ。そして言うまでもなく、対策を講じるだけの権限を持っていなければならない。

これに類する問題はほかにもたくさんある。たとえば、アメリカの医療費はフランスの二倍に達するのに、平均的な治療効果はフランスより劣るのはなぜか。アメリカの中学における学力試験の成績が他の先進国を下回るのはなぜか。こうした問題に対して事情に疎い政治家の標準的な対応は「予算を増やす」というものだ。だがもし今度政治家がインフラ整備予算をもっと増やせなどと言い出したら、図12を思い出してほしい。非効率なシステムやプロジェクトに巨額の予算を投じるのは無駄に無駄を重ねるようなものだ。システムが膨張し肥大化する前に、手を打たなければならない。

データの再分析

既存のデータを新たな視点から見ることで、予想外の問題点や意外なチャンスを発見できることがある。たとえば、ほとんどの企業は製品をタイプ別に分類して原価計算を行っているし、労働者・原材料・工場経費もタイプ別に割り当てることが多い。だが分類の仕方を変えてみるだけで、新たなヒントが得られることが少なくない。

ケース１：窓サッシ・メーカー

ブラジルの窓サッシ・メーカー、デルピロ（仮名）のケースがまさにそうだった。デルピロは観音開きの窓サッシとシャッターを手掛けている。アメリカでよく見かけるものとは異なり、デルピロの観音開きの窓は内側に開く。だから、外側のシャッターを閉めたままで空気を取り込むことができる。同社は小さいサイズの窓とシャッターは既製品を作って在庫しているが、大きいサイズは受注生産である。デルピロの抱える問題は、利益率が下がっていることだった。さらに問題なのは、製品ラインによって利益率がどうちがうのか、経営陣が明確に把握していないことだった。

デルピロの会計システムでは、サッシとシャッターを分けて作業時間とコストを記録している。私たちは製造作業の分析をやり直すことにし、まず製品をサイズ別に六グループに分けた。

データの詳細分析を行い、サッシとシャッターの作業状況を視察したうえで、サイズ別の作業時間とコストのデータを一カ月にわたって収集した。コストはなかなか扱いにくいもので、おいそれと一括りにすることはできない。一つ余計に作るときのコスト（経済学用語で言う限界費用）、一バッチ（一つの生産サイクルで通常作られる量）を作るときのコスト、バッチ生産のための段取りや手配に要するコスト、注文を処理し注文品を作るコスト……といった具合だ。デルピロの会計システムでは、すべての費用を作業時間一単位に配分する形で一ユニットあたりの原価を算出していた。これでは大雑把すぎるため、私たちは一バッチあたりのコストを把握しようと考えた。バッチ生産のための段取りに要する現場の作業時間と組み立て・仕上げに要する時間を分析し、注文品の製造に要するコストと比較した。

するとと意外な結果になった。最大サイズの窓は、バッチ生産の段取りにコストがかかるものの、経営陣が想像していたより利益率はずっと高かったのである。そこでデルピロではサイズの大きい窓の大口注文には割引を提供することにして営業に力を入れ始める。このほか、中型のシャッターは利益率が非常に高いことも判明した。そこで、競合他社の窓にもフィットする取付部品を新たに設計し、中型シャッターのマーケティングも展開した。こうした新たな取り組みは上々の成績を収めている。いくらか専門的に言えば、デルピロで私たちがやったのはコストドライバー分析（コストの発生要因の分析）だったわけだが、いちばんのポイントは、サイズ別に六グループに分けてから分析を行ったことだと言えるだろう。

企業の市場戦略は、市場における製品ポジショニングや新規市場開拓などの形をとることが多い。だが、戦略策定の基礎となる会計システムや組織の業務慣行などに弱点があったら、どんな戦略も虚しい。エアランド・バトルのケースでは、戦場での戦術の再検討が空軍も巻き込むアメリカ陸軍の大きなドクトリンに発展した。そしてデルピロのケースでは製品ラインごとのコスト把握が出発点となり、その後に生産量を増やすために必要な設備投資、さらには類似製品や関連部品の設計・製造へと発展した。

ケース２：小売店チェーン

データを改めて分析すると、状況によっては過去の診断が覆されることもある。ここでは小売店チェーン、プリティ（仮名）を取り上げる。プリティは国内に三八店舗を展開する小売店チェーンで、アパレル、化粧品、アクセサリーを扱う企業の一部門だ。八年前に発足し、同業のチェーンを買収して事業を拡大してきた。社長のコートニーはファッション畑出身で、プリティの店舗の雰囲気や品揃えに特色を出すことに成功している。目下の彼女の悩みは、チェーンの拡大計画の立案にあたり、店舗の大きさをどう決めたらいいかということだった。

プリティの店舗面積はまちまちで、小さい店は一五坪程度、大きい店は二〇〇坪に達する。平均面積は一〇〇坪強といったところだ。コートニーは店舗ごとの税引前利益に注目しているが、これまたばらつきが大きく、一店舗あたりの平均税引前利益は一五〇万ドルだが、最高は五〇〇万ドル、最低は一〇〇万ドルの赤字という具合である。

税引前利益の計算には店舗の賃貸料も含まれており、大型店ほど賃貸料はかさむが、それでも大型店ほどあきらかに利益が多い。そこで店舗計画チームからは次の三点が提案された。

1　小型店二店舗は、空いている隣の物件も借りて店舗を拡大する。

2　新規出店の際は一五〇坪程度の物件を探す。

3　黒字店から赤字店へスキルやノウハウの移転を行う。

私たちはデータと提案を検討したうえで、出店している都市圏の人口、その都市圏の平均年齢と平均所得、半径一キロ以内の競合店の有無を分析に含めるよう助言した。その結果、税引前利益の決定因として最も重要なのは、半径一キロ以内の競合店の有無であることがわかったのである。それも、近くに競合店が存在しないか一店舗しかない店の業績が最も悪く、競合店の多いほうが業績は良かった！　さらに深掘りしたところ、その真の原因が判明した。競合店が多いということは、そこがいわゆる繁華街であることを意味する。交通の便がよく、店が密集しているため、歩行者も買い物客も多く、実際に購入する前にウィンドウショッピングをして品定めをする。

そこで私たちは、プリティの店舗を客足の多い地域・中程度の地域・少ない地域に分類して分析をやり直した。当初の分析では大型店ほど利益が多いことを示していたが、再分析の結果、店舗面積は決定因ではなく客足の多さが決め手であることが確かめられた。たしかに客足の多い地域に大型店をいくつか出してはいたものの、そうした地域では店舗面積が大きいことはむしろ利益を圧迫する。まだ分析が完了したわけではないが、再分析のおかげでまちがった視点から脱却することができた。

ケース3：グローバル展開する食品業

次に取り上げるのは、消費者向け食品製造のマルチプラント（仮名）である。私は同社の事業戦略の見直しに手を貸したことがある。マルチプラントの扱う製品はビン詰めが多く、輸送費がかさむため、製造拠点を世界各地に分散している。同社は製造部門とマーケティング部門に大きく分かれており、それぞれが地域別に拠点を持つ。

マルチプラントの直面する問題はいろいろあるが、経営陣が当面の最大の問題とみなしているのは、一部の工場でコストが大幅に膨張していることだった。同社は高価なＳＡＰの統合基幹業務システムを導入しており、工場ごとに支出と生産性のデータをリアルタイムで追跡・収集するほか、設備装置の使用年数、ラインごとの生産性、賃金、従業員離職率、原料・エネルギーコスト、税金、パッケージングコストも記録している。最もコストの低い東欧の工場では一カートンあたり六・五七ドルで生産できるのに対し、最もコストの高いオーストラリアの工場では一カートンあたり一一・六〇ドルだ。分析の結果、コスト要因としてオーストラリアの高賃金、工場によって差の大きい原料・エネルギーコストが指摘されている。

高コスト問題に取り組むため、マルチプラントはコンサルタントを雇って低コスト工場のベストプラクティスを高コスト工場に導入しようと試みていた。各地域からプロセスエンジニアを集めて改善策を話し合う場も設けられた。さらに製造部門の幹部は生産性のデータを詳細に分析し、工場による生産性格差はないか、格差があるとしてその原因は何かを突き止めようとした。しかし工場の生産性と生産量と単位原価の間に何ら有意の関係性は見つからなかった。

あるときふとマルチプラントの戦略チームのリーダーは、高コスト工場の利益はどうなっているのか調べてみたらどうか、と思いつく。価格に関するデータはマーケティング部門が持っていた。こちらはＳＡＰのシステムではなく、簡単なエクセルのスプレッドシートに入力されており、マーケティング部門が地域別編成になっているため、データのほうも工場別ではなく地域別になっている。

かくして価格とコストのデータが初めて統合され、分析の対象となる。すると意外にも、工場別にみた一カートンあたりの原価と粗利益率には何の関係もないことがわかった。高コスト工場の利益率も低コスト工場の利益率もまったく同じだったのである。この発見は、高コスト工場が全社の利益の足を引っ張っているという経営陣の思い込みに真っ向から反するものだった。

当初、経営陣はこの発見に懐疑的だった。なにしろ高コスト工場のやり方を「是正」するために多額の投資をしてきたのだ。再分析の結果を受けて、コスト、利益、戦略について白熱した議論が闘わされた。

やがて徐々に理由がわかってきた。低コスト工場は、そもそも物価の安い地域に立地している。だから製品の小売価格も低い。一方、高コスト工場は類似品との競争が少ない地域に立地している。粗利益率に着目したことで、コストドライバーが卸先に支払われている販売手数料であることがわかった。

このようにマルチプラントは、工場別のコストについてまちがった思い込みをしていたわけである。そうなった原因は、製造部門とマーケティング部門に組織が分断されていたことと、ＳＡＰのシステムがコスト偏重で価格を無視していたことにある。このため経営陣はまちがった課題に取り組み、最重要ポイントでないところにリソースを投じてしまった。戦略チームのふとした着眼でデータの再分析が行われたのは、まさに幸運だったと言えるだろう。

長年の見方を放棄するのは容易ではない。だがマルチプラントはこの再分析を活かして診断をやり直し、新たに浮かび上がった課題に取り組んで、その後三年にわたり好業績を上げている。

マースク・ライン

二〇〇〇年代前半のマースク・ラインは、世界最大のコンテナ海運会社だった（同社のコンテナ船マースク・アラバマ号乗っ取り事件を描いたトム・ハンクス主演のアメリカ映画『キャプテン・フィリップス』で社名を知った人もいるだろう）。マースク・ラインはデンマークに本拠を置く総合ロジスティクス・グループ、A・P・モラー・マースクの一員である。同社は積極果敢に取扱量を増やそうとしており、巨大コンテナ船を次々に導入していた。マースクE級と名付けた一万四七〇〇TEU（二〇フィートコンテナ換算）を運べる世界最大のコンテナ船を導入したのもマースクだ。その数年後には後継船としてマースク・トリプルE級と命名した一万八二七〇TEUを運べるさらなる大型船を二〇隻発注した。同社の保有船腹《せんぷく》量は七〇〇隻を上回り、世界一〇〇カ国以上に寄港する。

これほどの規模と市場シェアを誇るにもかかわらず、マースクの利益率は低かった。船舶や拠点展開に投じた巨額の資金を考えれば、低すぎると言わざるを得ない。もっともマースクだけではなく、海運業界全体が薄利に喘いでいた。中国から出荷されるコンテナ量が急増しているというのに、海運会社の業績は軒並み芳しくない。規模の経済を追求して各社が競うように大型船の導入に走ったため、業界の積載能力過剰に拍車をかける結果となっていた。供給過剰となれば、当然ながら運賃は下がる。まさに悪循環である。コンテナ海運業界は多くの点で、経済学者が大好きな「完全競争」の見本だったと言えよう。運賃が本船の運用コストを下回るケースもままあったが、EUの反トラスト当局は運賃協定を常時監視して訴訟をちらつかせてくる。

マースクは苦境に陥っており、脱出口は容易に見つからなかった。

国際航空業界もやはり利益が上がっていない。そこで航空各社が活路を見出したのが、アライアンス（航空連合）である。航空会社が同じアライアンスに属していると、コードシェア（共同運航）やマイレージの乗り入れなどができる。たとえばアメリカン航空（ＡＡ）もブリティッシュ・エアウェイズ（ＢＡ）も同じワンワールドに属している。このためＡＡはポートランド〜シカゴとシカゴ〜ロンドンを一枚の航空券で販売し、後者は運航がＢＡであっても共同運航便としてＡＡの便名で飛ばすことができる。この方式は、各社が就航先を増やすインセンティブにもなる。

航空業界のアナロジーからマースクも海運アライアンスの結成を主導し、ＥＵの反トラスト規制の適用を免れた（規制は二〇二〇年に四年間延長された）。海運アライアンスの目的は、ある航路である加盟船社の能力が十分であれば、別の加盟船社が競合しないようにし、積載能力がこれ以上過剰にならないように新造船競争に歯止めをかけることにある。二〇一七年までに、業界には大規模な定期航路アライアンスが三つ結成されていた。マースクとＭＳＣ（スイス）は最大のアライアンスである２Ｍに属し、いわば強者連合を形成した（二〇二五年一月末をもって提携契約を終了すると発表された）。

しかし二〇一九年末には、こうした共同運航の試みも、いくつかの大型合併とその結果としての八大船社への集中も、利益に好影響はないことがはっきりした。コンテナ船を運航するどの企業も損益分岐点を割り込んでいたのである。供給は需要を上回るペースで拡大し続け、二〇二〇年の赤字は業界全体で一〇〇億ドルと見込まれた。

じつはコンテナ海運業界と航空業界との間に共通性はあまりない。そのことは、旅客輸送の変化を考えればわかる。古いハブ＆スポーク・モデルでは、大型機が主要都市を結び、そこから地方都市への輸送は小型機が担っていた。だが利用者が乗り継ぎの不便さや遅延の連鎖、長い移動距離と待ち時間、大空港の保安検査に要する時間などをいやがるようになる。そこで代わって登場したのがポイント・ツー・ポイント・モデルだった。こちらは通路が中央に一本しかないシングルアイル機で二都市間を直接結ぶ。航空会社の場合、大型機を使用しても満席にならない限り規模の経済は得られない。それもあって、エアバスは超大型旅客機A380の生産打ち切りを二〇一九年に発表している。

対照的にコンテナ輸送においては、大型船によるコスト削減効果はいまなお大きい。この業界で大型新造船の導入が相次ぎ、供給過剰から激しい価格競争が続いているのはこのためだ。二〇一九年にマースクのCEOソーレン・スコウは、グローバルな規模とデジタル技術を活用して海運と陸上オペレーション（貨物のハンドリングなど）の統合を図ることがマースクの生きる道だと発表した。「運輸業界ではいまやコンテナを常時追跡できることがあたりまえになっているが、一〇～一五年前にはそんなことは考えられなかった」とスコウは語ったという。[*2] 言い換えれば、海運業界が採用すべきアナロジーは国際追跡サービスを提供する物流のフェデックスだということだ。

私自身は、海上運賃問題の最重要ポイントは陸上輸送にあるとみている。文明が河川や湖や内海の周辺で発達したのは、水上輸送のほうが陸上を運ぶよりはるかにコストが小さいからだ。物流において最も大きなコストが発生するのは、主要港から陸上で最終目的地まで運ぶ間である。アマゾンが大躍進を遂げたのは、その部分の輸送システムを最適化したからにほかならない。マースクは海運・陸運システムの統合によって卓越した地位を築くことはできるだろうか。おそらくできるだろう。そのためには小規模な港への陸揚げを可能にし、主要港のボトルネックを解消する技術の登場が待たれる。

産業分析

マースクのケースは、業界分析のツールとして有名なマイケル・ポーターの「5フォース」フレームワークにぴたりと適合する。このフレームワークは産業にフォーカスして経済分析を行う産業組織論に基づいている。ひらたく言えば、この産業はなぜ利益率が高いのか、あの産業はなぜ低いのかを分析するわけだ。

ポーターの5フォースは、「競合他社の脅威」「新規参入者の脅威」「売り手の交渉力」「買い手の競争力」「代替品の脅威」という五つの競争要因を意味する。これらの要因はどれもその産業の収益性を脅かす。

5フォース分析のフレームワークを使うときには、一つひとつの要因についてこまかく見ていくことになる。それを一つの産業について行うなら、役に立つヒントを得られる可能性は高い。だが、このフレームワークがあくまで産業のパフォーマンスを分析するためのツールであって、個別企業のパフォーマンスが対象ではないことを忘れてはならない。ある産業に属す企業の利益率に大きなばらつきがあるなら、5フォース分析には適していない。だからと言ってフレームワーク自体がまちがっているわけではない。もともと5フォース分析の対象は、おおむね均質の企業で構成されているような産業なのである。とくに、似たような企業がどこも低い利益率に悩まされ、値引き競争に陥っているようなケース、つまりコンテナ海運業界には、5フォース分析のフレームワークは大いに役に立つはずだ。

ポーターのフレームワークの問題点は、現実の産業の大半は構成企業の利益率がまちまちだということである。したがって、「産業の収益性」といった概念には意味がない。連邦取引委員会（FTC）が公表している収益性データの詳細分析に基づき、私は産業・企業・事業分野が収益性におよぼす影響の相対的な度合いを統計的に推定した。*3 すると、事業分野の収益性のばらつきのうち、産業に起因すると推定されたのはわずか四%だった。これに対して事業分野の特性に起因すると推定されたのは、四四%に達する。つまり利益率の差の主要因は事業分野にあり、産業ではなく、個別企業ですらないと考えられる。

第10章
分析ツールの活用は慎重に

今日ではさまざまなビジネス分析ツールが出回っている。注意しなければならないのは、どのツールもいくつかの前提を置き、注意すべき要素を最小限に、ときには一つに絞り込むことによって分析の効率を上げていることだ。しかし、ツールを適用する状況に必ずしもその前提が正しいとは限らない。複雑な状況の診断を試みる場合には、白黒をはっきりさせてくれる切れ味のいいツールがいかにも有効に見える。たしかに問題の最重要ポイントを鮮明に浮かび上がらせてくれることもあるが、判断を誤らせ、見当外れの結論に導いてしまうこともある。優秀なツールは諸刃《もろは》の剣だということを忘れないでほしい。扱いには注意が必要である。

著名なコンサルティング会社が練り上げたツールは、基本的に競争状況の診断を対象とする。そうしたツールは、フレームワークを当てはめ、データを収集し、分析や比較を通じて問題点や失われた機会を洗い出す。本章ではビジネスの分析や診断でよく使われるフレームワークやツールをいくつか取り上げ、どんな誤りが起こりうるかを検討する。

投資意思決定ツール

何らかのプロジェクトや設備投資が提案された場合、その便益と費用を対比させて評価する手法は、一見して理に適っているように思われる。資本支出の予算を決定することから資本予算決定ツールとも呼ばれ、大規模な投資にそれだけの価値があるかどうかを判断する際に推奨されることが多い。考え方はごくシンプルだ。将来キャッシュフローを計算し（当然ながら推計である）、それを現在価値に割り引く。つまり将来受け取ると見込まれるお金を、金利などを勘案して現時点の価値に計算し直す。現在価値がプラスであれば、プロジェクトを承認してよい（より高度な手法では、将来キャッシュフローのリスクを考慮する。もっと高度な手法も開発されている）。

なかなかよさそうに見えるが、意外なことにこのやり方を忠実に実行している企業はごくわずかしかない。ほとんどの企業はマネジャーにプロジェクトを立案させ、その成否の見通しについてはシニアマネジャーが検討するというスタイルをとっている。しかも検討する際に重視されるのは、現在価値ではない。競争状況、成長見通し、タイミング、自社の能力などだ。

理論と現実がこれほど乖離する一つの理由は、投資意思決定ツールで考慮されるリスク要因が、経済的リスクと競争の脅威のほかはプロジェクトに直接関連するリスクに伴う将来キャッシュフローの不確実性に限られることだ。だが現実の世界では、長期投資における最大のリスクは、端的に言って提案者の能力不足または不誠実である。

その代表例と言えるのが、全米で売上高トップ一〇〇社に入るある企業で計画されたものだ。仮にプロジェクトTとしておこう。同社の主力事業が成熟し下り坂にさしかかってきたため、それに代わる新サービスを導入するためにプロジェクトTが立案された。プロジェクトTは同社の利益と地位を回復してくれるはずだった。このプロジェクトの責任者を任されたのは、新製品開発統括責任者のブラッドリー（仮名）である。ちょうど四〇歳の出世頭で、野心満々で頭も切れる。私の見たところ、プロジェクトTがいざ承認されたら、彼には無制限の予算権限が与えられるようだった。

私は当初同社の別のプロジェクトのコンサルタントをしていたのだが、次第にプロジェクトTに関わるようになる。最終決定を下す直前のプレゼンテーションを仕上げる段階になると、ブラッドリーは私の意見を求めるようになった。

プロジェクトTのプレゼンテーションで決定的に重要なのは、数百世帯を対象に新サービスを実際に体験してもらった市場テストの結果だった。テストの詳細結果を調べるにつれて、私は懐疑的になる。データを見る限り、このサービスに好意的な人は多くない。たしかに興味を示してはいる。しかしお金を払う気があるかというと、テスト結果は否定的だった。違約金を払ってでもキャンセルしたいという人が少なくない。

この結果についてブラッドリーは、付随的なサービスを充実させれば消費者は気が変わると主張した。サービス自体の価格を高すぎると感じる人は少ないのだから、将来的には十分な利益が見込めるという。

だがこのほかに競争の問題もあった。プロジェクトTで使われる技術は独自に開発したものではなく、したがって特許などで保護できない。財務予想によると、プロジェクトTの新サービスは短期間で市場シェアを拡大できると見込まれており、類似サービスによる価格下押し圧力は受けるにしても、直接の競合相手はいないことになっていた。これは妥当と言えるのだろうか。

取締役会でのプレゼンテーションは一週間後に迫っていた。ブラッドリーとアシスタントと私はスライドと資料を夜遅くまで入念にチェックした。緑の表紙のついた冊子形式の資料には、予想される市場規模や使われる技術のイラストなどが示されているが、詳細な技術分析は行われていない。将来キャッシュフローは別のコンサルタントが担当し、割引率一〇%、期間一五年で正味現在価値に割り引き、六〇億ドルのプラスという景気のいい数字を出している。プロジェクトのリスク調整後利益率と現実的な選択肢の分析も盛り込まれていたが、ブラッドリー自身はこれらをすべて飛ばし、経営陣が最も興味を持つと思われる箇所からプレゼンテーションを始めるつもりらしい。

彼によれば、経営陣の最大関心事は累積キャッシュフロー予想だという。図13に示すように、累積キャッシュフローは投資が実際に行われると約二五億ドルのマイナスになる。その後に利益が出始めて七年目にプラスに転じる。つまり投資を回収するまでに七年かかるということだ。このグラフをしげしげと見てブラッドリーは心配になったらしい。

やおらハサミを取り上げると、グラフを切り取ってしまった。そしてグラフを作り直すとテープを使って元のページに貼り付

図13　プロジェクトTの累積キャッシュフロー予想

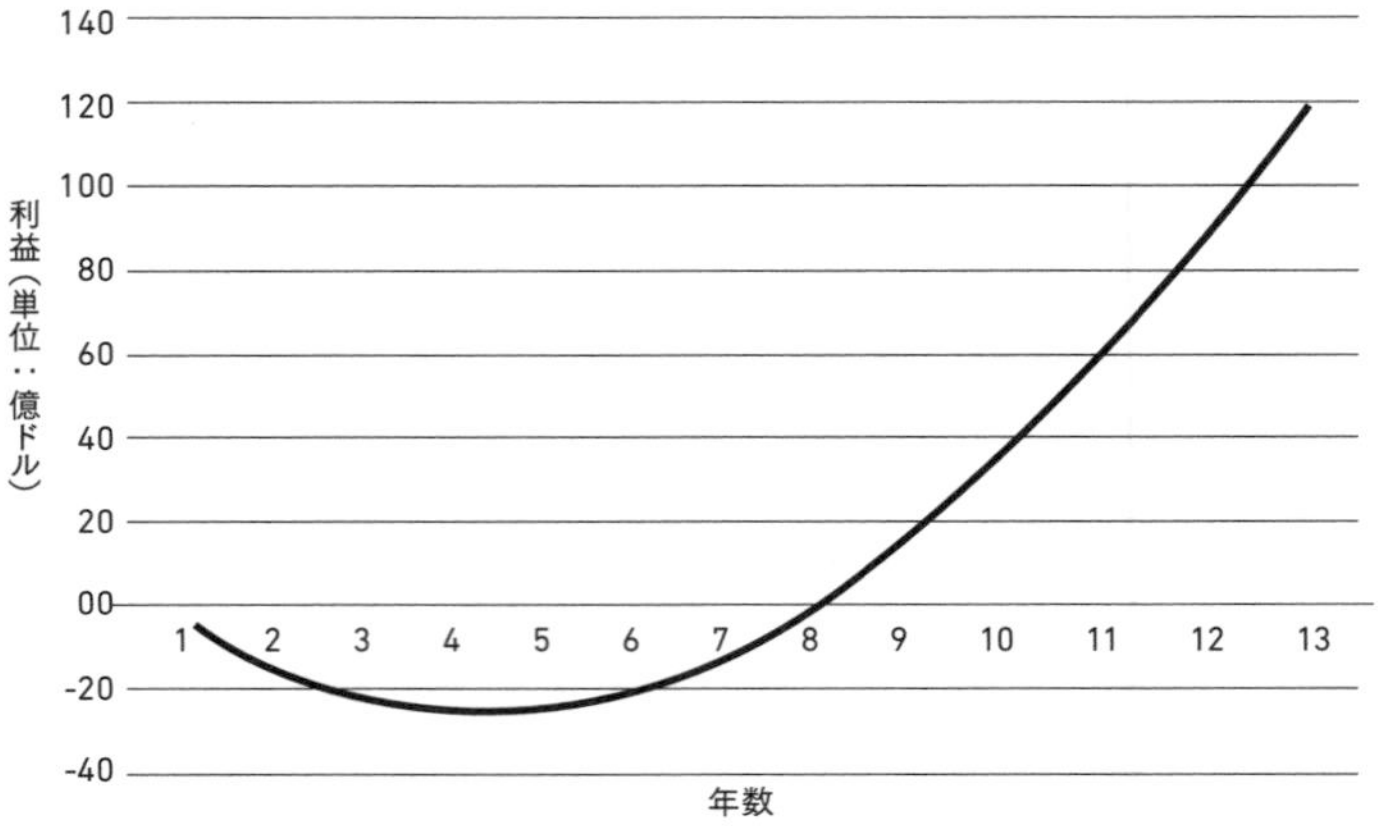

けた。新しいグラフでは五年でプラスに転じることになっている。

「これをきれいに修正してプリントしてくれ」とアシスタントに指示すると、ブラッドリーは帰り支度を始めた。

「待ってくれ」と私は言った。「これじゃあ、コンサルタントに大金を払ってやった市場テストや分析の結果を無視することになる。苦労してやったことがすっかり無駄になってしまう」

「ルメルト先生、あなたは戦略プランニングが何たるかを全然わかっていない」とブラッドリーは言い返した。「戦略プランニングとは、要するに企業のリソースの分捕り合戦だ。このバトルに私はどうしても勝ちたいのだ」

　ブラッドリーの固い決意も虚しく、プロジェクトTは承認されなかった。ブラッドリーが恐れたとおり、取締役会はもっと短期間で投資を回収することを望み、リスクが大きすぎると判断したのである。翌年、同社は二つの事業部を売却し、大型買収を一件行う。ブラッドリーは会社を離れ、別のグローバル企業の役員におさまった。

　知識、リソース、決定権を一人の人間が掌握していない場合には、プロジェクトTのような問題は容易に生じうる。自分のプロジェクトにリソースを割り当ててほしいと誰かに頼まなければならない状況は、すでに問題を孕んでいる。そのうえ、リソースを自分に割り当ててもらうために誰かの助言を求めるとなれば、ますます問題はややこしくなる。そうなると戦略のクオリティは、関わる人間がどれだけ誠実で私利私欲に惑わされないかに左右されることになる。

よい戦略を立てる最善の方法は、上級幹部が一人またはグループで担当し、必要に応じて信頼できる顧問の助言を受けることだ。ただし企業規模があまりに大きいと、経営幹部でさえリソースを競い合う戦略やプロジェクトの全体像を把握していないことが多い。

戦略策定に関わる人間が誠実さに欠ける場合、近視眼的な行動に走りやすく、組織内の知識や能力が十分に活用されない。ブラッドリーには分析結果をごまかす動機があった。そもそも彼の金が懸かっているわけではない。プロジェクトがうまくいかなくなったとき、最初に気づくのはブラッドリーである。すると彼はさっさと逃げ出し、残された人間がプロジェクトを台無しにしたと非難されることになるだろう。もしプロジェクトがうまくいけば、得るものは大きい。組織内の立場は強まり、より多くの権限と報酬を手にするか、他社へ好条件で引き抜かれるだろう。[*1]

取締役会のメンバーは、プロジェクトTで使われる技術のことはよくわかっていなかったにしても、馬鹿ではなかった。ブラッドリーのような輩《やから》が少なからずいることは承知していたし、数字の操作が行われるのは遠い将来の利益に関する場合が多いことも知っていた。そこで彼らは将来利益の見通しを額面通りには受け取らず、文字通り割り引いて聞く。四年間で投資を回収せよと要求することは、ブラッドリーのような経営幹部のいる組織では、ことによると妥当な反応だったのかもしれない。ただブラッドリーのプレゼンに対しては適切な対応だったとしても、組織として近い将来にフォーカスする近視眼的な姿勢が根付くのは懸念材料である。

取締役会は、数字の操作は複雑で高度な分析の中に埋め込む形で行われる例が多いこともおそらく知っていたのだろう。実際ブラッドリーのキャッシュフロー予想は、消費行動、競争、将来の価格動向、コストといった多数の条件を含む経済モデルから導き出されていた。そこで取締役会は、このような高度な分析から得られた結論は眉唾だと感じ、それよりも自分たちの直観を信じたのだと思われる。彼らの判断はデータの裏付けこそ乏しいものの、バイアスもかかっていない。ただしここで、外部のデータや分析に頼らなくなるというまたしても近視眼的な対応が根付きかねないのは懸念すべきことである。

ブラッドリーが引き起こしたのは、エージェンシー問題と呼ばれるものである。経済理論の一つであるエージェンシー理論では、組織や人間関係を依頼人（プリンシパル）と代理人（エージェント）の関係性として捉える。依頼人と代理人の利害は常に一致するとは限らないため、両者の間にしばしばエージェンシー問題と呼ばれる利害対立が起きることになるわけだ。この厄介な状況で最善の意思決定を下すにはどうすればいいのか。この問題の解決に多くのエネルギーが注がれてきたが、大半が無駄に終わっている。ブラッドリーのケースでは、事後的な解決、すなわち投資決定の結果に対してブラッドリーに説明責任を負わせること以外にはよい案はなさそうだ。しかし結果が出るまでには、分析が正しければ七年以上かかる。このような解決は、流動的な組織と早い出世を狙う経営幹部の前では役に立たない。おそらくブラッドリーは、二、三年のうちに昇進するか他社へ転じるだろう。するとプロジェクトは再編され、後任者がその後の決定を下すことになる。そうなったら、投資の結果と当初の意思決定との関係は見えにくくなり、責任の所在は曖昧になる。

長期プロジェクトにおける投資リターン評価に関する経済理論が経営陣に無視されがちなのは、こうした理由からだ。経営陣が求めるのは投資資金の早期回収であって、資本コストで現在価値に割り引くなどという迂遠な方法ではないのである。経営陣は経済学者が開発したエレガントな理論を無視しているわけではない。むしろ理論のほうが、経営陣が実際に懸念すること、すなわち部下の無能力や不誠実や出世志向を無視していると言うべきだ。それからもちろん、経営幹部自身のボーナスや短期的な業績を重視する傾向をも理論は無視している。

ＢＣＧマトリクス

ブラッドリーの究極の問題点は、プロジェクトＴの最終決定権を握る上層部に信用されていなかったことである。ブラッドリーの判断も、彼が分析に使った情報も、経営陣は信用しなかった。ブラッドリーのような経営幹部に対処する一つの方法は、ゲームのルールを変え、当初提示された分析を超越するような強力なツールを持ち出すことだ。そうしたツールの一つが、ボストン・コンサルティング・グループ（ＢＣＧ）が開発した成長率・市場占有率マトリクスである。ＢＣＧマトリクス、ＰＰＭ（プロダクト・ポートフォリオ・マネジメント）分析とも呼ばれる。企業の長期戦略を考えるためのフレームワークで、自社の扱う複数の製品・事業の組み合わせと経営資源配分を最適化するために使う。一九七〇年代から八〇年代前半にかけて大流行し、今日でも時折取り上げられる。

ＢＣＧマトリクスは、ＢＣＧのアラン・ゼーコンがミード・コーポレーションの戦略策定に関わったときに考えついたものだ。マトリクスは縦軸に市場成長率、横軸に相対的市場占有率をとり、自社の事業なり製品なりを四つの象限《しょうげん》に当てはめていく。市場成長率が高くシェアも高い事業・製品は花形の「スター（Star）」だ。市場成長率は低いがシェアは高ければ収益性の高い「金のなる木（Cow）」、市場成長率は高いのにシェアが低いなら「問題児（Question）」、そして市場成長率もシェアも低いなら撤退候補の「負け犬（Dog）」である。

一九八〇年代半ばに私は、当時ミードの経営幹部でＢＣＧに助言を求めたウィリアム・ウォーマックと話す機会があった。このとき彼はミードの取締役会を退任した直後だったので、ミードの問題点は何だったのかと単刀直入に聞くことができた。ウォーマックによれば、ミードはごく控えめに新規事業を開拓してはいたものの、おおむね木材・製紙会社だったという。同社では高度な投資意思決定ツールを使っていた。「製材事業部の人間はやたらに難解な確率分析を持ち出してきて、これこれこうだから工場の拡張や新規工場が必要だと主張した」という。すると製紙事業部の人間が負けじと高度な分析結果を示して、やはり製造能力の拡大が必要だと訴える。「だがこれらの事業は黒字になったためしがない。われわれは利益をひたすら設備投資に回し続けただけだ」とウォーマックは指摘した。彼としては、巨額の投資を必要としない新しい成長事業に投資資金を回したかった。そこで取締役会はゲームのルールを変える。製材事業も製紙事業も「キャッシュの供給源」と位置付けられた。「その役割はキャッシュを生むことである」。生み出されたキャッシュは他の事業へ回す。[*2]

ＢＣＧマトリクスはミードの事業戦略フレームワークを変えた。そして他の企業にも応用されている。当初ミードが使っていたのは投資意思決定ツールだった。経営陣は、投資リターンのハードルをクリアしたプロジェクト、もしくは正味現在価値がプラスになるプロジェクトにゴーサインを出していた。このツールを超越するものとして導入されたのが、ＢＣＧマトリクス、すなわちＰＰＭ分析だった。このマトリクスでは製材・製紙事業は「金のなる木」に位置付けられ、他事業はこの金のなる木から供給されるキャッシュを投資するという構図になったのである。投資意思決定ツールであれ、ＢＣＧマトリクスであれ、どのフレームワークも事業や経営のある一面を重視する。どれを使うかによって、組織内の位置付けや力関係は変わってくる。投資意思決定ツールを活用するとなれば、財務分析に長けた人間が有利になりがちだ。一方、ＢＣＧマトリクスを使う場合には、どの事業が「負け犬」かを決定できる経営陣が優位を取り戻す。

ジャック・ウェルチは一九八〇年にＧＥのＣＥＯに就任したとき、まさにＢＣＧマトリクスと同じフレームワークを使った。当時四〇〇以上あった事業単位を見渡し、「業界でナンバーワンかナンバーツーになる」ことを要求し、なれないなら「再建か売却か、さもなければ閉鎖」だと宣言したのである。社内には高度な重層式の「戦略プランニング」システムが存在したが、ウェルチはその複雑怪奇なロジックをあっさり超越した。そして業界で一位か二位になれない事業をどんどん整理したのだった。

ＢＣＧマトリクスも、ウェルチの「ナンバーワン・ナンバーツー戦略」も、じつはなぜこれを使うのか明確に意識せずに使われていたが、実際には投資意思決定ツールを超越することが最大の動機だった。自分の使うアナロジーやフレームワークはどんな性格のものか、なぜそれを使うのかを理解することは、適切な戦略策定の第一歩である。

破壊的イノベーション理論

破壊的イノベーションの理論は、近年よく活用されている。ただしＢＣＧマトリクスと同じく、こちらも使い方をまちがえれば混乱を招くだけなので注意が必要だ。なにしろむやみに使われた結果、いまや「破壊」という言葉は既存事業さらには現状を覆すようなものすべてを指すことになってしまっている。だがハーバード大学のクレイトン・クリステンセンとジョセフ・バウアーが最初に使ったときには、厳密な定義があった。彼らが注目したのは、競争相手が新技術を市場に投入したときに、それまで業界トップだった企業がその地位から滑り落ちてしまう現象である。「グッドイヤーとファイアストンは、ラジアルタイヤへの参入が遅れた。ゼロックスは、キャノンが小型コピー機市場を創出するのを傍観した。ビュサイラス・エリーは、キャタピラーとディア・アンド・カンパニーが機械式掘削機市場でシェアを拡大するのを容認した。シアーズは、ウォルマートに敗北した」[*3]という具合に。

それまで業界の先頭を走っていた企業が、なぜこうした脅威に的確に対応できないのだろうか。クリステンセンとバウワーの説明は、こうだ。圧倒的なシェアを握っていた企業はどうしても既存顧客を大切にする。とくに、大口顧客や要求の多い顧客の声に耳を傾けやすい。そうした顧客は既存製品の大型化・高性能化・高速化を求めることが多く、それに応えているうちに、多少性能は劣るが安価な技術（これが破壊的技術だ）が登場していることを見落としてしまう。あるいはそうした技術の存在を軽視する。

このような破壊的技術が出現した業界の一つに、ハードディスクドライブ業界がある。ディスクドライブ業界ではメインフレーム市場向け一四インチ、ミニコン向けの八インチ、デスクトップ向け五・二五インチ、ノートPC向け二・五インチという具合に小型・軽量化が進んできた。小型ドライブは出始めの頃こそ性能面で劣るものの、普及するにつれて性能が向上し、ついには大型ドライブを駆逐して上位市場を席巻するか、上位市場を消滅させる。ところが大型ドライブの大手メーカーは、新しい小型のドライブが出現するたびに乗り遅れるという失敗を繰り返してきた。既存顧客が新種のドライブに興味を示さなかったことが大きな原因だ。つまり主力だったメーカーは性能の向上に負けたわけではなく、「下からの破壊」にしてやられたわけである。

クリステンセンは、ディスクドライブのみならず掘削機、製鉄のミニミル（電炉）などの具体例を挙げて下からの破壊を克明に描き出し、経営者たちを震撼させた。どの業界でも、経営者は自分たちが成功した製品や重要な顧客に固執しすぎているのではないかと心配し始める。だからと言って、自分たちの製品より劣る競合品すべてに対抗すべきなのか。クリステンセンのフレームワークは競争のダイナミクスを理解するうえでどう役に立つのか……。

クリステンセンによれば、破壊的技術は低価格で、すくなくとも当初は性能も劣る製品の形で出現することが多いという。だがこれと正反対の事例もめずらしくない。たとえばｉＰｈｏｎｅは高価格だが、ＲＩＭ（旧リサーチ・イン・モーション）のモバイル端末ブラックベリーとノキアの携帯電話にとってあきらかに破壊的技術となった。

ブラックベリーは法人向けに特化した製品で、主に企業と政府機関が顧客だった。二〇〇三年にブラックベリーは政府機関向けの強固なセキュリティ認証を取得した最初の携帯端末となった。ブラックベリー端末は企業のＩＴ部門が遠隔で操作できるため、紛失や盗難の場合にはデータを消去することができる。

企業も政府機関もブラックベリーのエコシステムを大いに気に入った。ブラックベリー・エンタープライズ・サーバーはユーザー五〇〇人分のメール送受信を三万七〇〇〇ドルでこなすのに対し、マイクロソフトの類似のシステムは一〇万七〇〇〇ドルかかる。しかもブラックベリーの専用メールサーバーには二種類の強力な暗号化技術が標準で用意されていた。iPhone発売から一年後の二〇〇八年に、モルガン・スタンレーはRIMを「通信機器において長期的成長を遂げ最も成功している」と評価した。コンサルタントは絶対的優位を誇る法人向け市場に引き続き集中するようRIMに助言した。何も競争の激しい消費者向け市場にわざわざ進出する必要はない、と。

エンドユーザーにしてみれば、会社が全部負担してくれて端末が配られるのだから、何も文句はない。二〇一〇年初めになってもモルガン・スタンレーの評価は、価格重視でメール中心の法人向け市場ではブラックベリーは今後も安泰だというものだった。

ブラックベリーにとって直接の大打撃となったのは、まさにこの二〇一〇年に、企業が「個人携帯の業務利用（BYOD）」スタイルを採用したことだった。しかもこれが驚くほど急速に普及し定着した。メールの料金はどんどん下がり、職場へはもちろん外出先、出張先へも誰もがスマートフォンを持ち歩く。iPhoneとアンドロイドが市場を席巻し、セキュリティ・ネットワークなど誰も問題にしなくなった。こうして法人向け市場は消滅し、ブラックベリーの息の根を止める。もうすこし正確に言うと、社員の端末を企業がコントロールできるという法人向けのビジネスモデルが成り立たなくなると、ブラックベリーも運命を共にしたのである。

ブラックベリーの例は、「下からの破壊」以外にも脅威は存在することを教えてくれる。

iPhoneという価格も高く性能も高い製品にだって打ち負かされることがあるのだ。では、実際に下からの破壊はどのくらいあるのだろうか。多くの後続の研究者がクリステンセンの分析を再検討してきた。

- 歴史家のジル・ルポールはハードディスクドライブ業界の変遷を改めて分析し、ニューヨーカー誌に結果を発表した。それによると、二〇年にわたり「ディスクドライブ業界では小幅の性能向上に長けているメーカーが勝利を収めてきた。まったく新しい破壊的技術を最初に投入したメーカーが勝利するとは限らない」という。*4
- カリフォルニア大学リバーサイド校のアシシュ・スードと南カリフォルニア大学のジェラルド・テリスは一八七九〜二〇〇〇年に出現した三六種類の新技術を調査し、詳細な経済分析を行った。その結果、破壊的技術が低価格で低性能であるというパターンは発見できなかったと報告している。
- イェール大学の伊神満はクリステンセンが研究したハードディスク業界のデータを再分析した。その結果、既存企業はたしかにコスト優位ではあるものの、新規参入者への対応が遅れるのは「旧来の収益源を破壊する意欲に欠ける」せいだと指摘している。*5
- ハーバード・ビジネススクールのジョシュ・ラーナーもハードディスク業界について改めて分析を行い、長期にわたって多くのイノベーションを創出するのはチャレンジャー企業に追随するフォロワー企業だと指摘した。*6

要するに、業界の主力企業が重要顧客にフォーカスしすぎるとか、低価格・低性能の破壊的技術を見落としたといったクリステンセンの主張は、追加的な研究では支持されていない。そうは言っても、有力企業がときに小粒のライバルや新参者や新技術に敗北を喫して業界から押し出されるケースはけっしてめずらしくない。そうしたケースでは実際に何が起きているのか。破壊的技術の実例に注目すると、貴重なヒントを得ることができる。

コダックの凋落は、破壊的技術が発する警告を無視した企業がたどる運命としてしばしば引用される。だが、コダックを破壊した低価格で低性能の「製品」は存在しなかった。あなたがコダックのCEOだとしたら、どうしただろうか。同社の粗利益の約七〇％は、ゆっくりと後退していくフィルム事業に依存していた。同社は賢明にも化学品関連の知的財産権を売却し、じつは五〇年近く前の一九七五年にデジタルカメラを製作している。経営陣は、やがてデジタルの時代が来ると知っていたのだ。だが彼らが想像していたのは、デジタル写真が紙にプリントされてアルバムに貼られるか、壁に誇らしく掛けられる光景だった。そこでコダックは、デジタル写真の保存技術と高画質のプリント技術に多額の投資をした。みんなが小さなスマートフォンで自撮りをし、その低画質の写真をデータでやりとりするなどという情景を、二〇〇〇年の時点で誰が想像できただろう。何百万ドル、いや何十億ドルをデジタル技術に投資するとして、いったいどんな装置、いやシステムに投資すればよいのか。カメラか、プリンタか、CDか。それともPC、いやスクリーンか、写真加工ソフトか。はたまた携帯電話か。コダックはたしかに敗北したが、競争相手にやられたわけではない。写真を撮影し共有するエコシステム全体に負けたのである。

『ブリタニカ百科事典』もまさにコダックと同じ運命をたどった。二〇〇年以上にわたって紙に印刷されてきたあの重厚な百科事典は、コンピュータとウェブにあっさり打ち負かされたのである。『ブリタニカ百科事典』は、子供への教育投資を惜しまない親たちに向けて多くは訪問販売で提供されてきた。全三二巻で豪華なブックケースに収められ、数千ドルもする。執筆は各分野の専門家四〇〇〇人以上が担当し、一〇〇人近いスタッフが編集作業にあたった。CD－ROM版の販売も始めたが紙版の赤字を埋め合わせることはできず、オンラインのサブスクリプション版を用意したものの、これも焼け石に水だった。『ブリタニカ百科事典』は、ウィキペディア、エンカルタ、スカラーペディアといったオンライン百科事典あるいはタブレットや携帯電話単体に破壊されたのではない。PC、スマートフォン、ウェブ、ブログ、グーグル、グーグル・ブックスなどが形成するエコシステム全体に敗北したというのが正しい。コダックと同じく、正面切って戦いを挑んできた製品があったわけではない。明白な競争相手はおらず、大逆転勝利を可能にしてくれるような買収先も存在しなかった。

破壊的技術にどう対応するか

以上のように、敗北した企業はけっして破壊的技術の出現を見落としたわけではない。真の問題は次の三通りである。

A　対応には莫大なコストがかかり、それに値するようには見えない。
B　対応に必要な技術力、財務的な体力、組織体制が備わっていない。
C　**現在のエコシステム全体を破壊してしまう。**

この三つのどれにも直面していないなら、あなたが抱えている問題は破壊的技術でも破壊的イノベーターでもない。単にごく標準的な戦略課題に直面しているだけである。たとえば一九八〇年に原油価格が高騰し、モンサントの石油化学品事業を直撃した。だが同社には遺伝子組み換え作物事業に配置転換できるスキルとリソースがあったため、利益が大きく将来有望な新事業に乗り出すことができ、世界の飢餓軽減にも寄与している。モンサントのこの判断は言うまでもなく長期戦略であり、一時的に株価を押し上げて投資家を喜ばせるようなトリックではない。

ケースAでは、新技術に手を打とうとすると蓄積された利益をかなり取り崩さなければならない。このため即座に対応する価値があるのか懐疑的な意見が出て、様子見の費用便益分析が行われる。その結果、現在の事業は徐々に衰退するにまかせ、多角経営企業であれば事業ポートフォリオの一部に格下げするのがよかろうという結論に落ち着くかもしれない。ただし上場企業の場合、業績が徐々に落ち込んでいったら、株式市場にも投資家にもファンドにも見放されてみじめなことになるだろう。事業を多角化していない場合は、思い切って身売りしてしまうほうがいい。

しばらく様子を見ることにして決定を先送りする、という選択肢もありうる。かつて電話会社には、データ通信用に専用線を月額一五〇〇ドルで貸すという利益率の高い事業があった。インターネットが登場して専用線事業を脅かし始めたとき、電話会社が軒並みとったのがこの様子見戦略だった。その間に専用線事業は下り坂になったが、電話会社はなおも手を打とうとせず、光ファイバーがいたるところに敷設されるのを傍観した。ついに長距離電話・通信大手のワールドコムが倒産するにいたって重い腰を上げ、安価な高速データ通信サービスを提供するようになった。

ケースBのうち技術力に欠ける場合には、必要なスキルを備えている会社を買収するのが定石であり、これまでのところ破壊的技術に対する標準的な対応策となっている。これまで起きた破壊的イノベーションによる大型倒産は、買収する企業がない場合に起きた。ブラックベリーのＲＩＭを救済買収できるような、規模のまともなスマートフォン・メーカーは存在しなかった。コダックにとってフィルム事業を救う方策はなく、かといって競争の激しいデジタルカメラやスマートフォン業界に進出する選択肢もなかった。このような場合に最善の戦略は、おそらく必要なスキルを備えた合弁事業のパートナーを探すことだろう。でなければ適切な相手に事業自体を売却するか、ぎりぎりまで衰退事業の延命策を図ることだ。

しかし技術力の不備よりも、組織としての柔軟性に欠けるためにすぐに手を打てないケースのほうが多い。長年にわたり一つの事業に特化していた企業や頭の硬い無能な幹部がいる企業はそうなりがちだ。このような場合にも買収はよい解決策となりうる。ただし、買収した会社はその無能の幹部から遠ざけておくべきである。これについては第13章でくわしく取り上げる。

ケースCでエコシステム全体が崩壊するような場合には、千里眼でもない限り、あなたにできることはあまりない。大惨事になる前に逃げ出すことぐらいだろう。技術や人々の好みや規制に大きな変化が起きて既存事業を破壊することはありうるし、それを否定することはできない。どんな事業も不死身というわけにはいかないのである。

＊

投資意思決定ツール、BCGマトリクス、破壊的イノベーションの理論といったフレームワークは、状況を分析するうえで役に立つこともある。このほかにも、バリューチェーン分析、購買行動モデル、多項ロジットモデル、マッキンゼーの7Sフレームワーク、ブルー・オーシャン戦略、シナリオ開発、ベンチマーキング、製品ライフサイクル理論、根本原因解析など多くのツールが存在する。ここで注意すべきは、どれも少数の要素にのみ注目するということだ。要素が一つに絞り込まれることもままある。またどのツールも何らかの前提の上に成り立っている点にも注意が必要だ。前提に合致しない状況でツールを適用すると、道を誤ることになりかねない。

第3部

最重要ポイントを攻略する

PART 3

THROUGH THE CRUX

第1部では課題解決型の戦略の要諦を説明し、とくに最重要ポイントの概念を取り上げた。最重要ポイントとは、単に克服が困難なだけでなく成否を分ける勝負どころであって、かつ、現実的に解決可能なポイントを意味する。続く第2部では、主に競争から生じる課題を診断し、最重要ポイントを見きわめる方法を検討した。

そしてこの第3部では、見きわめた最重要ポイントをどう攻略すべきかを論じる。組織の強み、すなわち優位性に注目するとともに、攻略を試みる際に生じる新たな問題や、最重要ポイントが組織の機能不全に関わっている場合の対処法なども取り上げる。

第11章

強みを探す

力がほぼ拮抗したボクサーが試合をしている。どちらが勝つだろうか？　競争相手にまさる強みがどこにあるかを知ることが重要だ。強みは必ず何らかの非対称性から生じる。たとえば一方はリーチが長いかもしれない。あるいはスタミナがまさるかもしれない。事業戦略にせよ軍事戦略にせよ、戦略はそうした強みを軸に組み立てるのが王道である。すぐれた戦略家はあらゆる非対称性に目を光らせ、どの非対称性が一方の優位になりうるかを見抜く。

優位性の基本要素

私の友人の友人に、セカンドキャリアを始めようとする人物がいた。名前をエドワード・マークという。彼は照明デザインの仕事をしていたが、四〇歳で見切りをつけ、次の仕事を考え始めた。ちょっと相談に乗ってやってくれと友人から頼まれた私は、コーヒーを飲みながら話をした。マークはうすっぺらな書類を渡してよこした。エアロビクス・スタジオの事業計画だという。エアロビクスはいま大流行だ。それに、ずっとマンモスレイクス（カリフォルニア州）に住みたかったしね、と彼はうれしそうに話す。マンモスレイクスはシエラネバダ山脈の町で、冬のスキーはとても有名だし、それ以外の季節もトレイルやフィッシングで人気が高い。マークによれば、スポーツ好きな人の多い土地柄だからエアロビクス・スタジオの需要は大きいにちがいないという。インストラクターだって簡単に見つかるだろう。活動的な人たちがたくさん住んでいて、いつも仕事を探しているに決まっているんだからね。マークの事業計画には今後五年間の収入、費用、利益予想が記載されていた。しかし彼にはエアロビクス・スタジオに関わった経験はまったくないし、それどころかサービス業で働いた経験もないのである。

マークの事業計画は、つまるところ仮説にすぎない。仮説が実際に成り立つかどうかをテストする方法は何通りかあるが、その一つは実際にやってみることである。自然界の競争で環境に順応できなかった種が淘汰されていくように、市場のテストはダメなアイデアに容赦なく引導を渡し、うまくいくものだけを選び出す。とはいえ、新しいアイデアを市場でテストするのはコストもかかるし無駄も多い。カール・ポパーの言葉通り、「われわれの代わりに理論に死んでもらう」ほうがよい。[*1]

企業同士の競争では、これといった強みが何もないのに利益を期待することはできない。ではどこに強みや優位性を探せばよいのか。大雑把に言って五つある。第一は情報である。他社が知らないことを知っている。第二はノウハウである。他社が持っていないスキル、特許などを持っている。第三は地位である。評判やブランドで他社に抜きん出ている。あるいは、物流システムやサプライチェーンなど既存市場を動かすしくみを一手に掌握している。第四は効率である。規模の経済にせよ、技術、経験、その他の要素にせよ、そう簡単には到達できない水準に達している。第五は組織のマネジメントである。風通しがよい、機動力があるといった他社にはない特長がある。どの強みについても、まずは非対称性に着目するところから始めるのがよい。他社とのちがいや他社との差異が強みになりうる。

翻《ひるがえ》ってマークのエアロビクス・スタジオの場合、強みとなるものが何も見当たらない。中立の立場のアドバイザーとしては、否定的な助言をせざるを得なかった。あなたは何も特別な情報を持っていない。商機があるというが、それはすべて公表された情報や新聞報道に基づいている。希少なリソースは何一つ持ち合わせておらず、あなたのスキルはエアロビクスともサービス業とも関係がない。特別なノウハウもリソースもないのに収益予想を立てても、それは机上の空論と言わざるを得ない。

こんなことを言うと、いきりたつ人が必ずいる。「でもうまくいくかもしれないじゃないか！」とか「やってみなくちゃ始まらない」等々。たしかに、可能性はゼロではない。マークの埋もれていた才能がサービス業で開花するかもしれないし、彼がスタジオを開設した直後にマンモスレイクスの市当局がエアロビクス・スタジオの参入禁止令を出してマークのスタジオが俄然有利になるかもしれない。

だが強みとは、利益を生むことが合理的に期待できるようなものでなければならない。ギャンブラーはラスベガスで勝つかもしれないが、胴元が必ず儲かるようになっているカジノで勝つと合理的に期待するわけにはいかない。競争市場でやっていけると期待できるためには、情報であれリソースであれ何らかの優位性が必要である。

ではエドワード・マークにどんなアドバイスをすべきだろうか。もうすこし踏み込んで言えば、彼はどんな助言を聞きたがっているだろうか。私は起業するという心意気を控えめに称賛したものの、事業計画はまったく評価しなかった。「重要なのは、エアロビクス・スタジオの経営というビジネスについて、他人が持っていない特別な何か、つまり強みを持つことだ。そのうえで、その強みを軸に戦略を立てる。そうした強みを獲得するためには、まず君にとってエアロビクスが重要なのか、それともマンモスレイクスなのかを決める。それから、その重要なほうについて徹底的に調べて精通する。キーパーソン、サプライヤー、問題点、立地、政治、規制などだ。悪魔は細部に宿るというが、チャンスも細部に宿ることを忘れないように」

問題の最重要ポイントを乗り越えようとするときには、ボルダリングでわずかな手がかりや足場を探すように、強みや優位性の源泉を探すとよい。いま市場で競争している企業の多くは、何らかの強みを持っている。すくなくともマネジャーたちは、専攻した学問や過去のキャリアがどうあれ、自社製品について、あるいは自社の設計や製造のシステムについて、誰よりも精通しているはずだ。また顧客についても、顧客が製品やサービスをどのように使っているかもよく知っている。また、時間をかけて蓄積されてきた知識や経験も持っているだろう。強みを探すときには、まずそうした非対称性に注目することだ。

ベルトラン競争を避けよ

成功体験を持ち資産が蓄積されてきた企業は、とかく荒っぽい価格競争に突入しやすい。だがその結果はひどいことになる。フランスの数学者ジョゼフ・ベルトランは一八八三年に同質財を供給する複占市場（二社のみが商品・サービスを供給する市場）における企業間の価格競争をモデル化した。彼が想定したのは二つのミネラルウォーター会社である。どちらもフランス中南部オーヴェルニュ地方（あの有名なミネラルウォーター、ボルヴィック発祥の地である）の火山岩からの天然湧水を採取している。消費者は、品質が完全に同じだと知っているので、価格の安いほうを買おうとする。この状況では値下げをしたほうの売り上げが伸びることにベルトランは気づいた。しかもどちらも相手の価格をほんの少しだけ下回るような価格に設定し、最小限の痛手で顧客の総取りを狙う。一方が手を打てば他方がやり返すというこのプロセスでは、原価ぎりぎりまで値下げに次ぐ値下げが起きる。しかもミネラルウォーターの場合、原価はゼロに限りなく近い。ベルトラン競争でモノをいうのは、値下げをし続ける売り手の気力だけだ。そしてその気力がいつまで続くかは、値下げに買い手が応えてくれるかどうか次第である。

ベルトラン競争が生じるのは、値下げに対して市場が即座に決定的な反応を示す場合だ。競争する企業が十分な能力を備えていれば、製品は標準化され品質格差はほとんどなくなるし、価格情報もただちに買い手に伝えられる。こうした状況でのベルトラン競争は、価格をひたすら押し下げ、ついには原価割れしかねない水準に到達する。

ベルトラン競争で勝つ唯一の方法は、競争相手を駆逐して市場を独占することである。でなければ競争相手の誰よりも原価を低く抑えることだが、これはまずできまい。たとえばネット証券業界はベルトラン競争の様相を呈しており、この業界への進出はおすすめできない。

現実の世界で成功する戦略は、競争相手よりよい品質を提供する、好条件を提示する、得意とするセグメントに特化する、などだ。あとは買い手の不注意や無関心に期待することぐらいしかない。たとえば住宅ローン業界は、借り手がローン残高や新しく設定された金利にすぐに関心を示さないことに助けられている。ゴールドマン・サックスのあるアナリストによれば、

「われわれは経済学の概念に従って消費行動モデルを構築したことがあるが、全然役に立たなかった。平均的な借り手はだいたい居眠りをしていて、四年に一度ぐらい急に金利水準が気になるらしい。彼らが常時目を覚ましていたら、このビジネスはもっと利益が小さくなっていただろう」という。

強みを知る

一九八二年初めに私はシェル・インターナショナルのプランニング・グループに招かれてイングランドのラニーミードに一週間滞在した。最初に世界の石油産業の未来についてきわめて迫真的な数通りのシナリオが提示された。おおざっぱなシナリオながらよく目配りされていて、政治、社会、経済問題も広くカバーされている。シナリオを一通り見たあとの四日目の午後に、経営幹部たちが所見を述べた。そのうちの一人の発言はこうだ。「われわれは上流部門《アップストリーム》では高い投資リターンを実現している。だが下流部門《ダウンストリーム》では損失を計上した。とくにヨーロッパがそうだ。われわれの優位性が下流部門より上流部門にあることはまちがいない」。ちなみに上流部門とは探鉱・掘削事業を、下流部門とはガソリン、軽油などを生産する石油精製事業を意味する。

だがこの経営幹部の意見はまちがいだ。なるほどシェルは下流部門より上流部門の利益のほうが多い。だがこのちがいは、「優位性」とはほとんど関係がない。上流部門では、石油輸出国機構（OPEC）が過去五年間で原油価格を二倍以上に引き上げた。だから、既存の石油利権を持つ企業は軒並み利益を上げている。一方、原油価格の高騰でヨーロッパでは石油需要が一九%も落ち込んだ。ヨーロッパの石油精製能力は大幅に需要を上回ってしまい、供給過剰による競争で製油所の利益率は歴史的な低水準となり、赤字を垂れ流すようになった。一時的にベルトラン競争の状況に陥ったわけである。製油所が次々に閉鎖され、シェル自身もオランダの大型製油所とドイツの製油所の閉鎖を計画している。テキサコ、ガルフ、BPも閉鎖や撤退を発表するという状況だった。

競争相手と直接的な価格競争になることが明白なコモディティにどうしても投資しなければならない場合、ベルトラン競争による悲惨な結果を招いても驚くにはあたらない。だからと言って、その事業のやり方がまずいとかその事業に優位性を持たないということにはならない。直面する課題の最重要ポイントを攻略しようとするとき、その解決策は価格競争を招く、あるいは激化させるようなものではあり得ないし、ベルトラン市場に投資する、あるいは追加的に投資するものでもあり得ない。

結びつける

優位性の一つに、意外なもの、たとえば新しい需要と古い知識、既存事業と新しい技術を結びつける手腕が挙げられる。この優位性はぱっと見にはわかりにくいが、なかなか強力だ。新しい市場や新しい顧客は、まったく新しい技術でなくとも既存技術と何かを結びつけて開拓できるケースが多い。ただしその組み合わせは、競争相手が容易にはまねできないものであることが条件だ。

いまある製品やサービスは、だいたいにおいていくつもの要素を結びつけてできているものだ。新しい組み合わせは最初のうちはイノベーションとみなされるが、そのうちあたりまえになる。たとえばGEのターボファンエンジンは、工学と材料と製造がみごとに結びついた驚くべきジェットエンジンだった。スティーブ・ジョブズのiPhoneでは、これまで誰もやったことのないようなハードウェアとソフトウェアの高度な組み合わせを実現している。アマゾンの卓越性は、オンラインショッピングと超効率的な倉庫管理・物流システムを結びつけたところにある。これらの異なるスキルセットをこれほど緊密に結びつけることは、他の企業にはできまい。いまやあたりまえのように使っているこれらの組み合わせは、いまだにまねが困難で、持続的な優位性の源泉となっている。

優位性を創出するには、まだ結びつけられたことのないスキルやアイデアを組み合わせてみるとよい。多くの場合、それは、異なる知識や経験をベースにする事業を結びつけることを意味する。たとえば養蜂という古くからある仕事と、作物の植え付け・遺伝学・気象データという現代の情報とを結びつけることは可能だろうか？

・アメリカの電気工学者シーモア・クレイは、一九七〇年代後半に既成概念を超える高速コンピュータを完成させ、「スーパーコンピュータの父」と呼ばれるようになる。彼には、ふつうは結びつくと考えない三種類の知識基盤を巧みに組み合わせる特殊な才能が備わっていた。一つはコンピュータの基本設計、二つ目は微分差分方程式、三つ目は電磁気学の基礎方程式である「マクスウェルの方程式」である。クレイのスーパーコンピュータは高速演算とベクトル処理を結びつけて、標準的なＩＢＭマシンの四〇倍、さらには四〇〇倍の高速化に成功した。

・ライト兄弟の場合、問題の最重要ポイントは、滑空から動力飛行にどう移行するか、ということに尽きる。一方にはグライダーがあり、他方にはガソリンエンジンがある。だが既存のガソリンエンジンは、ライト兄弟のグライダーには重すぎた。兄弟は既存のエンジンを研究し、軽量でごく単純な構造の四サイクル直列四気筒ガソリンエンジンを設計してオハイオ州デイトンの自転車工房で組み立てる。このエンジンがなかったら、人類初の動力飛行が一九〇三年に実現することはなかっただろう。ただしエンジンだけでは足りない。成功したのは、空気力学に関する直観と知識、軽量アルミフレームの機体を作る技術、そしてガソリンエンジンの設計・製造能力を最高の形で結びつけることができたからである。

・フランスでは最高のレストランはだいたい地方にあり、新鮮な地場の食材を生かした料理を供する。アメリカではこの組み合わせはあまり見かけない。アリス・ウォータースはカリフォルニア州バークレーに開いたレストラン、シェ・パニースでこの組み合わせを実現した。地元でとれる新鮮な食材を使い、「カリフォルニア料理」と呼ばれるようになる新しい料理を創作したのである。ウォータースはとれたての食材を使ったシンプルな調理にこだわり、「よい食べ物」とはどういうものか、アメリカ人の価値観に革命を起こしたと評価されている。二〇〇九年にはこの功績に対してフランスからレジオンドヌール勲章を贈られた。

*

消費財の多くは、異なる特徴を持つモデルやブランドをこれまた多種多様な顧客グループとうまく結びつけなければならないという課題を抱えている。この課題の最重要ポイントは、顧客の行動を知り、実際に何を欲しがり何を必要としているのか理解することにある。

・顧客調査に初めて本腰を入れて取り組んだ消費財メーカーは、P&Gだ。一九二〇年代後半にすでに同社は「ブランドマネジメント」の実験を行っていた。たとえば石鹸の「キャメイ(Camay)」と「アイボリー(Ivory)」ブランドの差別化を図り、それぞれにブランドマネジャーを任命している。そして消費者はそれぞれの石鹸をどう使い分けているのか、経済学の博士号を持つポール・スメルサーが本格的な調査を実施したおかげで、P&Gは業界に先んじて顧客知識を蓄積することができた。スメルサーは、たとえば次のような質問をして経営陣を当惑させる。「アイボリー石鹸の何%が顔や手を洗うのに使われ、何%が皿洗いに使われているのか？」[*2]。幹部が答えられないと、調査をして実態を知らなければならないとスメルサーは主張した。

スメルサーの調査部門は、とくにフィールドリサーチで名高い。調査員の大半が若い女性で、消費者の自宅を訪問して洗剤や石鹸がどのように使われているかを調べる訓練を受けている。調査員はノートもクリップボードも持参せず、注意深く観察したことをすべて記憶する。調査後にそれを報告書にまとめるわけだ。P&Gは世界最大の消費財メーカーになった大きな理由の一つとして、こうしたフィールドリサーチやその他の市場調査データを活用したことが挙げられよう。

・米会計ソフトウェア最大手のインテュイット（Intuit）は、家計簿ソフトQuicken（クイッケン）、財務・経営管理ソフトQuickBooks（クイックブックス）、所得税申告支援ソフトTurboTax（ターボタックス）といった製品で業界をリードしている。かつてのP&Gと同じく、インテュイットも一軒一軒の家を訪問調査する方針を採用していた。インテュイットのマネジャーがユーザーの自宅を訪れ、Quickenがどんな使われ方をしているのかを見て回る。そこでわかったのは、大方の人は正式な会計用語をほとんど知らないことだった。そこでQuickBooksでは複式簿記の複雑さをできる限り減らし、見え方も使い勝手も個人事業主がとっつきやすいように改善した。二〇〇八～一八年にインテュイットのCEOを務めたブラッド・スミスは、「訪問調査で得られた知識は、データシステムからは得られないものだった。実際に会って話を聞けば、製品にどんなことを感じているかじかに知ることができる」と語っている。[*3]

・金属粉末大手のインデゴ・マテリアルズ（仮名）は、競争相手の出現を機に主要顧客との関係強化にフォーカスして成功した。金属粉末は玩具からジェットエンジンのブレードまで、じつにさまざまなものに活用される。インデゴはタングステン、炭化タングステン、チタン、トリウムに特化しているが、超硬合金として知られるこれらの金属は文字通り非常に硬いため、従来の切断方法による成形はむずかしい。とくに炭化タングステンは、他の金属の切断に使われるほど硬い。そこで金属粉末を鋳型に入れ、高圧または焼結によって望みの形に成形する方法がとられる。

二〇一〇年初めの時点で、インデゴはタングステンとトリウムで競争優位を謳歌していた。独自に開発した添加剤に特許を持っていたからである。この添加剤を加えると小さな細かい部材も高い精度で成形できるが、添加剤なしではどうしても精度が甘くなってしまうという。インデゴが得意とする超硬合金の金属粉末には世界で二〇社ほどの安定した顧客がついていた。

ところがここに問題が起きる。「韓国から競争相手が現れた。われわれの添加剤に劣らぬ品質の製品を引っ提げてね。ウチの利益率が下がり始めた。われわれにとって最大の問題は、顧客が成形前にどんな処理をしているのか正確には知らないことだった。それに、最終製品の必要強度などの条件も完全には理解していなかった。顧客からは価格の見積もりと納期、こちらの仕様の提出を要求されるだけなのでね」とCEOのロン・ハーウェイスは二〇一六年に語っている。

インデゴの経営陣は、ある大口顧客から相談を受けたことを機に、その顧客の工場へ技術者を派遣して一緒に問題解決にあたることを決める。四カ月にわたる共同作業の結果、顧客はインデゴのタングステン粉末の硬度と加工精度には満足しているものの、多孔性も求めていることがわかった。極小の穴があいていると、自己潤滑タイプのベアリングには好都合だというのだ。インデゴのエンジニアはこの問題に取り組み、微量のタンタラムと別種の添加剤を加えると要求に応えられることがわかった。

この成功体験に基づき、インデゴは小規模な試験場を作り、顧客が採用している成形方法のいくつかを試せるようにした。次に、主要顧客と問題解決にあたる熟練セールスエンジニアのチームを編成する。顧客の抱える問題を試験場で再現し検討を重ねるようになってから、インデゴは金属粉末の使い方について以前よりはるかに効率的に顧客を支援できるようになった。数年も経たないうちに利益率は回復する。それまでコモディティ・メーカーとみなされていたインデゴは、他社とははっきり一線を画す特殊材料メーカーになったのだった。

結びつけることは一企業内でできるが、その逆の切り離しのほうは通常は業界全体を巻き込む現象となる。とくに、従来単一のシステムとして供給されていたものが、コンポーネント単体で供給されるようになるときがそうだ。この場合、コンポーネント単体に特化してすばやく地位を確立することが競争優位になり、システムに固執する企業に先んじることができる。

切り離す

たとえばかつてのコンピュータ業界では、ＩＢＭにせよその（小粒の）競争相手にせよ、コンピュータをシステムで提供していた。つまりメモリ、プロセッサ、カードおよびテープ読み取り装置、プリンタ、ターミナルをすべてシステムとして請け負い、企業や官庁に納入していたのである。だがマイクロプロセッサの登場で、このやり方は成り立たなくなる。一つひとつのデバイスはよりスマートになり、それぞれ固有のマイクロプロセッサを搭載し、ディスクドライブ、キーボード、メインプロセッサ、モニター、メモリ、ソフトウェアなどはそれぞれ専門のベンダーが手がけるようになった。この大規模な切り離しが起きると、いちはやく直販モデルを導入したデル、さまざまなデバイスに搭載されることになったマイクロプロセッサのインテル、ウィンドウズとオフィスを擁するマイクロソフト、そしてディスクドライブ業界が、従来のシステム納入の利益は消滅したにもかかわらず、それぞれ巨額の利益を手にしたのだった。

統合とアウトソーシング

上流側から下流側へインプットが供給される事業、たとえば伐採した木材を製材所や製紙工場へ送り、そこで材木、ノート、ティッシュペーパーを製造するといった事業では、上流部門と下流部門は統合されていると言うことができる。

一九〇九〜一六年にフォードはTモデルの販売価格を九五〇ドルから一気に三六〇ドルに値下げし、潜在顧客層を大幅に拡大させた。この成功は、多くの人の想像に反して、ライン生産方式の導入と人員削減のおかげではない。そもそも一九〇九年式のフォードに投じられた人件費はわずか一〇〇ドルに過ぎない。コスト削減に最も寄与したのは原材料コストである。こちらは一台あたり五五〇ドルから二二〇ドルに圧縮された。[*4] これほど大幅な削減ができたのは、敢えてサプライヤーの手法を取り込むユニークな取り組みをしたからだった。当時はシート、ウインドウ、ホイールなどのサプライヤーはどこも家内工業のようなものだった。フォードの生産工学を担当するエンジニアたちはそうした小さな工場を訪問し、どうやってかなりの量のコンポーネントを高い品質と安いコストで製造し納期に間に合わせるのか調査して、そこから得た知識を投入することでTモデルの劇的なコスト削減を実現したのである。

こうした知識統合のメリットはいまもなくなったわけではないが、その機会は以前よりずっと少なくなっている。その一方で、統合とは逆の分離のほうが利益に直結する可能性は高くなった。パーツ、コンポーネントあるいはサービスのサプライヤーはその分野に特化しており、専門知識を蓄積している。Tモデルのまさに裏返しで、アウトソーシングとサプライチェーンの形成という大きな流れの背景にあるのは、知識の分離にほかならない。アウトソーシングは製造だけでなくプログラミングといった知識ベースの仕事でも行われており、コストの低いところを求めて海外に委託・移管するオフショアリングもさかんだ。その顕著な例が半導体製造で、いまやその大半を専門メーカーがこなしている。当初はフェアチャイルドセミコンダクター、テキサス・インスツルメンツ（TI）、IBM、モトローラといった企業が独自の半導体を設計・製造していたが、今日では半導体を内製しているのはインテルとサムスンぐらいである。

統合か分離かの決断は、自社の取扱品目のうちどれを重視するかによってちがってくる。たとえばパキスタンの靴メーカー、バタ（Bata）は、比較的つくりの単純なサンダルの内製を打ち切り、地元の急成長中のメーカーに外注した。その一方で、複雑な構造のスニーカーは熟練技術を要するバルカナイズ製法で作るため、内製にこだわっている。

スイスの金融サービス企業ガーマジー（仮名）はオーダーメイドの保険商品を専門に手がけている。といっても、同社は注文に応じて保険商品を設計するだけだ。実際の保険業務の遂行は専門会社が行い、マーケティングは外注し、販売はファイナンシャルアドバイザーが引き受けている。現代の金融業界では、統合は獲得困難な顧客・市場に関する情報の共有に限られる傾向がある。

規模の経済と経験の蓄積

規模

効率改善や市場支配力の強化を実現する最も手っ取り早い方法は、規模の拡大である。一般に規模が大きいほどコストは下がると考えられているが、ほんとうだろうか。

答えはイエスでもあればノーでもある。サムスンは二〇一九年にスマートフォン二億九五〇〇万台を生産した。一方、アップルは一億九七〇〇万台である。サムスンはプロセッサからスクリーンまで垂直統合が進んでいるから、生産量が増えるほど規模の経済と統合の優位性が強まると考えやすい。だがサムスンが手がけたモデルは一五〇種類もある。これに対してアップルはたった三種類だけだ。サムスンの生産量は合計するとたしかに大きいが、その大半は安価で利益率の低いモデルで、多くが開発途上国向けだった。よってサムスンのスマートフォンの利益率は、平均すると一七％である。対照的にアップルは六六％もの利益率を実現してみせた。よってこのケースでは、大きいことがいいことだとは言えない。

とはいえ、多くの事業で規模の経済が成り立つことはまちがいない。ここで戦略的に問題となるのは、規模の拡大が効率的なのか、ということだ。市場の一〇分の一を獲得すればほぼ最適の効率が実現する場合、効率的な企業が一〇社競合する可能性があることになる。となれば、規模は強み、すなわち競争優位にはなり得ない。

ただし規模が大きくなるほど初期投資はかさむし、差別化を求める顧客の要望には応えにくくなる。たとえばレストランの場合、初期投資は席数が少ないほど小さい。それにそもそも、一〇〇〇席もあるレストランなどほとんど意味がないだろう。客は単に安い食事を求めるわけではないのだ。

航空産業では、エアバスがA380によって座席マイルあたり最小限のコストを実現した。A380は、大型旅客機のシェア争奪戦でボーイング747を蹴落とすべく設計された機体である。だがエアバスの最小コストが実現できるのは、満席で運航できた場合だけだ。結局エアバスは二〇一九年にA380の生産を打ち切りを決めている。

同様に世界の自動車産業でも、製造コストに関する限りは規模の経済が成り立つ。だが二〇一九年の世界の生産台数九二〇〇万台のうち、トヨタのシェアは一二%、フォルクスワーゲンが一二%、フォードが五・九%という具合で、圧倒的な強者はいない。もし規模が唯一の決め手だとしたら、最大手が市場を独占するはずだから、ここには何か別の力が作用していることになる。

自動車製造において規模の経済が決定的要因になり得ないのは、他人と同じクルマはいやだという人が多いからだ。特別な仕様や性能が欲しいとか、デザインで差をつけたいとか、とにかく個性を主張したいといった買い手の願望が規模の経済の成立を阻む。個々のメーカーが直面する問題は、単に製造単価ではなく、買い手のさまざまに異なる社会規範、ニーズ、好み、所得水準なのである。

また、単純な大量生産で成り立つ規模の経済と、大規模組織において実現しうる規模の経済の間には大きな乖離がある。というのも組織が大きくなるほど中間管理職が何階層も必要になり、それらを調整し統合するしくみが必要になるからだ。こうした理由から、規模の経済だけを追求した合併はだいたいにおいて失敗に終わる。合併が完了してから、合併相手の職務分担、スキル、給与体系などがあまりにちがいすぎ、融合が困難で期待したほどのメリットがないと判明することが往々にして起きる。その代表例がともに自動車のドイツのダイムラー・ベンツとアメリカのクライスラーの合併（一九九八年）、ともに通信機器のフランスのアルカテルとアメリカのルーセントの合併（二〇〇六年）、インターネット大手のＡＯＬとメディア大手のタイム・ワーナーの合併（二〇〇〇年）である。

規模は、広告や研究開発では重要な意味を持つ。どちらも競争相手の予算規模に敏感だからだ。以上のように規模の問題は一筋縄ではいかず、注意深い事前分析と精査が必要である。

経験

誰もが知っているように何度か経験のあることは上手にできるようになる。実践型学習に関する古典的な調査は、第二次世界大戦中のボーイング社第二工場におけるＢ－17大型戦略爆撃機の戦時生産体制について行われた[*5]。一九四一年にラインから送り出された第一ロットの航空機には、一機あたり約一四万作業時間を要した。一年後にはそれが四・五万時間まで短縮されている。そして一九四五年に生産打ち切りになった時点では、なんと一・五万時間になっていた。作業時間の短縮に寄与したのは規模の経済ではないし、作業員が習熟したからでもない。というのも、生産開始当初は熟練工ばかりだったが、生産ラインの拡大とともにやや未熟練の作業員も投入されるようになったからだ。では何が変わったのかと言えば、工程管理である。組立ラインに送り込む前に不良品を排除しておくようにしたことで、作業のやり直しが大幅に減った。さらに、ジャストインタイム方式に近い方式を導入し、部品メーカーが半完成品にしてからメイン工場で組み立てる方式に工程が再編されたことも、作業時間の短縮につながっている。メイン工場で在庫を持つ必要がなくなり、在庫スペースが不要になるという余禄もあった。

ボストン・コンサルティング・グループ（ＢＣＧ）を創設したブルース・ヘンダーソンは、こうした実践型学習の成果、すなわち累積生産量が増加するに従って単位コストが減少する現象を経験曲線と表現し、戦略コンサルティングに活用して効果を上げている。私自身も一九七六年にヘンダーソンのオフィスで経験曲線を初めて目にした。ちょうどＢＣＧのアナリストたちがテキサス・インスツルメンツの半導体事業から収集したコスト・データを解析していたところだった。累積生産量が増えるにつれて、対数グラフ上で単位製造コストは減っていく。累積生産量が二倍になるごとにコストは約二〇％減少した。こうした経験効果によって、他社に先んじた企業はその地位を維持できる、とヘンダーソンは主張している。競争市場における持続的な成功は、経験効果で説明できるように見えた。

今日になってみれば、テキサス・インスツルメンツの半導体製造で見られた経験曲線は、基本的な半導体の経済学を反映していたに過ぎないことがわかる。一般に製造業においては、工場なり生産ラインなりの歩留まり（生産品に占める良品の比率）が上昇するにつれて単位製造コストは下がる。不良品が生じる原因を突き止めて修正できれば歩留まりは改善される。さらに重要なのは、半導体製造においては、半導体回路の集積密度（シリコンチップ一ミリ平方あたりのトランジスタの数）は一年半～二年で二倍になることだ。読者もよくご存知の「ムーアの法則」である。

ただヘンダーソンは、ムーアの法則が当てはまるのは個々の企業ではなく業界全体だということを理解していなかった。テキサス・インスツルメンツはこの厳然たる事実を電卓で思い知らされることになる。彼らは持続的な成功をめざして経験曲線を描くべく突き進んだが、同等のコストで対抗してきた台湾メーカーとの競争に巻き込まれる結果となった。つまり単位コストの圧縮は特許とは異なり、持続的な競争優位の源泉とはなり得ないということである。

そうは言っても、経験はやはり重要である。安定した事業であるほど、またプロセスが複雑であるほど、継続が効率化につながる。よって航空機の製造では、いまなお二〇機目のコストは一機目より大幅に下がると妥当に予想できる。もちろん経験の重要性は製造業に限った話ではない。グーグルも経験を通じて検索結果の改善を続けている。

経験に関して戦略的に問題になるのは、どの程度経験を積めば競争相手を上回る競争優位につながるのか、というところだ。単純な規模の経済の場合と同じく、ある点を過ぎると経験の蓄積以外の要素が決定的な重みを持つようになる。

ネットワーク効果

ネットワーク効果とは、ある製品やサービスがより多くの人に使われることによって一段と価値が高まる現象のことで、マイクロソフト、グーグル、フェイスブック、ツイッター、そしてある程度はアップルといったビッグテックと呼ばれる企業が謳歌していることはよく知られている。ネットワーク効果もまた競争優位の一つ、それも圧倒的な優位の一つと言える。ネットワーク効果をうまく活用すれば、新しく売り出した製品やサービスを記録的な短期間で人々に知ってもらい、試してもらうことができる。逆にネットワーク効果がまったく得られない場合には、競争に取り残され退場を余儀なくされる。パーティーを開くことをみんなに知らせたはずなのに誰も来てくれない、といった状況に陥るわけだ。

規模の経済が単位コストを押し下げるのに対し、ネットワーク効果は製品やサービスの価値を高める。大勢の人が使えば使うほど価値が高まるのである。

一九七四年にビル・ゲイツはハーバード大学の経済学の講義で、電話網のネットワーク効果を学ぶ。これに大いに刺激されたゲイツは、すぐさまハーバードを退学してプログラムを書いた。設立したばかりのマイクロソフト社にとって第一号製品となるアルテアＢＡＳＩＣ（Altair BASIC）である。プログラミング言語ＢＡＳＩＣの一種で、現在はその後継のＭＢＡＳＩＣをウェブからダウンロードすることができる。ゲイツははじめのうち海賊版が出回るたびに腹を立てていたが、やがて自分のプログラムが先に出回って定着してしまえば、競争相手がよりよいもの（たとえばＴＤＬ ＢＡＳＩＣ）を投入しても普及を阻むことができると気づく。海賊版からお金をとることはできないにしても、ゲイツのプログラムは当時の事実上の標準《デファクト・スタンダード》となった。その後、マイクロソフトのウィンドウズとオフィスがネットワーク効果のおかげで市場を支配するようになり、ゲイツを世界有数の富豪にした。

ネットワーク効果を生む可能性のある新しい製品をあなたが作れるなら、それはごく短期間で成功するだろう。ただし基盤となるシステムが変化した場合には、ネットワーク効果がすっかり失われてしまう可能性がある。たとえば世界初の表計算ソフト「ビジカルク」（VisiCalc）は初期のアップルのコンピュータすべてに搭載されていたが、やがてアップル以外のＰＣが隆盛になるとロータス１－２－３が圧倒的なシェアを握るようになり、さらにウィンドウズが登場するとエクセルが勝利を収めている。

インターネットとネットワーク効果の組み合わせが超特大の威力を発揮するとわかると、多くの企業がサービスを無料で提供するようになった。そうなると、ベルトラン競争の罠に落ち込みかねない。無料サービスでつねにつきまとう疑問は「どこで儲けるのか」ということである。この疑問に答えるツールとしてビジネスモデル、という便利な言葉が登場している。簡単に言うと、ビジネスモデルが説明するのは、サービスが無料で提供されるときにどこで収益を確保するのか、ということである。インターネット事業の基本的なビジネスモデルは、ウェブ広告、ユーザー情報に基づく広告、無料サービスと有料プレミアムサービスの併用、サブスクリプションである。

圧倒的なシェアを維持するグーグル、フェイスブック、ツイッターなどは、最強のネットワーク効果を誇っている。ユーザーにはよりきめ細かなテイラーメイドのコンテンツを提供すると同時に、広告主にはオーディエンスのターゲティングとユーザーのレスポンスの即時フィードバックを提供できることが彼らの強みだ。フェイスブックは現在二五億人のアクティブユーザーを抱えており、技術や規制によほど大きな変化のない限り、その地位は揺るがないだろう。

プラットフォーム

このところ、起業といえばプラットフォーム事業という状況になっている。すでに読者もご存知のとおり、プラットフォームとは製品またはサービスの利用者とその提供者をつなぐ基盤、すなわち場のことである。インターネットを活用して広い範囲で両者を結びつけられることが特徴だ。ウェブ・ベースのプラットフォーム事業には売り手と買い手の双方にネットワーク効果が期待でき、まさに市場の役割を果たす。フェイスブックがまずユーザーベースを構築したのに対し、エアビーアンドビーのようなプラットフォームは、貸し手が十分にいない限り利用者にとって意味がなく、利用者が十分にいない限り貸し手にとって意味がない。

このようにプラットフォーム事業の戦略においては、売り手と買い手の双方にネットワーク効果を持つことが競争優位となる。言い換えれば、売り手と買い手のどちらも「ロックイン」させ、他のプラットフォームへの乗り換えを困難にすることが重要だ。このとき最初の勝負どころ、すなわち最重要ポイントは、売り手と買い手どちらのベースを最初に構築するか、逆にどちらを後回しにするか、ということになる。どちらにするかは、状況や創業者のアイデア次第だ。エアビーは、まず貸し手の募集に力を入れ、物件の掲載リストを充実させた。求人・住宅・地域情報などのコミュニティサイト、クレイグスリスト（Craigslist）や、新聞広告、オンラインのバケーションレンタル企業に掲載されている貸し手を奪うことを考え、初期の掲載者には掲載用写真撮影の費用を負担するなどの支援を行っている。これは物件所有者に掲載を促すインセンティブとなった。また、クレイグスリストでは素っ気ない写真と必要最低限の説明文だけだったのだが、エアビーの写真と紹介文は物件をおしゃれに見せる絶大な効果があった。利用者が増えれば金銭的支援の必要はなくなる。エアビーはいまでは撮影費用は負担していない。貸し手は他の掲載者に負けないよう、すすんで撮影に工夫を凝らしている。

いまや世界六〇カ国以上で事業を展開するライドシェアのウーバーは、ご存知のとおりドライバーと利用者を結びつけるプラットフォームだ。ウーバーの利用料金はタクシーを駆逐できる程度に低く抑えられており、ドライバーの取り分が少なすぎるのではないかと批判の対象になったこともある。ウーバーのドライバーになるためのハードルは低く、人材を呼び込むことは容易にしても、離職率は六〇％とかなり高い。同社はマーケティングのほか罰金の支払いや世界各国での政治献金に多額の資金を投じている。となれば大きな疑問は、どうやって利益を上げるのか、ということだ。ウーバーは二〇一九年に八五億ドルの赤字を計上。二〇二〇年も六八億ドルの赤字に終わっている。二〇二一年は赤字幅の縮小に成功したものの、これはかなりの条件付きだ。なにしろ減価償却費、株式報酬、引当金、のれんの減損、金融費用、新型コロナウイルス対策費などが含まれていないのである。ウーバーはほんとうに成長のために投資していてそれがいつの日か実を結ぶのか、それとも同社の料金構造は基本的に持続不能なのか、大きな謎だと言わざるを得ない。

ウーバーの重要な特徴の一つは、ドライバーがほとんど元手要らずでビジネスを始められることと、労働時間がきわめて柔軟で融通が効くことだ。起業資金が少なくて済み柔軟性が高いという特徴は、多くの人にとってたしかに魅力的ではある。

ハンドメイド品のマーケットプレイスであるエッツィ（Etsy）も、作り手が好きなときに作って好きなときに売ることを可能にした点ではウーバーと似ている。ハンドメイド品とヴィンテージ物に特化したエッツィを始めたのは、ロブ・カリン、クリス・マグワイア、ハイム・ショピクで、三人ともニューヨーク大学の卒業生である。彼らはgetcrafty.comやCrafster.orgの掲示板を丹念に調べた結果、こうした掲示板に投稿する人たちは自分たちの作った品物を売りたがってはいるものの、eベイは絶対にいやだと思っていることを突き止めた。そこで彼らはサイトを開設すると、はじめ数カ月間は無料で掲示板に掲載できるようにする。当初はクラフト作家の出品を別のクラフト作家が買う、という仲間内の買い物が大半だった。エッツィはオンライン上の個人店舗のテンプレートや編集ツール、クレジット決済機能、マニュアル、作家同士のオフ会などを用意し、売り手が個人店主として店を運営することを奨励した。やがて興味を持ったブロガーが取り上げてくれるようになる。彼らは、こうしたハンドメイド品の販売サイトは大量消費文化を否定するものとして歓迎した。そうなると買い手はどっと増えた。

エッツィは二〇一五年にナスダックに上場し、二億八七〇〇万ドルを調達した。市場はつねに四半期業績に注目し伸びる企業を評価するが、エッツィの飛躍の陰で、アートファイア（ArtFire）のような類似のプラットフォームが姿を消し、アマゾン・ハンドメイド（Amazon Handmade）も低迷している。

エッツィの事業が拡大するにつれ「ハンドメイド」の定義はゆるくなり、個人がデザインして業者に作ってもらうものもハンドメイドだということになった。また一部の買い手からは、規模が拡大しすぎたという不満の声も聞かれる。あるライターは、「エッツィのウェディング・カテゴリーは膨大すぎて使えない。〝マーメイドライン〟で検索をかけたら、デザイナーのリアン・マーシャルが手がけた六八八二ドルのガウンから手作りらしい六五ドルのレースのドレスまで、一二九九件もヒットした」と書いている。[*6]

それでもエッツィは売上高も営業利益も順調に（とくにコロナ禍では飛躍的に）伸ばしており、二〇二一年の純利益は四億九三〇〇万ドルに達した。エッツィの主な収入は、商品が売れた場合の五％の販売手数料、決済処理の三％の手数料、出品時の四カ月分の掲載料二〇セントである。

*

あなたが起業するとしたら、優位性として見つけやすさと乗り換えのしにくさ（逆に言うと強力なロックイン）が重要だと考えるのではないだろうか。これはプラットフォーム事業の場合、買い手が欲しいものをいかに容易に探せるか、買い手も売り手もちがうプラットフォームへの乗り換えが困難か、ということになる。

ウーバーの場合、探すのは容易で速い。ただし、ラッシュ時などは通常の料金の三倍になったりすることがある。これでは利用者が離れてしまうのではないかという懸念が残る。また、ウーバーのドライバーの大半が競合先のリフト（Lyft）でも働いていることからもわかるように、配車ビジネスはまねされやすい。こうした懸念はエアビーにも当てはまる。

ハンドメイド品のプラットフォームでも、一部の買い手と売り手は別のプラットフォームに乗り換えたがっている。だが売り手の場合はいくらかむずかしい。原因として、ウェブサイトの手続きが面倒だということと、いったん出店して客もつくと乗り換えにくいことが挙げられる。それでもそう遠くない将来にプラットフォームの乗り換えはもっと容易になり、プラットフォーム市場の競争は激化するだろう。

ハンドメイド品のプラットフォームでは、品質管理もむずかしい問題だ。エッツィには一二〇〇万ものジュエリーアイテムが出品されているが、その一部はたしかにハンドメイドではあるものの、残りの出所はあきらかにアリババだ。エッツィは「ハンドメイド」のルール作りで苦労している。掲載写真のクオリティもまちまちだ。もっともアートファイアの写真はもっとばらつきがひどかった。よって、この種のプラットフォームには価値を高めるようなイノベーションの余地が十分にある。

第12章 イノベーション

テクノロジー絡みの問題で戦略を立てるときには、改めて言うまでもないことだが、技術の進歩に注意を払わなければならない。発明家精神旺盛な才能の登場にはとくに注目だ。特許制度はもともとは一匹狼的な発明家を想定して創設されたが、実際には発明が忽然《こつぜん》と出現することはまずない。新しい発見や洞察はたしかに無から生まれるにしても、その後に議論や協働を重ねて骨格が定まっていくものだ。つまり発明はけっして瞬発的なものではないし、時代の空気やニーズにも左右される。

アメリカの法学者のマーク・レムリーはこう述べている。「わが国における重要な発明の歴史は、通説とは異なり、漸進的な改良の積み重ねである。そうした改良の多くは、往々にして同じ時代に生きた複数の発明家によって実現される」[*1]。現にテキサス・インスツルメンツのジャック・キルビーとフェアチャイルドセミコンダクターのロバート・ノイス（のちにインテルを共同創業）はほんの数カ月のちがいでともに集積回路の特許を出願した（前者が一九五九年二月、後者が同年七月）。またイライシャ・グレイ（のちにウェスタン・エレクトリックを共同創業）がアレクサンダー・グラハム・ベルと同日に電話の特許を出願した（結局ベルの特許が認められた）ことは有名だ。

そもそも多くの発明は、既存のインフラに依存している。エジソンの発明の数々は、電気が解明された後に誕生した。グーグルの検索アルゴリズムは、ウェブが出現し検索エンジンが考案されてから設計された。ワールドワイドウェブ（ＷＷＷ）は、国防総省高等研究計画局（ＡＲＰＡ、現在のＤＡＲＰＡ）が導入したコンピュータネットワークＡＲＰＡＮＥＴのアーキテクチャから発展した。このネットワークのパケット交換方式は、一九六〇年代半ばから研究されていた。

技術の進歩は層状に重なって波のように押し寄せ、それぞれの層はその前の層の知識やインフラの上に築かれる。だから戦略家は、一世紀以上続くような長い波と、目先の短い波の両方を的確に評価しなければならない。短い波は多くの場合、何らかの新しいメリットの実現コストを大幅に押し下げる形でやって来る。大企業が基調的な技術で競争優位を構築するためには、目先の利益は短い波に乗って得るとしても、つねに長い波を見ていなければならない。これに対して規模の小さい企業やスタートアップ、あるいは大企業の個別事業は、短い波にフォーカスして戦略を立てるとよい。そのほうが技術やイノベーションの恩恵を最大限に手にすることができる。

長い波

多くの人を巻き込んだ長い波の一つは、繊維産業だったと考えられる。たとえば産業革命（一七六〇〜一八六〇年）前には、大半の人々が現代の基準からすればひどく貧しく、すり減ってぼろぼろになるまで同じ服を着ていた。一七〇〇年以前のふつうの女性の大半は、糸紡ぎ、機織りから始まって家族の服を縫い上げるまでに多くの時間をとられたものである。未婚女性を糸紡ぎ女《スピンスター》と呼んだのは、もっぱら服飾業者に売るための糸を紡いでいたからだ。イブ・フィッシャーは男性用シャツ一枚を作るのに要する時間を試算して、「紡ぐのに五〇〇時間、織るのに七二時間、縫うのに七時間費やす。つまりシャツ一枚に五七九時間を要するのだ。最低時給が七・二五ドルの今日なら、このシャツは四一九七・七五ドルするだろう」[*2]と述べている。工業生産されたシャツが市場にお目見えした時点では、従来のシャツと比べて大幅なコスト削減が実現したわけではない。そもそもそれまでシャツは市場に出回る商品ではなかった。だが家庭で作るコストと比べたら、それはもう大幅な削減だった。今日、ごくありきたりの男性用ワイシャツは二〇ドル以下で買えるから、九九・五%の節約になる。一七六〇〜一九〇〇年の間に、同様の大幅な価格下落が柱時計から食器までさまざまな基本的な日用品で起きている。これはまさに革命だった。

繊維革命は紡織から始まって、その後も続いた。今日では多くの衣服が木綿かポリエステルまたはその混紡でできている。この長い波に新しく加わったさざ波の一つが、環境への配慮だ。消費者は殺虫剤を使わずに育てられた植物からとれる繊維や生分解性の合成繊維を求めるようになった。さらにヴィーガン志向の人々が増えてきたことから、従来廃棄されていたパイナップルの葉由来のピニャテックス（Piñatex）が、天然革の代替品として注目されている。またキノコ菌糸由来のバイオ素材マイコテックス（MycoTEX）を使った新しい服作りの手法も話題だ。

過去二世紀で最も重要性の大きかった長い波は、電気の活用である。一八二〇年にデンマークの物理学者ハンス・クリスティアン・オーステッドは、電流が羅針盤の針の向きを変えさせることに気づいた。つまり電流には物体を物理的に動かす力があることを初めて発見したのである。一八四〇年には電動モーターが開発され、旋盤その他の工具に活用された。やがて電動モーターは工場でも使われるようになり、蒸気機関のパワーを一つひとつの機械に送る複雑な滑車やベルトに取って代わる。一八八〇年代には世界初の発電所がニューヨーク市をはじめとする都市に建設されるという画期的な出来事が起きた。そして一八九〇年代になる頃には、クリーブランドが先陣を切って、路面電車が馬の引く馬車鉄道に取って代わる。すぐにアメリカの各都市が追随した。そして二〇世紀になると家庭でエジソンの電球が使われるようになって、ロウソクもガスランプも一斉に姿を消す。

家庭に電気が引かれると、企業は次々に新しい家電製品を市場に投入するようになる。それが一九二〇年代のことだった。洗濯機、冷蔵庫、ラジオなどがどっと一般家庭に押し寄せる。続く二〇年の間に計算機が、そして世界最初の汎用コンピュータＥＮＩＡＣ（エニアック）が完成する。最初のトランジスタが一九四七年にベル研究所でお披露目されると、一〇年も経たないうちにＩＢＭがトランジスタを使った複雑なコンピュータを組み立てた。そして一九六〇年代に入ると集積回路（ＩＣ）が発明され、半導体メモリとマイクロプロセッサの開発へとつながる。マイクロプロセッサの実現により、一九七〇年代に入ると初期の「家庭用コンピュータ」が登場した。

インターネットの構築には、安価な小型コンピュータ、通信容量の大きい光ファイバーケーブル（一九七〇年代～八〇年代に開発された）、既存のケーブルテレビ回線が揃うことが必要だった。携帯電話は無線、ＩＣ、セルラーネットワークを活用している。このように電気技術は一つの層が出現するとその上に次の層、またその上に次の層、という具合に新しい発明を生み出していった。ここで既存インフラが重要な役割を果たしたことを忘れてはならない。この流れはまだ終わっていない。

長い波はこのように後から総括することはできるが、予測するのはむずかしい。私は一九六七年に著名な未来学者ハーマン・カーンが主催した未来予測ワークショップに参加したことがある。科学者、経営者、政府関係者などが参加し、三〇年後の二〇〇七年の世界がどんなものになるかを想像した。核戦争はないという前提での予測は次のとおりである。ガンは治療可能になる、火星に移住できるようになる、地球上のどこからでも一時間のロケット旅行を楽しめるようになる、核融合によるクリーンエネルギーを安価に供給できるようになる、自動翻訳が可能になる。

まあこれは、テクノロジーにはなんでもできるとばかり夢を書き連ねたウィッシュリストのようなものだ。リストのうち実現に近づいたのは自動翻訳だけで、それもまだ完璧とはとても言えない。核融合もガンの治療も火星への移住も実現していない。その一方で、誰も想像しなかったことが実現している。それは、コンピュータが文字通りどこにでも普及したことだ。どんな機械にも搭載され、ポケットに入れて持ち運ばれ、いつでもネットワークでつながることができ、ほとんどどんなことでも数秒のうちに見つけることができる。

インターネットがワールドワイドウェブとして初めて公開されたとき、情報共有の新時代が到来し、人間は真の意味で自由になると考えられたものだ。そしてこれはおおむね実現し、働き方も文化も変わった。しかし当時、インターネットの出現で情報の洪水に見舞われ、注意の持続時間が短くなるとか、不正確あるいは虚偽の情報が飛び交うようになると予想した人はいなかった。それから一〇年が過ぎた時点でさえ、ツイッターのようなＳＮＳが誹謗中傷の道具になりうるとか、社会規範をこれまでにないスピードで変えていくといったことも、誰も予想していなかった。私たちは、望んだものを手に入れたとは言えない。望むと望まないとにかかわらず、テクノロジーが実現したものをひたすら受け取るほかはない状況だ。

一つ確実に言えるのは、戦略を立てるときには、関係する長い波の性質をよく知る必要があるということだ。波の中には長い時間をかけて途方もない距離を進み続けるものもあれば、限界に達したと見られるもの（たとえば船舶エンジンがそうだ）もある。当然ながら、遠い将来ほど技術の予測はむずかしい。予測可能と言えるのはせいぜい五〜七年先だろう。それより先については、何通りかの見方を用意し、Ａの可能性が高いとか、ＡとＢの組み合わせになる可能性が高いといったシナリオに賭けるほかあるまい。組み合わせによっては矛盾あるいは競合するものも出て来るだろう。こうした期間が長く範囲の広い将来予測は、大企業、政府、研究所の領域になる。

短い波

長い波が変化している間にも、技術の進歩は短いスパンで起きている。そうした短い波は、何かを作るコストが下がって商業化・実用化が可能になったときに発生することが多い。たとえば一九六〇年代前半に発光ダイオード（ＬＥＤ）が開発されると、一九七〇年頃にはディスプレイにLEDを使った計算機が実用化された。さらに二〇〇〇年代半ばにはLED電球が十分に明るくかつ低コストになったおかげで、白熱灯や蛍光灯に取って代わり始める。照明分野で生まれる次の短い波は、おそらく半導体レーザー（レーザーダイオード）だろう。距離減衰が少ないことから屋外でのさまざまな用途に大きなメリットをもたらすと期待できる。

規模の拡大や経験の蓄積に伴って製品やサービスのコストが下がるケースでは、初期の段階では、価格感応度が低く新し物好きな消費者（アーリーアダプター）を呼び込む戦略を立てるとよい。こうすると、一石二鳥の効果を得ることができる。まず、新しい製品やサービスをさっそく試してくれる買い手からフィードバックを得ることができる。しかも初期の市場は規模がごく小さいので、他社は参入に乗り気を示さない。コーニングが一九七〇年代に初めて光ファイバーケーブルを開発した時点では、信号損失が非常に大きく、有効伝送距離は一マイル（一・六キロ）足らずだった。こんなケーブルを誰が欲しがるだろうか。国防総省は欲しがった。光ファイバーは核爆発による電磁パルスの影響を受けないことが理由である。実際一九七五年にはコーニングの初期の光ファイバーが、コロラド州にある北アメリカ航空宇宙防衛司令部（NORAD）の地下に設置されたコンピュータネットワークに採用された。もちろん現在は信号損失の問題も完全に解決され、光ファイバーは世界のインターネットを結んでいる。

ＦＡＸを最初に導入した国は日本だった。その発端は、当時の東京の住所の表示法が地番を基準としており、ひどくわかりにくかったことにある。地番が通りに沿って順に番号が振られてはいないので、初めて店やオフィスに来る人に道順を説明するのがひどく面倒だった。ＦＡＸがあれば、事前に地図を送れるのでたいへん便利である。もちろん今日ではＦＡＸではなくメールかショートメッセージを使うのが一般的だ。

マーケティングの専門家によると、新技術に飛びつくアーリーアダプターはインフルエンサーになりやすいという。あるいは場合によってはそうかもしれない。だが、アメリカで携帯電話のアーリーアダプターになったのは、麻薬の密売人だった。末端の密売人と近くのビルに隠れている運搬係は携帯電話で連絡を取り合っていた。彼らのニーズは非常に限定されていたため、アメリカではアナログ方式のＡＭＰＳが普及し、長く利用された。一方ヨーロッパではすぐにデジタル方式が開発され、ＧＳＭに移行している。同様に、世界初の個人向けコンピュータアルテア８８００（Altair8800）のアーリーアダプターは、ホビーイストであってインフルエンサーではなかった。

以下では、コスト削減や潜在的メリットを個人や企業がどう活かして商業化に結びつけたかを見ていく。それぞれのケースについて、問題の初期の最重要ポイントは何だったか、今日ではどんなことが問題になるかを示すつもりだ。

インテュイティブ・サージカル

ゲイリー・グットハートはアメリカ航空宇宙局（ＮＡＳＡ）のエイムズ研究センターの仕事を

するようになったとき、まだ十代だった。戦闘機の飛行性能を評価するソフトウェアを書く仕事である。やがて流体力学で博士号を取得すると、グットハートはスタンフォード研究所（ＳＲＩ）で働くようになる。グットハートによると、あるときＳＲＩでバスケットボールの試合があって観戦していたら、非線形方程式を解くスキルを持っている人間を知らないかと誰かに質問されたという。自分はできると答えると、すぐさま手術支援ロボットの研究室に配属が決まったそうだ。そこでラットの大腿動脈の手術に立ち会い、切断されたラットの動脈をまずは手で、続いて試作品のロボットを使って縫合してみるように言われた。グットハートは、いかに高度な精密さが要求されるか身をもって実感する。人間の目や手の精度を超えていると感じられたし、ロボットの力を借りたときとの圧倒的なちがいも目の当たりにした。新しい技術を開発すればきっと多くの命を救える、と彼は確信する。

一方、ベンチャーキャピタリストのジョン・フロイント、外科医のロジャー・モール、科学者のロバート・ヤングはインテュイティブ・サージカルを一九九五年に設立する。そしてＳＲＩの知的財産権を買い取ったとき、グットハートのソフトウェアのスキルに目をつけて一緒に引き抜いた。ＳＲＩの手術支援ロボット開発にはもともと国防総省が出資しており、その目的は戦場で負傷した兵士を外科医がリモートで手術することにあった。インテュイティブのアプローチはこれとは異なり、手術室における手術の支援技術に特化している。同社の最初の試作品は３Ｄ映像を確認しながら、手首から先の動きを手術用マニピュレータに伝えられるものだった。

最初の試験運用で、3D映像のおかげで複雑な操作が劇的にやりやすくなったことが確認されている。

次の試作品はモナ（Mona）と名付けられ、殺菌消毒の作業が簡単にできるように、器具が取り外し可能になった。モナはベルギーで初めて人間の患者の胆嚢摘出手術に使われている。その次のモデルがダヴィンチ（da Vinci）である。さまざまな改良が施され、とくに3D映像システムと手術用マニピュレータの性能が大幅に向上しており、FDAから二〇〇〇年に一般手術用の認可を受けた。

さまざまな困難を乗り越えたインテュイティブは、現在手術支援ロボットで世界最大手の地位を築いている。二〇二一年一二月時点で世界六七カ国に六五〇〇台以上が納入され、一〇〇〇万件以上の手術で使われた。ダヴィンチのトレーニングを受けた認定医の数は五万五〇〇〇人を上回る。ダヴィンチの最大の貢献は、低侵襲手術において合併症リスクを低下させたことだ。グットハートをはじめとする有能な人材のスキルは、まさに正しいタイミングで正しい対象に活かされ、外科手術のあり方を変える波を起こしたと言えるだろう。グットハートは二〇一〇年からインテュイティブのCEOを務めている。

ただし二〇二一年に入ってからのインテュイティブは試練とチャンスの両方に直面している。現在インテュイティブはイオン内腔システムによる肺の低侵襲生検とダヴィンチによる肥満症患者向けの胃縮小術に重点的に投資しており、うまくいけばチャンスになるだろう。一方、グーグルの親会社アルファベットとジョンソン・エンド・ジョンソン（J&J）の共同事業であるバーブ・サージカル（Verb Surgical）や、インテュイティブより規模の大きい医療機器メーカー、メドトロニック（Medtronic）が手術支援ロボットへの参入を表明しており、こちらは試練となりそうだ。

このほかに重大な課題として、これまで実績を積み上げてきてはいるものの、まだまだ現場の外科医からのフィードバックが不十分であることが挙げられる。多くの外科医は刃にどのくらいの圧力をかけるとか、軟部組織をどう扱うかといったことをほとんど感触で決めており、手術支援ロボットにはこの繊細な感覚が欠けている。この問題を解決できたら、市場はいまの何倍にも拡大するだろう。もしアルファベット陣営が先に解決したら、インテュイティブにとっては痛手となる。この点を最重要ポイントと捉え、私がグットハートなら、「完璧ではないが十分によい」解決をめざす。おそらくアルファベット陣営のＡＩ研究者たちはトータルソリューション、つまり総合的な解決をめざすだろう。それより早く軟部組織の密度や結節の位置を伝えられる、完璧ではないが十分によいシステムを提示できたなら、競争に先んじることができる。もちろん私はこのアイデアをどちらにも言うつもりはないが。

ズーム

二〇一六年に私はヨーロッパである多国籍テック企業の仕事をしていた。役員が会議室に集まり、アメリカやアジアの拠点とつないでウェブ会議を開いたことがある。使用したシステムはシスコシステムズのウェベックス（Webex）だった。ところが、一部の参加者の画像は出るが音声が聞こえない。サポート部門の人間が呼び出され（テック企業にもサポート部門があるのだ）、音声は聞こえるようになったものの、今度は画像が消えてしまった。一度システムをオフにして再起動したが、トラブルは解決しない。システムトラブルで会議に支障を来すのはこれが初めてではなかった。全般的に言って、企業のセキュリティシステムとビデオ会議システムは完璧にはほど遠い。

シスコは二〇〇七年に三〇億ドルほどでウェベックス社を買収した。このとき、ウェベックス開発チームの一員だったエリック・ユアンもシスコに移っている。ユアンは一九九七年に中国からアメリカへ渡り、数学とコンピュータ科学を学んでウェベックスで働くようになったという経歴の持ち主だ。シスコに買収されてからウェベックスはシェアを拡大し、ユアンはエンジニアリング部門のバイスプレジデントに昇格して、八〇〇人を超える開発担当者を束ねるようになる。

しかしユアンは、ウェベックスのさまざまな欠点がいっこうに改善されないという課題に直面するようになった。当初は革新的だった製品も、二〇一〇年にはアップグレードが一度も行われず、インストールが面倒くさいという使い勝手の悪さは相変わらずだった。顧客に聞き取り調査を行ったユアンはこう語っている。「顧客とのミーティングが終わるたびに私は憂鬱になった。ウェベックスに満足しているという顧客は一人もいなかったのだ」[*3]。ユアンの同僚のベルキャミー・サンガーリンガムは、シスコについてこう述べている。「考え方が全然ちがった……シスコはモノを売るだけだ……だからシステムがダウンしたところでシスコに文句を言ってもはじまらない」[*4]

ユアンは二〇一一年に仲間のエンジニアと共にシスコを辞める。そしてズーム社を設立した。目的は、ウェベックスよりずっと使い勝手がよくユーザーフレンドリーなビデオ会議ツールの開発である。

ビデオ会議ツールにとっての技術的・商業的課題の最重要ポイントは、サインアップ、アカウント開設、プログラムのダウンロードに伴う複雑さを一掃すること、さらにはスマートフォン用アプリを開発し、インストールしてもらうことである。使い勝手がよく高性能のツールの開発はけっして容易ではない。あらゆる種類のブラウザ上で、ファイアーウォールの有無にかかわらず問題なく動作しなければならないし、ユーザーのコンピュータの処理速度に応じて画像共有ができなければならない。しかも市場にはウェベックスのほかにスカイプ（Skype）、マイクロソフト・チームズ（Microsoft Teams）、チームビュワー（TeamViewer）などが出ていて飽和状態にある。だがユアンのチームは、「顧客をハッピーにする」をモットーに掲げ、厄介なポイントすべてに最優秀のエンジニアを張り付けて課題解決に取り組んだ。

こうして開発されたズームは、参加者一〇〇人、四〇分までなら無料で利用できる。無料と使いやすさが広く支持されて、瞬く間に普及した。そこへ新型コロナウイルスのパンデミックが襲来してロックダウン中の必須のコミュニケーションツールとなり、二〇二〇年五月にはトラフィックがなんと三〇〇〇％も増えている。当初想定していたのはビジネス向けだったが、一般消費者もこぞって使うようになったほか、学校にも導入されたためだ。ビデオ会議を「ズームする」というように、ズームは一般動詞にすらなった。ただその一方で、セキュリティの脆弱性が批判されるようになり、プライバシー侵害で訴訟も起こされている。また公衆衛生の専門家からは、長時間のズーム会議が人々の健康におよぼす悪影響が指摘された。

そしてコロナ禍が一段落した現在、ビデオ会議の頻度は減るのではないかという懸念にズームは直面している。しかもマイクロソフトやグーグルも巻き返しに必死だ。競争相手の中には、ズームを業界トップに押し上げた高性能と使い勝手の良さを両立させているものもある。株式市場は当然ながらポストコロナの正常化に伴うビデオ会議の利用頻度の低下を予想しているが、今後の戦略を立てるに際しては次の機会に目を向けるべきだろう。その一つの方法は、二〇一一年のウェベックスがそうだったように、現時点で使い勝手が悪く苦情の多いソフトウェアに着目し、よりよいソフトを開発することだ。たとえばチームコラボレーションツールはその条件を満たすと言えよう。

ドロップボックス

オンラインストレージのドロップボックス（Dropbox）は、コスト削減に無料サービスとネットワーク効果を組み合わせて成功した例の一つである。私は二〇一五年初めにドロップボックスの将来について同社ＣＥＯで共同創業者のドリュー・ヒューストンと話し合ったことがある。彼がドロップボックス開発を思い立ったきっかけは、二〇〇六年に出張した際、ＵＳＢメモリを家に忘れてきたことだったという。あいにく当時は、複数のＰＣのデータを同期させる簡単な方法がなかった。そこでファイル同期機能を開発することを思い立ったという。二〇一五年までにドロップボックスは広く利用されるようになる。ユーザーがデスクトップのファイルをドロップボックスへアップロードすると、あとは自動的に適宜ファイルをスキャンし、必要に応じてバックアップしてくれる。ユーザーが二台、三台あるいは一〇台のコンピュータを使っていても、ドロップボックスは指定されたファイルまたはフォルダをすべてのマシンで同期する。

容量二ギガバイトまでなら無料で、もっと多くの容量を必要とするユーザーには段階的な料金プランが用意されている。ドロップボックスが急成長を遂げたのは、無料サービスと利便性が大きな要因だった。他の人とフォルダを共有したい場合、みんなが無料でサインアップするだけでよい。このネットワーク効果はグーグルほど強力ではないものの、いったん大量のファイルをドロップボックスにアップロードしてしまったら、よそへ移すのは面倒だという理由もあって、多くのユーザーを定着させることになった。

二〇一五年の時点でヒューストンが懸念していたのは、グーグル、マイクロソフト、ボックス（Box）などとの競争の激化である。「こういう大手との競争は厄介だ」と彼は心配そうに話した。それでもドロップボックスは生き残れるし成長できると彼は楽観的だった。ドロップボックスのシンプルさ、直感的なわかりやすさ、信頼性の高いファイル同期機能は今後も支持されるという。

同社は二〇一八年に株式公開し、本書執筆時点（二〇二一年）で時価総額は一〇〇億ドルに達している。ユーザー数は六億人を突破した。ヒューストンは最重要ポイントを、異なるマシンやデバイス間で簡単かつ信頼性の高いファイル同期が行えることだと見定めたが、それは正しかったし、いまも有効だということである。たしかにストレージにコストはかかるが、ドロップボックスは複数のファイルをシームレスで処理できるため、個々のファイルの移動などにかかる目に見えないコストは大幅に削減されている。メンテナンスのコストもほとんどかからない。競争相手のグーグルはグーグル・ドライブ（Google Drive）を提供しており、ファイル同期機能もついているが、一度に一つのファイルしか処理できない。ＵＩは親切とは言えず、大容量のファイルを操作する場合や複数のデバイスから操作する場合はアップロードとダウンロードを何度も繰り返す羽目に陥る。おまけにファイルを共有しようとすれば、ユーザー自身が形式を選択しなければならない。ドロップボックスはけっしてビッグテックとは言えない。だが多くのユーザーに支持されているという事実は、ユーザーが企業の規模より使い勝手のよさを選ぶのだということを雄弁に物語っている。

それでも二〇一五年の時点では、ビッグテックがこぞってクラウドストレージ機能を提供するようになったことは大いに懸念材料だった。一ギガバイト程度のクラウドストレージはオーヴェルニュの湧水と同じく完全にコモディティと化しており、事態はベルトラン競争の様相を呈していたからである。私の見るところ、ドロップボックスは競合製品の中で最もすぐれているし、乗り換えコストが生じるため、ユーザーベースが一気に消滅するということはないと考えられる。だが類似品との競争は、長期的には問題となろう。ドロップボックスにとっての長期的課題の最重要ポイントは、知的財産権に守られた製品を提供することだ。同社はこの方向に進んでおり、二〇一九年に電子署名ツールのハローサイン（HelloSign、現Dropbox Sign）を買収し、文書作成、署名依頼から署名済み文書の管理までが一貫して行えるようになった。もう一つの方向性として考えられるのは、投資のプロフェッショナルが案件ごとの資料を保管・閲覧できるような仮想資料室である。この方面では、法律事務所向けの訴訟案件別の仮想資料室も有望だ。修正やアップデートをするたびに発生する新規バージョンの管理サービスなども興味深い。

＊

インテュイティブ・サージカル、ズーム、ドロップボックスに共通性があるのはけっして偶然ではない。まだ競争にならないうちに急成長を遂げ独走する――これが成功するイノベーションの典型である。だがまさにこの成功が既存の大手の注意を引く。巨大企業は若い成長企業を取り込むか出し抜いて事業を拡大しようとする。若い企業はその機動性と風通しのいい組織を活かして既存大手との競争でリードを維持・拡大することが、次の最重要ポイントとなる。

ビッグテック

大幅なコスト削減または利益拡大と強力なネットワーク効果が結びついたとき、今日のビッグテックが生まれた。たとえばインターネット上の検索エンジンがまさにそうだ。いまや当たり前になっていて、これがなかった頃のことなど想像もできない。だがグーグル、フェイスブック、ツイッター、アップルといったビッグテックの出現は、インターネット誕生当初から予想されていたわけではない。

誕生間もないインターネットは誰でも走行できる情報ハイウェイだと説明されていた。だがこのハイウェイを走行するために消費者が負担する無形のコストが民間企業の創意工夫により削減されること、それがネットワーク効果により実現することは、当時は誰も予想していなかった。グーグルの検索エンジンは、情報を見つけるコストを劇的に圧縮した。グーグルを使う人が増えるほど検索エンジンの性能は向上し、よってますますユーザーにとっての価値は高まり、より多くの人が使うようになる。しかもただである。

二〇〇三年にハーバード大学の二年生だったマーク・ザッカーバーグは、フェイスマッシュ（Facemash）というプログラムを書き上げる。女子学生の顔写真を二枚ずつランダムに表示し、訪問者にどちらがかわいいかを選ばせるというもので、当然ながら女性蔑視として問題になり、サイトはたった四時間で大学理事会によって閉鎖された。この失敗に懲りたザッカーバーグは、学生自身が登録するしくみのフェイスブックを書いた。二〇〇七年にはフェイスブックは大学の枠を飛び出し、個人のほかに企業もこぞって利用するようになる。

こんなふうになるとは、ザッカーバーグ自身も予想していなかった。フェイスブックの利用が爆発的に増えた背景には、ウェブ上で使われるマークアップ言語（ＨＴＭＬなど）を使いこなすのはむずかしく、個人でウェブページを作成するのは時間もコストもかかるという事情がある。フェイスブックなら登録するだけで簡単に自分のページを作ることができる。この手軽さにネットワーク効果が重なって世界最大のＳＮＳに成長した。

グーグル、フェイスブック、ツイッターが重大な課題に直面するとしたら、それはおそらく世論や規制当局が独占とくに言論形成への影響を問題にしたときだろう。また、著作権は出版やエンターテインメント業界ではきわめて注意深く扱われているにもかかわらず、ビッグテックがこの問題をこれまでうまくすり抜けてきたことは意外である。

補完性

イノベーションに関して忘れてはならないのは、デービッド・ティースが補完的資産(complementary asset) と呼ぶものの存在である。[*5] ときにはこれがイノベーションの成否を分けることがある。補完的資産とは、イノベーションや新製品を市場に投入するときや補助的なサービスを提供するときに必要になるスキルやリソースのことだ。たとえばあなたが画期的な血圧計を開発したとしよう。すると、血圧計を病院や診療所に届けてもらうために既存システムを使うことになる。つまり医療物流システムがあなたの血圧計の補完的資産というわけだ。おそらくあなたは血圧計がもたらす利益の多くを既存の補完者と分け合わねばなるまい。これに対してあなたがｉＰｈｏｎｅを発明したのであれば、どの通信事業者も欲しがるから、立場は逆転する。

知的財と補完的資産に関して私がいつも思い出すのは、フィロ・ファーンズワースの物語だ。ファーンズワースは一九〇六年にユタ州で小作農の息子として生まれ、一九一八年に家族とともにアイダホ州に引っ越す。当時はまだ電気が引かれている農村は珍しかったが、引っ越し先の家には発電機や電動モーターがあった。ファーンズワースはさっそくそれを分解し、しくみを理解したという。彼は電気に関する本や雑誌を読み漁り、高校生のときには電子式テレビのための撮像管「イメージディセクタ」のアイデアを化学の先生に見せている。真空管と偏光板、酸化セシウムを塗布した膜で構成されていた。感心した化学の先生はこれを書き留めた。そして一九二七年、ファーンズワースはブリガムヤング大学在学中に「テレビシステム」の特許を出願する。二二歳になっていた。

その後テレビ送受信の公開実験にも成功するものの、大問題が持ち上がる。ラジオ関連の特許を一手に押さえた大企業RCAがテレビに目をつけ、ウラジミール・ツヴォルキンによるテレビカメラ用撮像管「アイコノスコープ」の特許出願を買い取ったのだ。もっともこの撮像管は、うまく機能するか不確実だという理由で却下された（実際、まだうまくいっていなかった）。RCAはファーンズワースの特許を一〇万ドルで買い取ると申し出るが、ファーンズワースはこれを拒絶し、競合先のフィルコと契約する。するとRCAは、自分たちのほうが先に発明したとして訴訟を起こした。二審まではファーンズワースの負けだったが、彼の発明の方が先だと特許商標庁が認めたため（化学の先生に見せた回路図が重要な証拠になった）、最終的に勝利する。しかし訴訟に多大な時間と資金を費やさねばならなかった。

一方ツヴォルキンはRCAに雇われ、キネスコープ（ブラウン管）の特許を取得する。初期のテレビ産業ではこの方式が標準になった。ファーンズワースも独自のテレビシステムを製作すべく奮闘したが、たとえ完成してもさして売れなかっただろう。彼はその後も航空管制用プロジェクタや小型核融合装置などを次々に発明し、三〇〇以上の特許を取得している。しかし彼の最後の事業となった核融合関連の会社が破綻した直後の一九七一年に肺炎にかかり六四歳で死去した。

ファーンズワースの物語から学ぶべき教訓は、新しいアイデアを思いつくことはできても、あなたの頭にそれが閃《ひらめ》いたときには誰か他の人の頭にも閃いているということである。実際にあなたが一番乗りであれば、特許などでそのアイデアを強力に守ることはできるだろう。ただし、その間にも他の人は自分のアイデアに改良を重ねていることを忘れてはいけない。しかも多くの場合、新しいアイデアなり製品なりが成功するかどうかは、補完的資産に大きく左右される。テレビに関して言えば、ＲＣＡには立派な研究所と潤沢な研究開発予算、放送技術とシステム、テレビ放送実用化まで粘り強く開発を続けられる体力があった。ファーンズワースにせよ、ツヴォルキンにせよ、映像を電波で送受信するしくみを発明しただけである。テレビ放送を事業としてスタートさせるためには、テレビカメラやテレビセットも開発しなければならないし、放送事業免許も取得しなければならない。ＲＣＡがエンパイアステートビルからチャンネル１で放送を開始するのは、ようやく一九三九年になってからのことである。だがその時点では、放送を受信できる人はほとんどいなかった。一九四五年になっても、アメリカに存在するテレビはせいぜい一万台にすぎない。そこから一九五〇年には六〇〇万台になり、九〇年代にはほとんどの家庭に普及する。あとから考えれば、ＲＣＡの補完的資産は決定的だった。たぶんファーンズワースはＲＣＡとよりよい契約条件を交渉し、予算豊富な研究所で働くほうがよかっただろう。

第13章 組織の機能不全

ときには問題が組織自体だということもある。競争力でも技術力でもなく、組織の対応力が不足しているといったケースだ。必要なスキルが備わっていないのかもしれないし、人材の発掘や配置に関してリーダーシップや組織構造やプロセスに問題があるのかもしれない。こうした問題の最重要ポイントは、まず必ず、経営陣が組織をどのように設計したか、どう運用してきたかということに関わってくる。

組織が原因で生じる最も一般的な問題は、その組織が得意としてきたこと、専門にしてきたことの歴史に根ざしている。それも、特化した分野における成功に起因することが多い。ある時代にうまくいったこと、とりわけ成長し繁栄していた時期に最高にうまくいっていたことが「ウチのやり方」として定着してしまう。アーノルド・J・トインビーは『歴史の研究』でこの現象を成功体験の「偶像化（idolization）」と呼び、文明衰退の一因と断じた。

外部の人間（たとえば私のようなコンサルタント）は、オフィスの配置や社内報告の書式から社員の会話にいたるまで、そうした「ウチのやり方」が深く根付いている様子を容易に見てとることができる。たとえば一九八五年にGM（ゼネラルモーターズ）を訪れたときは、まるで一九五六年に、つまりGMがアメリカ企業の頂点に立ち巨像のごとく君臨していた頃にタイムスリップしたかと思ったほどだ。また一九六〇年代のベネトン・グループは、ファッション界を席巻する存在で、ビビッドな色使いが大人気だったが、主力ブランド「ユナイテッド・カラーズ・オブ・ベネトン」を筆頭にここ一〇年ほど業績は低迷している（二〇一八年に高齢の創業者がトップに復帰した）。

転換点

欧州経営大学院（INSEAD）はパリから五〇キロほど離れたフォンテーヌブローにある。一九九三年に私はカリフォルニア大学ロサンゼルス校（UCLA）を離れ、INSEADで三年間教えることにする。人生の半ばに刺激を入れようと思ったのだ。

ＩＮＳＥＡＤの戦略講座では、一学期の題材としてＧＭを取り上げ、広く卓越性（excellence）の本質について論じた。とはいえ一九九三年の時点のＧＭが卓越した企業だから取り上げたわけではない。一九五〇年代にはピーター・ドラッカーに卓越した企業のお手本として取り上げられたものだが、その後は停滞さらには衰退し、新興のトヨタや復活を果たしたフォードやクライスラーの後塵を拝するようになる。授業では、卓越していない企業を題材に卓越性とは何かを論じることになってしまった。なぜＧＭは、トヨタとの合弁事業（一九八四年からカリフォルニア州フリーモント工場でトヨタ、シボレー、ポンティアックなどを生産した）から学ばなかったのか。なぜきめこまかな販売手法で成功したサターンの手法を他の事業にも応用しなかったのか。あるいは、なぜモデルチェンジのサイクルを四年以下に短縮しなかったのか、なぜ国際基準に合致するような仕上げができないのか。

授業で議論する準備として、学生は多数の報告書、記事、企業資料に目を通した。さらに幸運なことに、なんとＧＭの現役のエグゼクティブが授業に参加してくれることになった。学生の父親（名前をアランとしておこう）がたまたまその週にフランスを訪れていたのである。

アランはＧＭの現状を冷酷なまでにくわしく説明してくれた。不治の病を発見した病理学者のように、彼の知る限りのことを細部まで逐一話してくれたのである。率直な現状分析がいつの間にか差し障りのない形に修正されていること。出世第一主義がはびこっていること。民間企業にあるまじき官僚主義がまかり通っていること。社内の不信感が根強く、万事につけ確認・再確認でスムーズにことが運ばないこと。「有能な人材は大勢いる。だが彼らのエネルギーはすべて内向きになっており、社内の駆け引きに費やされ、外に、すなわち市場に向かっていない」とアランは結論づけた。

アランはマリアン・ケラーの著作『GM帝国の崩壊』（邦訳：草思社）を持参していた。「ここに書かれているのは一九八二年頃の話だが」と断って一部を読んでくれた。「社員はより効率的に創造的に働こうという意欲がない。会社の構造も企業文化も創造性を刺激するよりも調和や服従を重んじている。報奨制度もまさにその方向で自動的に運用されており、見直す気配もない。既定路線に従ってさえいれば誰も傷つくことはないからだ」[*1]。そこでアランはクラスを見回して言った。「この本が出版されてから一〇年が過ぎて、人は入れ替わったが、書かれていることはいまもおおむね当てはまる」

学生たちはなかなか意見を言おうとしなかった。生身のエグゼクティブのこれほど率直な発言を聞いて、どう受け止めていいのかとまどったのだろう。とうとうフランス人のあるマネジャーがこう言った。「リーダーシップの問題だと思う。とくに上級幹部だ。会社で何をすべきか、みな上司の行動から察する。面従腹背の文化が根付いているとしたら、それは経営トップがそうだからだ」

よく知られているようにフランスの教育制度では超エリート校のグランゼコールというもの

が存在し、そこの優秀な卒業生には高級官僚や経営トップの地位が保証される。そのせいか、フランス人学生は組織の問題はリーダーの資質が問題だと考えやすい。ステレオタイプを承知で言えば、ドイツ人学生は技術的な能力にフォーカスしがちで、アメリカ人学生はインセンティブにこだわりがちだ。現にミシガンから来た経済学専攻の学生はこう述べた。「報奨制度では、あること、たとえば創造性に期待していながら、ちがうこと、たとえば上司への服従に報いるといったばかげたことがよく起きる。服従を高く評価するなら、創造性が乏しくなっても何のふしぎもない。思うにGMの問題はインセンティブの設定がまちがっていることだ。もっと創造性を必要とするなら、果敢なリスクテークや大胆な試みに報いなければならない」

このほかに、官僚主義を批判する意見、明確な行動指針の欠如を指摘する意見などが出された。金融業界で働くイギリス人学生はこう言った。「GMは自己満足し傲慢になったのではないか。あの規模の組織を変えるのは非常にむずかしい。もっと小さい単位に解体するほかないと思う」

私は学生たちの意見についてアランに論評を求めた。何か反論はあるか、それともどれか賛成できる意見はあるだろうか。アランの答えはGMが抱える問題の深刻さをまざまざと感じさせるものだった。「君たちの指摘は全部当たっている。そのうえ、そのほかにもまだ問題があるのだ」とアランは言ったのである。

学生たちはやや間の抜けた表情になった。彼らはもっと明快な解決を望んでいたからだ。これこれに問題がある、よってここを改善しよう、という具合に。具体的な計画までは立てられないにしても、すくなくともどこが病根なのか、はっきり診断はつけられると考えていた。「全部」が問題だって。それじゃあ、どれが最重要ポイントかわからないじゃないか。テコのように小さな力で大きな効果の望める解決方法はないのだろうか……。

実際にGMに決定的な転換点が訪れたのは、一五年後の二〇〇九年になってからだった。この年にGMは破産したのである。製造業で最大の破産だった。この時点で同社の資産総額は八二〇億ドル、負債総額は一七三〇億ドルである。破産申請をしたことによって初めてGMは賃金カットに踏み切れるようになり、一部の大口債務を消却し、政府から約五〇〇億ドルの融資を受けることができた（のちに完済されている）。

次の転換点は、リコール騒動である。こちらは二〇〇六年から一四年まで続いた。シボレー・コバルトとポンティアックG5のイグニッション（点火）スイッチの回転抵抗に問題があり、キーホルダーなどを付けていると走行中の振動などでイグニッションスイッチが勝手にアクセサリーの位置に動き、エンジンが停止してしまう。その状態で衝突するとエアバッグが作動しないという重大欠陥で、これに起因する死者数は最終的に一二四人に達した。元連邦検事のアントン・バルカスがとりまとめた内部調査報告によると、エンジニアはイグニッションスイッチの欠陥に気づいてはいたものの、それがエアバッグの不作動につながる可能性に気づいていなかったという。そして現実にエアバッグの不作動による重大事故が発生し州警察の事故報告が発表されてからも、その原因がイグニッションスイッチにあるとは考えなかった。バルカス報告は、現代の自動車がシステムとして機能することをいやしくもGMのエンジニアが理解していなかったとは驚くほかないと述べている。

バルカス報告はGMの企業文化にも触れ、あるマネジャーは「もし五年前に誰か社員が安全性の問題を指摘したとしても、別の社員が黙らせていただろうと語った」と付け加えている。

エンジニアたちはことの重大性を評価できなかった。二〇一二年半ばに精鋭と目されるマネジャー三人がエアバッグ問題の解決に指名された。ウォイチョウスキ、フェデリコ、ケントである。彼らが指名されたのは、エアバッグが即座に展開しないのはなぜかを解明するためである。ところが三人は問題を上層部に上げなかった。ただいたずらに会議が重ねられ、追加の作業部会や委員会が設けられただけだった。[*2]

バルカス報告は、GM流の指サインと同意のサインにも言及している。腕でバツ印を作り、指で誰かを指したら、それはその誰かに責任があるというサインだ。委員会で首を縦に振るのは、結論に同意はしたが実行する気はないというサインだという。

イグニッションスイッチ問題で数百万台がリコールの対象となる。その指揮をとったのは、CEOのメアリー・バーラだった。バーラは複雑怪奇な社内組織の合理化・スリム化を断行し、品質管理担当の幹部ら一五人をこの問題を放置していたなどの理由で解雇する。また重複しひしめき合う車種やブランドを整理し、車台や部品共通化などでコストを削減した。電気自動車や自動運転車の開発にも乗り出し、黒字転換に成功する。

二〇〇九年の破産以降、GMは四つの有名な北米ブランド、サターン、ハマー、ポンティアック、サーブを切り捨てている。さらにイグニッションスイッチ不具合のリコール以後は、西ヨーロッパ、ロシア、南アフリカ、インドから撤退し、オーストラリアとインドネシアでの組み立て事業も停止した。かつては世界最大の自動車メーカーだったGMは、多くの産業でまかり通っている規模の経済のロジックを見直し中だ。GMのお家芸だった車種のうち、大型トラック、クロスオーバー（街乗り用SUV）、キャデラックはいまも好調である。加えて、バーラは将来の成長株として電気自動車に目下力を入れている。

慣性と規模

外力が働かない限り、静止した物体は静止状態を保ち、運動している物体はその運動状態を保つ。この性質を慣性という。質量が大きいほど慣性は大きくなり、組織も大きくなるほど慣性が大きくなる。つまり静止した組織を動かすためには大きな力が必要になる。

成功し繁栄している大きな企業があったら、尊敬すべきである。成功している大企業は、大規模な組織を統治するという困難な課題を解決したのだから。規模が大きくなるほど組織運営はむずかしくなる。規模が大きくなれば、いくつもの専門家集団を調整し調和させる苦労が大きくなるし、情報を必要な部署に確実に伝達することも困難で時間がかかるようになる。また規模が大きいほど個々の努力の効果が薄れるので、モチベーションの維持はむずかしくなる。

規模は組織にとって絶縁材であると同時に緩衝材となり、問題を遮断あるいは緩和してしまうため、対応は遅れたり鈍くなったりしがちだ。また規模が大きくなるにつれて活動の範囲が広がるため、どれほど有能な経営陣でも掌握しきれなくなり、正しい方向に導くことがむずかしくなる。**よって成功している大企業は、経営陣がそうした困難をクリアできるような組織構造や業務プロセスを作り上げ、かつ賢明に運営している組織だということになる。**いま挙げたような問題を完全に解決することはできないにしても、成功する企業はそれらに取り組む方法を見つけ、規模に伴うコストを巧みにコントロールしている。

ノキア

二〇〇七年の時点でノキアは世界をリードする携帯電話メーカーであり、世界シェアの半分以上を握っていた。ところが五年後のシェアは五％足らずに落ち込んでしまう。なぜこんなことになったのか。大方の見るところ、原因ははっきりしていた。ニューヨーカー誌は簡潔にこう述べている。「ノキアに何が起きたかは誰でも知っている。アップルとアンドロイドに押しつぶされたのだ」[*3]

たしかにその通りだが、それだけで片付けるわけにはいかない。ノキアの製造技術も、一九九六年に世界初のスマートフォンを作った技術者も、高く評価されていた。そのノキアがあれほど凋落したのは、スマートフォン用のシンビアンＯＳがすでに時代遅れになっているにもかかわらず、いつまでも固執したことが一因だった。つまり慣性が働いたわけである。その背景にはノキアの組織運営の問題があった。

携帯電話業界でノキアが圧倒的な地位を築くことができたのは、一九九一年に同社が行った戦略的な調査と分析の成果だと言える。ノキアは当時まだ新しかった第二世代（２Ｇ）携帯電話標準規格ＧＳＭの活用をいち早く決断し、モバイル通信に集中する。おかげでノキアの携帯電話機も携帯電話事業も急速にシェアを拡大した。ノキア自身、機敏な経営スタイルと企業文化を誇りにしていた。

ノキアは世界初のスマートフォンを製作したことでつとに有名だ。Nokia 9000 Communicatorがそれである。一九九六年だった。外見は従来の携帯電話と似ているが、横開きで、横長のディスプレイとキーボードが付いている。通話機能のほかに、オフィスアプリケーションやインターネット閲覧、電卓や時計などの機能が搭載されていた。その二年後にノキアはシンビアンＯＳを開発する。シンビアンＯＳはイギリスのサイオン（Psion）社のＰＤＡ（携帯情報端末）用ＯＳがベースになっており、携帯電話とＰＤＡを融合させたうえで、端末メーカーごとの独自仕様にも対応できる高性能なＯＳをめざしていた。需要が増大し、ムーアの法則によってチップのコストが下がると、ノキアは一躍業界の覇者となる。二〇〇二年初めには世界の携帯電話売上高の三六％をノキア製品が占めていた。

ノキアの基本戦略は、生産拡大によりコストを押し下げるというものである。またシンビアンＯＳをオープンソース化して自社製品のみならず他社も自由に使えるようにし、プレ・スマートフォン時代の標準としての地位を固めようとした。スマートフォン時代に入ってから、アンドロイドもまさに同じ戦略を採用している。

だがあまりに急成長を遂げたため、ノキアが持っていた機動性や機敏性が損なわれてきたとＣＥＯのヨルマ・オリラは懸念する。そして二〇〇三年にノキアの組織再編を行い、マトリクス組織に移行した。狙いの一つは、携帯電話事業を他事業から分離することにあったとされる。もう一つの狙いは、携帯電話事業が社内であまりに突出した存在になって発言力が強くなりすぎるのを防ぐことにあった。なにしろ当時はあらゆる携帯電話がシンビアンＯＳを搭載する時代になると考えられていたのである。

だが新しい組織構造はただちに新たな問題を引き起こした。事業担当役員はそれぞれ特定の携帯電話機に最終責任を持つが、新しいモデルの製品化・発売までの期間および利益にはきびしい目標が設定されている。そのためのリソースを確保するには多くの会議を重ねて他のモデル担当の役員と政治的駆け引きをしなければならず、それにはひどく時間がかかった。*4

マトリクス組織になって意思決定が遅くなったうえに、経営トップに現場の問題が伝わるのも遅くなった。あるいは全然伝わらなくなった。さらに、市場をこまかいセグメントに分類したためにモデルの数がむやみに増えてしまう。なにしろ二〇〇四年までに三六種類、さらに二〇〇六年までに四九種類もの発売が予定されていた。ところがシンビアンOSが共有しているのは最小限の基本部分のみであり、新しいモデルのためにいちいちカスタマイズしなければならない。モジュール方式になっていないため、手直しは面倒きわまりなかった。[*5] シンビアンOSの手直しに研究開発の時間と労力をとられるようになる中、あろうことか経営陣は研究開発予算を収益の一〇%に制限することを決める。

さて二〇〇五年後半には、アップルが指で操作できるタッチパネルを搭載した携帯電話を開発する計画であることを（アップルの秘密主義にもかかわらず）ノキアの技術者は知っていた。ノキア自身も二〇〇四年からスタイラスペン方式のタッチパネルを開発しており、経営陣は指で操作できるタッチパネルの開発を優先課題に設定している。あるマネジャーによると、二〇〇六年の時点で「タッチパネルは次の革命的変化になるとCEOは感じていたようだ……CEOは会議のたびにそのことを強調した」という。[*6] だがシンビアンOSはタッチパネルにうまく対応できず、二〇〇九年までノキアはタッチパネル搭載製品を市場に出すことができなかった。

こうなると、ノキアがシンビアンOSにこだわりすぎ、しかもむやみに新しいモデルを出したために衰退したのだと結論づけたくなる。だがそこで止まるべきではない。なぜノキアはそのような状況に陥ったのか。なぜ慣性が致命的なまでに大きくなってしまったのか。その答えを探すべきだ。

答えは四段階に分かれている。第一に、業界自体が変化した。ハードウェアを作ることから、ハードウェアで動くソフトウェアを書くことが卓越性の源泉になった。

第二に、ノキアの経営陣はソフトウェアの知識が乏しかった。ノキアのルーツは秀逸なエンジニアリングにあるにもかかわらず、時が経つうちに経営陣は金融畑出身が増えていく。ヨルマ・オリラは投資銀行出身だし、後継者のオリペッカ・カラスブオも銀行出身だが、もともとは法律家でノキアの法律顧問を務めていた。彼らはソフトウェアについてはほとんど何も知らなかったと言ってよい。経営陣は業績目標を立てはしたものの、ノキアが直面している問題の最重要ポイントがソフトウェアにあることを理解できなかったし、ついでに言えば組織構造の問題もわかっていなかった。

第三に、マトリクス組織は責任が分散する。その結果、タッチパネルを搭載した新しいモデルを誰が担当するのかが曖昧になった。すくなくとも、必要な予算と権限を持つ担当者が決まっていなかった。会社が急成長し、規模が急拡大すると、製品開発はある意味でルーティンワークになり、どのマネジャーも新しいモデルの市場投入と利益確保に汲々とするようになる。シンビアンを見限ってアンドロイドのようなもっといいＯＳの開発に転換したほうがいいと考える技術者は大勢いたものの、彼らにはその権限がなかった。

第四に、経営陣による個人攻撃が甚だしかった。ノキアのマネジャー七六人に聞き取り調査を行った研究者によると、できないと知りつつ楽観的な約束をしたというので責められた中間管理職や技術者が大勢いるという。そのくせアップルとは大違いで、経営トップは「ソフトウェアのことなど何も知らない」。また経営陣は「矢継ぎ早に命令するだけで、悪いニュースには聞く耳を持たない」。しかも「設定する目標は実現可能性に乏しい。その点を指摘したあるマネジャーは左遷され、最後は追い出された。経営陣は、尻を叩きさえすればどんな目標も実現できると思っているらしい」という。何人かのマネジャーは、オリラ（一九九二〜二〇〇六年にCEOを務めた）のことを「異常なほどの気分屋」だと評し、大声で怒鳴る癖があると強調した。[*7]

組織改革、組織再生

直面する課題の最重要ポイントが組織にある場合、たとえばノキアやGMのような問題が起きた場合でも、診断、最重要ポイントへの集中、一貫した行動によって解決は十分に可能だ。インターネット事業に携わる新しいタイプの企業では比較的改革が容易だ。もともと工場などの固定資産を持たず、組合もなく、伝統的な企業のような巨大な管理組織も必要ないため、何事も簡単に変えやすい（だからといって異動あるいは解雇される人にとって受け入れやすいわけではない）。

しかし多くの伝統的企業の場合、本気の改革はきわめて困難である。教育水準が高く意識も高い経営陣が複雑な組織の頂点にでんと居座っている。数世代前に起業家精神あふれる若者の手で創業された時点ではいまで言うスタートアップだったが、長い時間をかけて迷宮のような組織に拡大してきた。経営陣の多くは、自分が監督すべき技術や業務について限られた知識しか持ち合わせていない。よって業績報告を読み、それに基づいて経営することになる。これではよりよい結果を要求する以上の「戦略」など立てようもない。

伝統的な組織で抜本的な改革を始めようとすると、終わるまでに何年もかかりかねない。私はＩＮＳＥＡＤで教えていたとき、企業再生イニシアチブを授業で取り上げたことがある。大企業で実際に実行された抜本的な組織改革を一〇例用意して、細部にいたるまで検討し分析するのだ。改革には平均して五年かかる。そして改革前と後とで経営チームの写真を比べると、ほとんどの顔が入れ替わっていることがわかる。つまり改革とはほぼ必ず経営陣のすげ替えを意味する。

組織改革についてはさまざまな本が書かれてきた。ここでは私自身が重要だと考えるいくつかの点を論じることにしたい。

第一に、経営陣は口先だけでなく改革に本気を出さなければならない。伝統を覆す居心地の悪さや痛みもすすんで受け入れる姿勢を示さなければならない。本気で取り組まない人間を改革チームに入れてはならない。規模の大小を問わず、組織改革に取り組むコアチームはトップの人間五～八人で編成する。その下に実際に改革プロセスを実行する二〇～四〇人のマネジャーのチームを直属で置く。日々改革を進行させチェックするこうした実働部隊がいなかったら、だいたいは掛け声倒れに終わる。

第二に、本格的な改革を実行する前に、複雑な組織を整理しておかなければならない。まず不必要な業務を洗い出し、外注するか下請けに出すか単純に切り捨てる。次に情報の流れを悪くしている余計な手続きや関門を排除する。排除したあとに代わりのものを導入してはならない。続いて、規模の大きい単位を解体する。こうすると、それまで幅を利かせていた大きい事業部や部門の権威は失われ、潤沢な予算の分け前に与《あずか》っていた赤字のユニットが明るみに出るはずだ。そこで、赤字や無駄の多いお荷物を排除する。こうした行きすぎた多角化、多すぎる製品、ニッチ市場を刈り込む。

組織の整理を行うと、会社の基幹事業は何かということがはっきり見えてくるはずだ。そこで初めて組織再生が可能になる。最も一般的なやり方は、ミドルマネジャーを改革の実行チームに引き入れ、会社が直面する個別の問題を解決する役割を与えることだ。必ずしも組織それ自体の問題でなくてもかまわない。たとえば営業成績の問題であれば、組織の方針や編成が当然かかわってくるだろう。こうして改革をやり遂げた実行チームは次世代のリーダーに育つはずだ。

ＩＢＭの再生

一九一一年に設立されたＩＢＭは、卓越した技術陣と複雑な機械を製造する能力を武器に、創業当初はパンチカード機器で、その後はコンピュータで華々しい成功を収める。一九六三年になる頃には、多くの異なるモデルのためにいちいちソフトウェアを製作するコストがハードウェアの製造コストに匹敵するほどかさむようになったことがはっきりした。となれば最重要ポイントは、どんなハードウェア上でも動作する単一のオペレーティングシステムを作る、ということになる。そのためにはすべてのラインをやり直して互換性を確保する必要があった。ＩＢＭはこの大英断を下し、一九六四年にメインフレーム機の新シリーズ、システム３６０を発表する。このシリーズでは小型から大型まですべてのマシンがプログラムおよび周辺機器の互換性を持っていた。当時としては画期的なことであり、実際にも破綻の淵まで追いやられていたＩＢＭにとって起死回生の一手となった。

私はＩＢＭをケーススタディの題材にすべく、３６０プロジェクトを率いた一人ヴィンセント・ラーソンに一九六七年に話を聞いた。「社運を賭けているということはよく承知していた」という。目標は互換性のあるマシンのファミリーを開発し、顧客がマシンをグレードアップする際にいちいちソフトウェアを全部新しく購入する必要がないようにすることだった。それを実現するためには工学的にまったく新しいアイデアが必要になる。もともと商用マシンのエンジニアと高性能の科学技術計算用マシンのエンジニアは考え方がかなりちがっていた。そこでラーソンは「彼らを互いに競わせ、経験豊富なジャッジをつけた」。そこから、商用マシンにマイクロコードを格納したチップを加えて新しいソフトウェアが動作できるようにしつつ互換性は保つというアイデアが生まれたという。

一九六四年に発表された新シリーズにはコンピュータ六機種と周辺機器四四機種が含まれていた。発表の翌月には一〇〇〇機超という想定以上の注文が入り、ＩＢＭの成長は大幅に加速する。

成長が加速するにつれて本社の人員は増えていった。一九七二年には、ＣＥＯになっていたラーソンがこんな不満を述べている。「何かことが起きても、会議を開いて三〇人ほど集めないと報告が上がってこない、と主要プラントの工場長が言っていた」という。九年後にＣＥＯになっていたジョン・オペルは「官僚主義がはびこり、業務に悪影響をおよぼしている」と懸念を表明した。ある調査によると、開発グループは重要な問題の解決に必要な装置の部品を一つ購入するために八週間待ち、三一人に署名してもらわなければならなかったという。[*8]

問題の最初の予兆は、一九八〇年におけるＩＢＭ－ＰＣ（ＩＢＭ初のパーソナルコンピュータ）の開発手法に表れている。プロジェクトを率いたドン・エストリッジは、失敗に終わった時代遅れのあるソフト開発から手痛い教訓を学んでいた。システム１と呼ばれていたそのソフトウェアは小型のメインコンピュータほどの容量に膨れ上がり、しかもそのためのＯＳを必要とした。文字通り数千人のプログラマーが動員され、まずは厳密なスペックを決定し、次にのろのろとコードを書くという具合だったのである。[*9] これに懲りたエストリッジは、ＩＢＭ－ＰＣの開発を任されたとき、ＯＳをビル・ゲイツに外注する。

一九九〇年代前半には研究者三人が「管理部門の人間」が多すぎ、意思決定が遅すぎると指摘した。[*10] 各部門が縄張り争いをし、役員が誰か一人でも反対すればいいアイデアも潰されてしまう。利益は落ち込み、そうなればますます足の引っ張り合いが激しくなるという泥沼の様相を呈していた。市場は愛想をつかし、この鈍重な巨体は解体して他のＩＴ企業に売却するほうがいいという見方がもっぱらだった。

一九九三年初めにＩＢＭはルー・ガースナーをＣＥＯに引き抜く。ガースナーはそれまでマッキンゼーのコンサルタントで、アメリカン・エキスプレス、ＲＪＲナビスコのＣＥＯを歴任した経歴の持ち主である。ＩＢＭにとっては初めて外部から登用するＣＥＯだった。ガースナーが就任から三年間で行った改革は、組織改革のお手本と言えるものである。

ガースナーは、ＩＢＭほど幅広い技術と幅広い顧客層を持つ企業は他にないと考えた。この大規模な組織を製品別・地域別に分割してしまったら、せっかくのスキルやリソースを顧客のために十全に活用することができなくなる。加えてＩＢＭには変化に抵抗する文化が根強い。あるインタビューでガースナーは次のような示唆に富む発言をしている。

文化を変えるのは非常にむずかしいし、強制することもできない。社員の信念や意欲に根気よく働きかけるしかない。だから何年もかかることになる。変化について話し続け、それが必要な理由を言い続けなければならず、組織戦略に結びつけると同時に社員のものの見方にも影響を与えなければならない。私たちはこれを四、五年やり続けた。[*11]

文化を変えるために、ガースナーは多大な時間と労力を費やして組織が一つにまとまるためにはどうすべきかを文章にした。掲げるスローガンは「ワン・ＩＢＭ（One IBM）」である。しかしＩＢＭには、重要な計画や行動は主要役員が一人でも反対したらボツにするという公式の制度があった。「他に例のないこの硬直的で敵意に満ちた制度は、私のオフィスにも侵入していた誰かに何かを指示したのに、それが実行されなかったので、初めてこの制度の存在に気づいたのだ。そこで私は指示を出してから数日後か数週間後には、なぜやっていないのかと聞くようにした。ある役員は、命令ではなく頼まれただけだと思った、と言った。別の役員は、あの指示には賛成できなかったので、と答えた」[*12]

ごく早い段階でガースナーはベンチマーク調査を実施した。その結果、ＩＢＭの製品価格が高すぎること、支出は同規模の同業他社に比べ四倍の水準であることが判明する。ガースナーはメインフレーム機の値下げを指示すると同時に、七〇億ドルもの支出を切り詰める方法を考え始めた。就任した一九九三年に七万五〇〇〇人を解雇。多くの事業が売却されるか閉鎖された。組織改革の準備段階である整理を行ったわけである。

ＩＢＭにいかに無駄が多いかを物語る象徴的な存在が、一一二八人もの最高情報責任者（ＣＩＯ）である。世界一二五のデータセンターそれぞれにＣＩＯが置かれていた。ＩＴ部門の縮小とデータセンターの削減（三カ所に集約された）によって、すくなくとも二〇億ドルの節約になった。[*13]

改革を率いるうえでガースナーが採用した革新的なアプローチが、コーポレート・エグゼクティブ・コミッティー（ＣＥＣ）の設置である。メンバーは一〇人で、そこにガースナーが加わる。各メンバーには、資材調達、販売、ＩＴ、製品開発、生産など個別の改革プログラムの執行権が与えられた。王政時代の総督のようなもので、改革を推進するための雇用・解雇から配置転換・組織再編にいたる全権が委ねられる。

ＩＢＭには変化に抵抗し先送りさせようとする土壌があったが、改革が上から強制され、大幅な人事刷新が断行されると、ついに変わり始めた。私はＵＣＬＡで教えていた頃、講師の求人に応募してきた若手文化人類学者の面接をしたことがある。企業の文化や規範にはきわめて大きなちがいがみられると彼は話した。そこで私は、組織の改革と慣性についてどう考えるかと質問した。「組織の規範を変える唯一の方法は、アルファを変えることだ。どんな種類の人間集団にも、集団を仕切るアルファがいる。つまりボスザルだ。アルファは集団の行動を決め、誰もがそれに従う。だからアルファを変えれば行動を変えることができる」と彼は主張した。ここで重要なのは、アルファが必ずしも正規の肩書を持っていなくてもよいことである。誰もが一目置き、誰もがまねをしたがる人物であればよい。ＩＢＭの文化が変わり始めたのは、新しいアルファがあちこちに出現したからだった。

二〇〇二年にガースナーの後を継いだサム・パルミサーノは社員共通の価値観の形成を最重視した。そしてIBMの中核的な価値観を再検討する「バリューズジャム（ValuesJam）」を二〇〇三年に開催する。このイベントは三日間にわたってオンラインで実施され、世界中のIBM社員が自由に参加し、IBMが体現すべきものは何か、社員が果たすべき役割は何かを話し合った。最終的な参加人数は数万人に上ったという。こうして定まったIBMとしての新たな信条は、イノベーションの推進という当然のことに加え、「お客様の成功」に全力を尽くすことが最優先された。これは、製品ファーストの同社の歴史からすると、画期的な出来事である。

二〇二一年現在のIBMは、情報処理産業において主要企業の一つであり続けている。ただし、組織再生後も業界最大手だったかつての地位を取り戻すことはなかった。同社のソフトウェア事業の成長は社内の他事業と比べてものろいし、SaaS市場でみても遅い。ITアウトソーシングではアクセンチュアとインフォシスにシェアを奪われた。

ガースナーの改革はたしかにIBMを救ったし、顧客ファーストの方針は旧弊な製品主体の方針を生まれ変わらせた。そうではあるが、ガースナーやパルミサーノの言う「顧客」は大手企業である。IBMの変化のスピードが他社より鈍かったのも、ウェブやクラウドを活用して急成長する小粒の新しい顧客を獲得できなかったのも、このためだ。しかもIBMの顧客である大手企業のＩＴ部門はクラウドへの移行が遅かった。その結果、ＩＢＭはクラウドでマイクロソフトとアマゾンの後塵を拝することになる。

要するに、ＩＢＭの戦略的改革への取り組みは古典的だった。彼らが誇るスキルは多くの大手企業や政府機関に「プラグイン」されており、そのことが他社には手の届かない強みになっていたことはまちがいない。だがこうした顧客は鈍重だった。もうすこし丁寧に言うなら、技術の最先端を追い求めるタイプではなかった。それがＩＢＭの遅れにつながったのである。

＊

成功した企業では、予算も人員も何もかもが潤沢になる。その潤沢さが緩みにつながる。緩むと、古い構造や習慣が賞味期限切れになっても生き続けることになる。そこで外部から有能な経営幹部が招聘され、組織を改革し、再生させ、新しいシステムを構築し、新しい経営手法を導入する。だがいくらも経たないうちに状況は変わり、改革した組織自体が問題と化す……。

成功し利益の上がっている大企業に、現行事業の生産性向上と変革の両方にフォーカスさせるのはきわめてむずかしい。そもそも可能なのかさえ疑問だ。

組織と文化が戦略的な要素であることは言《げん》を俟《ま》たない。この二つが企業の競争的地位を支えている間は、競争優位の源泉となる。だが効率や変化やイノベーションの重石となるようなら、戦略上の不利益となる。組織の危機を無視した壮大なミッション・ステートメントや成長戦略は、それ自体が問題の一部だ。よき戦略家は、外向きの目標達成に注ぐのと同じ熱意をもって、社内の問題に取り組まなければならない。

リーダーを迷わす誘惑

第4部

PART 4

BRIGHT, SHINY DISTRACTIONS

今日の企業や政府機関のトップは、数々の誘惑にさらされている。たとえば、企業たるものは「ミッション」を掲げなければならず、すべての意思決定はそれに基づいて行うべきである、というのはその最たるものだ。そのせいなのか、多くのリーダーは戦略策定にあたってまず目標を定めるところから始めがちだ。目標を決めればそこから自ずと戦略が導き出されると信じているのだろう。そして多くのリーダーが、戦略と目標管理を混同している。この二つは関連するが別のものだ。九〇日にわたり四半期利益を追いかけ続けて疲弊したリーダーがこうした誘惑に負けてしまうのは大いに同情できるにしても、戦略と短期的な結果の追求とはまったく別物だということは強調しておかねばならない。

第14章

目標が先ではない

戦略は目標達成のための計画を立てることだと考える人は多い。だがそもそも目標はいったい誰がどうやって決めたのか。リーダーが目標を決めた場合には、会社にとって何が重要か、どこにリソースとエネルギーを集中させるかを決めたことになる。

だが会社にとって死活的に重要な課題あるいは機会は何かを分析も理解もせずに恣意的に目標が決められたとすれば、それは裏付けのない目標と言わねばならない。対照的に、よい目標はすぐれた戦略策定の結果として導き出される。よい目標は組織を前へ進ませるような行動を指し示す。今後一二カ月で利益を倍増するといった裏付けのない目標は、会社の現実からかけ離れていると言わねばならない。

カーチス・ライト

戦略目標についての私の考えが最初に明確になったのは、数十年前、テッド・ベルナーが主宰した戦略会議のときだった。当時ベルナーはカーチス・ライトのCEOだった。私に声をかけたのは、多角化についての私の論文を読んだからだという。[*1] ベルナーは一九六〇年から会社を率いており、外部から多角化の専門家を招いて戦略策定の助言をしてもらおうと思いついたらしい。そして、少人数のトップマネジメントチームの会議に出てほしいと依頼してきた。

カーチス・ライトの共同創設者たちはレジェンド級の人物揃いである。グレン・カーチスはエンジン設計者であり、自転車競技選手であり、テストパイロットでもあった。一九〇七年に自身が設計したV8エンジンを搭載したオートバイが時速二一九キロのスピード世界記録を樹立すると、「世界最速の男」として一躍名を挙げる。一九一〇年にはカーチスモデルDが世界で初めて船上から飛んだ飛行機となった。第一次世界大戦中は複葉の練習機ジェニーやN－9水上飛行機を大量にアメリカ軍に供給している。

あと二人の共同創設者であるライト兄弟は、一九一九年にライト・エアロノーティカルを設立した。一九二七年にニューヨークからパリまで初の大西洋単独無着陸飛行を成し遂げたチャールズ・リンドバーグのスピリット・オブ・セントルイス号が搭載していたのは、ライト・ワールウィンド・エンジンである。その二年後の一九二九年に、ライト兄弟とカーチスの会社に数社が加わる大合併によりカーチス・ライトが誕生した。

カーチス・ライトは第二次世界大戦中と一九五〇年代には航空機エンジンとプロペラで世界最大級のメーカーだった。しかし一九六〇年代にジェットエンジンが出現すると、エンジンとプロペラ事業は消滅の危機に立たされる。このときカーチス・ライトは他の航空機部品や原子炉制御機器、自動車・建設機械部品などに多角化した。

ロータリーエンジン（ヴァンケルエンジン）の製品化にも深く関わっている。ドイツのフェリクス・ヴァンケルが発明し、一九五七年に初めてNSU社が試作したエンジンである。カーチス・ライトは北米での独占製造権を取得していた。自動車産業ではロータリーエンジンが未来のエンジンともてはやされ大きな期待がかけられたものである。上下運動するピストンがないため回転が滑らかで振動・騒音が小さく、出力が高い。ロータリーエンジンを搭載した最初の量産車は一九六七年のマツダ・コスモで、ヒット作のRX－7がそれに続いた。アメリカン・モーターズ・コーポレーション（AMC）の製品担当副社長ジェラルド・マイヤーズは、自動車メーカーは「五〇％が一九八〇年までに、一〇〇％が一九八四年までにロータリーエンジンを採用するだろう」と予想した。[*2] 市場も好感し、一九七二年にはカーチス・ライトの株価は六〇ドルに跳ね上がっている。一株あたり利益は一三セントに過ぎなかった。

だがロータリーエンジンは燃費が悪かった。一九七三年に原油価格が高騰すると、このエンジンにかけられた未来の希望ははかなく消える。しかもアメリカ政府は排ガス基準を厳格化した。あいにくなことにロータリーエンジンは排ガスに問題を抱えていた。GMからロータリーエンジンの開発プログラムの中止を通告されたうえ、他の自動車メーカーはどこもロータリーエンジンに手を出す気がなかった。一九七四年になるとカーチス・ライトの株価は五ドルまで下がる。それでも同社は軍用・民生用の原子力部品、タービン発電機、航空部品の製造を続けていた。さらに新たにワイドボディ機（広胴型航空機）の部品に手を広げる。株価こそ急落したものの、同社に負債はあまりなく、手元現金も潤沢である。

CEOのテッド・ベルナーは金曜日の戦略会議でまずチームに向かって会社の目標を明確にするよう指示した。私は彼の強い口調をいまでも覚えている。「われわれが何をやり遂げたいのかについて、まず合意しなければならない。目標があきらかになれば、どうやってそれを達成するか議論できる」

二時間にわたる議論は悲惨だった。経営幹部が持ち出してくるのは「成長する」「多角化する」「資本収益率を上げる」といった抽象的な目標ばかりである。こんな漠然とした目標、というよりも願望について議論することなどできない。もっと具体的に示さない限り、行動には結びつかないからだ。かといって、たとえば誰かが唐突に公害防止装置に参入すべきだと提案したら、その「目標」は会社が何をすべきかを強制的に決めてしまうことになる。

その日の残りの時間は、現在の事業の見直しに費やされた。それが終わるとベルナーは明朝また目標設定の議論に戻ると宣言し、「よい戦略目標」とはどのようなものか、手短かにまとめて議論を導いてほしいと私に言った。

私はその晩全然眠れなかった。そもそも私は多角化へのさまざまなアプローチとその長所短所を論じるために招かれたのであって、目標設定のためではない。「わが社は何をめざすべきか」という問いは、「われわれは人生で何をめざすべきか」という問いと論理的にそう大きくはちがわない。そしてこの問いかけは、二五〇〇年にわたって哲学者を悩ませてきたのだ。人は信義を、名誉を、真実を、正義を、権力を、富を、中庸を、それとも単純に幸福を求めるべきなのか、それとも実存主義者が主張するように、人は自身の目標と価値観を自由に決められるのか。そしてその目標と価値観は、将来やることになにがしかの意味を持つのだろうか。私はタイプライターを借り、一晩中かかって短いプレゼンを作成した。その内容が時の試練に耐えられるのか、その時点ではわかっていなかったが、四六年後に読んでみていまなお戦略策定に役立つと感じたので、ここに掲載する次第である。


よい戦略目標とはどのようなものか。企業が生き残り利益を増やそうとするのは当然である。だがそう願ったからといって具体的な行動には結びつかない。そこで、戦略を立てるという段取りになる。すなわち「われわれは何をすべきか」という問いに答えを出すわけだ。答えを出すことで、その企業がめざすべき目標がはっきりする。よい戦略目標は戦略を立てた結果なのであって、目標が先ではない。

戦略を立てるときは、当然ながら自分たちの野心や価値観を再確認することになる。だが野心や願望や価値観は、何をすべきかを教えてはくれない。たとえばほとんどのアメリカ人は自由と安全に価値を見出すだろう。だがそれだけでは、国家安全保障がどうあるべきか、財源はどう手当すべきかは見えてこない。また、自由を増やすためならどの程度の安全を諦めてもいいか、またはその逆はどうか、といったこともわからない。

明確な目標、たとえば資本収益率を一五％以上にするとか、軍向けの売り上げを全体の五〇％以下に減らす、といった目標のほうが、具体性がある分、役に立つ。ここで重要なのは、こうした明確な目標の設定は意思決定にほかならないことだ。目標を決めるとき、企業はこれから何をするか、何はしないかを選択をしたことになる。こうした明確な「目標」は、経営幹部がどこに時間とエネルギーを集中させるか、どこに企業のリソースを配分するかを決定づける。今後の意思決定の指針となるような目標を探すのは、結局のところ、目標を装った意思決定をしているのと同じことである。

企業は競争をしている。売り上げ、能力、評判、知名度を競い合い、資金を求めて資本市場で競い合う。戦略とは、どこでどうやって誰と何を競うのかを決めることだ。残念ながら、戦略的選択を経済的成功あるいは他の基準に基づく成功に直結させてくれるような魔法の装置は存在しない。よって、目標を先に立ててそこから戦略に後戻りしてうまくいく可能性はゼロである。分析による裏付けのないむやみに具体的な数値目標は、偽装の目標に過ぎない。戦略は、状況変化、直面する課題、スキルと知識、リソース、機会の緻密な分析に裏付けられた判断に基づかなければならない。戦略が願望を実現するためであってもかまわないが、しかし必ずいま挙げた分析に基づく現実的な内容でなければならない。

今年（一九七四年）は原油価格が一バレル三ドルから一二ドルに跳ね上がるという大きな変化があった。原油高騰は多くの産業に広範な影響をおよぼす。よって私たちは、この重大な変化を分析するところから戦略策定を始めなければならない。続いて、カーチス・ライトはこの変化を乗り越えられるのか、変化が自社の事業に有利になるよう活用できるのかを検討すべきである。

戦略を立てるとは、何をすべきかを熟慮のうえに判断することだ。すべての願望を同時に叶えるような戦略はあり得ない。現状でどれを進めてどれは断念すべきかを明確にしなければならない。これから進む道筋こそが戦略であり、それが決まれば自ずと目標は決まる。目標が決まれば、その実現方法は見えてくる。

翌日の会議の冒頭でこのプレゼンのコピーが全員に配られた（当時はパワーポイントなどなかったの

で、出席者は紙に書かれた文章を読んだ）。たいした感銘は与えられなかったようだ。私が強調しておいたいくつかの点を議論はした。原油価格の影響にも言及はした。それから彼らは、カーチス・ライトは高性能部品の設計と過酷な環境向け機器の製造を得意とするが、政府調達の受注が乏しいなどと意見を述べた。彼らはもっと安定したビジネスにスキルを投入したいようだった。

　この二日間の会議以降、私はカーチス・ライトとは仕事をしていない。その時点で同社の企業価値は約一〇〇億ドルだった。[*3]その後の出来事を見る限り、ベルナーの「戦略」はコングロマリットへの成長だったらしい。まったく無関係の企業を買収し始めた。会議から一年と経たないうちに、公害防止装置、医療機器、介護施設の運営を手がけるセンコーの株を買い始めた。その二年後には、銅鉱山のケネコットを巡って委任状争奪戦《プロキシーファイト》を繰り広げる。すると今度はコングロマリットのテレダインから買収攻勢をかけられた。これでカーチス・ライトの時価総額は三年にわたり二九億ドルまで縮小してしまう。その後の二〇年間で、カーチス・ライトは徐々に従来の中核事業すなわち商用機メーカーや軍用メーカー向け高度部品の供給に回帰してきた。二〇二一年現在の同社は中規模の多角企業で、モーション・コントロール、金属表面加工、流体制御を三本柱とする。時価総額はおよそ六〇億ドルである。

目標の設定は意思決定である

戦略プランニング会議がしばしば空回りするのは、多くの場合カーチス・ライトのように目標と戦略の関係を誤解していることが原因である。経営陣は往々にして戦略を立てるつもりで最初に目標に合意しようとする。カーチス・ライトがまさにそうだった。戦略を立てるにはまず目標を決めなさい、というまちがったアドバイスが世の中に流布しているせいだろう。

戦略プランニング会議では、全社共通の価値観で合意することはさほどむずかしくないだろう。利益を増やす、規模を拡大する、競合他社を上回る、尊敬を勝ち得る、社員を大切にする、等々。こうした価値観あるいは願望に反対する人はまずいない。だがどれか一つが目標として、とくに数値目標として提示された瞬間に、それは一連の行動を伴うことになる。**具体的な数値目標を設定することは、何が重要かを決めることにほかならない。**

会社が現在直面している重要課題の原因分析をしたうえで目標が設定されるなら、それはその後の行動を決める有効な指針となりうる。だが原因の診断や分析もせずに単に目標をぶち上げただけなら、それは健全な診断の裏付けのない目標であり、何が重要かを恣意的に決定したにすぎない。対照的によい目標は、問題解決プロセスから自ずと導き出されるものだ。よい目標は、何らかのタスクの形をとる。オーストラリアに拠点を作る、製品の品質問題を解決するために特定の顧客と共同作業する、防水コーティングを改良するために専門チームを編成する、といった具合に。裏付けのない目標（たとえば市場シェアの拡大）から始めるのは、大局観がないまま既存システムを無理やり動かして目標達成に駆り立てるだけだ。

テッド・ベルナーは「よい戦略目標」とはどのようなものか、と私に質問した。私の答えは、よい戦略目標は戦略策定の苦しい作業の結果として導き出される、というものだ。目標が先ではない。組織のリーダーが戦略の問題に取り組むとき、彼らは漠然とした願望や野望とそれを実現するための具体的な行動との間に橋を架けようとする。もしうまく橋を架けることができれば、その結果としてよい戦略目標が生まれる可能性はある。

目標というものは、あくまで管理のためのツールである。目標は、行動の指針として経営陣や各レベルのマネジャーが設定するものだ。よい目標には次のような特徴がある。

- 問題を整理して曖昧さを解消し、解決可能な単純な形で定義し直す。
- 達成する方法がわかっている、または達成する方法が見つかると合理的に予想できる。
- 明確な選択肢を示し、焦点を絞り、意見対立を解消し、何をすべきで何をすべきでないかを理解する助けとなる。
- 必ずしも全員が賛成するとは限らない。

悪い目標その一――裏付けのない思いつきの目標

悪い戦略目標は、いかにも魅力的な二つの誘惑に負けてしまったときに生まれる。一つは、基本的な問題を分析せず、それどころか認識すらせずに設定された裏付けのない目標である。ここで思い出されるのは、ＩＢＭのＣＥＯジョン・エイカーズが一九八五年に設定した目標だ。その時点で四六〇億ドルだった売上高を今後一〇年間で一八〇〇億ドルにするという。当時のＩＢＭはコンピュータで支配的地位を築いており、利益のおよそ三分の二を占めていた。だがメインフレーム機の時代は終わりを告げようとしており、その運用・保守を専門に手がけるＩＴ部門も近い将来不要になることは目に見えていた。だがエイカーズが裏付けのない目標を掲げたためにＩＢＭは人員を過剰に増やしてしまい、いよいよメインフレーム機が無用の長物になったとき、瀕死の淵に追い込まれる。このような目標を掲げる経営者は、どうプレイすべきかを指示せずに「とにかく勝つんだ！」と怒鳴るコーチと同じで、責任を果たしていない。

裏付けのない目標として、センディア・プロダクツ（仮名）の例も挙げておこう。センディアはアメリカで上位五〇〇社に入る大企業だった。同社の取締役会は成長ペースが平均を下回っていることに不満を抱き、「センディアを次のレベルに導く」ことを経営陣に期待する。これを受けて新任ＣＥＯは「次のレベルへ」という戦略を打ち出す。中身を具体的にするために、今後五年間で売上高を二倍（五〇〇億ドルから一〇〇〇億ドルへ）にすると決めた。

五年間で売上高を二倍にするというのは、裏付けのない目標である。センディアがほぼ独占している市場は、成長性に乏しい。ＣＥＯもそれはわかっており、二つの関連市場への進出を目論んでいた。第一のターゲット市場は成長中である。しかしじつはセンディアはこの市場に一度進出したことがあり、不発に終わっていた。この市場には、すでに支配的シェアを持つ手強い競争相手が存在するためだ。第二のターゲット市場は成長余地に乏しいものの、どんぐりの背比べ状態で絶対的な勝者はいない。

センディアの経営幹部が集まった会議室には壁一面にスクリーンがあり、パワーポイントのスライドがそこに映し出される。いちばん重要なのは、売上高をどうやって五年間で五〇〇億ドルから一〇〇〇億ドルに増やすかを説明するスライドで、複雑なフロー図が描かれていた。要するに、新規開拓する二つの市場から四〇〇億ドル売り上げを増やし、残る一〇〇億ドルは既存事業を成長させるということらしい。続くスライドで、今後開拓する二つの市場について、同社の製品の位置付けと業界の状況が説明された。

第一のターゲット市場では、始め数年間は赤字だがその後売り上げ、利益ともに急増する見通しとなっている。全体として現在価値はプラスになると見込まれていた。CEOが、「この予想では市場シェアをどの程度と見込んでいるのか？　それをスライドに含めるべきでは？」と質問した。

CFOが手元の資料を見て、五年後にはシェア八五％と見込んでいると述べた。

「いや、それは妥当とは思えない」とCEO。「この市場には強力なライバルがいるのに対し、こちらはゼロからのスタートだ」

製品開発担当の上級副社長がこう発言した。「われわれのほうが技術力は上です。性能にまさる製品を投入すれば、多くの買い手がわが社にスイッチすると期待できます」

　ＣＦＯは過去の敗退を思い出したのか、表情を曇らせた。

「予想シェアは四〇％程度が妥当ではないか？」とＣＥＯが重ねて言った。

「それでは七四〇億ドル止まりで、五年間で一〇〇〇億ドルの目標に届きません」とＣＦＯが答える。

　それに、シェアが低いと現在価値はマイナスになってしまうとＣＦＯのアシスタントが指摘した。ＣＥＯは、現在価値をプラスに維持できる最低のシェアはいくつだと聞き返した。アナリストがおよそ五〇％だと答える。

　ＣＥＯはため息をつき、「では予想シェアは五〇％とする。その分、第二のターゲット市場をアグレッシブに攻めることにしよう。明日同じ時間に集まって最終案にまとめる」と締め括った。

　センディアには堅実な中核事業があるにもかかわらず、しっかりした戦略がなかった。五年間で売り上げを倍増するという野望には何の裏付けもない。新規市場について突出した優位性もなければ、将来優位に立てるという根拠のある見通しすらなかった。

　この会議から三年後には二つのターゲット市場への進出はどちらも失敗に終わり、ＣＥＯは更迭された。

　会議のときにＣＥＯはなぜ自社の技術力や市場の競争状況をしっかり見ようとせずに、スライドの数字をちょっとばかり調整して満足したのだろうか。それは、センディアの取締役会が長年にわたり成長と多角化にこだわってきたからである。社外取締役一人ひとりは有能で尊敬すべき人物ではあるが、センディアが得意とする複雑な技術にくわしい人間は一人しかいない。社外取締役全員にわかるものといえば、財務指標しかなかった。そこで取締役会はどの四半期にも成長見通しを示せとうるさく圧力をかけたのである。

こうしてセンディアでは裏付けのない成長目標が経営陣をがんじがらめにしていた。おそらく経営陣にはパワーポイントの数字がでたらめだとわかっていただろう。だが「次のレベルへ」行かなければならないため、無理に数字を合わせ、できもしない約束をするほかなかった。すこしばかりの勇気さえあれば、もっと現実的な約束ができたはずだ。年間数百万ドルもの役員報酬をもらっている人たちがかけらほどの勇気も持ち合わせていないことに、私はいつも驚いてしまう。

悪い目標その二――的外れの目標

目標は人を動機づけるとよく言われる。だが思いつきの非現実的な目標を示されても、がんばって達成する意欲は湧かないだろう。むしろ社内にしらけたムードが広がり、嘘や数字のでっち上げが横行するにちがいない。

第二のタイプの悪い目標は、的外れの目標である。診断が適切に行われなかったり、政治的駆け引きに阻まれたり、目先の思惑にとらわれたりすると、真の問題ではなく的外れの問題に取り組むことになってしまう。そうなると方針や行動を定めても、まちがったことにエネルギーを無駄遣いする結果に終わる。このタイプの悪い目標は真の問題を見落としているため、短期的な対策に終始することが多い。その例として、ディーン・フーズを挙げよう。

アメリカの乳製品大手ディーン・フーズは、二〇〇一年にディーンとスイザ・フーズが合併して誕生し、地方の乳業を吸収しながら急速に規模を拡大して最大手にのし上がった。合併後のディーン・フーズは、アメリカ国内で消費される牛乳の三分の一以上を扱っており、競合三社の合計に匹敵する製造能力を誇っていた。

ディーン・フーズを構成しているのは四〇～六〇の小さな業者だった。家族経営のところもあれば、もうすこし規模が大きいところもある。業者は点在する酪農家から生乳を集めて殺菌、均質化し、さまざまな分離処理を行い、搾乳後わずか二四～三六時間で製品がスーパーマーケットの店頭に並ぶ。地方の乳業を吸収して事業を拡大したため、ディーン・フーズは牛乳やバターを六〇以上のブランドで展開していた。全国的に知名度の高いブランドもある一方で、ごくローカルなブランドもあり、主なところを挙げるとアルタ・ディーナ（Alta Dena）、クリームランド（Creamland）、フォーモスト（Foremost）、メドウ・ブルック（Meadow Brook）、スイス・デアリ（Swiss Dairy）などである。

アメリカでは一九九〇年代後半から、年によって多少の変動はあるものの、牛乳消費量が年平均二〜三％のペースで減少傾向にある。アメリカ政府は酪農家に補助金を出しており（二〇一八年は二二〇億ドル）、複雑な価格統制を行ってきた。全体として見ると酪農家が生産する生乳は供給過剰であり、そのまま廃棄されることも少なくない。牛乳の価格は需要、牛の頭数、飼料価格に応じて変動し、需要はチーズ、ヨーグルト、プロテインパウダーの流行にも左右される。

ディーン・フーズが直面していた根本的な問題は、同社がほんとうの意味での全国規模の企業ではなかったことである。競争はあくまで地域的なものだった。ウォルマート、クローガー、コストコといった大手スーパーも、できるだけ安い価格で買おうと地方の業者同士を比較して買い付ける。スーパーで販売される牛乳の八〇％は自社ブランド品で、ナショナルブランドはほとんどない。ディーン・フーズの経営陣は強力なナショナル・ミルク・ブランドの確立に長いことこだわってきたが、牛乳はそもそもナショナルブランドになじまない。品質に差のつきにくいコモディティだし、長距離輸送がむずかしく、二億ドルもの広告宣伝費を捻出するほどの利益は出ない。

こうした一連の問題を突きつけられた経営陣は、業務効率の改善による解決をめざす。工場をいくつか閉鎖し、供給ルートを調整したほか、重要業績評価指標（ＫＰＩ）システムを発足させ、毎週計測して進捗状況を確認することになった。ＫＰＩは生産量、売上高、値引き、支出、原価、顧客別のマージンなどを地域ごとに計測する。[*4]

しかし乳業におけるコストの大半は飼料価格と牛の頭数と関係がある。そして飼料価格は原油価格に左右される。というのも原油価格次第でエタノールの需要が変動し、それが飼料のトウモロコシ価格に影響をおよぼすからだ。生産過剰体質のため、牛乳の値上げはできない。この状況で既存システムの効率を改善しても、根本的な問題の解決にはならない。

ディーン・フーズには有望なブランドが三つあった。有機ミルクのホライゾン・オーガニック（Horizon Organic）、シルク（Silk）、豆乳のアルプロ（Alpro）で、いずれも二〇〇二年に買収したホワイトウェーブ（WhiteWave）社のブランドである。ディーン・フーズはホワイトウェーブを分離すると、二〇一二年に株式公開し、事実上同社を二九億ドルで売却する。すると五年後にダノンがホワイトウェーブを一二五億ドルで買収した。

二〇一四年初めにディーン・フーズは三重苦に直面する。中国が牛乳の輸入量を大幅に減らし、EUが生産調整手段だった生乳生産割当制度、すなわち牛乳クオータ制度を廃止し、ロシアが牛乳の輸入を禁止したのだ。アメリカ国内の消費量がますます減っていることも相まって、廃棄される生乳は一段と増えた。ディーン・フーズは二〇一六年にフレンドリーズ・アイスクリーム（Friendly's Ice Cream）の市販アイスクリーム事業を買収する傍ら、効率改善に一層躍起になる。最高執行責任者（COO）だったラルフ・スコッアファーバは二〇一七年一月にCEOに昇格すると、プライベートブランドの生産者になることを狙ってコスト削減に邁進した。

その後三年間で売上高は五％減、純損益は六二〇〇万ドルの黒字から五億ドルの赤字に転落。

コスト合理化を推進中と絶えず発表している割には、売上原価率は七二％から七九％に上昇した。株価が一年間で八七％下落した後の二〇一九年半ばにスコッァファーバは更迭される。そして一一月にディーン・フーズは破産を宣言した。報道では、牛乳消費量の減少とウォルマートが乳製品を自社で開発するとの決定が直接の原因とされた。だが実際にはそうではない。根本的な原因は生産過剰である。

ではディーン・フーズはどうすればよかったのだろうか。同社は二〇〇七年に総額二〇億ドルに上る潤沢な配当を出している。そんなことをせずに、その資金を生産調整などの規制がない成長分野の買収に充当すべきだった。また、ホワイトウェーブを手放すべきではなかった。同社を起点にもっと多くのブランドを定着させ、全国的な販売体制を整えるべきだった。あるいは、他の食品販売に手を広げてもよかっただろう。それにここが重要だが、自社事業がローカルな性格であることに気づくべきだった。そうすれば、いたずらにナショナルブランドをめざすのではなく、地域ごとにウォルマートのプライベートブランド牛乳の生産業者になる道を模索できたはずである。さらに付け加えるなら、せっかく買収したフレンドリーズの市販アイスクリーム事業のラインナップを子供向けの低価格品だけにとどめず高級ラインナップに広げることを検討すべきだった。

地方の乳業を束ねたところで生産過剰の問題は解決しないし、消費需要の減退の解決にもならない。それに、小さな乳業の集合からナショナルブランドを生み出すような魔法は存在しない。ＫＰＩにすがっても、ローカルビジネスを継ぎ接ぎした事業を根本的に効率化することなど期待できない。何かを計測したからと言って、それが改善すると約束されたわけではないのだ。

扱う商品がスナック菓子のようにブランド化しやすいものなら、話はちがっただろう。だが差別化が図りにくく、ローカルに処理されプライベートブランドで販売される牛乳のようなコモディティでは、そもそもナショナルブランドは生まれにくいのである。

第15章 戦略と目標管理はちがう

一九六六年一一月のある日、国防長官のロバート・マクナマラがハーバード・ビジネススクールで短い講演を行った。彼は戦前にもハーバードで教えていたことがある。第二次世界大戦中は空軍で戦略爆撃の立案・解析に携わり、「ウィズキッズ（神童）」と呼ばれた。戦後はフォードの社長に就任し、ケネディ大統領に国防長官に指名されたという華々しい経歴の持ち主である。一九六六年の時点では、マクナマラはベトナム戦争への介入本格化の最中だった。私はベイカー図書館の講堂の外にあふれた一群の中にいて、スピーカーを介して講演を聞いた。マクナマラの主張はいまも覚えている。彼がさかんに口にすることの一つで、中身は単純明快だった。[*1]「一つの技術として管理《マネジメント》はここ三〇年で急速に進歩した。今やわれわれはどんなものでも管理できる。フォードも、教会も、国防総省も。総合目標をパーツに分解し、計測すればよい。パーツごとに責任者を置き、進捗状況を管理させ、定期的に結果を報告させる」

「今やわれわれはどんなものでも管理できる」という言葉は忘れられない。マクナマラの勝利の方程式は、「目標による管理（ＭＢＯ：Management By Objectives）」だった。計測可能な目標を立て、それに沿って進捗状況を監視するやり方だ。講演が行われた一九六六年の時点で彼はウィリアム・ウェストモーランド将軍の目標を支持していた。ベトナム人民軍とベトコン（南ベトナム解放民族戦線）の兵員補充能力を上回るペースで彼らを殺す、という目標である。

後になってわかったことだが、北ベトナムにはアメリカ軍が殺すペースを上回って補充する能力があった。この目標の追求にこだわり続けるうちに、アメリカの世論は戦争続行に反対するようになる。三〇年後の一九九五年にマクナマラはこう述べている。「振り返ってみれば、当時もその後も、サイゴンでもワシントンでも、徹底的な議論をしなかったのは私の過ちだった。いい加減な仮説について、問われなかった質問について、ベトナムでの軍事戦略の土台となった根拠薄弱な分析について、網羅的な議論をすべきだった……なぜそれをしなかったのか、完全に理解するときが果たして来るのか、私にはわからない」[*2]

第4章で論じたように、政治的制約や価値観の問題もあり、ベトナムに関して戦略的解決が存在した可能性はきわめて低い。進捗状況の計測による戦争の遂行はうまくいかなかった。「進捗」を求めた結果、消耗戦と戦闘意欲の罠に落ち込んだ。ベトナムでマクナマラが抱えたジレンマは、目標管理と戦略はちがうという事実を浮き彫りにした。数値目標を並べ立てても戦略にはならない。戦略とはある状況に作用する要因を診断・分析し、どう取り組むかに関する論理的な主張でなければならない。数字の洪水で思考を押し流してはならない。

マクナマラの後任として国防長官に就任したクラーク・クリフォードは、前任者についてこう書いている。「国防総省の改革に関する限り、彼の能力は役に立った……彼はおそらく最高の国防長官だっただろう。だが彼にまさに求められていた戦争の遂行には、適していなかった」[*3]

ロバート・マクナマラはきわめて有能な管理者ではあった。戦略におけるマクナマラの誤謬はアメリカ社会に大きな傷を残し、それはいまも癒えていない。

結果を出す

数年前にかかってきたある電話は、マクナマラのハーバードでの講演を思い出させた。電話をくれたのは、大手金融サービス会社の経営幹部である。仮にエレンとしておこう。今度新しく上級幹部向け研修プログラムを発足させた。ついては戦略について二回にわたって講義してくれないか、という依頼である。プログラムの目的は何か、と私が質問するとエレンはこう答えた。「マーケティングとファイナンスに関してはもう講師も決めて研修内容も固まっている。戦略に関しては、〝結果を出す〟ことにフォーカスして話してほしい」。その提案には納得できなかったので、誰か別の人に頼んでほしいと断った。なるほど「結果を出す」ことは重要である。だがそれは戦略の範疇ではない。マクナマラはベトナムで結果を出すべく奮闘した。だがすでに述べたように、彼には戦略がなかった。

モチベーションを高め業績指標を計測することは、組織の心拍数や血圧を計測するのと同じで、「列車を定刻通りに走らせる」ことには役立つ。実際、効果測定をせずに組織をよりよく機能させることはできない。たとえばカスタマーエクスペリエンスを向上させるには、顧客が何に満足し何に不満を抱いているかを知らなければならない。自社のソフトウェアを顧客のシステムにインストールするのに何時間あるいは何日かかるのか。具体的な目標の設定は、モチベーションを高める有効な手段だ。「毎日エクセサイズをしよう」は漠然とした目標だが、「毎日三〇分トレッドミルに乗る」は具体的な目標であり、実行される可能性が高い。

目標を達成するのに部下の尻を叩けばよいだけなら、話は簡単である。リーダーは毎年より高い目標を掲げ、「結果を出せ」とがんばらせればよい。そういう単純な世界では戦略など不要だ。だがマクナマラが気づいたように、「結果を出す」のは目標管理の一環であって、戦略ではないのである。

戦略を立てることによって、追求すべき目標は定まる。正しい戦略策定は、まず直面する課題を認識するところから始まり、次に課題を解決するうえで乗り越えるべきポイントを理解する。それによって方針や行動や具体的な目標が導き出されるなら、それはよい戦略策定である。

目標管理の仕事、すなわち与えられた目標を達成することは、実行と呼ばれる。実行のほうが戦略よりずっと重要だなどとよく言われる。たとえばロザベス・モス・カンターは「競技場で試合に勝たなければ話にならない。戦略がすばらしく見えるときには実行の質が高いのだ」と書いている。[*4] だが彼女は正しくない。成功は、よい戦略とよい実行の両方の結果である。どちらか一方が失敗すれば結果は出ないのであって、どちらも重要だ。どちらがより重要かという問題ではなくて、戦略と実行は別だということである。つまり戦略と目標管理はちがう種類の仕事だ。明確な戦略なしに「結果を出す」ことをめざすのは、馬の前に車をつけるようなものである。

経営の方法論

一八四〇年頃まで大方の会社は規模が小さく、家族経営がふつうだった。経済を支える産業は主に農業と商業だった。商人は自ら仕入れ、輸送、販売を行うか、せいぜい二、三人に手伝ってもらうといった規模である。初めて専任の管理者を必要としたのは鉄道会社だった。組織図というものが初めて登場したのも、鉄道会社である。定期的に計画が立てられ、記録がとられるようになった。業務内容別に部門が設置され、組織に階層が出現するのは一八七〇年代以降である。[5] 一九〇〇年代に入って大規模な企業が登場し始めると、管理職にも階層ができる。マネジャーを管理するマネジャーというものが現れたのである。

ピーター・ドラッカーは、マネジャーの上にまたマネジャーがいるこの新しいマネジメントの世界について、洞察に満ちた著作『現代の経営』（邦訳：ダイヤモンド社）を一九五四年に発表した。同書の中でドラッカーは、階層型組織を持つ複雑な組織の経営を体系化しようと試みる。命令によって仕事を進めようとする古いタイプのマネジャーをドラッカーは否定した。マネジャーがマネジャーを管理する組織では、マネジャー一人ひとりの目標が、置かれた状況の制約や機会を考慮しつつ明示的な交渉を通じて定められる。各自は目標の重要性を理解しなければならない。ドラッカーの説くこうしたシステムは、「目標による管理（MBO）」として知られている。

ドラッカーのMBOは、目標設定プロセスとしてシステムに組み込まれるようになった。目標設定プロセスでは、全社的な目的に関する情報をトップダウンで共有したうえで、予算と目標を交渉して決めることが基本になる。このシステムは今やほとんどあらゆる企業に定着しており、現代の組織の大半が計測可能な目標を追求している。

ドラッカー流の目標管理に取り組む企業にとって現在主流のアプローチは、バランスト・スコアカード（BSC）である。ロバート・カプランとデビッド・ノートンが提唱した業績評価手法だ。[6] このシステムでは四つの視点（財務・顧客・業務プロセス・学習と成長）で業績を評価する。財務業績のみで評価する方法よりはるかにすぐれているため、大企業の多くがこぞって採用した。カプランとノートンは「毎年の戦略プランニング会議で決定された変更はすべて戦略マップとバランスト・スコアカードに反映させる」と書いている。[*7] このことからも、バランスト・スコアカードが戦略の実行、または実行支援のために設計された目標管理ツールであることはあきらかだ。

戦略とバランスト・スコアカード

目標管理と戦略のちがいが明確に示された例として、デルカ（仮名）を挙げよう。デルカの経営は順調だったが、それでも経営システムではうまく対処できない課題に直面していた。

私は二〇一〇年に経営者のフェリシア・カーから電話をもらった。「戦略とバランスト・スコアカードを結びつける」ことに力を貸してくれという。デルカはフェリシアの母親が設立した会社で、当初はベトナムおよびシンガポールとの貿易を手がけていた。そこから事業を拡大し、二〇一〇年には機械やコンピュータの部品を手広く扱う会社に発展する。シンガポール証券取引所への上場も果たした。同社はＣＰＵのような能動部品には手を出さず、電源、コネクタ、配線ハーネス、冷却部品を手がけている。ケースファン、ＣＰＵファン、グラフィックカードファンは自社生産するが、それ以外はアジアのさまざまなサプライヤーから買い付ける。

フェリシアはサンフランシスコ湾を見下ろす快適なオフィスを構えており、オフィスの壁には図14に示すようなバランスト・スコアカードのコピーが貼ってある。ただし、カラフルなグラフの類はない。数値目標も書き込まれていなかった。

フェリシアの説明によると、バランスト・スコアカードの概念自体は好きだという。財務指標だけでなく、バランスよく四つの視点から評価するところが好ましい。「社員にとっては、自分の仕事をちゃんとやっていればすべてがうまくいくと信じられることが必要なの」とフェリシアは話した。しかし会社は、価格の下落と販売数量の減少という問題に直面していた。

さらに深刻なのは、デスクトップ機が全体としてピークを打ったとみられることだった。ノートPCは引き続き好調だが、その大半は部品を内製するか直接買い付ける一貫生産メーカーが供給している。そのうえモバイル端末が大流行となれば、デスクトップ機用の部品製造・販売事業者にとって未来は明るいとは言い難い。フェリシアは、この地殻変動を自社が生き残れないのではないかと懸念していた。

デルカはバランスト・スコアカードと詳細な業務・財務データに基づいて会社を健全に経営していた。きわめて合理的な経営システムではあったが、二〇一〇年にフェリシアが必要としていたのは難局を乗り切る戦略であり、ミッション・ステートメントも業績目標も役に立たない。

フェリシアは私の助言を受けて五人編成の戦略チームを発足させ、定期的に会議を開くこと

図14　デルカのバランスト・スコアカード

ミッション

世界で最も成功するコンピュータ部品サプライヤーとなり、市場で最良のカスタマー・エクスペリエンスを提供する

目標	重要業績評価指標（KPI）
財務	
株価評価においてシンガポールSTI（ストレーツ・タイムズ指数）を上回る	顧客別の純利益率、営業利益率
売上高を年10％増やす	自己資本利益率（ROE）
粗利益率が35％を上回る	売上高増減率
顧客	
つねにオンタイムで納入する、見積書は2日以内に発行する、新製品・新バージョンに即応する	顧客別の売上高、売上高増減率
	顧客維持率（CRR）
	個別訪問1件あたりの費用対効果
	顧客満足度スコア（CSAT）
業務プロセス	
品目ごとに2社以上のサプライヤーを確保する	サプライヤー関係管理担当者の離職率
つねに機動的である	新規従業員の入職率
冷却ファン以外の部品在庫の適正化	顧客満足度スコア（CSAT）
	設計変更への対応時間
学習と成長	
主要顧客と協働し新規設計に対応する	採用された新製品の種類
設計の選択肢に関して顧客の助言を仰ぐ	営業担当1人あたりの製品研修時間
	サプライヤー1社あたりの製品研修時間

にする。最初の会議では、売上高の減少という問題に焦点を当てた。主要顧客であるＰＣメーカーからの受注が減ったのはなぜか、彼ら自身はどんな問題を抱えているのか。「彼らはとてもむずかしい顧客だと思う。デルやヒューレット・パッカード（ＨＰ）はほとんど在庫を持たず、一時間足らずで完成品を組み立てる」。このためソニーのモニターはメーカーに直送されるという。「だからデルやＨＰがウチのようなところから買ってくれるのは低価格品に限定され、しかもオンタイムで納品することが絶対条件になる」とフェリシアは説明した。要するにこの方面でデルカは需要減と競争激化による利幅の圧縮に直面している。

営業部門の責任者が、ＰＣゲームに特化したメーカーがいくつかあり、その高性能部品、とくに強力冷却システムには強い需要があると指摘した。しかしこれはきわめてニッチな市場であり、今後も大幅成長は期待できそうもない。

次の会議では、あるシニアマネジャーが、ＰＣ業界の外に目を転じると、顧客企業の多くがサプライチェーンに問題を抱えていると発言した。彼らはデルやＨＰのような効率のよいサプライチェーンを構築できていない。デルカには問題解決のお手伝いができるのではないか、という。ＰＣ業界以外の顧客にサプライチェーン構築の助言と管理を提供する可能性について、活発な議論が行われた。ただ、サプライチェーンに関するデルカのスキルも知識もＰＣ部品に限定されている点が悩ましい。フェリシアは、自分のベトナム系アメリカ人実業家の人脈を活用して、人材を探してみると請け合った。ほかに二人の幹部が心当たりに打診することになった。

一カ月後の会議では、サプライチェーンのアドバイザリー業務を提供する方向性は断念することになった。すでに専門の会社があり、デルカよりはるかに深い知識と経験を蓄えている。その代わり、人脈を活用していろいろ探りを入れた結果、デルカのブラシレス冷却ファンモーターに思いがけない潜在顧客が見つかった。

それはフライコー（仮名）という会社で、ドローン用のブラシレスの高性能ファンモーターを必要としていた。フランスのパロット（Parrot）がＷｉ－Ｆｉで操作する消費者向けドローンを市場に投入したばかりで、早くもビッグヒットになっている。フライコーはラジコンの模型飛行機シリーズを手がけており、Ｗｉ－Ｆｉより飛行範囲の広い高度な無線制御方式のドローンに進出したいと考えていた。

デルカはパロットのドローンを試しに購入し、ファン部門の責任者を戦略チームに加えてこの問題を検討した。彼はすっかり興奮し、デルカにはパロットを上回る性能のファンモーターを作れるとの自信を表明する。

ブラシ付きのモーターでは、電極（ブラシ）と整流子（コミュテータ）を接触させ機械的に電流を切り替えてモーターを回転させる。機械的接点のため摩耗するのが弱点だった。ブラシレスは電子回路を使って電気的に電流を切り替えるしくみで、機械的接点がないためメンテナンスが容易で、速度制御も安定している。

デルカはタスクフォースを派遣してフライコーと共同でドローン開発に臨んだ。デルカはファンモーターを供給し、フライコーは首尾よくドローンの試作品を完成させたものの、本業のラジコン飛行機の売れ行き不振であえなく倒産してしまう。

だがデルカの戦略チームは、転んでもただでは起きなかった。自社のブラシレス・ファンモーターは大いに有望だと改めて認識し、他にも顧客がきっといるはずだと考えたのである。フェリシアはいまや投げ売り状態になったフライコーの無線と電子部品事業を一〇万ドルで買収する。さらにフライコーのエース級のエンジニアがデルカの技術顧問として働くようになった。

この新しい能力を獲得したデルカにとって、直面する課題はがらりと変わる。ほんの三カ月前は、死活的に重要な問題はデスクトップ機の衰退であるように思われた。だがいまや、成長中のブラシレス・モーターで商機をうかがっている。ブラシレス・モーターはロボット、医療機器、ドローンに使われており、今後コードレス電動工具などでも需要増が見込めそうだ。

デルカのブラシレス・モーターを使った消費者向け製品で最初に成功を収めたのは、ラジコンカーである。その専用モーターは、玩具メーカーと共同開発された。このラジコンカーは玩具店で販売されているとはいえ航続距離とスピードはかなりのものだ。愛好家クラブがあちこちにできて、日曜日の駐車場でレースをする様子が話題になった。

デルカは顧客企業とともに問題解決にあたる方針を継続して採用し、次にはポータブルクリーナーのメーカーと組んで高出力で静粛性の高いファンを開発した。このときも、高性能バッテリーと馬力はあるのに静音のブラシレス・ファンモーターが製品の成功に大いに貢献している。

二〇一四年になる頃には、デルカは高性能ブラシレス・モーター業界で押しも押されもせぬ地位を築いていた。株価は五倍に上昇し、従業員数は四倍に増えている。

デルカの戦略は、デスクトップ機用部品ビジネスの衰退にどう対応するか、というところから始まった。次に顧客の抱える問題に目を転じた。サプライチェーン関連サービスに乗り出すという方向性は見込みがなかったが、ブラシレス・ファンモーターの隠れた需要を発掘することができた。そこでもドローンでは躓いたものの、有望顧客を掘り当てることができた。

二〇一九年のデルカのバランスト・スコアカードは、九年前とはずいぶんちがっている。技術的なイノベーションとモーターの性能値に重点が置かれている。また、パートナー企業との関係強化や独自の販売網の整備が重視されるようになっている。目標とＫＰＩが変わっても、バランスト・スコアカードが役に立つ目標管理ツールであることに変わりはない。

そうは言っても、デルカの戦略策定においてはバランスト・スコアカードが役に立たなかったことを改めて強調しておかねばならない。企業の直面する課題が現在の業務効率とは別のところにある場合、バランスト・スコアカードは解決の手がかりにはならない。既存事業の見直しや新規事業の開拓には、バランスト・スコアカードは有効ではないのである。戦略とは社員の尻を叩いて経営陣の決めた目標を達成させることだという幻想をまだ抱いているなら、バランスト・スコアカードに依存したらよかろう。だが繰り返すようだが、戦略と目標管理はちがう。どちらも必要でどちらも重要だが、別ものである。

第16章

現在の財務実績は過去の戦略の結果である

四半期ごとに企業収益のコンセンサス予想が発表され、企業が投資家向けに期首に利益予想（ガイダンスという）を公表し、株式市場と企業経営者が公表された数字に注目する。このサイクルを九〇日ダービーと呼ぼう。

なぜこんなダービーが始まったのか。発端は、一九七六年にインスティテューショナル・ブローカーズ・エスティメート・システム（ＩＢＥＳ）がアメリカ企業の年次利益予想を集めるようになったことだった。やがてこれがアナリスト予想の平均をとったコンセンサス予想となり、また期間は一年から四半期に短縮された。この流れを受けて、多くの企業が四半期の初めにガイダンスを公表するようになる。

一九八〇年代半ばには、企業の業績がコンセンサス予想通りだったか、上回ったか、下回ったか、ということが重要関心事となる。コンセンサス予想が浸透するにつれて、多くの企業が予想通りの利益を上げるようになった。一部の関係者は、この新しいロジックでは、予想を大幅に外すほうがすこしだけ外すよりましだと皮肉る。「グロース株（成長銘柄）投資家の間では、コンセンサス予想を一ペニー下回った企業はまぬけだとみなされる。ウォール街を喜ばせるためのほんの一ペニーも見つけられない会社はバカだというわけだ。そしてその会社はほんとうの面倒に巻き込まれることになる。一ペニー下回ったというニュースで株価はすぐさま下落するからだ。それぐらいならもっと下回って、その分の利益を次の期に計上するほうがずっとましだ」[*1]

九〇日ダービーの罠にはまったＣＥＯは、ガイダンスの作成と、その通りの業績を上げることに多大な時間とエネルギーを費やす羽目に陥る。そうなると、経理や財務の報告に注意が集中し、短期的な予想利益の確保に血道を上げることになりがちだ。

企業の目的が利益を上げることだとすれば、利益を最大化し成長を続けて何が問題なのか、と感じた読者もおられよう。問題は大ありだ。第一に、現在の利益は過去の投資や行動がもたらした収穫であって、それは時には何世代も前だったかもしれない。今日の利益は、現在のマネジャーや社員のハードワークの結果だとは言い切れない。むしろ現在の利益は、ほぼまちがいなく過去の賢明な判断、幸運、戦略に由来する。マイクロソフトの現在の高利益は、同社のソフトウェアが業界標準になり、生産性を向上させ協働を進めるためには誰もがそれを使わざるを得なくなったからである。同じことの裏返しだが、現在の投資や費用は将来の利益となって実を結ぶ。

そしてもちろん、逆もまた成り立つ。かつては偉大だったボーイングは、737MAXシリーズの設計上の欠陥による墜落事故（二〇一八～一九年）、オフショアリングへの過度の依存、リチウムイオンバッテリーの過熱・焼損事故（二〇一三年）などで苦境に陥り、利益が大幅に減少した。その結果二〇二〇年には赤字を出す事態にいたったが、これは当時の経営陣・技術陣・社員の責任ではない。原因はほぼ全面的に、マクドネル・ダグラスを吸収合併した際に持ち込まれた文化にある。マクドネル・ダグラスの財務運営とコスト削減のアプローチは、ボーイングの伝統的な技術重視の文化を圧倒した。GEで鍛えられたマクドネル・ダグラスの社長ハリー・ストーンサイファーは、「私がボーイングの文化を変えたと世間は言う。たしかに、偉大なエンジニアリング企業ではなく営利企業らしく経営したいという意図はあった」と語っている。[*2] 短期間でのコスト削減は株式市場に歓迎されたが、数世代にわたってボーイングにダメージを与えたと考えられる。

第二の問題は、現在の利益は企業価値すなわち時価総額を決定づける要因ではないことだ。企業価値は、将来の配当など株主にもたらされる将来利益に左右される（将来利益は債務不履行リスクなどに応じて下方修正され、望ましい買い手による買収の可能性に応じて上方修正される）。つまり企業価値が表すのは将来である。直近の四半期業績は、将来利益の長期的な推移を表す指標として信頼できるとは言い難い。

このことを端的に体現しているのがアマゾンである。アマゾンは一九九七年の株式公開以来一度も配当を出していないにもかかわらず、株価は大幅に上昇している。これは、将来に対する期待が現在の企業価値を形成していることの証《あかし》と言えよう。株はどの銘柄も絶えず上がったり下がったりする。将来の業績と配当も不確実なら、インフレ動向など経済全般の展望もきわめて不確実だからだ。

自分がアマゾンのＣＥＯになったと想像してほしい。取扱分野の拡大、配送のスピードアップ、大量の商品の物流管理の効率化、クラウドサービス事業の構築、国外進出の強化といったことに、ＣＥＯとして心血を注いでいる。そんな状況で、四月初めに証券会社のアナリストが電話をかけてきて、現在建設中の物流センターについて「そのせいで第4四半期の業績に悪影響が出るのでは？」などと質問する。

なんと愚かな質問だろう。アマゾンの価値は、今後五年、一〇年、いやもっと先の収益力に依存している。将来を見つめている企業にとって、第4四半期の一株あたり利益が何だというのだ。アマゾンは利益を少しばかり押し上げるために投資計画を変更すべきだとでもいうのか。わざわざ仕事を中断してまで第4四半期の一株あたり利益を〇・五セント単位まで予想し、万が一、予想を外した場合にアナリストどもに非難される事態を招く必要がどこにあるのか。

そもそもこんな質問はどこから出てきたのだろうか。それを理解するには、質問したアナリストの側に立ってみる必要がある。私自身は彼らを何人か知っており、一緒に仕事をしたこともある。だいたいはペンシルベニア大学ウォートンスクールやニューヨーク大学やＵＣＬＡで経済や金融を専攻し、将来キャッシュフローを割り引く方法だのエクセルを使って将来キャッシュフローを予想するテクニックだのを学ぶ。三〇～四〇項目の成長要因や比率やパラメーターに基づいて企業価値を予想した複雑でエレガントな一〇ページにおよぶスプレッドシートを見たことがある。将来キャッシュフローのこうした「モデル」にインプットする数字がすこし変わるだけで、予想される企業価値は大幅にちがってくる。たとえばアマゾンの第4四半期の一株あたり利益がモデルの予想を下回ったら、モデルはその威力を遺憾なく発揮し、将来予想を四半期ごとに次々に修正する。そして言うまでもなく、モデルが予想した企業価値が下方修正されれば、「正しい」株価の予想も下方修正される。

アナリストが使うこうした分析ツールは、不確実性ではなく確実性を前提にしている。目先の第4四半期の一株あたり利益がわずかに予想を下回るだけで、将来予想を次々に連動して修正できるのは、このためだ。しかしモデルのこのような機械的な計算は、まったくのナンセンスである。実際には利益は他の経済指標と同じく、偶然性に左右される部分が大きい。あなたがスーパーマーケットで毎月使う金額を考えてみてほしい。あるとき多少増えたからといって家計が火の車になるわけではないし、多少減ったからといってすぐに飢え死にするわけでもないだろう。ところが高等数学や統計学で博士号をとった連中は、そこにもっともらしいロジックを持ち込む。そして彼らの実際には原始的な予測ツールは、わずかな変動にも過剰反応するのである。

第三の問題は、そもそも企業のほんとうの価値はわかりにくいことである。読者はブラック＝ショールズ方程式という名前を聞いたことがあるだろう。オプション価格算出のための理論式で、一九七三年に発表された。考案者の一人であるフィッシャー・ブラックは、市場価格はバイアスのいっさいかからない真の価値の推定値だとした。[*3]だが彼と一杯飲みながら話したところ、企業のほんとうの価値は株価の半分から二倍の間のどこかだろうと本音を語ったものである。なるほど株価にはバイアスはかかっていないかもしれないが、真の価値のきわめて不確実な推定値でしかない。この事実が、九〇日ダービーでは忘れられている。

この問題について、ウォーレン・バフェットとジェームズ・ダイモンが鋭い意見をウォール・ストリート・ジャーナル紙に発表している。

金融市場は短期的な業績にこだわりすぎる。こうした傾向の火付け役となったのが四半期ごとの一株あたり利益のガイダンスだ。その結果、長期投資はおろそかになってしまう。企業はしばしば四半期予想に合わせようとするあまり、技術への投資、雇用、研究開発を後回しにする。だが予想というものは、企業にはどうすることもできない要素、たとえばコモディティ価格の変動、株式市場のボラティリティ、それどころか天候にさえ影響される。*4

第四の問題は、ダービーの重圧をつねに受けている経営陣が、浪費的な決断を下しかねないことである。上場企業の経営者の仕事がどういうものか、間近で働いたことのある人ならよく知っているだろう。私自身がこの目で見た多くの例から、ここでは二つだけ挙げる。

・ソフトウェイズ（仮名）のソフトウェア製品は、市場の成長分野で高いシェアを誇る。しかしシステムを構成するある重要コンポーネントは内製ではなく、競合他社が扱っている。このコンポーネントの開発にはおよそ二〇〇〇万ドルが必要と見込まれた。ＣＥＯは利益が減ることを恐れて支出に反対し、その技術を持っている企業を買収する決断を下す。買収費用一億七五〇〇万ドルは、半分は借り入れで、半分は海外のＰＥファンドから調達した。買収発表時にＣＥＯは買収によって利益が減る可能性にもコンポーネント開発の時期にも言及しなかった。買収した企業の技術自体は有望だったが、ソフトウェイズの既存製品とはなじみが悪く、技術の融合に結局二年かかった。自前で開発した場合に比べ、期間は二倍だった。

・ゾーテク（仮名）は化学品メーカーで、主要顧客五社に特殊材料を供給している。近年では顧客からの品質に関する要求が厳しくなった。このためゾーテクは顧客のニーズに合わせた研究開発の強化を戦略として掲げた。ところが二〇一七年夏に顧客企業の製品に対する需要が減少してゾーテクの利益も減り、株価が下落する。慌てたＣＥＯはすぐに利益を回復すると約束し、研究開発人材を大幅に削減した。逆に同業他社は研究開発に力を入れ始めた時期だったため、この決断は戦略的に大きな過ちとなる。その後二年間でゾーテクの株価は六〇％下落した。

これほど愚かな選択をしない企業にとっても、九〇日ダービーは企業の真の価値を左右するような戦略的な課題から経営陣の注意を逸らせてしまう可能性がある。

株主価値とインセンティブ

株主価値が企業を導く北極星のような存在として脚光を浴びたのは一九八〇年代である。企業の経営陣や管理職は株主価値を最大化すべく努力しなければならないという主張は、ハーバード大学のマイケル・ジェンセンが提唱したエージェンシー理論から着想された。ジェンセンは

「企業経営者は株主のエージェント（代理人）である」と述べ、プリンシパル（依頼人）である株主は、株主に配当を出さずに無用のプロジェクトに投資する経営陣によってしばしば損失を被ってきたと考察した。[*5]

エージェンシー理論は株主と経営者の関係やコーポレート・ガバナンスに応用されるようになり、株主価値と投資リターンを高めることこそが企業の歩むべき道を照らす北極星であると表現された。その前提にあるのは、会社の所有者（＝株主）と経営者の利害が一致するようなインセンティブを設けない限り、経営者は怠けたり自己利益優先の決定を下したりする、という認識である。

だがエージェンシー理論には、経営者にやる気を出させるインセンティブ以上の複雑な問題は扱えない。たとえば課題の診断や優先順位の決定といったことはエージェンシー理論では扱えない。ある企業の抱える決定的に重大な問題が浪費や怠慢だけであれば、インセンティブで解決できるかもしれない。だがインセンティブにできるのはそこまでだ。アインシュタインは統一場理論の構築を試みて何年も無駄にしたが、もし一億ドルの賞金を出していたら理論は完成しただろうか。第二次世界大戦中、早期の勝利を収めたら一億ドルのボーナスを出すとアイゼンハワーに約束したら、もっと早く戦争は終わっただろうか。アメリカ海兵隊がライフル射撃に怯《ひる》まず立ち向かうのは、ボーナスを約束されているからなのか。エージェンシー理論の欠陥は、インセンティブだけがすべてだと仮定していることにある。

エージェンシー理論に基づくインセンティブ・プログラムを用意したところで、戦略的な問題は解決しない。戦略を立てる能力はボーナスをはずむと伸びるものではないし、この方面の無能力がボーナスで解消されるわけでもない。そのことは、非上場企業を見ればあきらかだ。非上場企業の場合、所有者と経営者の利害は一致している。それでも戦略の問題、つまりこれからどうするか、どうやって競争していくかを決める問題は残る。インセンティブは注意を喚起し意欲を高めることはできても、何をするかは決められない。

経営陣に示されるインセンティブは、契約に基づくボーナス、株式の付与、ストックオプションといった形をとることが多い。役員報酬を財務実績ではなく株価に連動して決めるというのが近年の流行である。一九八〇年代には、ストックオプションが役員報酬で最も大きな割合を占めていた。だがドットコム・バブルが崩壊すると、ストックオプションに代わり、一定期間の売却が制限された譲渡制限付株式の付与が行われるようになった。二〇一九年の時点で、業績連動型株式はS&P五〇〇企業のCEO報酬の五〇%以上、ラッセル三〇〇〇企業の役員報酬の約四〇%で付与されている。[*6] このタイプの報酬は、いわゆるモノ言う機関投資家や個人投資家の台頭と時を同じくして急増した。キース・ハモンズはファスト・カンパニー誌に次のように書いている。

今日のCEOがプレイするフィールドは、かつてと同じではない。変化が始まったのは一九九三年だった。投資家がプロの経営者を歓迎するようになり、その後すぐに愛想を尽かした。なにしろ同じ週に、アメリカン・エキスプレス、IBM、ウエスチングハウスのCEOが次々に更迭されている。財務業績が悪いとすぐに株主から圧力をかけられる。その後、役員報酬は企業業績と連動するようになった。業績が上がるほど株やストックオプションをもらえるしくみだ。*7

こうした報酬プランを設計したのは、潤沢な報酬をもらうコンサルタントたちである。彼らは、CEOの利益と株主の利益を一致させるためにはインセンティブが必要だと力説した。両者の利害を一致させることが不可能だとは、頑として認めなかった。報酬はあらかじめ決められた一定の基準を上回るという条件付きであり、条件を満たせばストックオプションが与えられる。

オプションとは、ある資産を将来の特定時点に特定価格（行使価格）で買うまたは売る権利のことである。たとえばアップルの株が現在一株一三〇ドルだとする。あなたは二〇ドルのプレミアムを払って、一年後にアップルの株を一三〇ドルで買える権利（＝オプション）を買う。株が値上がりしなかったり、下落したりすれば、あなたはオプションを行使しなければよい（この場合、二〇ドルの損失で済む）。株が値上がりして一株一五〇ドルを上回った時点であなたには利益がもたらされる。もし一七〇ドルになったら、二〇ドルの投資で四〇ドルの利益を手にすることができる。株は不確実性が大きいほど値下がりしやすいが、オプションは損失が限定されているため、不確実性が大きいほど価値が高まる。オプションについて長々と説明したのは、報酬をストックオプションにしても経営者を株主と同じ立場に立たせることはできないことを示すためだ。株を買った株主が値下がりリスクを引き受けるのに対し、権利行使を放棄できるオプションはまったくちがう。

業績連動型報酬と企業業績の関係を調べた研究では、強い相関性は認められていない。株価が上がれば、上がった理由のいかんにかかわらず経営陣の報酬も上がるが、両者の因果関係を解明するのは容易ではない。非常にうまくいっている企業のCEOであって、全般的にマクロ経済が好調な状況に恵まれ、さらに成長中の産業に属していれば、株価はまずもって上がるに決まっている。そうなれば、経営陣が何をしようと関係なく報酬は気前よく払われるだろう。だいたいにおいて、個別銘柄の値動きの三〇％は市場全体の動向で説明できる。たとえば二〇一九年前半のように全体として上昇基調なら、個別銘柄の六〇％は上がる。よって経営陣も取締役も、とくに競合他社を出し抜かなくとも大幅な報酬アップが期待できる。

株主価値を目標に掲げることの根本的な問題は、経営陣にはどうやってその目標を達成するかがわかっていないことだ。がんばって長時間働いたところでたいして役に立たない。だからといってコスト削減に狂奔するのは、長期的には逆効果だ（ボーイングがマクドネル・ダグラスとの合併後に犯した失敗を思い出そう）。要するに経営陣の行動と株価との間に確実性の高い関係は認められないのである。なるほど、将来の収益予想が上向きであれば株価は上がるにちがいない。だが将来の予想を、つまり投資家の期待を高める要因は何なのか。ウォルマートは中国への投資を拡大するほうがいいのか、それとも縮小するほうが将来予想に好影響があるのか。アップルは自前のストリーミング配信サービスを始めるべきなのか、やめておくべきか。ＧＥは石炭火力発電を維持すべきなのか、それとも撤退すべきか。

私は博士課程の学生だった一九六七年に、さまざまな分野の教授にインタビューして彼らの提唱する概念図を書くという課題を指導教官から出された。マーケティングなら４Ｐ、金融工学ならＭＭ理論（モディリアーニ＝ミラーの定理）、という具合である。会計学では、デービッド・ホーキンス教授が満面の笑みを浮かべてこう言ったものだ。「あらゆる事業計画の結論は同じだ。売り上げを増やす、コストを削減する、社員の尻を叩く、以上終わり」。それから半世紀以上が経った二〇二〇年、ＩＴマネジメント辞典のウィキサイト「ＣＩＯ　Ｗｉｋｉ」には、こんなことが書かれている。「株主価値を最大化するためには、収益性を高める必要がある。そのための戦略は三つある。第一に売上高を増やす、第二に営業利益率を高める、第三に資本効率を高める[*8]」

このような説明には何か意味があるのだろうか。ここで、アメリカンフットボール・チーム、ロサンゼルス・ラムズの監督になったと想像してほしい。当然ながらできるだけ多くの試合に勝ちたい。そこであなたはコンサルタントを雇う。半年後にこのコンサルタントはあなたのところへ来てレポートを提出する。「目標は一人あたりの勝利数を最大化することである。調査の結果、勝利数は正味獲得ヤードと正の相関関係にあることがわかった。正味獲得ヤードとは、獲得ヤード合計からヤードロス合計を差し引いて計算する。よってあなたは、獲得ヤードを増やしヤードロスを減らすよう努力すべきである」。このアドバイスは、企業経営者に向かって「売り上げを増やしコストを削減するよう努力すべきである」と言うのとまったく同じだ。フットボールチームの試合に勝つにも、企業が熾烈な競争に勝つにも、高度な判断力とスキルを必要とする。ボタンを押したりクランクを回したりして勝てるわけではないのだ。

九〇日ダービーの罠を脱するために何ができるか

ＣＥＯの金銭的インセンティブを投資家の利害と一致させる一つの方法は、ＣＥＯが長期株主になることである。そのためには雇用契約時に、ＣＥＯの重要な資産となる程度に十分な数の株式を与えることが必要になる。このとき、怠慢による損失や犯罪行為以外には業績に関する条件はつけなくてよい。株式はＣＥＯが直接保有するものとし、七年が経過するまでは譲渡できない。

かなりの数の株式を七年以上にわたって保有するとなれば、ＣＥＯは短期の利益に一喜一憂する状況に比べ、企業価値を高めるような健全な判断を下す可能性が高くなる。この方向をめざしている企業の一つにエクソンモービルがある。

報酬プログラムは優先課題への集中を強化するよう設計されており、複数年にわたる報酬の大半が、エクソンモービルの株価とその結果としての株主価値に連動する。役員の年間報酬のかなりの部分を株式で付与し、その株式は一定期間が経過するまで売却を禁じられる。その期間は、全産業を見渡しても大半の企業が定めている期間よりはるかに長い。目標としては、年俸の半分以上を譲渡制限付株式の形で与え、その半分は一〇年または退職のどちらか遅いほうまで保有しなければならない。残り半分も最低でも五年間は保有する。*9

九〇日ダービーの重圧を減らすもう一つの方法は、会社の「応援団」を賢く編成することだ。経営陣の応援団は、取締役会、年金基金や投資信託などの機関投資家、好意的なアナリスト、そしてもちろん株を買ってくれた一般投資家である。投機家は応援団ではない。投機家は企業価値など眼中になく、株価の変動から抜け目なく利益を得ることを狙っており、株価の乱高下に大いに責任がある。

長期的な価値創造をめざす会社の方針や姿勢や能力を信頼してくれる応援団を呼び込むことが重要だ。年金基金の運用担当者が基金の積立不足を解消するために手っ取り早く一二％のリターンを必要としているなら、お引き取り願う。応援団に向けては、経済というものは不確実であり、いいときもあれば悪いときもあること、株価にはいつ何時《なんどき》ノイズが紛れ込むかわからないことを繰り返し発信する。長期的な価値を築くにはときに実験的な試みをしなければならず、それは必ずしもうまくいくとは限らないことを伝える。経営陣はこの先数十年維持できるような価値の構築をめざしており、目先の利益を求めるなら他の投資先を探すよう助言する。新しい価値の創出はそう簡単ではない。もし年々着々と業績が伸びているように見える会社があるなら、誰かが数字をごまかすか、水増しをしているのだ。

金融関係のメディアは、株を売買する人をみな「投資家」と呼ぶ。だが株取引の大半は投資家ではなく投機家あるいは相場師がやっているのである。九〇日ダービーの喧噪《けんそう》を鎮めるには、投機家ではなく投資家の応援団を揃えなければならない。もちろん株の投機をするのは違法でもないし倫理に反することでもない。だが株価の変動が主要関心事であるような投機家と企業価値の構築に関心のある投資家とを混同してはならない。

ブライアン・ブッシーは二〇〇一年に発表した研究で、機関投資家の中には短期の利益を過大に重視する「移り気な投資家」がいると指摘した。[*10]「移り気」というのは、極端な分散投資を行い、ポートフォリオの回転率が高いという意味である。少数の企業に絞り込んで長期保有する機関投資家は移り気ではない。またキム・リシンらが二〇一七年に発表した研究では、企業が四半期一株あたり利益のガイダンスの発表をやめたら、応援団は長期投資家にシフトしたという興味深い調査結果が報告されている。[*11]

取締役会は決定的に重要な応援団となりうる。長期的なビジョンに賛同を得たいなら、投資銀行や証券会社の人間を取締役に指名しないことだ。企業経営をよく理解していて、四半期あるいは一年間の業績よりさらに先を見通せる人物で取締役会を構成することが望ましい。取締役が企業経営やテクノロジーや産業を理解していない場合、どうしても四半期業績にばかり気を取られることになりがちだ。

電気技師はシグナルとノイズを明確に区別する。シグナルには伝えたいメッセージがあるが、ノイズはメッセージの解読を妨害する。あなたの会社の応援団には、株価が発信するメッセージにはノイズが多いこと、つまり会社の本来的な価値はランダムなノイズで覆い隠されがちであることを承知しておいてもらわなければならない。長期的視点に立った投資で知られるジェフ・ベゾスは、株主への手紙の中で毎年のようにこのことを強調している。伝説となった一九九七年の最初の手紙には、次の有名な一文がある。「もし決算報告の見栄えをよくするか、将来キャッシュフローの現在価値を最大化するかの二者択一を迫られたら、キャッシュフローを選ぶ」。そしてグローバル金融危機のさなかに書かれた二〇〇九年の手紙には、こう書かれている。

この混乱するグローバル経済の中でもわれわれの基本的なアプローチは変わらない。引き続き長期のことに集中し、顧客のことをつねに考えながら、真摯に取り組んでいく。長期を見通して考えることはわれわれの既存の能力を高め、短期思考では思いつかなかったような新しい取り組みへと向かわせてくれる。長期思考は発明に必要な失敗や反復を支え、未開の地へ乗り出すことを後押ししてくれる。これまでにたくさんの投資家が目先の満足を求め、実現できないような約束を望んできた。長期を見通す姿勢は、顧客を第一に考える姿勢と相性がいい。顧客のニーズを見きわめ、そのニーズが一過性ではない価値のあるものだと確信できたなら、たとえ何年かかろうともわれわれは忍耐強くそのニーズに応える解決を実現する。

長期投資で知られるウォーレン・バフェットも、自分の投資期間はきわめて長いと事あるごとに強調してきた。彼は売るつもりで買うことはない。バフェットは自社の投資家にも、投資に関心のある誰にでも、投資家たるものは長い年月をかけて買った分散型株式ポートフォリオを構築すべきだと口を酸っぱくして助言する。そうすれば、「四半期業績が落ち込んでも問題ではなくなる。投資期間トータルで見て購買力を大幅に高めることにだけ集中しなさい」。

よいときも悪いときも離れずにいてくれる投資家は、あなたの人格、戦略、経営手法を信頼しているのだ。信頼を得るのはむずかしく、失うのはたやすい。あなたがボーイング社を経営していて、市場は長年にわたり長期投資の対象として信頼してくれていたとしよう。ところがあなたはサウスウエスト航空を満足させるためだけに前方階段を不適切な位置につけた737MAXの設計を承認してしまう。この一つの行動だけで、せっかく長い年月をかけて獲得した信頼を失いかねない。

九〇日ダービーと縁を切るやや過激な方法の一つは、ごく単純な事業を営むことだ。自前でモノを作って売るだけなら、生産や販売が財務報告に直結し、話は簡単になる。たとえばあなたの経営する会社が高校生の大会向けのトロフィーを注文生産しているなら、生産や販売実績も容易に計測できるし、今後の予想も立てやすい。

もう一つの方法は、株式を公開しないことである。テスラのイーロン・マスクは株式の非公開化をめざしたことがある（その後に撤回）。その動機を次のように語った。

上場企業としてわれわれは株価の大きな振れに影響される状況に置かれている。このことは、全員が株主でもある社員の心を乱す大きな要因になりかねない。また上場していると四半期ごとの財務報告が重圧となって、ある四半期にとって適切でも長期的には必ずしも正しくない判断を下すことになりかねない。加えて、株式市場の歴史において最も多く空売りされた銘柄であるわが社が上場を維持することは、われわれを攻撃し株価を下落させようという動機を持つ人が大勢いる状況が続くことを意味する。

社員全員が業務の遂行に集中できる環境、長期的なミッションにフォーカスできる環境、われわれがやろうとしていることを邪魔するひねくれたインセンティブを持つ人がいない環境にいるとき、われわれは最高の形で会社を運営できると信じている。*[12]

大企業の多くは、市場から資金を調達する必要はない。市場で取引される大企業の株式は、インセンティブを創出する手段や、現金を払わずに他社を買収する手段として使われている。とはいえ上場企業が非公開化するにはいろいろと財務上の面倒な手続きがあり、よほど裕福なパトロンかレバレッジド・バイアウト（LBO）を活用する必要があるが、そうなれば短期的なキャッシュフローの改善圧力がもっとかかるようになる。

成功する起業家の多くは、お金のために働いているわけではない。もちろん利益は出したいし、中には盛大に浪費する人もいる。だが最大の動機は市場で勝利を収めることだ。企業価値は結果としてついてくるだけである。彼らは新しい製品あるいは新しいビジネスモデルを創出して、その分野のリーダーとして尊敬されることを望んでいる。そのためには会社の支配権を握っておくと役に立つことは言うまでもない。

スティーブ・ジョブズがアップルの株価を気にかけていなかったことは有名だ。ジョブズはどうやってアップルを経営したのか。彼自身はエンジニアではなかったが、アップルを偉大なエンジニアリング会社へと導いた。競争する企業は市場への一番乗りを競ったり、できるだけ多くの機能を製品に詰め込もうと躍起になったりするが、その製品の多くはアップルに比べるとひどく不恰好で扱いにくい。

多くの経営者や多くの企業がアップルのようになりたいと願い、ジョブズとアップルを研究する。ジョブズから学びたいなら、彼がやらなかったことに注意を払うとよい。

- ジョブズは、「つねに業績指標にフォーカスすることによって事業を成功に導く」ことはしなかった。指標を追求することではなく、よい製品を作りよい戦略を立てることによってアップルに成功をもたらした。
- ジョブズは、「主な成功要因に連動するインセンティブを設けることによって業績を改善する」ことはしなかった。アップルの好業績は、財務目標を実現せよと社員の尻を叩いた結果ではない。
- ジョブズは、「あらゆるレベルの社員が参加してコンセンサスを醸成し、将来展望や価値観において一枚岩となる」ことによって戦略を立てる気はなかった。アップルの戦略のほとんどはトップダウンで推進された。
- ジョブズは、「ミッション」「ビジョン」「目標」「戦略」をどうするかに頭を悩ませて時間を無駄にすることはなかった。
- ジョブズは、「戦略的成長目標」を達成するために買収を行うことはなかった。成長は、製品開発と事業戦略の成功が結果としてもたらされる。
- ジョブズは、ヒューレット・パッカード（HP）のように「規模の経済」を追求して利益率を高めることに興味はなかった。

・ジョブズは、九〇日ダービーには巻き込まれなかった。

アップルをまねるのは容易ではないが、しかし不可能でもない。現代は大金を投じて開発した新製品にあふれているが、その多くが高性能や多機能を売りにし、できもしないことをできると謳っている。その代表例がウィンドウズVｉｓｔａだ。あるいはブラックベリー・プレイブック（BlackBerry PlayBook）を思い出してほしい。ブラックベリー・プレイブックはｉＰａｄを超えることをめざしたタブレット型端末だが、看板製品であるブラックベリーのメールをサポートしていなかった。セキュリティ上の理由からメール機能は搭載できないと技術陣が主張したという。ジョブズなら技術陣に何と言っただろうか。

二〇一七年にグーグルはスマートフォンのピクセル２（Pixel 2）とワイヤレスイヤフォンのピクセルバッズ（Pixel Buds）を発表した。私はピクセル１を使っているのでイベント会場へ出向き、多くの人々と同じく大いに感銘を受けた。なにしろプレゼンターが二つの新製品を使ってスウェーデン人のイザベルとスムーズに会話をしてみせたのだ。とても自然でなめらかだった。会場にいた人々はどよめき、感嘆し、喝采した。プレゼンターは、新しい技術を使えば四〇カ国の言語で自然な会話ができると述べた。私はあちこち探してようやくピクセル２を見つけるとすぐに購入し、ピクセルバッズも買い込んだ。

だが使ってみると、ピクセルバッズは全然イケていなかった。形状のせいか持ちにくく、ケースからも取り出しにくい。そのうえ期待した翻訳機能は実際には全然使えなかった。ありとあらゆるバックグラウンドのノイズを拾ってしまうせいだ。ちょっとしたことを言うだけなのに、何度も後戻りしたりまちがいを修正したりしなければならなかった。そもそも自然言語処理がむずかしいうえに、音声認識を組み合わせるのだから、ハードルは高い。製品レビュアーのジェームズ・テンパートンはワイアード誌に次のように書いている。

> グーグルのピクセルバッズは、もともと存在していない問題に対する不出来な回答である。ヘッドフォンのような分厚いイヤフォン、それも平凡なスペックのイヤフォンが欲しいだろうか。いや、結構。耳の中にスマート・ボイス・アシスタントを装着したいだろうか。まさか。シリコンバレー流の架空の魚にあらゆる言語を瞬時に通訳してもらいたいだろうか。それなら耳の中にグッピーを飼って、彼が最善を尽くすのを期待するほうがましだろう。でなければイヤフォンを外し、スマートフォンで翻訳アプリを起動することだ。[*13]

ジョブズのアップルをまねる秘訣は、むやみに技術の限界を越えようとすることではない。「あれのためならお金を払ってもいい」と誰もが思えるようなすばらしいデザインを提供することだ。すぐれたデザインとは外観だけではないし、使い勝手のよさだけでもない。製品やサービスが全体としてその時点で望みうる最高の水準に達しているのがすぐれたデザインである。

第17章 戦略プランニングの活用と誤用

戦略プランニングの概念も実行も、誕生したのは第二次世界大戦中のアメリカである。当時は戦争遂行を後押しすべく、民間の生産を計画・管理するために多くのアナリストが政府に雇われており、軍部でも全体計画に戦略プランニングという言葉を使うようになった。ジョージ・A・スタイナーはそうしたアナリストの一人だった。彼は戦時中、金属および各種加工品の生産・物流計画の立案に携わった。[*1] 戦後はプランニングの専門家として認められるようになり、重要な著作を何冊も発表している。彼の提唱する戦略プランニングは、経営幹部による長期的視点に立った戦略的プランニングであることに注意が必要だ。

UCLAで同僚だった紳士的なジョージとはよくランチを共にしたものだ（退職後は日曜画家になり、二〇〇四年に一〇二歳で死去した）。そんなとき彼は、アメリカの産業において長期的な戦略プランニングがどのように誕生したかを話してくれた。最初は公益事業と資源産業だった。たとえばAT&Tでは、長期戦略プランニングは電話の将来需要を予測するところから始まり、次にその需要を満たすために必要なインフラを計画した。ポイントは、プランニングの中心が予測だったことである。というのも、独占市場で競争がまったくないため、競合他社の出方などを考える必要がなかったからだ。破壊的な競争のない電力会社も同じだった。石油会社の場合、油田発見の熾烈な競争が展開されているため、いくらか状況は複雑になる。それでも一九七三年の第一次オイルショックまでは、プランニングはおおむね決まり切った方法で行われていた。需要を予測し、市場シェアを予測し、需要を満たすために必要な設備投資を計画する。規制緩和が行われるまで、航空会社のプランニングも同じく機械的だった。需要を予測し、政府の決める運賃を織り込み、予測に基づいて航空機を発注した。

長期的展望に基づくプランニングは、大きな流れや主要なイベントが予測可能であって、かつその予測に基づいて今日投資する気概を組織が持ち合わせていれば、役に立つだろう。多くの組織では、本来は未来のためにとっておくべきだったリソースを目先の需要のために使い尽くしてしまう。そこには、経営幹部に求められる気概はかけらも見当たらない。

オペレーション・ワープスピード

この章を執筆している二〇二〇年秋の時点で、新型コロナウイルスの感染拡大のために私は家に引きこもっていた。自宅のあるオレゴン州では、パンデミックの早い段階ですでに、「連邦政府がよほど努力しない限り、最前線の医療従事者が必要とする個人防護具がすぐに足りなくなるだろう」と保健当局のパトリック・アレンが州議会で述べている。この種の国家の緊急事態は不可避であったにもかかわらず、どの州も備えがなく、同様の警告が国中で発された。

パンデミックは予測不能だが、必ず発生するものだ。地震、旱魃《かんばつ》、洪水、津波と同じく、パンデミックは何の前触れもなく襲来する。しかし必ず発生することはわかっていた。過去五〇年間に、世界はエボラ熱、ＳＡＲＳ（重症急性呼吸器症候群）、豚インフルエンザ、ジカ熱、マールブルグ病、デング熱、ウエストナイル熱、ポワッサンウイルス感染症、そして絶え間なく誕生する新型ウイルスに次々に見舞われた。[*2] 新型コロナのようなウイルス感染症の大流行はすこしも驚くべきことではない。ただ、時期を予測できないだけだ。人々の移動性が大幅に高まったことを考えれば、もっと致死性の高いウイルスの流行も予想される。となれば、必ず必要になるとわかっている医療従事者用の個人防護具がなぜ不足するのか。

答えの一つは、多くの官僚も市民も保健衛生は国の責任だと考えていることだ。だが実際にはそうではない。連邦政府は保健政策を決めるし、助言もするが、アメリカでは政策の実行は州と郡に委ねられている。パンデミック前からそうだったし、パンデミックになってからもそれは変わっていない。たとえば多くの人がいまだに驚くが、連邦保健当局はマスクの着用について助言はしても、実際に着用が必須かどうかを決めて運用するのは州である。

より一般的な答えは、戦略プランニングに失敗したから、というものである。そのうえ州の保健当局には、お粗末なプランで指定された量をきちんと蓄える気もなかった。インフルエンザ大流行に備えて二〇〇五年に策定された国家戦略とその実行プランは、感染症の世界的大流行を想定してはいるものの、重症化するのは主に子供で、流行期間は六～八週間、流行地域は局地的とした点がまちがっていた。国家戦略は医療器具などを国で備蓄するとし、連邦政府に対し「国の備蓄と各州および地方自治体の備蓄を適切に調整する」よう求めている。

プランは、有効な感染防止策としての検査には言及していない。国の備蓄は計画通り進められたが、二〇〇九年の豚インフルエンザ大流行で使い尽くしてしまった。このことからも、備蓄量がきわめて少なかったことがわかる。しかも備蓄を使い切ったにもかかわらず補充されなかった。さらに、いざ感染拡大となったときに最前線に立つ州に十分な備蓄があるか、監督指導も行われていない。多くの戦略プランがそうであるように、プランを立てるだけで終わってしまい、実際に実行に移し、その後もフォローする意欲と配慮がどの州にも欠落していた。

アメリカでは多くの非政府組織（ＮＧＯ）がパンデミックの可能性を研究してきた。パンデミックのほんの二年前には戦略国際問題研究所（ＣＳＩＳ）のリスク予測グループが、感染力の高い新型コロナウイルスについてシナリオ分析を行っている。彼らの結論はもっともらしくはあるが現実性に乏しい。「危機に見舞われる前に、政府、企業、労働者、市民の間に国内外を問わず信頼と協力を確立する……パンデミックへの対応でカギとなるのは、公的秩序、必要な手続き・割り当てその他の措置の遵守である……国際協力も重要である」という結論を読むと、ずいぶん楽観的だと言わざるを得ない。

この種のシナリオ分析の問題点は、理想主義的で未来志向が強いことだ。その結果、ウイルス学研究を強化せよとか、富裕国から貧困国にもっと資金援助せよ、信頼と協力を確立せよ、といった抽象的な結論に達しやすい。シナリオ分析が、国か州がマスク、医療用手袋、医薬品（これらは通常はジャストインタイムで中国などから調達されている）を備蓄すべきだという結論にいたらなかったことに注意されたい。誠実なシナリオ分析であれば、国際協力といった響きのよい言葉を使わず、国境閉鎖、渡航制限、サプライチェーンの分断などを予測できたはずだ。「手続き・割り当てその他の措置の遵守」といった曖昧な表現は使わず、個人の自由が多少制限されるといったゆるやかな方法ではなく、強制的な措置を予測したはずだ。新型コロナウイルスの致死率は、七〇歳以下の陽性者ではおそらく一％未満だったと見込まれる。だがパンデミックがほんとうに恐ろしいもので、致死率が一〇％だったらどうなっていただろうか。メディアや政治家が競争相手を追い落とす手段として感染症を利用する事態を予想できるだろうか。

今回のパンデミックでは、以上のようにアメリカの長期的戦略プランはまったくお粗末だったが、最重要ポイントに集中した「オペレーション・ワープスピード（OWS）」のほうはみごとな成功を収めた。新型コロナウイルスの襲来前は、ワクチン開発はきわめて長期の計画に属しており、最短記録はおたふく風邪ワクチンの四年である。二〇二〇年三月に三三歳のトム・ケーヒルは猛然とワクチン開発の問題に取り組み、人脈作りにも着手した。ケーヒルは医師からベンチャーキャピタル経営者に転じた人物で、彼の率いるトップレベルの科学者、億万長者、経済界の大物たちで構成されたグループは、「新型コロナウイルスを食い止める科学者たち」と称している。[*3]

新薬開発の通常のプロセスは、研究、数年におよぶ治験、ＦＤＡの承認、そこから生産、流通へと続く。「科学者たち」グループの報告書は、新しい方法でワクチンのすみやかな開発が可能になると主張している。開発・生産・流通プロセスを加速し、開発途中で有望なものの治験を開始し、治験完了前に生産を開始し、生産中に配布と接種の準備を開始するという具合に同時並行的な進行を提言した。まさにワープスピードである。進行の調整はホワイトハウス直属の特別委員会が行うという。ウォール・ストリート・ジャーナル紙は、これをマンハッタン計画に擬《なぞら》えた。グループが問題の最重要ポイントと認識したのは、従来の慎重かつ段階的な利益重視の新薬開発・承認プロセスを今回ばかりは棚上げすることである。同グループは政権との太いパイプを持っており、具体的なプランには説得力があった。議会は計画に潤沢な予算をつけることに賛成する。モロッコ出身の科学者でワクチン開発の経験のあるモンセフ・スラウイ博士がオペレーション・ワープスピードの最高顧問に就任した。当初FDAは従来のプロセスに固執しファストトラックに抵抗したが、政権直轄のオペレーションが動き出すと抵抗はやんだ。多くの科学者やメディアにとって意外なことに、オペレーション・ワープスピードは成功し、ワクチンは目標より前に開発され、二〇二〇年一二月初めから接種が開始されている。

この一貫性のある戦略の価値を理解するには、ヨーロッパ連合（EU）と比較してみるとよい。EUは他の政府調達契約と同じアプローチで臨んだ。国の代表による委員会が設置され、製薬会社との折衝にあたる。民主的なやり方だが行動は遅く、またロビー活動の入り込む余地が大きい。ドイツのビオンテック（BioNTech）が開発したワクチンは、同社が大手でなかったため候補から外された。同社は結局アメリカのファイザーと組み、「ファイザーのワクチン」として知られることになる。大手製薬会社は訴訟からの保護を求めたが、EUは態度を留保し、この件が解決するまで生産体制は整わなかった。またスケジュールもおおざっぱだった。しかもEUは二社と契約を結ぶが、二社ともにトラブルを起こす。フランスのサノフィは技術的な問題を解決することができず、開発期限を二〇二一年後半まで延ばさざるを得なくなった。イギリスのアストラゼネカのワクチンはきわめて稀だが血栓症のリスクがあり、多くのEU加盟国が接種を打ち切っている。

オマーンの水管理

暑くて乾燥した気候のオマーンでは、水は希少で貴重な資源である。この国では二〇〇〇年にわたってファラジという伝統的な灌漑システムが維持されており、小さな町や村に農業用水を供給している。ファラジは水源となる高地の井戸から地下水路で低地へと水を送り込むシステムだ。同国には三〇〇〇以上のファラジが存在し、うち五つが世界遺産に登録された。

水の確保に関するオマーンの基本戦略は、こうした灌漑システムの保守整備を継続すること、貯水ダム（蒸発を防ぐため、いったんダムに貯めてから地下水路に流す）を建設することである。人口が増え始めた一九九〇年代前半からは、干拓、海水脱塩、農地の塩害防止が戦略プランに加わった。海水脱塩プラントが建設され順調に稼働しており、首都マスカットをはじめとする都市部に飲料水が供給され、低コスト化にも取り組んでいる。より困難な課題は農業用水の使用管理だった。とくに、収量の乏しい農地や作物のために過剰に地下水を汲み上げてしまうことが問題だった。政府は国内のすべての水の所有権を掌握し、農業用水の使用を許可制にして必要量を割当て、使用量を削減しなければならない農家には補助金を出している。全体として水管理に関する限りオマーンの長期戦略プランはうまく運用されており、この困難な課題への取り組みに成功を収めている。

対照的に、カリフォルニアには水管理に関する戦略プランがいっさいなかった。カリフォルニア州では二〇一五年まで乾燥した天候が四年も続いた。ジェリー・ブラウン知事は「これがニューノーマルであり、われわれはこの状況に慣れるほかない」と言ったものである。彼の悲観的な見通しは、旱魃は地球温暖化に起因するのだからどうしようもないという前提に基づいている。だが地球温暖化はきわめてゆっくり進行し、このように急激に変化が現れることはないはずだ。結局、旱魃はニューノーマルではなく、ブラウンは二〇一七年には「旱魃は終わった」と宣言している。そうなることは、セントラルバレーの住民にははっきりわかっていた。山に歴史的な量の雪が積もり、ダムが満タンになってあふれ、多くの果樹園が水びたしになっていたからだ。人口に見合う規模の貯水ダムが不足していたため、あたら貴重な水があふれて無駄に海に流れてしまった。

カリフォルニアの木の年輪を分析すると、五〇年も続くような「大旱魃」が何度か発生しており、最後の大旱魃は一三〇〇年代に終わったことがわかる。それ以降、気候は二〇～一〇〇年のサイクルで変動しており、最後のサイクルはきわめて湿潤だった。カリフォルニアの人口の大幅増は、雨量の多い時期に起きている。

気候の短期的な変動に対処する方法の一つは、貯水量を増やすことである。だがこれには議員が興味を示さない。長期的に有効な戦略は、比較的コストのかからない海水脱塩、オマーンのような貯水ダムと水路の建設、あるいは農業（水使用量の八〇％を占める）および人口の制限である。予測不能で不可避的な気候変動サイクルに「慣れるほかない」などというのは、旧約聖書で「七年間の大豊作が訪れ、その後に七年間の飢饉が続く」と告げられたファラオにも劣ると言わざるを得ない。

問題が持続する性質のもので、かつ誰にとってもあきらかであれば、長期戦略プランを立てやすい。パンデミックやカリフォルニアの水不足のように、問題が比較的短期的に変化するものであれば、わざわざ長期戦略を立てるにはおよばない。

ミッション・ステートメントと亀

いわゆる根性ややる気を起こさせる方法として現在人気なのは、長持ちする有意義なパーパス、つまり目標を掲げることだ。よって企業のトップには、ビジョンを掲げ、ミッションを掲げ、価値観を掲げ……という具合にいくつものステートメントを打ち出すことが期待されている。ステートメントとは何か、どのように作成するのかといったことは、インターネットで検索すればすぐにわかる。自称コンサルタントがビジョン、ミッション、価値観、戦略、目標それぞれについてステートメントの微妙なちがいを指南してくれるだろう。「ミッションが明確でなかったら、ミッションを達成するための戦略を立てられるはずもない」と彼らは主張し、すぐにミッション・ステートメントを作成するようアドバイスしてくるはずだ。

だがビジョン、ミッション等々と順繰りに「ステートメント」なるものを作成するのは単に時間の無駄である。そもそもたくさんのステートメントが必要だという主張には論理的裏付けもないし、それが有効だという証拠もない。ミッション・ステートメントを掲げたところで戦略策定の指針にはならない。基本的な価値観についてのあなたのコミットメントを輝かしいものにするのは、あなた自身の行動である。額に入れて飾ったステートメントではない。

ステートメントの連鎖という主張を聞くと、ある天文学者のエピソードを私はつい思い出してしまう。地球は太陽の周りを回っており、その太陽は銀河系の中心の周りを回っている、と天文学者が説明すると、年配のご婦人が近づいてきて、「すばらしいお話をありがとう。でも地球は回っていないわ、巨大な亀の背中に乗っているのよ」と言った。天文学者はたじろいだが、すぐに説き伏せられると自信を持って反論した。「ですがマダム、その亀は何に乗っているのですか？」。ご婦人は我が意を得たりとばかりに答えた。「もちろん別の亀の上よ。その亀はまた別の……というふうにずっと続いているの」

ステートメントの連鎖は延々と続く亀にそっくりだ。AがBに依拠している、あるいはBから導き出されるとしたら、そのBはどこからきたのか。ミッション・ステートメントから戦略を導き出せるとしたら、ミッション・ステートメントはどこからきたのか。ミッション・ステートメントからであるらしい。そしてビジョン・ステートメントはコアバリュー・ステートメントから。これでは亀を支える亀、それをまた支える亀……と何ら変わらない。

ウィキペディアによると、「組織はミッション・ステートメントを長期にわたって変更しないのがふつうである。ミッション・ステートメントは組織の持続的なパーパスを掲げるものだからだ」という。[*4]

ミッション・ステートメントはほんとうに長持ちするのだろうか。マイクロソフトの一九九〇年のミッションは、こうだ。「すべてのデスク、すべての家庭にコンピュータを」。時代に即したミッションだが、インターネット時代が到来するとそぐわなくなった。モバイル端末やスマートフォン、クラウド・コンピューティングが浸透した二〇一三年のミッションは、なんだかわかりにくい。「個人と企業に向けた一群のデバイスとサービスを創造し、世界中どこでも、また家でも職場でも通勤途中でも、したいことができるようにする」。そして二〇二一年には以前のステートメントが短縮され、どんな企業にもフィットするようなものになった。「地球上のすべての人、すべての企業に、より多くを実現するためのパワーを」。この最後のステートメントは結構長持ちするかもしれない。というのも、マイクロソフトが何をしているか、何をめざしているかについて何も触れていないからだ。

アメリカ疾病対策センター（ＣＤＣ）の一九九九年のミッション・ステートメントは、こうだった。「疾病、負傷、障害の予防・管理を通じて健康と生活の質を向上させる」。そして二〇二一年には、予防・管理の対象に安全、肥満、銃による暴力などが含まれるようになる。「ＣＤＣは国内外を問わず健康と安全に対する脅威からアメリカを守るために年中無休で一日二四時間働く。その発生源が国内か国外かを問わず、また慢性か急性か、治療可能か予防可能か、ヒューマンエラーか意図的な攻撃かを問わず、ＣＤＣは疾病と戦い、また地域社会と市民が疾病と戦うことを支援する」。ＣＤＣのミッション・ステートメントは、絶えず拡大し多様化する活動に合わせて数年おきに書き直されてきた。彼らのステートメントはさまざまな任務と目的の羅列に過ぎず、戦略を導き出すうえで何の役にも立たないことは一目瞭然である。

フェイスブックの二〇一二年のミッションは「世界をよりオープンにし、つなげる」だった。二〇二一年のミッションは「コミュニティづくりを応援し、人と人がより身近になる世界を実現する」である。ソニーのミッションは「クリエイティビティとテクノロジーの力で世界を感動で満たす」だ。どちらのミッション・ステートメントもたいそう高邁で、利益を上げるなどという下世話なこととはまったく無縁だ。ここからポストコロナ戦略だとか規制強化への対策といったものを導き出すのは無理な相談である。

ごく少数だが、ミッションは株主価値の最大化だと明言する企業もある。たとえば乳製品大手のディーン・フーズの二〇一八年のミッション・ステートメントは、「法律と高い倫理規範をつねに守りつつ長期的な株主価値を最大化する」というものだった。しかしこのステートメントはうまくいかなかったようだ。翌年に同社は倒産し株価はゼロになっている。

高邁なパーパスを掲げても、利益を優先しても、本書が論じる課題ありきの戦略にはまったく役に立たない。読者が戦略とは問題解決の特殊な形であり、それは長い旅であり、困難な課題への取り組みであるという私の主張に同意してくださるなら、ミッション・ステートメントが戦略策定の足しにならないことも理解していただけるだろう。そんなものに時間と労力を注ぐのは無駄である。

会社を率いるのにビジョン・ステートメントもミッション・ステートメントもいらない。必要なのは、現在直面する変化やチャンスに対応する戦略を考え、実行することによって、あなた自身で実際のミッションを作り出すことだ。ミッションを世間に公表しても、宣伝効果はあるかもしれないが、経営の指針とはならない。そもそもミッション・ステートメントは流行や経営者によってあっさり変化する。

私からのアドバイスは、どうしても何かぶち上げたいならモットー程度にとどめるように、ということだ。モットーは格言や金言の類であり、感情に訴え、気分を高揚させる。いくつか紹介しよう。

ポルシェ：ほかに代わるものはない（There Is No Substitute）
アメリカ海兵隊：つねに忠誠を（Semper Fi）
オリンピック：より速く、より高く、より強く（Faster, Higher, Stronger）
救世軍：血と火（Blood and Fire）
デビアス：ダイヤモンドは永遠の輝き（Diamonds Are Forever）
アップル：発想を変える（Think Different）
サンパウロ市：我は導かれず、我こそが導く（Non ducor, duco）
リバー・ルーフィング：あなたを守る（We've Got You Covered）

ロスチャイルド家：調和、誠実、勤勉（Concordia, Integritas, Industria）
アメリカ空軍パラレスキュー（戦闘捜索救難隊）：他者を生かすために（That Others May Live）
スペツナズ（ロシア特殊部隊）：いかなる任務も、いかなる時も、いかなる場所も（Any Mission, Any Time, Any Place）
ナイキ：とにかくやってみよう（Just Do It）
M＆Cサーチ：徹底的にシンプルに（Brutal Simplicity of Thought）

企業の戦略プランニング

一九七〇年代から多くの企業が「戦略プランニング」という言葉を使うようになった。製品や製造のライフサイクルが数年、数十年におよぶ場合には、戦略プランに意味はあるし、大きなメリットもある。防衛産業、鉱山会社、石油会社、電力産業などは需要と生産の動向を数年にわたって予測し、ロードマップを作成している。

だが多くの企業にとって、戦略プランニングは期待した成果をもたらさなかった。多くの経営幹部が自分の会社の戦略プランニング・プロセスにも結果にも満足していない。マッキンゼーが二〇〇六年に行った調査によると、回答した八〇〇人の経営幹部のうち戦略プランニング・プロセスに満足していると答えたのは半分以下だった。二〇一四年にはベイン＆カンパニーのパートナーであるジェームズ・アレンが、次のように述べている。「グローバル企業数社のCEOと最近会って話したが……企業経営者の多くが戦略プランニング・プロセスにうんざりしていることがはっきりした……プロセスに費やされる努力の九七％は無駄であり、企業のエネルギーを奪っているというのが共通認識だ[*5]」

また、戦略プランが実際には実行できないという不満もよく耳にする。二〇〇九年に私は玩具メーカー、マテルのCEOロバート・エッカートと話した。マテルの戦略について尋ねると、彼は苦笑してこう言ったものだ。「戦略プランはまったく申し分ないんだが、問題は実行のほうなんだ」。エッカートと同じ悩みを抱える経営者はじつに多い。このことは、競争環境で何が起きるかは予測し難いという事実を否応なく浮かび上がらせる。マイク・タイソンは同じことを単刀直入に表現した。「誰にだってゲームプランはあるさ。顔面に一発食らうまではね」

根本的な問題は、彼らが戦略プランニングと称するものは戦略を立てていないことだ。彼らが実際にやっているのは売上高や利益といった財務指標がどうなるかを予想し、予想通りの実現をめざすことである。要するに一種の予算計画を立てているのであって、重要課題に取り組もうとはしていない。戦略プランニングの過程で幅広い問題を取り上げることはあっても、すぐに議論の中心は財務指標に戻ってしまい、続いて予算の割り当てという段取りになる。

多くの企業の戦略プランニングの実態をここで紹介しよう。舞台はフォーチュン五〇〇にランクされるロイヤルフィールド（仮名）である。二五人の役員がホテルの大会議場に集まった。

最初の発言者はCFOである。彼はスーパーヒーロー、マイティ・ソーのイメージを使って財務報告を演出した。

二番目の発言者はCEOだった。彼はパワーポイントを使って「戦略コミットメント」と「サクセス・スコアカード」なるものを示した。戦略コミットメントでは、三年前に行った重要な買収以降の会社の成長ぶりと新たに拡大した事業範囲を強調した。そして市場について説明したうえで、「顧客にニーズに合わせた最も効果的なソリューションを提供すること」、自社製品に付随して「最高水準のサービスを提供すること」を目標として掲げる。

社内ではSSCの略号で知られるサクセス・スコアカードに関しては、利益を年一五％増やし、株主資本利益率（ROE）を一五％にするとの目標が設定されている。この目標値は近年のロイヤルフィールドの財務実績からするとやや高めだ。次にCEOは四事業部それぞれのSSCをあきらかにした（おそらく各事業部との折衝の末に捻り出された数字だろう）。各事業部は売上高、利益率、投資収益率、市場シェアなどの目標設定に同意しているという。CEOはプレゼンテーションの締めくくりに一九歳の水泳選手ケイティ・レデッキーの言葉を引用した。レデッキーはその時点で二つのオリンピックに出場し金メダル五個を獲得していた（のちに東京で二個を追加した）。「目標を立てるときには不可能だと感じるものだ。だが毎日少しずつ近づいていけば、すべてが可能になる[*6]」

休憩時間にはアップテンポの音楽がかかり、会社のロゴの入ったマグカップでコーヒーがふるまわれた。昼食後に四事業部のトップがそれぞれＳＳＣを達成するための戦略を発表する。彼らは主要顧客や一部製品の改良に言及したものの、プレゼンテーションはおおむね売り上げや利益といったことに終始した。それがＣＥＯの定めた会社としての「戦略」の柱だったからである。したがって各事業部の「戦略」も、新規顧客の獲得、コスト削減、設備投資の管理などが中心だった。

ＳＳＣを主に財務実績に関連づけるというＣＥＯの方針の下では、技術、製品、既存顧客、競争などは戦略思考から抜け落ち、もっぱら財務指標面の成果を出すための方策が議論されることになった。売上高を増やすと同時にコストを減らすというのは矛盾した要求であるが、両者をどう両立させるのかについて踏み込んだ議論は行われていない。

ロイヤルフィールドのこうした姿勢もわからなくはない。そもそもＣＥＯは、財務実績を投資家やウォール街のアナリストや年金基金やヘッジファンドに説明し、証券取引委員会（ＳＥＣ）に報告するといったことに日々忙殺されている。それに彼の報酬は財務実績や株価に連動していたりする。つまりＣＥＯは個人としてまず財務実績に縛られており、全社のめざすべき目標もその影響を受けざるを得ない。

もう一つ言うと、ロイヤルフィールドの幹部は漠然とした「戦略コミットメント」で戦略をすっかり立てた気になっていることも、財務実績に注意が向きがちな理由である。彼らの考えでは、戦略とはたまに立てればよい静的な問題なのだろう。「戦略コミットメント」で戦略が片付いてしまえば、あとは財務目標という現実的な仕事に集中することになる。

二人の事業部長から話を聞いただけで、私はロイヤルフィールドが直面する戦略課題の一部を垣間見ることができた。ロイヤルフィールドの組織はいまだに地域別に編成されているが、同社の属す産業はすでにグローバル化している。また、同社が発明し成功を収めてきた技術はすでに時代遅れになっており、競争相手の新しい技術がまさるケースも出てきていた。ロイヤルフィールドの技術陣は優秀ではあるが、アクションが遅く、勘に頼っていて、競争状況に機敏に反応しない。このほか全般的な問題として、経営陣が重要なことと瑣末なこと、中核的なことと周縁的なことを区別できない傾向も目についた。

ディナーの前に軽く一杯やりながら、私は以上のような問題をＣＥＯに投げかけてみた。すると彼は手を振って私を止めた。「ネガティブなことは聞きたくないね。チームには、とにかくＳＳＣから逸脱しないでほしいんだ」

以後、私はロイヤルフィールドと仕事をしていない。戦略プランニングのイベントから数年後、ライバル企業が急成長してロイヤルフィールドの主要事業のシェアを侵蝕し始めた。あきらかに、競争相手の技術に遅れをとったことが原因である。たしかにコスト削減努力によってロイヤルフィールドの利益はいくらか増えた。だが成長率は業界平均を下回り、ライバル企業に主要顧客を奪われて市場シェアは三〇％も縮小している。

ロイヤルフィールドには重大な戦略課題があり、成長をめざすならそれに取り組まなければならなかったのに、そうしなかった。なぜ取り組まなかったのか。経営陣が戦略の意味と目的を履き違えていたからである。戦略コミットメントで戦略の問題は片付いたと考えたことが、まず大きなまちがいだった。さらに、各事業部に（恣意的に決められた）財務目標を達成するための「戦略」を立てさせたこともまちがっていた。根本的な問題を解決しないままだったため、ささやかな増益は技術優位とシェアの喪失という代償を伴ったのだった。

戦略ファウンドリー

第5部

PART 5

THE STRATEGY FOUNDRY

戦略ファウンドリーとは、少人数の経営幹部が集まって課題を検討し、最重要ポイントを見きわめて、課題解決のための一貫性のある行動計画を立てるプロセスのことである。戦略ファウンドリーは、長期予算計画を立てるだけの戦略プランニングとはまったくちがうことを強調しておきたい。

第18章 ラムズフェルドの疑問

私はまだ駆け出しの頃、小さなコンサルティング会社を作ろうとしたことがある。社員は私一人で、ときどき同僚に手伝ってもらうという個人事務所のようなものだ。会社の目的は企業の戦略策定をお手伝いすることだった。私に依頼してくれる企業の多くはすでに大手コンサルティング会社と契約を結んでおり、私には大手とはちがうことを期待した。

その期待に応えられた案件もかなりあったと自負している。私の助言がよい戦略行動に結びつき、成功を収めたことが何度もあった。だがその一方で、うまくいかなかった案件もあったことは認めざるを得ない。失敗したのは、分析が不十分だったとか、助言が却下されたといったことが原因ではない。スポーツの比喩で言えば、ウォーミングアップと本番の試合との間に大きすぎる乖離があった。状況分析と行動の助言はウォーミングアップであり、興味深く重要ではあるがすぐに忘れられる。本番の試合に当たるのは、年間の「戦略プラン」である。

ここではKシステム（仮名）の例を挙げよう。二〇〇二年の時点でKシステムは家庭・事業所向け空調の大手メーカーで、一四の製品ラインを展開していた。同社自身の分析によれば、このところ利益率が下がり事業は伸び悩んでいるという。私は戦略担当副社長と一緒に戦略分析を行った。副社長直属の分析チームは定期的にCEOと分析結果を検討しているという。

並行して私は二〇人以上のマネジャー、エンジニア、セールス担当者と個別に会い、現状についての意見を聞いた。その結果、空調業界では競争が激化すると同時に製品が高度化していることがわかった。私の見るところ、Kシステムの製品ラインは停滞しており、最新システムに遅れをとっている。競合他社のシステムはイーサネットやWi－Fiを介して制御できるが、Kシステムは相変わらず回路基板に配置されたジャンパーを動かして制御するしくみだ。八種類の回路基板で一四の製品ラインをカバーしている。Kシステムの回路基板を設計した技術者はとうに退職していた。競合他社のシステムの中には、ゾーン別の温度・湿度などの情報をスクリーンに表示したり、ノートPCの画面で見られるようになっていたりする。製品の技術的な立ち遅れを埋め合わせるために、経営陣は販売価格を引き下げ、販売手数料を引き上げてきた。まちがった道を選んだと言わざるを得ない。

戦略担当副社長と私はKシステムの全製品と競合製品との比較評価を行い、相当数の取扱店や顧客に聞き取り調査を行った。Kシステムの知名度は高く、大手販売店は競合他社の新製品を評価しつつも長年の付き合いのあるKシステムを信頼している、といった風だった。中小の販売店は新製品の販売に力を入れたいと話したが、施工業者の中にはKシステムのほうが据え付けに時間がかかるので工事代金が増えてよいという人もいた。

製品自体とマーケティングに関するこうした問題に加え、会社の組織にも問題があった。売り上げも利益も減っているというのに、対応がひどく遅い。部品の製造・組み立てを中国にアウトソースしてコスト削減を図ることで、満足してしまっているようだった。

副社長と私は将来を見据えた戦略を立てた。カギを握るのは、一四種類の製品ラインすべてに対応できるマイクロプロセッサ搭載のコントロールシステムの開発である。電卓業界の例を挙げて、全モデル共通のコントロールシステムの導入によって、最新型でない製品にもある程度高度な機能を持たせられると私たちは指摘した。開発にあたっては、エンジニアリング部門に新しい人材を採用する必要がある。そしてコントロールシステムが実現したら、製造から販売まで業務横断型のチームを編成して導入を推進する。これにもトヨタがレクサスを市場に投入したときの前例があった。要するに戦略を実行に移すには、組織と人材の問題を避けて通ることはできない。

フィールドデータ、分析結果、そして戦略案をＣＥＯに提出し、私は次の展開を待った。秋になるとＣＥＯとＣＦＯが全社の「戦略プラン」を発表する。そこには私たちの提起した問題にいっさい言及がなく、私たちの提言に目を通した形跡すらない。プランに掲げられていたのは利払い前・税引き前・減価償却前利益（ＥＢＩＴＤＡ）を増やすことと、次の八つの重点目標だけである。

・顧客満足度の向上
・ブランド認知度の向上
・サプライチェーンの強化
・生産性の向上とコスト削減
・債務の圧縮
・主要顧客との緊密なパートナーシップによる販売力の強化
・先進的な分析能力を活用した利益率の向上
・**温室効果ガス排出量の一五％削減**

あきらかに瑣末な問題を別にすれば、このプランで言いたいのは債務を減らすことと主要顧客と仲よくすることだけであり、主要顧客とは言うまでもなく使用条件が既存製品とぴったり合っている顧客のことである。「先進的な分析能力」という文言は、経営分析の修士号を最近とったばかりのマーケティング部長へのリップサービスだ。空調業界に登場した新技術には一言半句も割かれていない。

Ｋシステム、いやＫシステムだけでなく多くの企業が抱える問題点は、すでに多くの人が気づいている重要課題が経営幹部に共有されていないことである。経営幹部にとって自分ごとになっていなかったら、解決できるはずもない。よい戦略を生み出せるのは、決定的に重要な課題を我がこととして考えられる経営幹部だけである。

三年後に私はＫシステムの株価が下落しＴＯＢ（株式公開買い付け）を仕掛けられていることをニュースで知った。結局Ｋシステムは買収され、経営トップ三人は気前のよい退職金をもらって退任し、従業員の半分は解雇される。買収先にとって重要だったのは、Ｋシステムのブランドネームだけだった。

＊

Ｋシステムをはじめさまざまな組織と仕事をしてみて、重大な課題に取り組み解決可能かどうかを探るという厳しい作業を多くの企業が棚上げしている、と私は確信するようになった。なぜ大事なことを棚上げしてしまうのか。困難だから、破壊的な結果になりかねないから、とい

うこともあるが、大きな理由は、そうした課題に取り組む方法論あるいはシステムを持ち合わ

せていないことにある。戦略担当副社長などという役職を拵《こしら》えてこの仕事を丸投げしてしまう

のは、その何よりの証拠だ。大勢の聴衆を前にしたＣＥＯは一種のポジティブシンキングの呪

縛に搦《から》め捕られ、ＧＥのジェフリー・イメルトの「成功劇場」（第8章参照）のようなことをつい

演じてしまう。

　戦略を副社長やコンサルティング会社に任せてはいけないなら、どうすればよいのか。重大な影響を伴うような事柄は、会社の内情も市場の状況もよく知っているはずの経営幹部がすべきことだと考えるのが自然である。他人任せではなく主要幹部が十分なデータに基づいて戦略を考えるなら、ずっとよい結果が出るはずだ。情報を共有したうえで、熟慮を重ねて議論すれば、きっと重要な課題をあぶり出せるだろう。それに実際、最高の戦略はこうしたプロセスから誕生している。

　にもかかわらず、優秀な経営幹部たちが戦略課題に取り組んで立ち往生し機能不全に陥るケースを私は何度も見てきた。業績データや競争状況に注意を払い現状をしっかり把握している賢明な幹部やコンサルタントがいないわけではない。だが大局観をもって絡まり合った複雑な問題を俯瞰し、解決の糸口を見つけて前へ進むことができた例はわずかしかない。何かどこかが決定的にまちがっているのだ。

　こうした症状を説明する理論としてよく知られているのが、社会心理学者アーヴィング・ジャ

ニスの提唱した「集団思考（groupthink）」である。政府高官による意思決定の実例を調査したジャニスは、意思決定を行う集団が孤立しているとか外部から強いストレスを受けているといった先行要因が揃うと、メンバーは同調行動をとりやすく、不十分な情報やリスク評価に基づいて不十分な選択肢の中から判断を下してしまう、と結論づけている。集団のメンバー（ジャニスの例では大統領とその側近）は現実主義から乖離して楽観主義に染まりやすく、現実的な反対意見を排除しようとする。重要な情報が十分に吟味されないまま、早い段階でコンセンサスが醸成されてその場の空気を支配し、他の選択肢を検討する余地がなくなっていく。仲間意識が強く凝集性が高いだけに、無敵幻想や満場一致幻想に囚われがちだ。自分の意見に対する自己批判能力も低下してしまう。

ジャニスが集団思考の典型例として挙げたのは、一九六一年のピッグス湾事件である（在米亡命キューバ人の戦闘部隊がＣＩＡの支援の下で軍事訓練を積み、キューバに侵攻してカストロ革命政権の打倒を試みた）。このときの会議で、他にたくさんあった選択肢が十分に検討されなかったことははっきりしている。だがもう一つ重要な要素は、ジャニスは見落としたようだが、ＣＩＡが二枚舌を使ったことだ。当時のＣＩＡ長官アレン・ダレス（第二次世界大戦中は諜報員だった）はカストロの失脚を熱望していたが、アメリカ軍の加勢がなければキューバ侵攻は成功しないとわかっていた。一方ケネディはアメリカ軍の投入にあくまで反対である。よって実行可能な行動計画は存在しなかったことになる。

にもかかわらずＣＩＡは突き進んだ。なぜならダレスが、「実際に侵攻が始まったら、さしもの大統領も、作戦成功に必要なことはアメリカ軍の投入も含めて何でも認めるにちがいない。みすみす失敗することを傍観はしないだろう」と決めてかかっていたからである。[*1] つまりこれは、懸賞がきわめて大きいチキンレースだった。だがダレスの希望的観測に反して大統領は頑として方針を変えなかったし、ＣＩＡも後には引かなかった。かくして作戦は大失敗に終わり、政権は大打撃を被る。さまざまな余波があったが、その一つはケネディがダラスを更迭し、別の情報機関として国防長官直属の国防情報局（ＤＩＡ）を設置したことである。

ジャニスの理論では、政策や戦略の策定を担当する集団は合理的な選択をめざすとしている。だが「合理的」な選択ができるのは、選択肢があらかじめわかっており、かつ単一の価値基準が使われる場合だけだ。ところが政権上層部や経営幹部が直面する課題は、ほとんどの場合きわめて複雑である。メンバーの野心や思惑は対立し、他の選択肢の可能性はわかっていないか意図的に隠され、行動計画と結果の関係も不透明だ。このような状況では、とにかく先に望ましい結果、つまり最終的な「目標」を明確にし、次にそれを実現するための行動計画を立てようということになりやすい。このようなやり方は結局のところ、複雑な課題への取り組みをあらかじめ用意された選択肢の中からの決定にすり替え、それに希望的観測で味付けするようなものである。この不合理なすり替えは軽率といった言葉で片付けられるようなものではなく、きわめて重大であり、失敗の元凶だと言える。このようなすり替えに基づいて戦略を立てようとすれば、集団が予定調和的に特定の計画に合意することは目に見えている。

私に言わせれば、予定調和的な結論にいたるのは、集団思考そのものが原因ではない。そもそも戦略を目標設定とみなし、あらかじめ用意された選択肢の中から選ぶことだと考えていることに問題がある。ハイレベルの意思決定に何度も立ち会った経験や、政府高官との立ち入った議論から推察するに、決定権を持つ幹部たちは、望ましい結果についてすでに自分の意見を決めて戦略策定に臨んでいる。そして望ましい結果を実現するための行動は一つか二つしかない。このような出発点に立っているため、幹部集団のやることと言えば、すでに決まっていた選択を見栄えよく整え、第三者とりわけ報道陣や世間一般にうまく説明できるようにすること、その作業を通じてメンバー同士の信頼と団結を強めることだけだ。このように、集団思考に伴う欠陥というよりも、あらかじめ決まっている目標こそが、再考や熟考を不可能にしてしまうのである。

その端的な例を二〇〇三年のイラク戦争に見ることができる。この戦争の発端は、新しい外交政策にある。一九九七年に保守系タカ派いわゆる新保守主義《ネオコン》の大物二五人がアメリカ新世紀プロジェクト（PNAC）という外交・安全保障問題のシンクタンクを設立した。彼らが提唱する政策は、アメリカ主導で民主主義を推進し「価値観や利益を共有しない政権」と敵対するというものである。設立メンバーには、将来の副大統領ディック・チェイニー、将来の国家安全保障担当大統領次席補佐官エリオット・エイブラムス、将来の国防長官ドナルド・ラムズフェルド、その副長官となるポール・ウルフォウィッツなどジョージ・Ｗ・ブッシュ政権の中核となる人物が名を連ねていた。

この政策集団にとって二〇〇一年のアフガニスタン戦争はほんの小手調べに過ぎず、ブッシュ政権発足当時から彼らの最大の関心事はイラクでの体制転覆だった。対イラク戦争に踏み切れば、アメリカが独裁体制を認めないことを世界に誇示し、イラク国民を解放して民主国家を樹立すると同時に、ここが大切だが、誰が世界のボスであるかを知らしめることができる——ＰＮＡＣの面々もその支持者たちもそう信じていた。アメリカ主導の有志連合がアフガニスタンですばやい勝利を収めた直後の二〇〇二年に、ある大佐は私にこう言ったものだ。「この戦争の教訓は……われわれに敵対する国は虫けらのように叩き潰される、ということだ」

一九九一年の湾岸戦争で多国籍軍がイラクをクウェートから撤退させた際に、核兵器開発計画が存在していたことがあきらかになった。ニューヨーク・タイムズ紙にアメリカの情報網は役立たずだと暗に指摘され、ＣＩＡは狼狽する。[*2] この状況で一九九九年に「カーブボール」というコードネームで呼ばれる亡命イラク人男性が、生物兵器施設や秘密工場の情報を亡命先のドイツの当局に提供したのである。この単一の情報源にアメリカは飛びつき、開戦の立派な理由になると考えた。施設があるとされる箇所に秘密裏に特殊部隊を投入し、情報の真偽を確かめるというおだやかな選択肢もあったはずだが、その時点ですでに正規軍による侵攻と体制転覆という方針が既定路線として存在した。

ウルフォウィッツとチェイニーの率いるネオコン・グループは、中東は変えられると確信していた。チェイニーは二〇〇二年の講演で、望ましい結果を明確にする。

イラクにおける体制転換は中東に多くの利益をもたらすだろう。最も重大な脅威が取り除かれれば、この地域に住む自由を愛する人々がその価値を広め、持続的な平和を可能にする。アラブの反応について、中東専門家であるファド・アジャミ教授は、解放後はバスラやバグダッドの通りが〝ちょうどカブールの群衆がアメリカ人を歓呼で迎えたときのように、喜びに満ち溢れるだろう〟と予想している。中東の過激派はジハード戦略の再考を余儀なくされるだろう。そして中東全域で穏健派が勢い付くことになる。[*3]

当時の国防長官だったラムズフェルドに私は二〇〇四年にインタビューする機会を得た。その時点で彼は占領政策に手を焼き、イラク国内の暴動やテロの抑え込みに苦労していた。イラク戦争の望ましい結果は民主主義が歓呼の声で迎えられることであって、治安の悪化でなかったことは言うまでもない。インタビューのテーマは国防総省の方針転換である。結果論ではあるが、アメリカ政府の戦略や政策策定について彼自身はどう考えているのか、と私は質問した。彼の答えはいま思い出しても刺激的だ。

ラムズフェルドは、現職の国防長官としてありとあらゆる情報や知識にアクセスできたと語った。「あらゆる部族の歴史、言語、慣習、部族間の結婚がどうなっているのかを知りたければ、それを知っている人間が必ずいた」。彼自身、イラクの気象パターンから国内政治にいたるまで幅広い知識を入手していた。「トルコで誰がアメリカ軍の北部侵攻を阻止しようとするか、なぜそんなことをするのか、といったことも知っている人間がいた」とラムズフェルドは語り、そうした知識や情報を総動員して戦略は練り上げられたと述べた。「現実に問題だったのは、断片的な情報一つひとつに意図があったことだ。なぜならそれらの情報をもたらした人間あるいは集団には、それぞれの視点があったからだ。どの人間にも利己的な思惑、予算権限、政府との雇用契約、出世欲といったものがつきまとう」と言ってから、彼は私に直球を投げてきた。「あなたのような学者先生はこういう問題に取り組む方法を知っているというのか？」

質問に答える前に私はしばし考え、政策策定プロセスに関する体系的な知識を大急ぎでおさらいした。そして、この種の問題に取り組む方法論は残念ながら昔からさほど改善されていない、と認めざるを得なかった。私はラムズフェルドにこう答えた。「何がどこでまちがったのかについての知識は蓄積されているが、ではどう解決するかということになるとほとんどわかっていない。基本的な解決策は、少人数の賢い人を一つの部屋に集め、彼らが何かを見つけることを期待する――それぐらいだ」

戦略策定についてわかっていることは？

ラムズフェルドの質問は、現実の二つの側面を浮かび上がらせた。第一に、あらかじめ固定された望ましい結果（バグダッドの通りで歓迎される）の実現に向けて戦略が立てられ、関係各所に周知されるようなケースでは、その結果にそぐわない情報や助言を受け入れることがきわめて困難になる。第二に、こちらのほうが深刻だが、収集した膨大な情報や知識を戦略策定に結びつける方法はほとんどわかっていない。ラムズフェルドの質問は、以前からの私の懸念をいっそう強めることになった。いやしくも戦略の専門家として、これはたいへん恥ずかしいことである。

経営・産業・経済・競争・事業戦略を分析する技術は過去半世紀で大きく進歩した。だが費用対効果や競争状況をどれほど精密に分析したところで、それ自体がよい戦略を生み出せるわけではない。絵の具の色を分析してもみごとな絵を描けるわけではないのと同じことだ。戦略策定プロセスについての根本的な疑問は十分に研究されておらず、当然ながら答えも出ていなかった。

よい戦略を立てる最善のプロセスはわかっていない、というのは率直過ぎて弁解の余地のない宣言であり、多くの人が困惑するだろう。この宣言を裏付ける根拠をくわしく説明するとしたら、もう一冊本を書かねばなるまい。さしあたり本章では、これまでにわかっている知識とその限界とを簡単に復習することにしたい。

意思決定と言うとき、いくつかの行動の選択肢の中から選ぶことが前提になっている。数学的に洗練された意思決定論でさえ、経済理論にせよ、行動理論にせよ、すでに用意された選択肢から選ぶ前提になっている。たいへん結構——あなたが車を買おうかレンタカーを借りようかといった問題で悩んでいるのであれば。だがあなたが、たとえばサンフランシスコのホームレスの急増にどう対処するかといった困難な問題に直面しているのであれば、役に立たない。

人間の認知バイアスに関しては多くのことがわかってきており、それが意思決定に影響を与えることも理解されてきた。バイアスの多くは、ダニエル・カーネマンの魅力的な著作『ファスト&スロー』（邦訳：早川書房）で体系化されくわしく説明されている。[*4] 中でも経営幹部にとってとくに重要なバイアスは、楽観バイアス、確証バイアス、経験バイアスの三つだろう。

楽観バイアスは、何らかの計画や行動のプラス面を過大評価しマイナス面を過小評価するという具合に、都合のいい解釈をする傾向を指す。これは、人間に備わっている「アニマルスピリッツ」、すなわち将来に対する根拠のない期待からくるものだと考えられる。

確証バイアスは、もとから持っている意見や信念を裏付けてくれるような情報や材料ばかりに注意が向き、そうでない情報は無視したり軽視したりする傾向のことである。たとえば自社の技術が最もすぐれていると経営幹部が思い込んでいる場合、小さなスタートアップがそれよりよい技術を開発したというニュースを聞いても「そんなはずはない」となかなか信用しない。

経験バイアスは、自分自身の経験を過大に重んじる傾向を指す。経験バイアスがかかっていると、他社も自社と同じような試みをしていることを見落としたり、競争相手の強みや行動を無視したりしやすい。とくに、新市場に進出した場合がそうだ。このバイアスは「勝者の呪い」に近い。入札でどうしても落札したい人は出品物の市場価値を上回る値段をつけがちであることが統計的に確かめられており、そこから勝者の呪いと呼ばれるようになった（その合理的な治療法は低めの値段で札入れすることだが、それではまずもって落札できないだろう）。

バイアスにとらわれていると、課題の選択を誤ったり診断を怠ったりすることになりかねない。課題の診断を怠ると、自分の主観で戦略を立てることになる。そうなると課題をよく理解しないままに、数字合わせに終始したり既存の選択肢から選んだりすることになりがちだ。また、自分の野心や価値観を揺るがすような困難な判断を避ける姿勢にもつながる。

こんなときに「問題解決」に関する学問的研究が役に立つかと言えば、ほとんど役に立たない。多くの研究は教育者が行っており、例題として学生に出されるのはただのパズルであって、体系化されていない無秩序な難題ではない。答えのわかっているパズルでないと、学生の出来不出来を評価しようがないからだ。

集団での戦略策定は事態を一段と紛糾させる。社会心理学者は長い間、集団は個人にまさると考えてきた。だが数十年におよぶ調査研究の結果、ごく一般的な問題に関する限り、能力の高い個人はしばしば集団にまさることが確かめられている（この種の研究で複雑な問題を対象にすることはまずない）。[*5]

以上から、ラムズフェルドの質問に対して二つの答えを出すことができよう。あいにくどちらも否定的な答えである。集団でよい戦略を策定するプロセスがどのようなものかはわかっていない。また、特定の結果や行動があらかじめ決まっているような状況では、健全な戦略策定は不可能である。利己的あるいは政治的あるいは不誠実な集団が策定する場合はなおのことだ。すぐれた戦略家であるトランスアルタのCEOドーン・ファレルは、かつてこう話してくれた。

優秀なリーダーシップ・チームを作り上げるまでには苦労した。チームは利己的でなく謙虚でなければならない。子供じみたふるまいはしない、ということを新しいルールにした。私が発信したメッセージは明快だった。誰かがデータや事実を操作したり加工したりしたら、ただちにクビにした。ごく少人数からスタートして、いまでは四〇人のチームになっている。メンバーは協力して何をすべきかを特定し、互いに助け合ってそれをやり遂げる。

ではどうすればよいか？

ラムズフェルドの質問で刺激を受けた頃の私は、企業や政府機関で戦略のコンサルティングや講義をしていた。経験を積むうちに、私は自身で開発したフレームワークを現場で応用するようになった。診断はどういう結果になったか、つまり重要な課題はどこにあるのか？　なぜ解決が困難なのか、政治的駆け引きや策略のせいか、それとも単なる知識不足か？　楽観バイアスはないか？　どこかに黒幕がいるのか、それともみんながマヌケなのか？　これらはすべて私が実際にどこかで直面した問いである。そしてこれらを何度も自問するうちに、戦略策定がうまくいかない問題の最重要ポイントは、戦略とはあらかじめ定められた目標、とくに業績目標を実現する方法のことだ、という経営陣の思い込みにあるのではないかと考えるようになった。

となれば必要なのは、そうした思い込みを打破することである。また、戦略策定を専任の副社長に任せきりにするとか、行動計画を各部門のリーダーに丸投げするといったやり方も改めなければならない。このほか、戦略立案の議論が権力や地位の影響を受けないようにすること、状況分析が終わるまで本格的な議論は先送りすること、最も効果的なところにエネルギーを集中することも重要だ。これらは「戦略ファウンドリー」と私が呼ぶプロセスの特徴でもある。次章では戦略ファウンドリーの具体例を紹介したい。

第19章 戦略ファウンドリーの擬似体験

発端は、ファームコー（仮名）のCEOジョアンナ・ウォーカーがメールをくれたことだった。戦略策定のためのオフサイトミーティングで私に講師をしてほしいという。私は引き受け、拙著『良い戦略、悪い戦略』からアイデアを紹介しつつ講演をした。その夜、CFOや事業部長も同席したディナーの席上で、私が戦略ファウンドリーと呼んでいる集中ミーティングが話題になる。COOのジェレミーが興味を示し、それはどのようにやるのか、どんな成果物（これはビジネス用語で報告書の類を意味する）が得られるのかと質問してきた。私は、成果物は数年前にやめたと答えた。戦略に関して多くの企業が抱える問題は、報告書やパワーポイントが不足していることではない。そもそも戦略を立てていないことに問題がある、と私は力説した。大方の企業は世間の反応や金融市場からの圧力で戦略を決めているのだ。その戦略とは業績目標とくに財務目標を立てることに終わっている。戦略ファウンドリーの目的はこのような戦略の枠組みをぶち壊し、課題を中心に据えることにある。

戦略ファウンドリーは課題に基づいて進める、と私は説明した。まずは企業が直面している主要課題を洗い出す。「意思決定」や「目標設定」に関してたくさんの本が書かれ、助言がなされてきたが、ここではそういうものとは無縁だ。課題から出発することによって、課題にどう対応するかを考えることが戦略グループの任務になる。先に誰かが用意してくれた計画の中から最善のものを選ぶとか、あらかじめ準備された長期予算を調整するといったことはしない。

ジョアンナが、戦略ファウンドリーを実施するとしたらどういうふうにすればいいのか、時間はどの程度かかるのか、と質問した。

経験から言うと、戦略ファウンドリーは一〇人以下のグループ、できれば八人以下でやることが望ましい、と私は答えた。メンバーは幹部クラスとし、ＣＥＯまたは事業担当のトップが必ず参加する。そして、課題に基づくアプローチで戦略策定に取り組むことを共通認識としなければならない。通常は三日連続でオフサイトで行う。組織の規模によってはもっと短くなることもあるし、逆に二回に分けて行ったこともある。

戦略ファウンドリーの私自身の準備は三段階に分けて行う。第一段階では、企業自体の状況、競争状況、過去の計画とその結果を調査する。第二段階では、参加メンバーおよび社内の主要人物と一対一の面談を行う。面談時間は最低九〇分。もちろん非公開である。第三段階では、参加メンバーに質問リストをメールで送付する。メンバーは口頭ではなくやはり書面で個人的に回答を送ってほしい。なおファウンドリーでは、回答の一部を誰のものかわからないようにして引用することがある。

ＣＦＯのポールが日程について質問した。戦略策定のためのオフサイトミーティングは、通常、毎年の予算編成の一カ月前に行っていたという。すでにここに問題があると考えた私は、ファウンドリーの対象はあくまで戦略課題であり、その解決の指針と行動計画を立てることであって、財務目標や予算編成ではないと強調した。よって戦略ファウンドリーは予算編成とは切り離して実施しなければならない。

ＣＥＯ以下の幹部たちが戦略ファウンドリーに興味を抱くとともに不安も感じていることがありありとわかった。なにしろ私は、これまでのやり方を一八〇度変えなさいと言っているのである。それでもジョアンナは、メディア受けのよさそうなことを並べ立てるこれまでのやり方を変え、ほんとうに重要な問題に向き合わなければ、と発言した。そこでスケジュールが設定され、われわれは一歩踏み出すことになった。

個別インタビュー

第一段階の調査の結果わかった事実は、次のとおりである。

- 二〇一五年のファームコーの取扱品目は、農業および食品加工の最初の段階で使われるハードウェアおよびソフトウェアである。
- ファームコーの製品は天候や土壌の化学組成を調査・追跡し、適切な時期に適量の水と栄養が作物に与えられるようにする。
- ファームコーの最新の製品は、ナッツや堅果の初期加工に使われる。
- ファームコーの拠点は世界一〇カ国にあり、うち四拠点では製造を行っている。
- 設立当初はデンマークで花の栽培をしていた。
- ソフトウェア開発はデンマークとアメリカで行われている。
- ヨーロッパで一九九八年に上場を果たし、その後二〇〇一年にマネジメントバイアウト（MBO）を実施し非公開となった。
- MBO後は新たな投資家を獲得することができた。また債権者が取締役会に加わった。ファームコーは二〇〇七年に再上場を果たしたものの、直後のグローバル金融危機で大打撃を受けた。

・ファームコーのシステムは、立地、作物、作付面積によって変わる。
・フランス、ドイツ、アメリカへと事業を拡大するにつれて、技術力も向上した。
・当初は、たとえば一〇エーカーの果樹園しか扱えなかったが、二〇一五年には八〇〇〇エーカーの野菜栽培を手がける法人顧客と契約するにいたっている。
・ファームコーのシステムは樹木、ワイン用果実、ナッツ、大豆、ハーブ、豆類、野菜類の栽培に活用されている。

会社の実績と過去の戦略プランやそのプレゼンテーションに目を通した後、私は戦略ファウンドリーのメンバーに選ばれた経営幹部八人およびその他の主要なマネジャー五人にインタビューした。

インタビューはきわめて実り多いものだった。メンバーの多くはこのプロセスに興味津々で、大いに期待しているようである。また、自分の意見を表明する機会があることを喜んでいた。一人の経営幹部などはインタビューの最中にいきなり泣き出し、自分はこの会社に生涯を捧げてきたのに、いまやコスト削減のためにすべてが台無しだと訴えた。

インタビューの主な成果を列挙する。

・人事担当役員は、地域別ではなく地域横断型の現在の経営方針を強く支持している。

・地域別子会社を統括する役員は、個人的にこの方針に腹を立てており、本社には各地域で異なる実情がまったくわかっていないと述べた。
・ＣＦＯは、ファームコーの株価収益率（ＰＥＲ）は端的に言って低すぎると考えている。財務実績がほぼ同等の他社はＰＥＲがもっと高く、したがって株価がもっと高いと彼は主張した。その大きな理由は、他社はブランド認知度が世界的に高いからだという。これに対してファームコーは地域ごとにブランドが異なり、グローバルブランドを持っていない。
・ＣＥＯは、取締役会との関係をひどく心配していた。また、アメリカ・ヨーロッパ以外の事業（ファームコーでは「その他の地域（ＲＯＷ）」と呼んでいた）の担当として新たに彼女自身が登用した新任副社長との関係にも苦慮しているらしい。ファームコーで最もハイペースで成長しているのは海外事業だが、これまでのところ赤字を垂れ流しているという。そのため、ＲＯＷに関しては月一回報告書を読んで監督するのではなく、日々管理する人間が必要だと彼女は説明した。

書面による質問と回答

インタビューの結果を踏まえ、私は戦略ファウンドリーのメンバーに以下の質問リストを送った。質問には各自直接私にメールで回答することになっている。七項目の質問は、複雑な課題に直面した企業に私が送る典型的なものだ。

1　過去五年間を振り返って、ファームコー自身と業界にとって最大の変化は、技術、競争、顧客行動のどれだったか。その変化はファームコーにどのような影響を与えたか。

2　今後三～五年間を展望して、ファームコー自身と業界にとって最大の変化は、技術、競争、顧客行動のどれだと考えるか。この三つのうち現在のファームコーにとって最も問題なのはどれか、最もチャンスとなりそうなのはどれか。

3　過去五年間でファームコーが実行したプログラムやプロジェクトのうち、成功した、やる価値があったとあなたが考えるものはどれか。それらの実行中に遭遇した困難や障害はどのようなものだったか。そうした困難を乗り越えられた要因は何だと考えるか。

4　過去五年間でファームコーが実行したプログラムやプロジェクトのうち、失敗だったとあなたが考えるものはどれか。その原因は何だと考えるか。何か他に方法はあったと考えるか。

5　現在ファームコーが取り組んでいる問題のうち最も優先度が高いのはどれだと考えるか。現在ファームコーが実行中のプログラムやプロジェクトのうち、その優先度の高い問題の解決につながるものはどれだと考えるか。

6　よい戦略を構築するカギとなるのは、直面する問題を診断し、最も重要な課題を見きわめることである。現在ファームコーが直面する最も重要な課題は何だと考えるか、二つ挙げてほしい。ただし、重要な課題とは財務実績の悪化それ自体ではない。その根本にある問題は何かを考えてほしい。二つの課題を見きわめたら、その解決を阻む主な要因についても意見を述べてほしい。

7　現在のファームコーの組織構造や主な経営方針が原因で生じた注意すべき問題は何かあるか。そうした問題のうち、あなたが質問6で特定した重要課題の解決を妨げかねないものはあるか。

戦略ファウンドリー——一日目

戦略ファウンドリーの初日は朝八時から始まった。メンバーはこれから何が起きるのか、好奇心をあらわにしている。

この日のテーマは「変化」だった。これは、緊張を解きほぐすのに格好のテーマである。過去五年間に何が起きたか。今後五年間に何が起きるだろうか。メンバーはすっかり興に乗って議論に没頭した。過去に起きたことはみんなが知っていたし、これから起きることについては誰もが一家言持っていた。

過去五年の間に競争圧力が強まったという点で意見は一致した。農業の自動化が進み、必要なソフトウェア開発はやりやすくなった。その一方で、アメリカでは有機栽培をめざす動きも確実に拡大しており、どんな肥料なら受け入れられるのか、一部で混乱が起きている。将来についてのメンバーの見方は「現在とほぼ同じ」から「何かまったく新しいものに投資するようになる」まで幅があった。

次に、過去五年間で実行したプログラムやプロジェクトのうち、成功したものと失敗に終わったものを検討した。成功したプロジェクトの話題は当然ながら活気があり、目標達成の瞬間や大勝利について話が弾む。最も自慢できる「アルファ・プロジェクト」は、サービス事業部でユニットごとにコストに大幅な乖離があった問題を、ユニット横断型のチームを発足させて解決したプロジェクトだった。プロジェクトが成功した要因として、プロジェクトマネジャーが有能だったこと、経営幹部からの強力なサポートがあったことが挙げられた。

失敗に終わったプロジェクトの一つは、前任の副社長が推進したもので、大口顧客を扱う専任チームを発足させるというものだった。このプロジェクトはうまくいかず、顧客関係に大混乱を引き起こし、修復不能のダメージを与えてしまったという。

休憩の後、私は優先課題を列挙したリストを配った。取締役会でのプレゼンテーションと質問5に対する回答で挙げられたすべてのプロジェクトやプログラムがそこに含まれている。項目は二〇におよんだ。

- 品質
- カスタマーサービスの向上
- サプライチェーンの整備
- 低コストの製造拠点
- 効率と柔軟性の改善
- 人材開発
- 組織開発と能力開発
- 新しい製品・プロセス技術の提案
- 債務格付けの引き上げ
- 創造的文化、効率的なリスクテーク、起業家精神の発揮
- 研究開発パイプラインの強化
- 地区・地域戦略の調和
- 製造プロセスにおいて混乱の原因となっている派生的技術の整理
- 活力剤の多様化と実証済み化学組成へのフォーカス
- 営業・マーケティング力の強化
- 新規市場開拓、新製品開発
- ブランドイメージの位置付け

・新規能力開発における主要顧客とのパートナーシップ強化
・研究・競争情報収集の強化
・メキシコ、チリ、ブラジル、アルゼンチンでの拠点確保・強化

メンバーがリストに目を通した後、奇妙な沈黙がその場を支配した。「このリストがわれわれのやるべきことなのだろうか？　われわれはこれをプリントして配ればいいのかな？」

「いや、このリストは長すぎる」と一人が言った。

「それに優先順位もわからない」と別の一人が言った。

「そのとおり」と私は同意した。「このリストはタイトルがまちがっている。〝優先〟というからには、順位が上だとか特別に重要でなければならない。交差点では、青信号の出ている道路の車に優先権がある。空港では管制官がどの航空機が優先着陸するか指示を出す。あまりにたくさんの項目を優先扱いにしたら、優先課題の意味が失われてしまう。リーダーが明確な優先順位を決めておかないと、問題が起きたら手当たり次第に取り組むという無秩序状態になりかねない。

また、このリストに列挙してあるのは課題ではなくてファームコーが実現したいこと、つまり目標だ。ランチの後は視点を変えて、こうした目標に向かって進むことを妨げるような要因は何か、つまり会社にとって何が解決困難な問題なのかを検討することにしよう」

このあたりで、課題への対応としての戦略の価値をメンバーが理解しているか、また目標ではなく課題から始めることの重要性も理解しているか、確認することが望ましい。短い会話程度で十分だろう。

午後は、ファームコーが直面する課題を見きわめることに集中した。メンバーが課題と思われることを挙げるたびに私はその簡単な説明をA５サイズのカードに書き込み、ホワイトボードに留めていった。議論するうちに、取り下げられるカードもあれば、二つか三つに分割されるカードも出てくる。議論が深まるにつれて私は細部の確認を促し、必ずこう質問する。「なぜこれが重要なのか？」「なぜこれが困難なのか？」。この質問の狙いは、課題の解決のほうへと性急に議論が流れることを防ぐためである。

一日の終わりには、カードが一〇枚残った。これが戦略ファウンドリー一日目の議論の成果ということになる。

1　**競争優位の低下**：数年前までは、農業システムの遠隔監視制御に関してファームコーは独自の技術を誇っていた。今日では新しいデジタル技術とワイヤレス通信の導入により、気象条件・土壌の状態・作物の発育状況・日照などのモニタリングが以前よりはるかに容易になっており、そのデータに基づいて水・肥料の量を正確に計算しプログラミングすることが可能になった。ファームコーの優位性は消滅したと言わざるを得ない。いまだにファームコーは自社の独自技術をさかんに宣伝しているが、実際には収益源も作業量も機械式設備とその据付作業、カスタマーサービスが中心になっている。ファームコーのハードウェアを他社製のソフトウェアで制御する例も見受けられる。

2　**大手の研究開発投資**：農業関連企業の中には、米・小麦・トウモロコシといった量産され全世界に供給される基本的な穀物にフォーカスするビッグプレーヤーが存在する。たとえば農業機械のディア、化学品のＢＡＳＦなどがそうだ。彼らはここ五年間、いわゆるハイテク農業あるいはスマート農業に照準を定めている。リンゴの収穫ロボットから全自動の給餌機にいたるまで、広範囲の開発投資を継続するだけの体力が彼らにはある。残念ながらファームコーには追随する余力も規模もない。

3　**創業家の影**：創業者一族がいまだに取締役会に対して強い影響力を持っている。創業者一族は、高齢化に伴い関心の対象が次第に偏り、安定的な配当を出すことにこだわるようになった。だがファームコーは成長途上にあり、利益は安定するどころかむしろ変動が大きくなっている。

4　**単位面積あたり収益の減少傾向**：ファームコーは事業の拡大に伴い利益が減少傾向にある。売上高は伸びても利益率が下がっているのだ。一エーカーあたりの収益は過去一〇年間で三四％も減少した。カスタマーサービス、据付作業、研究開発の支出も相対的に徐々に減っている。企業が経営する大規模農場との取引拡大により、利幅が細るとともに、一カ所に派遣できる人員も手薄になっている。

5 **部品の整理**：ファームコーの設備は部品の種類が多すぎる。バルブだけで五七種類、コネクタは一四二種類、といった具合だ。事業拡大に伴い規模の経済が生まれたことはたしかだが、それ以上に複雑さが増幅された印象がある。

6 **精密農業**：長年にわたり大規模農業はより大型でより専門化した機械を導入する傾向にあった。たとえばトラクターで牽引する方式の耕耘《こううん》機に代わり、大型耕耘機を開発するというふうに。対照的にファームコーの方式は小規模栽培に適しており、これを拡張して大規模農場と取引している。ファームコーの主力は軸を中心に回転しながら散水するセンターピボット灌漑である。ところが最近になって「精密農業」と呼ばれる農業管理手法が台頭してきた。これは大型化・大規模化のトレンドにまっこうから対立する手法で、ロボットやＡＩにより軽機械やドローンを制御・運用し、作物の状況をきめこまかく管理する。

7 **地域「領主」の存在**：ファームコーの成長は、起業家精神を備えハイテクと栽培の両方に魅力を感じる少数の農場経営者とともにあった。彼らには情熱があり、封建領主のように地域や共同体に強い影響力を持つ。だがまさにその理由から、地域戦略の調和を図るのがむずかしくなっている。実際ファームコーでは、地域ごとに販売手続きや人事方針などがちがう。

8 **人材不足**：ファームコーには優秀な人材が大勢いる。現場でどんなトラブルが生じても、それについて知識や経験を持つ者が必ず誰かしらいる。だが企業規模が大きくなった現在では、これこれの問題に関してノウハウを持っているのは誰か、という情報を共有できなくなった。また仮にできたとしても、その人物を世界の果てまで送り込むわけにはいかない。

9 **駆逐される活力剤**：ファームコーが独自開発した活力剤の利益率は高い。ところが多くの取引先はファームコー製品ではなく安価な代替品を使っている。これについてファームコーには打つ手がない。

10 **テック系スタートアップ**：まったく新しいタイプの農業スタートアップが登場してきた。おそらく彼らはベンチャーキャピタリストなどから資金を調達していると思われる。プレンティ（Plenty）、ボワリー（Bowery）といった企業はいわゆる垂直農法を手がけている。また、テーブルの上で自分だけの「有機栽培」を行う都市型農業機材を販売するシティ・クロップ（CityCrop）のような企業もある。ファームコーもこの時流に乗るべきだろうか。こうした垂直農法は今後脅威となるのか、それとも無視してよいか。

戦略ファウンドリー——二日目

初日には大量の課題が俎上に載せられた。かなりのエネルギーを費やしてこれらを洗い出したわけだが、それにしても、これだけの課題に対する会社の反応がこれまで鈍かったのはなぜなのだろうか。

ファームコーはかつては革新的な企業で、とくにソフトウェア、センサー、コントローラーを農業に取り入れる点では先頭集団を走っていたものだ。だが今日ではファームコーのアプローチはもはや目新しいものではなくなっている。センサーやソフトウェアの農業への導入はまったくあたりまえになり、多くのメーカーがほぼ同じようなソリューションを提供している。それでも商機はまだたくさんある。たとえばロボット工学分野でのプログラム開発や精密農業などには大手も参入しているし、垂直農法、水耕栽培、屋上農園、環境制御によるスマート農業には多くのスタートアップが登場している。

二日目はまず昨日の成果を総括し、一〇の課題を簡単に説明するところからセッションを開始した。

続いて、インタビューからいくつかの発言を抜き出してパワーポイントの八枚のスライドを見せた。一枚のスライドに一枚の発言を表示し、それぞれについて議論する段取りである。誰の発言かわからないように注意深く処理してある。そのうち六件の発言を以下に掲げる。

・会社の大半の人間は、技術面でもコスト面でも優位性を失ったことをしっかり認識していない。必要なときにつらい現実をすみやかに認める能力がわれわれに欠けていることはまちがいない。

- われわれは実験ステーションに莫大な投資をしている。このステーションは新しい農業技術を見せびらかす場になっているだけで、真に新しい知識を創出する能力は無駄遣いされているとしか思えない。ファームコーは新技術に投資しないくせにテック企業を装っているのだ。
- ファームコーの文化は協調を重んじる。それは結構だが、結果的にすべての意見に価値があるということになり、決定が下された後になっても異論が出て実行が滞るケースがよくある。
- 本当の意味でのソリューション・ベースのアプローチがファームコーにはない。われわれは製品とシステムを売っているだけで、ソリューションを提供していない。顧客や潜在顧客が抱える問題は何かを問い、その問題を解決できるのかを考えなければならない。ソリューション・ベースへの移行がファームコーにできるのか、自信が持てない。
- ファームコーは三つに分裂している。世界に貢献し気候変動から救いたい一派、技術それ自体に夢中の一派、事業経営と利益を上げることに没頭する一派だ。
- ファームコーの最大の成長機会は海外にある。だがよく知っている地域以外に関しては、一貫性のある成長戦略を持ち合わせていない。

これらの発言からは、社内に意見の不一致があること、そのために行動の足並みが揃わないことがうかがわれる。もちろんこれらの発言に必ずしも全員が同意しているわけではないにしても、六つの意見は内密に発された本音の発言であり、この部屋にいる人間と社内の重要人物数人のうちの誰かがこう考えていることはまちがいない。メンバーの一部は、幹部クラスの人間の中にこういう意見を持つ人がいるということ自体に驚いたようだった。これはたしかに心地よいことではない。だがこれこそが真の診断の出発点になる。ファームコーが優秀な人間の集団であることに疑いの余地はない。だがせっかくの能力もエネルギーも、当然期待される結果を出すにはいたっていない。端的に言って、ファームコーはもっとできるはずだった。

休憩後に口火を切ったのは営業担当副社長だった。「問題は、われわれがフォーカスできていないことだ。いつも二〇くらいの問題をあれこれ悩んでいるが、これと決めて突き進むことができない」

「何が原因で踏み出せないのか？」と私は質問した。

「よくわからない」と彼は口ごもる。

「よろしい。ではそれを見つけよう」と私は引き取った。「昨日われわれは一〇の課題を見つけた。もしファームコーが真剣にフォーカスしたとしても解決不能だと思われる課題はこの中にあるだろうか。今日はそれを考えよう」

「競争の激しい穀物の大規模農業で優位を確立するのはむずかしい。人材不足の早期解消も容易ではない。それでも、不可能ということはない」と業務担当副社長が断言した。

「わかった」と私は受け、次の質問を発した。「では一〇のうちどれがいちばん重要か？　会社の命運が懸かっているような決定的に重要な課題はどれか？」

「競争優位の低下」とCEO。

「地域戦略の不調和」と人事部長。

「単位面積あたり収益の減少傾向」とCFO。

他のメンバーも賛同している様子なので、私はこの三つの課題が書かれた三枚のカードをホワイトボードの中央に留め、他のカードは下げた。「ではこれからこの三つの課題に集中する。すくなくとも三つのうち一つにはこれから一八カ月にわたって真剣に取り組み、解決に向けて前進しなければならない、と考えてほしい。つまりその一つの課題は死活的に重要であり、解決に失敗したら倒産する。倒産しないまでも経営幹部は更迭される。ではどの課題に取り組み、どのような行動計画を立てるか、議論してほしい」

私はメンバーを適当に二つのグループに分けた。各グループは三つの課題から一つ以上を選んで九〇分かけて行動計画を立て、休憩後に発表する。

その後に行われた発表と検討が戦略ファウンドリーのクライマックスだ。営業担当副社長が指摘したとおり、フォーカスの欠如が会社の無作為の根本原因だったことはまちがいないだろう。一つか二つの重要課題に集中する状況が意図的に作られると、考えるべきことが明確になる。こうすることで、「大胆な飛躍」が可能になるのだ。「大胆な飛躍」とは私の命名で、複雑に絡まり合った問題や途方に暮れるほど手強そうな問題に解決の糸口が見つかり、具体的な行動へと跳躍するというほどの意味である。

議論は課題解決の障害物と可能な行動との間を行きつ戻りつした。具体的な行動としては、高付加価値の作物、とくに果樹に力を入れること、それ以外の事業の大半をグローバル企業に売却することをめざす。研究開発部門は活力剤の化学組成に焦点を合わせ、品種・地域・季節・さらには時間ごとに液体肥料をカスタマイズするシステムを開発する。重要顧客一社または二社との関係を深化させ、共同開発を行う。なお、どちらのグループも地域戦略の不調和は最重要課題に選ばなかった。

二日目が終わる頃には、なぜこれまで課題に取り組まず手をこまぬいてきたのか、この点をどう改善すべきかがわかってきた。かつてファームコーはこの分野の先駆者だった。だが開発した技術はいまでは広く知られ、もっと安価に展開できるようになっている。大規模農場と取引するようになり、扱う品種が増えるにつれて、大手と競争しなければならなくなり、付加価値の低い作物を対象に利益を上げなければならなくなった。課題の最重要ポイントは、付加価値の低い作物へと事業を拡大したこと、それに伴い大手グローバル企業との差別化が図れなくなったことにあった。

付加価値の高い作物、とくに果樹とブドウにフォーカスすることができれば、そうした作物にカスタマイズした活力剤の開発などで強みをいっそう強化できるだろう。そうした作物に特化した農家は実験に協力的だと期待できるし、専用のセンサーなどに投資する余裕があると見込まれる。

戦略ファウンドリー――三日目

三日目の初めにCEOから驚きの発表があった。地域部門の一つの売却について取締役会と一カ月前から秘密裡に検討を進めていたという。問題の部門は他部門との調整が最も困難だった。これを売却すれば現金が入ってくることに加え、他地域にも政治的な意味で警告を発することができるという。

戦略ファウンドリー・グループが採用した主な方針は、高付加価値の作物へシフトすることである。たとえばナタネ（キャノーラ油）、グルメ・マッシュルーム、サフラン、堅果（ナッツ類）、リンゴ、プラム、高級ブドウなど。標準的な作物のピボット灌漑はいまでは自動化されており、この分野での競争はあまりに熾烈で割って入るのはむずかしい。一方、高付加価値の作物にはもっと緻密なアプローチが必要になる。

戦略ファウンドリー・グループは、新しい方針を実行するための具体的な行動計画を立てた。まず、果樹園とブドウ園のための新技術を開発するうえで協力企業になってくれそうな顧客二社に狙いを定める。研究開発部門のトップは、農家の抱える問題を解決するための特別チームの編成に同意している。行動計画の実行期限は一八カ月とした。新しい指針と行動計画に加えて、戦略策定の際の前提を明示するよう私は助言した。

この新しい戦略を策定するにあたって、みなさんはいくつかの前提を置いた。それは絶対に必要だった。何も前提がなかったら創造性も想像力も発揮できない。たとえば、土壌条件・作物・天候別にカスタマイズされた活力剤をファームコーは開発できる、という前提がそうだ。ファームコーはすでにこの方面である程度の進歩を遂げているが、この先も進歩し続けるという前提で戦略は策定された。こうした前提は、必ず書面に残しておかなければならない。今後五カ月あるいは一一カ月の節目で戦略ファウンドリー・グループが集まる際に、前提が正しかったかどうかを確認する必要があるからだ。このプロセスを私は〝戦略ナビゲーション〟と呼ぶ。前提が不適切だったら針路を修正しなければならない。

場合によっては、戦略ファウンドリーで決まった方針を公表するために表の顔を考えることが必要になる。しかしファームコーの場合はその必要はあまりなさそうだった。新しい指針がうまくいけば会社は方向転換することになるが、うまくいかなかったとしたら、それを世界に向けて公表しても何の利益もない。

戦略ファウンドリーの最後のステップは「宣誓式」である。中には採用された新しい方針に本音では賛成でない者もいるだろう。それは十分ありうることだ。だが戦略ファウンドリー・グループは、最低でも次のファウンドリーまでは一枚岩でなければならない。そのための儀式として、メンバー八人に部屋の中央に輪になって集まってもらった。

「このファウンドリーは指針といくつかの行動計画に同意した。これが成功するためには、チームのメンバーがこの決定にコミットし、その実行の陣頭指揮をとらなければならない。もちろん必要に応じて助けを求めてよい。これらの決定が永遠でないことは承知している。どんなことも変化するのだから。だがいまから一八カ月の間は、チームはいま決めた指針に従う。よろしいか」

そう言って私は全員に同意を求めた。

第20章

戦略ファウンドリー
――コンセプトとツール

戦略ファウンドリーは、経営幹部のチームが戦略を目標設定と混同しないよう正しく導き、組織が直面する問題を洗い出し、診断し、最重要課題の最重要ポイントを見きわめ、どう取り組むか議論する場である。戦略ファウンドリーの成果は、組織にとっていま最も重要なことがあきらかになること、それに取り組むための行動の指針が定まることだ。最後に、対外的な発表や説明にも注意を払う。

戦略ファウンドリーを成功に導くには

ファウンドリーが成功するためには、経営幹部と主なシニアマネジャーが課題ベースのアプローチで戦略立案に臨むことにコミットしなければならない。彼らがこのアプローチに興味がない場合や、時間とエネルギーを投じるつもりがない場合には、ファウンドリーはうまくいかない。またファウンドリーの参加メンバーが、この場にいない誰かがあとで決定を覆す可能性があると知っていたら、やはり成功はおぼつかない。あるいはまた、重要な問いの答えは全部自分が知っているという態度のメンバーがいる場合にも、ファウンドリーはうまくいかない。

ファウンドリーの参加メンバーは、戦略策定が財務指標や会計報告とは関係がないこと、戦略策定は毎年の予算編成とはちがうことを理解し、この方針に同意しなければならない。

戦略を立てるとは、業績目標を設定することではない。この理由から、戦略ファウンドリーは予算編成と分離して実施する必要がある。定期的なファウンドリーを実施する場合でも年間予算サイクルとは切り離さなければならない。たとえば一一カ月ごと、あるいは三一カ月ごとというふうに、三、四、一二で割り切れない間隔で実施するとよい。これは、ファウンドリーが財務予想や予算編成とは無関係であることを強調するためだ。この規律が守られない場合、ファウンドリーは単に業績目標を設定することで終わってしまうだろう。

戦略ファウンドリーが最もうまくいくのは、少人数の経営幹部で行う場合である。人数が多すぎると上下関係が生じるし、記録係のような人も必要になるだろう。

戦略ファウンドリーはオフサイトで実施することが望ましい。期間は、状況の複雑さに応じて二～五日間。あまり複雑でないなら二日あれば十分だろう。場合によっては二回に分け、二、三週間の間隔を空けて実施する。

ファシリテーターは私が務めることが多い。戦略ファウンドリーの準備として、私は事前に参加メンバー（および社内のキーパーソン数人）に個別にインタビューする。インタビューで知った情報は公表しない。議論の糸口をつけるため、あるいは停滞した議論を活性化するために発言を引用することもあるが、発言者が誰かわからないよう十分注意を払う。

戦略ファウンドリーのファシリテーターを社内の人間にやってもらうことも可能だが、政治的駆け引きや裏取引を遮断できることが条件だ。私自身の経験から言うと、外部の信頼できる人間相手のほうが本音で話しやすいものである。また部外者には、社内の人間が言いづらいことを遠慮なく言えるという強みがあるほか、地位の高い人も特別扱いせず単にメンバーの一人として扱い、全員に対等の立場での発言を促すとともに、議論における規律を徹底することが自然体でできる。こうしたことは、往々にして社内のファシリテーターにはやりにくいものだ。その一方で、社内の人間がファシリテーターを務める場合、社内事情や自社の技術や現場に明るいというメリットがある。

ファシリテーターには、課題の特定、診断、解決策の検討、具体的な行動方針の検討というステップに沿って議論を導く役割もある。加えてファウンドリーの後半には、最重要ポイントに注意を集中させ、議論が脱線しないよう注意し、行動指針まで議論が進むようプッシュする役割もある。

戦略ファウンドリーが失敗するとき

地位の高い人間が権力を背景に議論を牛耳るとき、ファウンドリーは失敗に終わる。同様に、反対意見を持つメンバーが攻撃的になり敵意をむき出しにする場合にも、ファウンドリーは成果を得られない。

メンバーが必要な時間を捻出できないときにもファウンドリーはうまくいかない。のべつ電話がかかってきたり、メールを打たねばならなかったり、緊急の用で頻繁に離席したりするようだと、実り多い議論はできない。このような場合はファウンドリーの開催時期を変えるか、メンバーを入れ替える必要がある。

ファウンドリーの参加メンバーは、自社の事業について基本的な知識を持っていなければならない。参加者が財務や経理畑出身の人間ばかりだったら、ファウンドリーはあまりうまくいかないだろう。重要課題を見きわめ、戦略を立てるためには、メンバーが製品、市場、競争、技術をしっかりと理解していることが欠かせない。

複雑な多角化企業が抱える問題を解決する一つの方法は、製品や市場が共通する事業レベルまたは部門レベルで戦略を立てることである。ただしこの方法を採用して必ずうまくいくとは限らない。事業・部門レベルでよい戦略が立てられても、会社としての支援が得られなかったりする。また会社として求めるものがお決まりの費用収益と業績予想であって、戦略ではないケースも少なくない。また、事業・部門レベルの戦略が会社の目標からすこしでも逸脱していると、全否定されるケースも多い。よって事業・部門レベルで戦略ファウンドリーを実施する場合には、経営幹部に加わってもらうようにする。あるいは、まず全社レベルでのファウンドリーを先に実施し、その後に事業・部門レベルで行うとよい。

戦略ファウンドリーの基本ツール

判断の先送り

判断を先送りすることによって、早い段階で議論が収斂して結論に飛びつく事態を回避ができる。こうした時期尚早な意見の一致は、アーヴィング・ジャニスが集団思考の分析で指摘した問題点の一つだ。議論の流れを意図的に遅らせ、課題の特定や診断に注意を集中するよう誘導することによって、早まった判断を避けることができる。

戦略ファウンドリーにおける判断の先送りには、二つの意味がある。一つ目は、よい・悪い、重要である・重要でない、といった判断をすぐには下さず保留しておき、よりよい判断を下すためにもっと事実や情報を集めることにつながる。

二つ目は、どの課題がほんとうに重要なのか、その課題は現実的に解決可能なのかを判断するまで行動計画は立てられないため、性急な計画立案を防ぐことができる。メンバーの特性を把握して慎重かつ活発な議論を促す方法を早い段階で見抜き、早すぎる議論の収斂を食い止めることは、ファシリテーターの重要な役割である。

個別インタビュー

事前に行う個別インタビューを通じ、会社の歴史や現在抱えている問題について生きた情報を得ることができる。インタビューでは、過去に行われた試みのうち何がうまくいき、何がうまくいかなかったかも知ることができる。またファシリテーターが部外者の場合、社内の人間の前ではあからさまに言いにくいような個人的な意見や解決案も聞き出せることが多い。

インタビューの内容はけっして公表しないが、議論のヒントとなるような貴重な意見は、発言者がわからないようにして引用する。こうした意見は議論の糸口になったり、停滞気味の議論を活性化したりするうえで役に立つ。またこのような意見をスパイスとして議論に投入することで、議論が影響力の強い人物に引きずられないようにする歯止めの役割も果たす。

書面による質問と回答

ファウンドリーの参加者および社内の重要人物数人に宛てて書面による質問リストをメールで送付し、やはり書面で回答してもらう。この書面による対話はきわめて有効であり、戦略ファウンドリーの実施前に必ず行うことを私は定型化している。質問の数は状況に応じて五〜八項目である。回答はけっして公開しないが、その一部を誰のものかわからないようにしてファウンドリーで活用することがある。

必ず質問する標準的な質問は、前章で紹介したとおり、最近の変化と将来予想をカバーしている。過去に実行したプログラムやプロジェクトのうちどれが成功しどれが失敗したか、その原因は何か。現在直面する課題でどれが最優先か、何が解決の阻害要因か、それについて何か打つ手はあるか。

標準的な質問に加え、業界、企業、組織に固有の質問も用意する。とくに有用な回答が得られるのは、新しい技術のインパクトや特定の競争相手の行動に関する質問である。また、社内の対立や分裂などについても質問することがある。

回答があまりに短い場合には、補足を求めることがある。説明が不足しているとか曖昧だと感じられた場合にも、再質問することがある。

過去の経緯に注意を払う

過去は偉大な教師である。だが過去から学ぶためには、過去を思い出し、そこから適切に教訓を引き出さなければならない。インタビューで得た情報やグループ討論の中から過去にうまくいった行動やプロジェクトを見つけ出して提示することも、ファシリテーターの役割の一つである。重要なのは、過去にどんな状況のときどんな行動がうまくいったのかをグループで検証することだ。これに劣らず重要なのは、過去にどんな状況のときどんな行動がうまくいかなかったのかをしらみつぶしに検討することである。失敗に終わった原因を徹底的に追求することはきわめて大切である。

過去から学ぶ教訓は、当然ながら企業によって異なる。とは言え多くの場合に共通するのは、経営トップからのサポートがない、イニシアチブの数が多すぎる、不可能な目標を設定する、社内の実力者からの妨害に遭う、リソースが不十分である、現場のことがわかっていなかった、などである。これらの点を念頭に置いたうえで自社の過去から学んでおくことは、行動計画を立てるうえで非常に役に立つ。

課題から始める

戦略ファウンドリーで最も重要なのは、組織が直面する課題を洗い出し、診断することである。課題から始めることで、経営陣お気に入りのプロジェクトや世間受けする目標が議論の中心になってしまう事態を防ぐことができ、意識が問題解決へと向かう。

反省的思考を行う

反省的思考テストの一つは、次の質問を考えることだ。「あるものを二個作るのに二台の機械で二分かかります。では一〇〇個作るのに一〇〇台の機械で何分かかるでしょうか」。マサチューセッツ工科大学（MIT）の学生も含め、多くの人の答えは一〇〇分だった。だがすぐさま一〇〇分と答えてしまわずにもう一度考えたら、きっとあなたは一〇〇台の機械があれば一〇〇個を二分で作れると気づくだろう。そう、正解は二分である。

このような簡単な引っかけ問題にまんまと引っかからないようにするための唯一の知恵は、「もう一度考える」ことだ。具体的には問題を別の視点から見直す、直感的な答えを批判的に検証する、といった方法で自分の出した答えをチェックする。

反省的思考は有効なツールだ。戦略策定においては、課題を異なる視点から見てちがう言葉で説明するときや、提案された行動をちがう角度から検討し、もっと効果的な行動はないか探すときなどに、役に立つ。たとえばアップルがiPhoneを導入したとき、すでに述べたように、ジョブズはアップストアで扱うのをアップルの純正アプリだけにしたがっていた。彼は直観的に、ユーザーエクスペリエンスはできるだけ多く管理下に置きたいと考えたのだった。だが他の社員が反対した。サードパーティが提供するアプリの間で健全な競争を促せば、価格も下がるしiPhone自体の魅力も高まると説き、ジョブズも考え直したのである。

多くの経営幹部はほとんどのケースで直観的な判断をすばやく下す。豊富な経験と健全な知性に裏付けられた直観は、経営手腕のエッセンスだと言ってもよかろう。心理学者のゲーリー・クラインは消防士の研究を行い、消防隊の隊長は直観的に決断を下すと指摘した。「経験を活かして状況を認識しどう対処するかを知る能力」を備えているという。[*1] この直観的な能力がなかったら、生き抜くことも日々の生活を送ることもできない。[*2] その一方で、きわめて重要だがほとんど経験のない状況というものも存在する。そのような状況では、最初の直観に従うことのコストはきわめて大きい。原子力潜水艦の艦長が、危機の中で最初の結論に飛びついてよいだろうか。戦略ファウンドリーでは、規律ある活発な議論を通じて経験と知識に裏付けられた直観で判断することを奨励しつつ、相互の批判も促す。ファシリテーターが議論を適切に導くことによって、グループは個人よりうまく反省的思考ができるようになる。

タイムトラベラーになってみる

タイムトラベルをするように時間軸に沿って視点を変えてみることは、思考実験として有効だ。

私は以前、フランスの航空機メーカー、アエロスパシアルと一緒に仕事をしたことがある。同社は一九九九年に航空宇宙関連のコングロマリット、マトラと合併したが、そのすこし前だった。私はアエロスパシアルの役員七人に、こんな提案をした。「二〇〇五年のフォーチュン誌で御社をフィーチャーした巻頭特集が組まれ、表紙に〝アエロスパシアル、カンパニー・オブ・ザ・イヤーに選出〟と大々的に書かれたと想像してください」

「どうすればこの巻頭特集のような結果を生み出せると思いますか？」と私は役員たちに問いかけた。彼らを二つのチームに分け、それぞれにこの結果を出すための道すじを考えてもらう。このときは、どちらのチームも防衛産業の特徴とはあまり関係のない理由を考え出したことが興味深かった。

フォーチュン誌の表紙としてイメージするのは、失敗でもいい。たとえば二〇一八年には「いったいGEに何が起きているのか？」というタイトルの記事が載ったが、[*3] GEの代わりに自社を当てはめてみるのだ。このように将来の失敗を先回りした分析は、クラインの言葉を借りるなら、死亡前分析と呼べるだろう。

タイムトラベルの視点は、過去の状況に立ち返って戦略を考える思考実験にも使える。たとえば、七年前のCEOにメールを送れると仮定したとき、どんなアドバイスをしたいかを考えてみる。ただし送れるのは一通だけ。将来のことを知らない前提なので、将来の情報を開示してはならない。さてあなたなら、どんなメールを書くだろうか。

この思考実験のポイントは、将来の情報に基づくアドバイスはできないという点にある。たとえば軍用車輛などを製造するゼネラル・ダイナミックスのCEOには、アフガニスタンで即席爆発装置（IED）による車輛爆発が起きると警告したいところだが、それはできない。七年前の時点で入手可能な情報だけに基づいてアドバイスをすることのむずかしさを認識することで、戦略ファウンドリーの取り組みの意義を改めて理解できるだろう。そこから、七年後の誰かが今の自分にくれるアドバイスはどんなものになるか、想像してみるとよい。

即席戦略を考える

ときに戦略ファウンドリーでは、深く考えることに疲れてしまう瞬間が訪れる。そうなると、決定的に重要なことに集中しにくくなる。たとえば非営利組織では過去に戦略と呼べるものがなく、単にTo-Doリストが作成されていただけであることが多い。そういう組織は真の戦略を考えることに慣れていないため、思考停止に陥りやすい。そんなときは「即席戦略」タイムを設けると、澱《よど》んだ空気を吹き飛ばす効果がある。このエクササイズを行うときは、参加者一人ひとりにいまとるべき具体的な行動を一行で書き出してもらう。抽象的な戦略や業績目標はNGだ。明白な狙いのある実行可能な行動に限る。制限時間は二分。書いたら紙を二つに折って箱に入れる（シルクハットをお持ちならそれでもいい）。

第4章で取り上げたように、私はXRシステムズでこのエクササイズを取り入れた。五つの即席戦略が提出され、五番目の「自動車用センサーを開発する」という提案が大当たりとなった。この提案は愛車がジープだというメンバーの個人的な思いから出たもので、通常の戦略策定プロセスでは提案しにくいものだが、会社に新しい道への扉を開くことになったのである。

即席戦略エクササイズでは、誰でも思いつくような提案を書き出す例が多い。だが稀に思いがけない新しい方向性が示され、まさに瓢簞《ひょうたん》から駒が出るような結果につながることがある。

組織の問題に目を向ける

経営幹部には、財務指標や競争力の観点から課題を探す傾向がみられる。そこでファシリテーターは、自社の組織に目を向けてもらい、そこに何か問題がないかを考えてもらうようにする。これは、社外のファシリテーターのほうがやりやすいだろう。

ある化学メーカーで戦略ファウンドリーを実施した際に、私は参加者一人ひとりに利益が減っている原因をくわしく説明してもらった。だいたいの答えは、競争が激しくて値下げをせざるを得ないというもので、加えて工場稼働率が低いことが指摘された。

「価格は実際にどうやって決めているのか」と私は質問した。

「相手は企業なので、現場の価格交渉で決まる」という。

「交渉担当者はどんなツールを使っているのか、またどのようなトレーニングを受けているのか？」と私は重ねて質問した。

そこで得られた率直な回答がすべてを物語っていた。セールス担当者は、自社の販売する原料や部品が顧客の製品のコストと性能にどのような影響をおよぼすかを示すツールを備えていなければならないが、同社のセールス部隊にはそうした準備がなかった。これでは何の根拠もなく場当たり的に値引き交渉をすることになる。そのうえ、セールスのトレーニングも不十分だった。

この事実が判明すると、ファウンドリーの面々は何でも競争激化のせいにする姿勢を改める。こうして減益の原因は値引きだけではないことがあきらかになり、営業支援ツールの導入、セールス担当者のトレーニングを強化などの対策が検討された。

さまざまな企業で戦略策定のコンサルティングをした経験から言うと、およそ三分の一の企業では、戦略課題は組織構造や業務プロセスに、つまり社内にあると考えられる。内部の問題を掘り下げるのは容易ではないが、得るものは大きい。

なぜ困難なのかを考える

第8章で取り上げたクエストコーのケースでは、困難だが乗り越えられそうな課題というアイデアを私が示したときにターニングポイントが訪れたことを覚えておられるだろうか。戦略チームは困難な状況をただ泥沼と捉えるのではなく、解決できそうなことに集中する姿勢へと切り替わった。洗い出された課題を評価・分析するときには、この姿勢がきわめて重要だ。

いやしくも経営幹部である以上、自社が直面する課題を見つけ出すこと自体はそうむずかしくないはずだ（うすうす気づいているケースが多い）。だがどう取り組むかということになると話はちがってくる。「なぜ困難なのか」を追求していくと、この質問に答えられるレベルまで課題を分解することになる。つまり、何が課題解決を阻んでいるのか、原因を見つけ出すわけだ。

ときに、その原因を口に出すことが憚《はばか》られるという場合がある。クエストコーがまさにそうで、部門間の調整不足や軋轢《あつれき》が長い間隠されていたし、顧客からの評価の下落の問題は長らく先送りされていた。経営チームで話すことと言えば景気のいいトピックばかりで、不都合なことには触れない習慣が根付いていたのである。その結果、真の問題ではないところに無駄なエネルギーが投入されていた。

稀には、解決を阻む要因があまりに大きすぎて課題に取り組むこと自体が不可能というケースがある。しかし多くのケースでは、集中的にリソースを投入すれば障害物を乗り越えることが可能だ。経営陣は、障害物の存在に気づかず、あるいは見ないふりをして、業績目標の数値達成に躍起になることが多い。だがそれでは真の課題解決にはならない。手強い障害物も、詳細に分析し、取り組み可能なピースに分解して優先順位をつければ、乗り越えられるものである。

レッドチーム

「レッドチーム」という言葉は、もともとは軍の専門用語である。アメリカ軍とＮＡＴＯ軍の机上演習では、レッドチームとは敵のことだ。有能な人間をレッドチームに割り当て、ブルーチーム（味方）に勝利する戦略と戦術を自由に立てさせると、演習の効果は一段と上がる。

近年では、レッドチーム演習はサイバーセキュリティに関して広く行われるようになった。レッドチームがサイバー攻撃を仕掛けることによって、システムの脆弱性を知ることができる。マイクロソフトなどの民間企業のほか、国家安全保障局（NSA）などの公的機関でも実施されている。とくに問題になるのは、ネットワークやクラウドベースのサーバーのセキュリティだ。防御システムの設計担当者がレッドチームに加わると、改善点がいっそう明確になり、効果が高い。

戦略策定においては、レッドチーム演習は問題の枠組み設定に誤りがないかを検証するうえで有効だ。世界情勢や競争状況などの捉え方が根本的にまちがっていたり、きわめて不完全だったりする可能性はつねに存在する。枠組み設定がまちがっていたら、それに基づく戦略は何の役にも立たない。現在の枠組みがまちがっていないかどうかを確かめる唯一の方法は、視点を変えてちがう角度から検証し、攻撃して弱点を見つけることだ。

レッドチーム演習は、予測不能な偶発事態に対処する方法を見つける方法の一つでもある。レッドチームは相手のやり方を熟知しているため、その裏をかき、まんまと出し抜いて、こちらの思いがけない弱点や失敗の可能性を探し出す。

現実的に取り組み可能な戦略課題を見つける

戦略に関する議論で頻繁に使われる言葉は「重要」と「集中（フォーカス）」である。戦略は定義からして、何が重要かを示すものなのだから当然だろう。それに比べると、集中の役割はいまひとつ明確ではない。というのも、現代の企業・人材・競争モデルには複数のプロジェクトを同時並行して進めることのコストがあまり考慮されていないからだ。たしかに、複数のプロジェクトの同時進行はけっして不可能ではないだろう。しかし、一つのプロジェクトが進行中は他のプロジェクトから注意や認識能力が奪われてしまう。また複数のプロジェクトを同時進行すれば、相互の配慮やリソースの融通が期待できなくなる。これらはあきらかにコストである。

戦略ファウンドリーで最も有効なアプローチの一つは、複雑な状況を整理し、少数の現実的に取り組み可能な戦略課題（ASC）を見つけ出すことである。第4章で取り上げたインテルを題材にした演習で、洗い出された多くの課題の重要性と取り組み可能性を検討したプロセスを思い出してほしい。

もう一つのアプローチとして、課題をカードに書き出し、テーブルに並べて、重要でない課題や取り組み可能でない課題のカードを下げていくやり方がある。ある政府機関の戦略会議では、二六もの「主要」課題が出てきた。一つひとつをカードに記入して会議室のテーブルに並べる。そして私は、最終的に五枚に絞り込むよう話した。

ところが誰一人としてカードを取り下げようとしない。そこで私はリーダーに向かって言った。「あなたはこれをするために報酬をもらっているのだ。最重要課題を五つ選んでほしい」

彼は選んだが、あくまで演習としてやっているようだった。五つの中でもいちばん重要とみられる課題を一時間かけて検討した結果、四つの要素に分解できることが判明する。したがって最重要課題が九つになった。そこで私は再び、五つに絞り込むよう迫った。

このプロセスのメリットは、一つひとつの課題をいっそう深く掘り下げられることである。掘り下げていくと、その課題がいかに複雑にいろいろな要素が絡み合っていたか、どれほど多くの下位の問題が隠されていたかに気付かされる。このプロセスを経ると、重要だが取り組み可能なパーツに集中できるようになる。

近い目標に集中する

戦略はほぼ必ず何かに焦点を合わせ、そこに集中するものだ。だがとりたてて危機的な状況ではないとか、戦略策定を主導する有能なリーダーがいないといった場合には、次第に集中は失われていく。そして五〇もの目標に取り組み、どれも中途半端に終わるといったことになりがちだ。だからこそ戦略ファウンドリーが果たすべき役割の一つは、エネルギーとリソースを最重要課題に機動的に集中させることになる。

そのための強力なツールが、近い目標への集中だ。目標といっても業績目標ではない。近い目標とは、比較的短い期間内に達成可能な目標あるいはタスクを意味する。

軍隊にせよ企業にせよ、勝利以上に士気を高めてくれるものはない。手近な重要目標を設定して達成することにより、リーダーは次の戦いのステージへ進むことができる。戦略は、長期的なビジョンというよりもむしろ、近い目標の連続と考えることができる。

期間を設定する

近い目標に集中すると、行動を具体的にイメージしやすいという副産物がついてくる。よい戦略は、目標に集中することから生まれるものだ。多くの場合に私が設定する期間は一八カ月である。もちろん問題によっては、解決にいたるまでにもっと長い期間が必要になるケースもある。

期間が比較的短いと、合意も形成されやすい。戦略ファウンドリーでメンバーが「カードを下げる」のをためらう理由の一つは、どの課題も他の課題と有機的に結びついているからだ。一枚のカードを下げたら、関連する他のカードも抹殺されてしまうのではないか、そこまでいかなくとも予算の割り当てが減るのではないか、と心配するのだろう。そこで、多くの場合にいつまでたってもカードがテーブルの上に残されることになる。実際の企業では、幹部同士の力関係や水面下の政治的駆け引きで多すぎる課題をふるい分け、決着するといったことが日常的に行われている。

期間が短いと、こうした袋小路にはまり込むリスクが小さくなる。たとえば一八カ月以内に達成できそうな目標であれば、すみやかに行動計画が立てられ、実行に移されて、一八カ月後には新たなプロジェクトやタスクを俎上に載せて検討できる。こんな具合に速いペースでサイクルが回るなら、躍起になって優先順位争いや予算の争奪戦を繰り広げるにはおよばない。一方、戦略が長期的なコミットメントを求めるということになれば、最重要課題の地位を獲得できるかどうかは死活問題になる。五年先、どうかすると一〇年先までチャンスはないかもしれないのだ。期間が短ければ、先が見えているため、優先順位についての合意が形成されやすい。

参照グループ

人は、自分は特別だ（だから自分は大丈夫）と考えやすい。これは、何の根拠もなくものごとを自分に都合よく解釈する楽観バイアスの一種である。ダニエル・カーネマンとダン・ロバロの言う「競争相手の無視」もそうだ。[*4] 競争相手の無視とは、自社の成功を予測する際に競争の影響を無視することを意味する。自動車事故の統計を見せられて、「自分には当てはまらない、だって自分は特別（特別に注意深い、特別に運転がうまい）だから」と考えたことはないだろうか。問題は、あなただけでなく他の人もそう考えていることだ。しかし統計はその全員の調査から作成されたのである。

そこで、参照グループの出番になる。参照グループとは、あなたが直面しているのとよく似た状況や課題、あるいはよく似た競合他社や同業者のグループのことである。適切な参照グループの情報を多数知っているプロのコンサルタントは、こういうときに役に立つ。たとえば、同時期に中国市場に参入しようとしている日用品メーカー、すでに特許出願済みの類似品、といった情報を提供してくれる。マッキンゼーのクリス・ブラッドリー、マーティン・ハート、スヴェン・シュミットの著作『マッキンゼー　ホッケースティック戦略』（邦訳：東洋経済新報社）は、このあたりのことを明快に説明している。同書によれば、戦略策定のために準備される大量の書類は「微に入り細を穿《うが》ってはいても、参照グループのデータに言及していないことがほとんどだ。おもしろいことに、くわしい情報を与えられるほど、人はすべてを知った気になる。そして自信が膨らむほど、まちがった結論にいたるリスクは高くなるのだ[*5]」。

このような認知バイアスの興味深い例を、ランド研究所が化学プラントの建設プロジェクト四〇件について行った調査の結果にみることができる。プロジェクトの承認を得やすくするために、工事費の見積もりは最終費用の平均四九％、つまり半分以下に抑えられていたという。最小値はじつに最終費用の二七％、最も実際に近いものでも七二％だった。ランド研究所はこの結果について次のように論評している。

われわれのデータベースに格納されたプラントに関する限り、過去一二年ほどにわたり、コストの見積もりには何ら改善の兆しが見られなかった。また、プラントの稼働率に関する予想にも何ら改善は認められない。コストはつねに過小評価され、プラント稼働率はつねに過度に楽観的に評価されている。ここで当然湧いてくる疑問は、なぜこれほど長い間、化学業界は予想を調整できないのかということだ。[*6]

しかし予想するのは業界ではなくてあくまで人間だから、さまざまなバイアスがかかることは避けられない。

戦略ファウンドリーでは最終決定にいたる前に議論を中断し、追加的な調査や分析を行う。その一環として他社が直面した類似の状況の情報を収集するが、これはまさに参照グループの形成に当たる。

戦略ナビゲーション

困難な時期を生き延びるうえで重要なのは、変化の激しい状況に適応することだ。第3章で論じたように、戦略は旅に似ている。困難に次々に遭遇しては退治して前へ進む旅である。旅が見当外れの方向に向かわないようにするためには、経営幹部は旅の始めの前提を書き残しておく必要がある。困難な課題を解決するためには、出発点としていくつかの前提を置くことが必要だが、残念ながら前提がつねに正しいとは限らない。前提を明記しておき、事態の展開に伴って前提が正しかったかどうかをチェックすることが大切だ。さもないと、変化する状況への適応がむずかしくなる。戦略ナビゲーションとは、状況変化に伴う前提の点検と軌道修正のプロセスを意味する。

宣誓式

ある政府機関で戦略ファウンドリーを実施したときのことだ。ファウンドリーから二カ月後に再訪すると、決定したはずの指針がいっこうに実行されていない。私が大いに落胆したことは言うまでもない。なんでもファウンドリーの直後から、上層部二人が手のひらを返すように行動計画に文句をつけ始めたのだという。ファウンドリーのメンバーでもある二人は行動計画に賛成したにもかかわらず、その後に態度を豹変させ、部下たちに計画は実行しなくてよいなどと指示したそうだ。

この種の行動は政府機関でよく見られる。というのも、異動が多く、上級職の人間は組織とスタッフを引き継ぐだけなので、集団としての結束力が強くないからだ。

こうしたマキャヴェリズム的駆け引きを撲滅する根本的治療法は、表裏のあるマネジャーを排除するほかない。上司にはこう言い、部下にはああ言う管理職は中学から出直してもらわねばなるまい。

手のひら返しを防ぐ一つの方法が、「宣誓式」である。戦略が定まったら、ファウンドリーのメンバーに部屋の中央に集まってもらう。そして、こう念を押す。

みなさんはグループとして直面する課題を深く掘り下げて検討した。そして、最重要課題を見きわめ、これを克服するためにとるべきいくつかのタスクに合意した。これらのタスクにフォーカスするため、他の多くの問題は棚上げしたことも承知している。ここでみなさんは、自分自身に、そして互いに、これらの選択が次のファウンドリーまで拘束力を持つことを確認してほしい。そして、今回の決定を他人の前で批判したり、粗探しをしたりしないこと、行動計画の実行を後押しすることを確認してほしい。

メンバーは言葉で、あるいは動作で、互いに合意を確認する。ファイティングポーズをとるケースもある。

戦略の表の顔

数年前、私はあるグローバル企業で戦略ファウンドリーを実施したことがある。四日半におよぶファウンドリーで、三日目に専門家が参加してようやく基本方針と行動計画の概要が決定された。そこで私はホワイトボードにそれらを書き出した。すると参加者の一人が、「発表できるような戦略はどこにあるのか？」と質問を発した。

「質問の意味がよくわからないが」と私。

「三年前にわれわれが戦略を決定したときは、行動計画ももっと具体的に立て、印刷して全員に配布した」

「これのことだろうか？」と私はテーブルの上にあった「戦略」と書かれた書類を指した。三年前の日付になっている。

「それだ」と彼。

私は書類を手に取り、赤のマーカーを握って一〇項目を一つひとつ読み上げながら、目標が達成されたかどうかをメンバーに聞いていった。

「業界トップの位置を維持する？」答えはノーだった。市場シェアは縮小している。私は赤マーカーでバツをつけた。

「最高の安全基準を維持する？」イエス。赤チェック。

「収益性を高める？」ノー。バツ。

「中国市場に定着する？」進出はしたが定着はノー。バツ。

「社員の高い士気と信頼を維持する？」社員の一五％を解雇したいまとなっては答えにくい質問だ。ノー。バツ。

「化石エネルギー消費量を大幅に減らす？」横ばいではあるが、減らしてはいない。ノー。バツ。

こうした調子で、全部読み終わったときには八項目に赤いバツがついていた。

「このような戦略と称するものをみなさんはまた公表したいのだろうか？」と私は質問した。

「ここに書かれているのは、三年以内に八割は達成できない見掛け倒しの目標だが」

多くの経営幹部が戦略の表の顔をむやみに気にする。つまり、戦略の中身のみならず外見を重視する。なにしろ今日では従業員も投資家も、会社の基本的な活動や価値観や優先課題を掲げた「戦略」の公式発表を期待するようになっているのだ。

となれば、ファウンドリーで決めた方針や行動計画をどのように公表するか、検討しなければなるまい。戦略の表の顔としては、いくつもの目標を並べ立てるよりは、選び抜いた最重要課題を語るほうが見た目がよい（最重要というからには、三つ以上は形容矛盾である）。戦略文書に重要なことがすべて書き並べてあるというのは好ましくない。それでは、利害関係のある当事者全員を喜ばせるだけの大盤振る舞いになってしまう。よい戦略とは集中にほかならない。このやり方は一般的でないかもしれない。だが戦略とは、みんながやるとおりにすることではないのである。

謝辞

妻ケイトの日々のサポートがなかったら、この本を書き上げることはできなかった。戦略の教授だったケイトは、執筆中に遭遇した問題点に耳を傾け、解決方法を示唆してくれた。また章ごとに原稿を読んでは修正点を指摘してくれ、ときには彼女の助言に従って一章をまるまる削除したこともある。シドニー大学教授のダン・ラヴァロも原稿に目を通し、的確な論評をしてくれた。初期の原稿を読んで示唆に富むフィードバックをくれたスティーブン・リップマン、ピート・カミングス、ノーマン・トイにも感謝する。

アシェット・ブック・グループ傘下のパブリックアフェアーズのジョン・マヘイニーにも感謝したい。編集者の枠にとどまらない仕事ぶりだった。私がほんとうに言いたいことを汲み取り、それに磨きをかけ、形を整える手伝いを控えめにしてくれた。インクウェル・マネジメントの共同創設者マイケル・V・カーライルには、本書のエージェントになってほしいと頼んだ。彼は初期の原稿を読んで励ましてくれ、エージェントとしてすばらしい働きをしたうえに、本書のメッセージとタイトルに関する賢明な助言をしてくれたことに心から感謝している。

Performance Shortfalls in Pioneer Process Plants (Santa Monica, CA: Rand Corporation, 1981), 88.

レスの手書きメモを参照している。Allen Dulles, handwritten notes, box 244, Allen W. Dulles Papers, Seeley Mudd Manuscript Library, Princeton University, Princeton, NJ.

2 1991年10月20日付ニューヨーク・タイムズ紙には、こう書かれている。「イラクの核兵器開発計画に関して国連査察官が公表した驚くべき事実は、アメリカの情報機関を刺激すると同時に困惑させた。刺激したのは、同国の野心的な核爆弾開発に関して信頼性の高いデータが大量に入手できたからであり、困惑させたのは、アメリカがこの計画についていかに無知だったかがはっきりしたからである。国連チームがイラクの大量破壊兵器を対象にいわゆる索敵殲滅任務を開始してから数カ月のうちに、アメリカ政府が予想していたよりはるかに大規模で、はるかに高度で、はるかに進捗した計画であったことがあきらかになった」

3 副大統領のディック・チェイニーが2002年8月に対外戦争退役軍人会全国大会で行った講演。チェイニーはつねにこう考えていたわけではない。1990年代前半に父ブッシュはクウェートからイラク軍を掃討したが、バグダッドへの前進は拒んだ。このときチェイニーは次のように述べている。「イラク政府をもし完全に倒せるなら、イラクは解体され、ばらばらになるだろう。西の一部はシリアが取る。東の一部は、そのために8年間も戦ったイランが欲しがるだろう。北にはクルド人がいる。クルド人が解き放たれトルコのクルド人と組んだら、トルコの領土が脅かされることになる。イラクまで手を伸ばして制圧を試みるのは、泥沼に足を踏み入れることだ」。ABC News interview, 1994, youtu.be/YENbElb5-xY.

4 Daniel Kahneman, *Thinking, Fast and Slow* (New York: Farrar, Straus and Giroux, 2011).（邦訳：ダニエル・カーネマン『ファスト&スロー（上・下）』村井章子訳、早川書房）

5 G・W・ヒルは、集団での作業の膨大な実験結果を分析し、次のように結論づけている。「容易なタスクの場合、集団の成績は一人の有能なメンバーによって決まることが多い」。よりむずかしいタスクになると、「集団の生産性の決定づけるのは、最も有能なメンバーの手腕に、"集団ボーナス効果"から不適切な集団的プロセスによる損失を差し引いた正味効果を足し合わせた合計になる」。あまり世間受けしない結論ではある。この種の研究よりも、集団構成員の多様性のメリットを評価する研究のほうが評価されている。Gayle W. Hill, "Group Versus Individual Performance: Are *N* + 1 Heads Better Than One?," *Psychological Bulletin* 91, no. 3 (1982): 535.

第20章　戦略ファウンドリー――コンセプトとツール

1 Gary A. Klein, *Sources of Power: How People Make Decisions* (Cambridge, MA: MIT Press, 2017), 58.

2 これは、『ファスト&スロー』の重要な主張の一つである。

3 Gary Klein, "Performing a Project Premortem," *Harvard Business Review* 85, no. 9 (2007): 18–19.

4 Daniel Kahneman and Dan Lovallo, "Timid Choices and Bold Forecasts: A Cognitive Perspective on Risk Taking," *Management Science* 39, no. 1 (1993): 17–31.

5 Chris Bradley, Martin Hirt, and Sven Smit, *Strategy Beyond the Hockey Stick: People, Probabilities, and Big Moves to Beat the Odds* (Hoboken, NJ: John Wiley & Sons, 2018), 6.（邦訳：クリス・ブラッドリーほか『マッキンゼー　ホッケースティック戦略』野崎大輔監訳、東洋経済新報社）

6 Edward W. Merrow, Kenneth Phillips, and Christopher W. Myers, *Understanding Cost Growth and*

3 Fischer Black and Myron Scholes, "The Pricing of Options and Corporate Liabilities," *Journal of Political Economy* 81, no. 3 (1973): 637–654. フィッシャー・ブラックは1995年に57歳で亡くなった。もし彼が生きていたら、1997年にマートン、ショールズと一緒にノーベル経済学賞を受賞していただろう。

4 Warren E. Buffett and Jamie Dimon, "Short-Termism Is Harming the Economy," *Wall Street Journal*, June 7, 2018.

5 Michael C. Jensen, "Agency Costs of Free Cash Flow, Corporate Finance, and Takeovers," *American Economic Review* 76, no. 2 (1986): 323–329.

6 "CEO and Executive Compensation Practices: 2019 Edition," Conference Board, 17.

7 Keith H. Hammonds, "The Secret Life of the CEO: Do They Even Know Right from Wrong?," *Fast Company*, September 30, 2002, www.fastcompany.com/45400/secret-life-ceo-do-they-even-know-right-wrong.

8 https://cio-wiki.org/wiki/Shareholder_Value.

9 ExxonMobil, "Notice of 2011 Annual Meeting and Proxy Statement," April 13, 2011.

10 Brian J. Bushee, "Do Institutional Investors Prefer Near-Term Earnings over Long-Run Value?," *Contemporary Accounting Research* 18, no. 2 (2001): 207–246.

11 Yongtae Kim, Lixin (Nancy) Su, and Xindong (Kevin) Zhu. "Does the Cessation of Quarterly Earnings Guidance Reduce Investors' Short-Termism?," *Review of Accounting Studies* 22, no. 2 (June 1, 2017): 715–752.

12 Lucinda Shen, "The Most Shorted Stock in the History of the Stock Market," *Fortune*, August 8, 2018 (emphasis added).

13 James Temperton, "Google's Pixel Buds Aren't Just Bad, They're Utterly Pointless," *Wired*, December 7, 2017.

第17章　戦略プランニングの活用と誤用

1 George Albert Steiner, *Top Management Planning* (New York: Macmillan, 1969).

2 ノイラミニダーゼには9の亜型（N1〜N9）があり、赤血球凝集素には17の亜型（H1〜H17）がある。1918年に大流行したインフルエンザはH1N1型だった。Covid-19はH7N9型である。

3 https://s.wsj.net/public/resources/documents/Scientists_to_Stop_COVID19_2020_04_23_FINAL.pdf.

4 https://en.wikipedia.org/wiki/Mission_statement.

5 James Allen, "Why 97% of Strategic Planning Is a Waste of Time," *Bain & Company Founder's Mentality* (blog), 2014, www.bain.com/insights/why-97-percent-of-strategic-planning-is-a-waste-of-time-fm-blog/.

6 www.brainyquote.com/quotes/katie_ledecky_770988.

第18章　ラムズフェルドの疑問

1 Lucien S. Vandenbroucke, "Anatomy of a Failure: The Decision to Land at the Bay of Pigs," *Political Science Quarterly* 99, no. 3 (1984): 479. この論文では機密解除されたCIA長官アレン・ダ

Turnaround to Growth" (Harvard Business School Case 9-805-130, 2009).

11 Lou Gerstner, "The Customer Drives Everything," *Maclean's*, December 16, 2002, https://archive.macleans.ca/article/2002/12/16/the-customer-drives-everything.

12 Louis V. Gerstner, *Who Says Elephants Can't Dance?: Inside IBM's Historic Turnaround* (New York: HarperBusiness, 2002), 187.（邦訳：ルイス・V・ガースナー・Jr.『巨象も踊る』山岡洋一、高遠裕子訳、日本経済新聞出版）

13 Applegate, Austin, and Collins, "IBM's Decade of Transformation," 6.

第14章　目標が先ではない

1 Richard P. Rumelt, *Strategy, Structure, and Economic Performance* (Cambridge, MA: Harvard University Press, 1974).

2 John B. Hege, *The Wankel Rotary Engine: A History* (Jefferson, NC: McFarland, 2006), 115.

3 企業価値とは、全株式およびすべての社債の価値に株主と債券保有者の利益を足し合わせたものである。

4 Dean Foods Company Overview, PowerPoint slides, 2015.

第15章　戦略と目標管理はちがう

1 これはマクナマラの標準的な発言の一つだと思われる。アーサー・シュレジンジャー・ジュニアも1964年に非常によく似た発言をしている。Papers of Robert S. McNamara, Library of Congress, Part L, folder 110, interview with Arthur M. Schlesinger Jr., April 4, 1964, 16.

2 Robert S. McNamara, *In Retrospect: The Tragedy and Lessons of Vietnam* (New York: Times Books, 1995), 203.（邦訳：ロバート・S・マクナマラ『マクナマラ回顧録』仲晃訳、共同通信社）

3 Clark Clifford with Richard Holbrooke, *Counsel to the President: A Memoir* (New York, Random House, 1991), 460.

4 Rosabeth Moss Kanter, "Smart Leaders Focus on Execution First and Strategy Second," *Harvard Business Review* (November 6, 2017).

5 Alfred D. Chandler, *Strategy and Structure: Chapters in the History of the Industrial Enterprise* (Cambridge, MA: MIT Press, 1962), 22.（邦訳：アルフレッド・D・チャンドラー・Jr.『組織は戦略に従う』有賀裕子訳、ダイヤモンド社）

6 Robert S. Kaplan and David P. Norton, *The Balanced Scorecard: Translating Strategy into Action* (Cambridge, MA: Harvard Business School Press, 1996).（邦訳：ロバート・S・キャプラン、デビッド・P・ノートン『バランス・スコアカード』吉川武男訳、生産性出版）

7 Robert S. Kaplan and David P. Norton, "Focus Your Organization on Strategy—with the Balanced Scorecard," *Harvard Business Review* (2005): 1–74.

第16章　現在の財務実績は過去の戦略の結果である

1 Justin Fox and Rajiv Rao, "Learn to Play the Earnings Game," *Fortune*, March 31, 1997.

2 Jerry Useem, "The Long-Forgotten Flight That Sent Boeing Off Course," *Atlantic*, November 20, 1999.

November 8, 1977.
2 Thomas K. McCraw, *American Business, 1920–2000: How It Worked* (Wheeling, IL: Harlan Davidson, 2000), 51.
3 "How Intuit Reinvents Itself, " part of " The Future 50," *Fortune*, November 1, 2017, 81.
4 Karel Williams et al., " The Myth of the Line: Ford's Production of the Model T at Highland Park, 1909–16," *Business History* 35, no. 3 (1993): 66–87.
5 Armen Alchian, "Reliability of Progress Curves in Airframe Production," *Econometrica* 31 (1963): 679–693.
6 Grace Dobush, "How Etsy Alienated Its Crafters and Lost Its Soul," *Wired*, February 19, 2015, www.wired.com/2015/02/etsy-not-good-for-crafters/.

第12章　イノベーション

1 Mark A. Lemley, "The Myth of the Sole Inventor," *Michigan Law Review* (2012): 709–760.
2 www.sleuthsayers.org/2013/06/the-3500-shirt-history-lesson-in.html.
3 Bernardo Montes de Oca, Zoom Company Story, slidebean.com, April 9, 2020.
4 Jon Sarlin, "Everyone You Know Uses Zoom. That Wasn't the Plan," CNN Business, November 29, 2020.
5 David J. Teece, "Profiting from Technological Innovation: Implications for Integration, Collaboration, Licensing and Public Policy," *Research Policy* 15, no. 6 (1986): 285–305.

第13章　組織の機能不全

1 Maryann Keller, *Rude Awakening: The Rise, Fall, and Struggle for Recovery of General Motors* (New York: HarperPerennial, 1990), 107.
2 Anton R. Valukas, "Report to Board of Directors of General Motors Company Regarding Ignition Switch Recalls," Jenner & Block, May 29, 2014, 252, 253.
3 James Surowiecki, "Where Nokia Went Wrong," *New Yorker*. September 3, 2013, www.newyorker.com/business/currency/where-nokia-went-wrong.
4 Yves Doz and Keeley Wilson, *Ringtone: Exploring the Rise and Fall of Nokia in Mobile Phones* (Oxford: Oxford University Press, 2018).
5 Juha-Antti Lamberg et al., "The Curse of Agility: Nokia Corporation and the Loss of Market Dominance in Mobile Phones, 2003–2013," Industry Studies Conference, 2016.
6 Timo O. Vuori and Quy N. Huy, "Distributed Attention and Shared Emotions in the Innovation Process: How Nokia Lost the Smartphone Battle," *Administrative Science Quarterly* 61, no. 1 (2016): 22.
7 Vuori and Huy, op. cit., 24.
8 Daniel Quinn Mills and G. Bruce Friesen, *Broken Promises: An Unconventional View of What Went Wrong at IBM* (Cambridge MA, Harvard Business School Press, 1996), 43, 45.
9 Paul Carroll, *Big Blues: The Unmaking of IBM* (New York: Crown, 1994), 24.
10 Lynda M. Applegate, Robert D. Austin, and Elizabeth Collins, "IBM's Decade of Transformation:

docs/LOC-HAK-480-3-1-4.pdf.
9 NATO Force Structure (declassified), www.nato.int/cps/fr/natohq/declassified_138256.htm.
10 "Sensitive New Information on Soviet War Planning and Warsaw Pact Force Strengths," CIA Plans Division, August 10, 1973, 7, www.cia.gov/library/readingroom/docs/1973-08-10.pdf. 以下も参照。"Warsaw Pact War Plan for Central Region of Europe," CIA Directorate of Intelligence, June 1968, www.cia.gov/library/readingroom/docs/1968-06-01.pdf.
11 Romie L. Brownlee and William J. Mullen III, "Changing an Army: An Oral History of General William E. DePuy, U.S.A. Retired," United States Army Center of Military History, n.d., 43, https://history.army.mil/html/books/070/70-23/CMH_Pub_70-23.pdf.
12 1976年9月10日、アレクサンダー・ヘイグからウィリアム・デピュイへのコメント。以下に引用されている。Major Paul H. Herbert, *Deciding What Has to Be Done: General William E. DePuy and the 1976 Edition of FM 100-5, Operations* (Leavenworth Papers, no. 16, 1988), 96.

第9章　比較とフレームワーク

1 Brian Rosenthal, "The Most Expensive Mile of Subway Track on Earth," *New York Times*, December 28, 2017.
2 Greg Knowler, "Maersk CEO Charts Course Toward Integrated Offering," March 7, 2019, www.joc.com/maritime-news/container-lines/maersk-line/maersk-ceo-charts-course-toward-integrated-offering_20190307.html.
3 Richard P. Rumelt, "How Much Does Industry Matter?," *Strategic Management Journal* 12 (1991): 167–185.

第10章　分析ツールの活用は慎重に

1 専門的に言えば、ブラッドリーはコールオプションのような凸のペイオフ関数に直面していた。したがって、彼はリスクの減少ではなくリスクの増大によって利益を得る。
2 アラン・ゼーコンの当初の定義では、4つの象限を金融商品に擬えていた。貯蓄、債券、抵当、そして質問である。ウォーマックは「雄牛」ラベルを作り、それが公開されたときにはひどく困惑した。
3 Joseph L. Bower and Clayton M. Christensen, "Disruptive Technologies: Catching the Wave," *Harvard Business Review* (January–February 1995): 43.
4 Jill Lepore, "What the Gospel of Innovation Gets Wrong," *New Yorker*, June 16, 2014, www.newyorker.com/magazine/2014/06/23/the-disruption-machine.
5 Mitsuru Igami, "Estimating the Innovator's Dilemma: Structural Analysis of Creative Destruction in the Hard Disk Drive Industry, 1981–1998," *Journal of Political Economy* 125, no. 3 (2017): 48.
6 Josh Lerner, "An Empirical Exploration of a Technology Race," *Rand Journal of Economics* (1997): 228–247.

第11章　強みを探す

1 Karl Popper, "Natural Selection and the Emergence of Mind," speech delivered at Darwin College,

第7章　行動の一貫性

1 Nancy Bouchard, "A Matter of Gravity, Petzl Turns the Vertical Environment into Bold Opportunity," SGB Media, August 1, 2008.

2 A. G. Lafley and Roger L. Martin, *Playing to Win: How Strategy Really Works* (Boston: Harvard Business Review Press, 2013).（邦訳：A・G・ラフリー、ロジャー・L・マーティン『P&G式「勝つために戦う」戦略』酒井泰介訳、パンローリング）

3 "Cost-Benefit Analysis Used in Support of the Space Shuttle Program," National Aeronautics and Space Administration, June 2, 1972, http://archive.gao.gov/f0302/096542.pdf.

4 シャトルのアイデアはアメリカ空軍のダイナソア・プロジェクト（1957〜63年）に起源がある。ニール・アームストロングはもともとこのプロジェクトにパイロットとして関わっていた。有人宇宙船を使って世界のどこにでも短い準備期間で兵器を運び、航空機のように着陸するというプロジェクトである。その先行モデルとなったのは、1942年のナチスによるアメリカ爆撃計画だった。この計画では、ヨーロッパからアメリカを爆撃する複数回の作戦が予定されていた。

5 135回の発射で2回の失敗だから、事故率は1.5%である。チャレンジャー号のOリングの破損は、間接的には2個の固体燃料ロケットを連結するむずかしさが原因だ。コロンビア号の耐熱材の破損は、固体燃料タンクが破損して耐熱タイルに損傷を与えたことが原因である。

6 Jean Edward Smith, *Eisenhower: In War and Peace* (New York: Random House, 2013), 278.

7 Maurice Matloff and Edwin Marion Snell, *Strategic Planning for Coalition Warfare 1941–1942 [1943–1944]* (Office of the Chief of Military History, Department of the Army, 1953), 3:219.

8 "President Bush Visits with Troops in Afghanistan," White House press release, https://georgewbush-whitehouse.archives.gov/news/releases/2008/12/20081215-1.html.

9 Craig Whitlock, "At War with the Truth," *Washington Post*, December 9, 2019.

第8章　アナロジーとリフレーミング

1 Thomas Gryta, Joann S. Lublin, and David Benoit, "How Jeffrey Immelt's 'Success Theater' Masked the Rot at GE," *Wall Street Journal*, February 21, 2018.

2 Brian Merchant, "The Secret Origin Story of the iPhone," *Verge*, June 13, 2017.

3 Walter Isaacson, *Steve Jobs* (New York: Simon & Schuster, 2011), 246.（邦訳：ウォルター・アイザックソン『スティーブ・ジョブズ（Ⅰ・Ⅱ）』井口耕二訳、講談社）

4 David Lieberman, "Microsoft's Ballmer Having a 'Great Time,'" *USA Today*, April 29, 2007.

5 John C. Dvorak, "Apple Should Pull the Plug on the iPhone," March 28, 2007, republished on *MarketWatch*, www.marketwatch.com/story/guid/3289e5e2-e67c-4395-8a8e-b94c1b480d4a.

6 以下から翻訳した。www.handelsblatt.com/unternehmen/industrie /produktentwicklung-nokia-uebt-sich-in-selbstkritik;2490362.

7 *New York Times*, June 19, 1986.

8 "Assessment of Weapons and Tactics Used in the October 1973 Mideast War," *Weapons System Analysis Report 249*, Department of Defense, October 1974, www.cia.gov/library/readingroom/

4 John F. Crowell, "Business Strategy in National and International Policy," *Scientific Monthly* 18, no. 6 (1924): 596–604.

5 インテル関連の資料はすべて公開済みの情報源に拠った。インテルの社員や役員への取材はいっさい行っていない。

6 Shawn Knight, "Intel Internal Memo Reveals That Even Intel Is Impressed by AMD's Progress," Techspot, June 26, 2019, www.techspot.com/news.

7 Leo Sun, "Intel's Chip Issues Are Hurting These 3 Tech Giants," *Motley Fool*, April 8, 2019.

8 Charlie Demerjian, "Why Did Intel Kill Off Their Modem Program?," *SemiAccurate* (blog), April 18, 2019, www.semiaccurate.com/2019/04/18/why-did-intel-kill-of-their-modem-program.

9 Don Clark, "Intel's Culture Needed Fixing. Its C.E.O. Is Shaking Things Up," *New York Times*, March 1, 2020.

第5章　戦略と成長

1 S&P1500の構成企業の時価総額合計は、米国株の時価総額合計の約90%を占める。

2 ジョン・ペディー・リサーチはテック関連のマーケティングおよび経営コンサルティング会社で、グラフィックスとマルチメディアに特化している。

3 Frederick Kempe, "Davos Special Edition: China Seizing AI Lead?," Atlantic Council, January 26, 2019, www.atlanticcouncil.org/content-series/inflection-points/davos-special-edition-china-seizing-ai-lead.

4 David Trainer, "Perverse Incentives Produce Deals That Shred Shareholder Value," *Forbes*, May 2, 2016, www.forbes.com/sites/greatspeculations/2016/05/02/perverse-incentives-produce-deals-that-shred-shareholder-value.

5 F. Homberg, K. Rost, and M. Osterloh, "Do Synergies Exist in Related Acquisitions? A Meta-analysis of Acquisition Studies," *Review of Managerial Science* 3, no. 2 (2008): 75-116.

6 Colin Camerer and Dan Lovallo, "Overconfidence and Excess Entry: An Experimental Approach," *American Economic Review* 89, no. 1 (1999): 306–318.

7 D. Fisher, "Accounting Tricks Catch Up with GE," *Forbes*, August 4, 2009.

8 J. R. Graham, C. R. Harvey, and S. Rajgopal, "The Economic Implications of Corporate Financial Reporting," *Journal of Accounting and Economics* 40 (2005): 3–73.

9 Ilia Dichev et al., "The Misrepresentation of Earnings," *Financial Analysts Journal* 72, no. 1 (2016): 22–35.

10 Justin Fox, "Learn to Play the Earnings Game (and Wall Street Will Love You)," *CNN Money*, March 31, 1997.

11 Changling Chen, Jeong-Bon Kim, and Li Yao, "Earnings Smoothing: Does It Exacerbate or Constrain Stock Price Crash Risk?," *Journal of Corporate Finance* 42 (2017): 36–54. 株の「急落」とは、株価が3σ区間（3標準偏差区間）下がった四半期の数から、3σ区間上がった四半期の数を引いて計算する。

12 John McInnis, "Earnings Smoothness, Average Returns, and Implied Cost of Equity Capital," *Accounting Review* 85, no. 1 (2010): 315–341.

12 道に迷ったときの最善の方法は、だいたいにおいて、いま来た道を引き返すことである。たとえもう一度登ることになったとしても、だ。野宿せざるを得ない場合は、防寒と水だけ気を配ること。食料を探してエネルギーを浪費してはいけない。負傷しているか凍傷にかかっていない限り、これで数日は耐えられる。

13 Merim Bilalić, Peter McLeod, and Fernand Gobet, "Inflexibility of Experts—Reality or Myth? Quantifying the Einstellung Effect in Chess Masters," *Cognitive Psychology* 56, no. 2 (2008): 73–102.

14 2002年にオーバーチュアが特許権の侵害でグーグルを訴えた。グーグルの株式3億5000万ドル相当を払うことで両者は2003年に和解している。オーバーチュアの訴えによれば、「ウェブサイトの広告主が提示した入札価格に基づいて検索結果が配置されるしくみ」が特許を侵害するという。グーグルは検索結果の表示位置をオークション方式で決定してはいないため、オーバーチュアの特許がグーグルの広告とほんとうに関係があったかどうかは定かではない。

15 モバイル端末からの検索が増えたため、グーグルは広告を検索結果の上に表示するようになり、問題はいくらか曖昧になっている。2021年になると、遺憾なことに検索結果と広告の境界はますます曖昧になってきた。しかもフォーマットの変更により、両者を区別するのは一段と困難になっている。

第3章　戦略は長い旅路である

1 "Mid-market CRM Total Cost of Ownership" (Yankee Group, July 2001).

2 Marc R. Benioff and Carlye Adler, *Behind the Cloud: The Untold Story of How Salesforce.com Went from Idea to Billion-Dollar Company—and Revolutionized an Industry* (San Francisco: Jossey-Bass, 2009), 134.（邦訳：マーク・ベニオフ、カーリー・アドラー『クラウド誕生』齊藤英孝訳、ダイヤモンド社）

3 Ben McCarthy, "A Brief History of Salesforce.com, 1999–2020," November 14, 2016, www.salesforceben.com/brief-history-salesforce-com.

4 Marc Benioff, comments at Dreamforce 7, November 18, 2009.

5 "Telegraph Travel," *Telegraph*, September 28, 2016.

6 "Telegraph Travel"; Michael Hogan, "Michael O'Leary's 33 Daftest Quotes," *Guardian*, November 8, 2013.

7 Siddharth Vikram Philip, Matthew Miller, and Charlotte Ryan, "Ryanair Cuts 3,000 Jobs, Challenges $33 Billion in State Aid," *Bloomberg*, April 30, 2020.

第4章　どこなら勝てるか

1 Louis Morton, "Germany First: The Basic Concept of Allied Strategy in World War II" (U.S. Army Center of Military History, 1990); emphasis in the original.

2 Joseph A. Califano Jr., *The Triumph & Tragedy of Lyndon Johnson: The White House Years* (New York: Simon and Schuster, 2015), 326.

3 Bethany McLean, " The Empire Reboots," *Vanity Fair*, November 14, 2014.

原註

はじめに　フォンテーヌブローの森にて

1 この岩はフォンテーヌブロー系で難易度7Aとされている。初制覇は1950年代半ばだった。2021年の時点で最高難度は8Cで、このレベルになると世界でも征服できるクライマーはわずかしかいない。

2 後日私は写真の女性に最重要ポイントはどこだったかを聞いてみた。彼女は「そうね、私にとってはこの写真の箇所だと思う。でも他の人はたぶん次の動きのほうがむずかしいと言うでしょうね」と答えた。

第1章　戦略自動作成機は存在しない

1 Gary Hamel, "Killer Strategies That Make Shareholders Rich," *Fortune*, June 23, 1997, 70.

2 Jack Kavanagh, "Has the Netflix vs Disney Streaming War Already Been Won?," *Little White Lies: Truth and Movies*, March 17, 2018.

3 Garth Saloner, Andrea Shepard, and Joel Podolny, *Strategic Management* (New York: John Wiley & Sons, 2001), 20.

第2章　課題を解きほぐす

1 Kees Dorst, "The Core of 'Design Thinking' and Its Application," Design Studies 32, no. 6 (2011): 527.

2 本書では名称を伏せる企業については最初に（仮名）と記し、関連して登場する人名も以下ではとくに断りなくすべて仮名とする。

3 マイケル・ポーターは、実際の個別企業の戦略にこのようなアプローチを採用することはないはずだ。彼が取り上げたのは戦略の集合についての特徴であって、戦略それ自体ではない。

4 Herbert A. Simon, *The Sciences of the Artificial* (Cambridge, MA: MIT Press, 2019), 111.（邦訳：ハーバート・A・サイモン『システムの科学』稲葉元吉・吉原英樹訳、パーソナルメディア）

5 テンソル解析は、ベクトル解析をテンソル場（時空などの多様体上を変化するテンソル）に対して拡張する。

6 Richard M. Cyert, Herbert A. Simon, and Donald B. Trow, "Observation of a Business Decision," *Journal of Business* 29, no. 4 (1956): 237–248では、「体系化されていない問題」と表現されていた。

7 John Kounios and Mark Beeman, "The Cognitive Neuroscience of Insight," *Annual Review of Psychology* 65 (2014): 71-93.

8 Michael C. Lens, "Subsidized Housing and Crime: Theory, Mechanisms, and Evidence" (UCLA Luskin School of Public Affairs, 2013), https://luskin.ucla.edu/sites/default/files/Lens%204%20JPL.pdf.

9 Kounios and Beeman, op. cit., 80.

10 Charles Darwin, *The Autobiography of Charles Darwin* (Amherst, NY: Prometheus Books, 2010), 42.（邦訳：チャールズ・ダーウィン『ダーウィン自伝』八杉竜一、江上生子訳、筑摩書房）

11 John Dewey, *How We Think* (Lexington, MA: D. C. Heath, 1910), chap. 3.

著者略歴

リチャード・P・ルメルト

Richard P. Rumelt

戦略論と経営理論の世界的権威。エコノミスト誌は、「マネジメント・コンセプトと企業プラクティスに対して最も影響力ある25人」の1人に著者を選んだ。マッキンゼー・クォータリー誌は「戦略の戦略家」、「戦略の大家」と命名。研究者としてのキャリアを通じて、つねに戦略の最先端を切り拓き、戦略の系統的研究を推し進め、コアスキルに注力する企業こそが最善の結果を残すという考え方を提示し、卓越したパフォーマンスを出す企業は業界に左右されるのではなく個々の企業の能力によることを説明。リソース・ベースト・ビューの提唱者の1人であり、市場支配力をベースとしてきたそれまでの戦略論を転換させた。ハーバード・ビジネススクールにて博士号取得。現在はUCLAアンダーソン・スクール・オブ・マネジメント名誉教授。幅広い組織にコンサルティングを行っている。

訳者略歴

村井章子

Akiko Murai

翻訳者。上智大学文学部卒業。経済・経営、環境関係の翻訳を主に手がけ、高い評価を得る。主な訳書にルメルト『良い戦略、悪い戦略』、ルービニ『MEGATHREATS（メガスレット）　世界経済を破滅させる10の巨大な脅威』、バナジー＆デュフロ『絶望を希望に変える経済学』、サンドバーグ『LEAN IN（リーン・イン）　女性、仕事、リーダーへの意欲』、ジャン・ティロール『良き社会のための経済学』、アダム・スミス『道徳感情論』、ダニエル・カーネマン『ファスト＆スロー』などがある。

戦略《せんりゃく》の要諦《ようてい》

2023年11月24日　1版1刷
2024年1月23日　5刷

著者　リチャード・P・ルメルト
訳者　村井章子
発行者　國分正哉
発行　株式会社日経BP
日本経済新聞出版
発売　株式会社日経BPマーケティング
〒105-8308　東京都港区虎ノ門4-3-12
装幀　新井大輔　八木麻祐子（装幀新井）
本文DTP　アーティザンカンパニー
印刷・製本　中央精版印刷株式会社

ISBN978-4-296-11752-9

本書籍に関するお問い合わせ、ご連絡は左記にて承ります。
https://nkbp.jp/booksQA
Printed in Japan